国家卫生健康委员会“十四五”规划教材

全 国 高 等 学 校 教 材

供养老服务管理专业用

居家社区养老服务管理

養老 服務管理

主　编　陈　娜

副主编　娄方丽　沈　峰　朱天民

编　委（按姓氏笔画排序）

丁　玎（大连医科大学）
马云超（西安文理学院）
王屹亭（南京医科大学）
王艳艳（四川大学华西医院）
付敏丽（常州大学）
朱天民（成都中医药大学）
任　桦（山西中医药大学）
刘海军（遵义医科大学）
孙布克（牡丹江医科大学）
苏　丹（安徽医科大学）
李　燕（山东中医药大学）
杨莉莉（浙江中医药大学）
吴冬梅（济宁医学院）
沈　峰（湖北中医药大学）
张　稳（湖南中医药大学）
陈　娜（南京中医药大学）
周恒宇（重庆医科大学）
郑利江（江苏省社会福利协会）
赵文雯（齐鲁医药学院）
娄方丽（贵州中医药大学）
徐冬平（江西中医药大学）
郭巧红（首都医科大学）
崔俊武（广西中医药大学）
董琬月（南京中医药大学）
缑文学（广西医科大学）

秘　书　付双乐（南京中医药大学）

人民卫生出版社

·北　京·

图书在版编目（CIP）数据

居家社区养老服务管理 / 陈娜主编 . -- 北京 ：人民卫生出版社，2024. 7（2025. 8重印）. -- ISBN 978-7-117-36588-8

Ⅰ. D669. 6

中国国家版本馆 CIP 数据核字第 2024Q0A899 号

居家社区养老服务管理

Jujia Shequ Yanglao Fuwu Guanli

主　　编：陈　娜
出版发行：人民卫生出版社（中继线 010-59780011）
地　　址：北京市朝阳区潘家园南里 19 号
邮　　编：100021
E - mail：pmph @ pmph.com
购书热线：010-59787592　010-59787584　010-65264830
印　　刷：三河市宏达印刷有限公司
经　　销：新华书店
开　　本：850 × 1168　1/16　**印张**：17.5　**插页**：1
字　　数：459 千字
版　　次：2024 年 7 月第 1 版
印　　次：2025 年 8 月第 3 次印刷
标准书号：ISBN 978-7-117-36588-8
定　　价：69.00 元
打击盗版举报电话：010-59787491　E-mail：WQ @ pmph.com
质量问题联系电话：010-59787234　E-mail：zhiliang @ pmph.com
数字融合服务电话：4001118166　E-mail：zengzhi @ pmph.com

数字增值服务编委会

主　编　陈　娜

副主编　娄方丽　沈　峰　朱天民　董琬月

编　委　（按姓氏笔画排序）

丁　玎（大连医科大学）
马云超（西安文理学院）
王屹亭（南京医科大学）
王艳艳（四川大学华西医院）
付双乐（南京中医药大学）
付敏丽（常州大学）
朱天民（成都中医药大学）
任　桦（山西中医药大学）
刘海军（遵义医科大学）
孙布克（牡丹江医科大学）
苏　丹（安徽医科大学）
李　燕（山东中医药大学）
杨莉莉（浙江中医药大学）
吴冬梅（济宁医学院）
沈　峰（湖北中医药大学）
张　稳（湖南中医药大学）
陈　娜（南京中医药大学）
周恒宇（重庆医科大学）
郑利江（江苏省社会福利协会）
赵文雯（齐鲁医药学院）
娄方丽（贵州中医药大学）
徐冬平（江西中医药大学）
郭巧红（首都医科大学）
崔俊武（广西中医药大学）
董琬月（南京中医药大学）
缑文学（广西医科大学）

出版说明

人口老龄化是今后较长一段时期我国的基本国情。习近平总书记强调，有效应对我国人口老龄化，事关国家发展全局，事关亿万百姓福祉。养老服务管理专业作为新兴专业于2020年开始招生，专业建设亟待加强。为贯彻落实习近平总书记关于养老服务工作重要指示精神和党中央国务院决策部署，响应实施积极应对人口老龄化国家战略，补齐养老服务管理专业教材建设短板，加快推进养老服务管理专业建设，提升养老服务管理人才培养质量。在教育部、民政部和国家卫生健康委员会的领导下，人民卫生出版社和南京中医药大学依托全国养老服务管理专业高质量建设联盟，联合全国相关院校组织和规划了国家卫生健康委员会“十四五”规划教材全国高等学校养老服务管理专业规划教材的编写工作。

为了贯彻落实党的二十大报告关于“加强教材建设和管理”的要求，做好首轮全国高等学校养老服务管理专业规划教材的出版工作，人民卫生出版社在南京中医药大学和全国养老服务管理专业高质量建设联盟的大力支持下，成立了首届全国高等学校养老服务管理专业规划教材评审委员会，以指导和组织教材的遴选、评审和出版、选用工作，确保教材的编写质量。在充分调研论证的基础上，根据养老服务管理学专业人才培养目标和人才培养方案，确定了第一批《养老服务管理学》《养老政策法规》《中国传统养老文化》《居家社区养老服务管理》《老年健康管理》《养老机构运营管理》6种规划教材。在全国33所高等院校400余位专家和学者申报的基础上，经过教材评审委员会遴选，近200位专家教授参与了教材的编写工作。

本套教材致力于满足当前养老服务管理学专业本科层次的教学需求，主要编写特点如下：

1. 面向老龄社会，服务国家战略　本套教材贯彻积极应对人口老龄化国家战略，力求编写出符合我国国情，适应我国养老行业发展需求，紧跟养老服务管理学人才培养教育教学改革步伐，促进学生综合素养提升的适宜教材，致力于培养“厚知识、融人文、懂服务、精管理”的高素质复合型养老服务管理人才。

2. 坚持立德树人，注重价值引领　牢牢把握正确的政治方向和价值导向，融入思政元素，把立德树人贯穿教材建设全过程、各方面，发挥中国优秀传统养老文化育人优势，促进传统和现代养老文明与专业教育有机融合，指导学生树立正确的世界观、人生观、价值观，帮助学生确立投身养老行业的职业信念和理想。

3. 汇集专家智慧，坚持质量第一　本套教材的编者不仅包括开设养老服务管理学专业院校一线教学专家，还包括本学科领域行业协会、养老机构的权威学者，充分发挥院校、行业协会、养老社会机构合作优势，凝聚全国专家智慧，打造具有时代特色、体现学科特点、符合教学需要的精品教材。

4. 以学生为中心，体现发展理念　注重教材编写对教学改革和课堂革命的适应性、引领性，体例设置和内容编排坚持以“学”为主导，体现学生在教学中的主体性，注重培养学生自主性学习和终身学习的习惯和能力。

5. 坚持与时俱进，打造融合教材　本套教材采用纸质教材和数字资源融合的编写模式，教材使用者可通过移动设备扫描纸质教材中的“二维码”获取更多的教材相关富媒体资料，包括教学课件、复习思考题答案、模拟试卷、拓展资料等，为广大师生提供了丰富的教学资源和广阔的互动空间。

本套教材的编写，得到了相关部门的指导和大力支持，凝聚了全国养老服务管理高等教育工作者和行业学者的集体智慧，谨向有关单位和个人致以衷心的感谢！希望本套教材的出版能够助推高等学校养老服务管理专业建设与教学改革创新，为我国养老事业和养老产业高质量发展提供有力的人才支撑。

尽管在编写过程中各位编者和工作人员尽心竭力、精益求精，但本套教材仍可能存在不足之处，敬请各相关院校广大师生在使用过程中能够多提宝贵意见和建议，以便今后修订和完善。

人民卫生出版社

2024 年 7 月

前　言

居家社区养老服务管理是运用现代管理科学理论、方法和技术，对居家社区养老服务进行计划、组织、领导、控制和创新，使其更好地满足老年人需求的过程，助力实施积极应对人口老龄化国家战略。居家社区养老服务管理以居家社区养老服务为研究对象，主要研究其产生与发展、建设规划、服务内容、服务环境、人员管理、信息管理、质量管理、风险管理、安全管理、创新实践等，是现代养老服务管理课程体系的重要组成部分。居家社区养老服务管理的教学不仅可以使学生全面了解居家社区养老服务的现况与趋势，明晰居家社区养老服务管理的内容和维度，通晓胜任居家社区养老服务管理工作的知识储备和能力要求，而且对拓宽知识领域、增强服务理念与服务意识、形成对专业和行业更全面系统的认知、提升专业自信和认同具有重要意义。

作为国家卫生健康委员会“十四五”规划教材、首轮全国高等学校养老服务管理专业规划教材，本教材的编写是响应国家“居家社区机构相协调、医养康养相结合的养老服务体系”的开创性工作，融学理性与实用性为一体，以居家社区养老服务管理为主线，同时考虑养老服务管理专业特点，吸收居家社区养老服务管理研究的成熟成果，探究我国居家社区养老服务管理的基本体系和框架。本教材不仅可供高等院校养老服务管理、健康服务与管理、老年医学与健康等专业教学使用，也可作为临床医学、护理学、康复治疗学等专业的辅助教材，还可作为养老服务行业工作人员的工具书、参考书。

本教材共十三章，具体编写分工为：第一章由陈娜、董琬月编写，第二章由朱天民、徐冬平编写，第三章由缑文学、孙布克编写，第四章由苏丹、吴冬梅编写，第五章由沈峰、王艳艳编写，第六章由郑利江、李燕编写，第七章由娄方丽、付敏丽编写，第八章由杨莉莉、丁玎编写，第九章由马云超、赵文雯编写，第十章由王屹亭、张稳编写，第十一章由周恒宇、崔俊武编写，第十二章由刘海军、郭巧红编写，第十三章由任桦编写。

本教材在编撰过程中，得到了人民卫生出版社及各参编单位的大力支持，各位编者付出了辛勤的劳动，南京中医药大学付双乐老师承担了繁重细致的秘书工作，封莹、蒋煜、刘西宁、于跃等参与了教材编写的辅助性工作。编写过程中，本教材广泛参阅了有关专家学者的研究成果，由于篇幅所限，在参考文献中未能一一列出，在此一并深表谢意。

本版教材全体编者皆竭尽所能，旨在编出高质量的教材，但仍难免存在疏漏和不妥之处，敬请专家、学者、同仁提出宝贵建议，以便再版时修订完善。

编　者

2024 年 3 月

目　录

第一章 居家社区养老服务概述

笔记栏

PPT 课件

学习目标

知识目标

掌握居家社区养老服务的概念和内涵，明确居家社区养老服务的主体和客体，熟悉居家社区养老服务方式和运行机制。

能力目标

明确居家社区养老服务的背景与意义，辨析居家社区养老服务模式与其他模式的区别，分析和评估居家社区养老服务的优势和挑战。

素质目标

增强社会责任感和服务老年人群体的意识，提高沟通、协作和解决实际问题的能力。

课程思政目标

培养社会责任感，理解和实践社会主义核心价值观在居家社区养老服务中的体现，增强对老年人的尊重和关爱。

【学习要点】

1. 居家社区养老服务的内涵与特点。
2. 居家社区养老服务模式与其他养老模式的异同。

第一节 居家社区养老服务背景与意义

在人口老龄化迅速发展的背景下，居家社区养老服务的重要性日益凸显，其在提高老年人生活质量和促进社会整体福祉方面扮演的核心角色越来越受到重视。从中国居家社区养老服务的起源、发展及其必要性出发，可以看到这种服务模式在倡导积极老龄观和促进健康老龄化方面发挥着不可或缺的作用。

一、居家社区养老服务背景

（一）全球人口老龄化趋势

人口老龄化是指人口生育率降低和人均寿命延长导致总人口中年轻人口数量减少，年长人口数量增加，从而致使老年人口占总人口比例相应增长的动态过程。国际上通常用老年人口比重作为衡量人口老龄化的标准，老年人口比重越高，人口老龄化程度也越高。一般将60岁及以上的人口占总人口比重达到10%，或65岁及以上的人口占总人口的比重达到

7% 视为一个国家或地区进入老龄化社会(或老年型人口)的标志。

回顾全球人口发展的历程,全球人口总量已从 1950 年的 25 亿增长至 2022 年的超过 80 亿。这一显著增长的背后是第二次世界大战后公共卫生条件的明显改善、婴儿死亡率的持续下降及生活水平的普遍提高,共同推动了人口健康水平的提升和平均预期寿命的延长。随着工业化进程的加速,19 世纪中后期,西欧和北欧等地区的人口出生率率先开始下降,此后这一趋势扩散至北美和东南欧地区。进入 20 世纪后,发达国家的人口出生率持续走低,到了 20 世纪 70 年代之后,发展中国家的人口出生率也发生变化,如中国等东亚国家和泰国等东南亚国家实施计划生育政策后,人口出生率大幅度下降。据联合国预测,全球人口出生率的下降趋势将在未来几十年持续。2019 年平均每个妇女生育 2.5 个孩子,到 2050 年将减少至 2.2 个,到 2100 年将减少至 1.9 个。

不断延长的人口寿命和不断下降的人口出生率使得全球人口结构发生了根本性改变,老年人口占总人口数的比例不断上升。根据世界卫生组织预测,到 2030 年,全球约有六分之一的人口年龄超过 60 岁,即从 2020 年的 10 亿增加到 14 亿。而到 2050 年,60 岁以上的人口将翻一番至 21 亿。同期,80 岁及以上的人口预计将增加一倍,达到 4.26 亿。特别值得注意的是,到 2025 年,将会有大约 70% 的老年人口(60 岁及以上)生活在发展中国家,约为 8.4 亿。人口老龄化不仅是发达国家面临的人口发展问题,也是 21 世纪全球所面临的难题,由此也导致了对养老服务的需求正在逐渐增加。

(二)中国人口老龄化特征

1. 中国人口老龄化现状　第七次全国人口普查数据显示,中国 60 岁及以上人口达到 2.640 2 亿,占总人口比重的 18.70%,与 2010 年相比上升 5.44%;65 岁及以上人口为 1.906 4 亿,占总人口比重的 13.50%,与 2010 年相比上升 4.63%。民政部预测,“十四五”期间,中国老年人口将突破 3 亿,标志着中国将从轻度老龄化步入中度老龄化社会。

我国人口老龄化的城乡和区域差异明显。从城乡差异看,城镇地区老年人数量比农村多,但农村地区老龄化程度比城镇地区更高。农村 60 周岁及以上、65 周岁及以上老年人口占农村总人口的比重分别为 23.81%、17.72%,比城镇 60 周岁及以上、65 周岁及以上老年人口占城镇总人口的比重分别高出 7.99 和 6.61 个百分点。从区域差异看,东北地区的老龄化程度最为严重,60 岁及以上人口和 65 岁及以上人口占地区总人口的比重分别达到 24.00% 和 16.21%,已经进入了中度老龄化阶段;东部地区和中部地区的老龄化程度较为接近,60 岁及以上人口和 65 岁及以上人口占地区总人口的比重分别为 18.85% 和 13.50% 左右;西部地区的老龄化程度最低,60 岁及以上人口和 65 岁及以上人口占地区总人口的比重分别为 16.00% 和 11.60%。

中国老年人年龄结构低龄化。与日本、韩国等国家的老龄化程度相比,虽然我国部分省份已经进入中度老龄化阶段,但目前我国的老年人口大部分为低龄老年人口(60~69 岁),在 60 周岁及以上老年人口中,60~69 周岁的低龄老年人口 14 740 万人,占比为 55.83%;70~79 周岁老年人口 8 082 万人,占比为 30.61%;80 周岁及以上老年人口 3 580 万人,占比为 13.56%。

2. 中国人口老龄化的趋势特点

(1)超大规模的老年人数量:联合国《世界人口展望 2019》中的方案预测数据显示,2026 年中国老年人口将超过 3 亿人,2034 年将超过 4 亿人,2052 年将达到峰值 4.9 亿人,届时世界上平均每 4 个老年人中就有 1 个生活在中国。

(2)超高水平的老龄化程度:以 60 岁及以上老年人口占总人口的比重表示老龄化程度,1999 年底 2000 年初,中国老龄化程度达到 10%,标志着中国进入老龄化社会。联合国预

测，中国老龄化程度将在2025年超过20%，进入深度老龄社会；将在2041年超过30%，进入重度老龄社会，跨入世界人口老龄化程度最高的国家行列。

(3)超快速度的老龄化进程：人口老龄化是一个动态过程，从现在到2050年，中国老年人口的年均增长率要远远超过总人口的年均增长率，中国人口老龄化的演进速度比世界上超过一亿人口的所有国家的演进速度都要快，中国从老龄化到深度老龄化社会的转变仅需25年，比发达国家平均状态快45~50年；从深度到重度老龄化仅需16年，比发达国家平均状态快14年。

(4)超级稳定的老龄社会形态：当快速老龄化进程结束之后，在21世纪下半叶，中国将在人口老龄化超高水平的基础上呈现超级稳定的老龄社会形态。届时，中国老年人口规模将稳定在4亿至4.8亿之间，老龄化程度保持在35%~38%，列居全球人口老龄化程度最高的国家方阵。

(5)未富先老：一般而言，经济发展、人口出生率下降和人口老龄化三者大致同步。但中国在进入老龄化时人均国内生产总值(gross domestic product，GDP)仅为1 000美元，远低于发达国家进入老龄化时的平均水平，国民尚未完成充分的财富积累就已面临养老问题。虽然当前中国人均GDP接近发达经济体下限，但13.5%的老龄化程度已经超过中高收入经济体10.8%的平均水平，人口老龄化大大超前于经济发展。未富先老，增加了我国解决老龄化问题的难度。

(6)未备先老：多数发达国家在进入老龄化社会时养老保障和医疗保障已经相对完善，长期护理保险制度也在20世纪80年代相继建立。虽然自20世纪90年代起中国开始建立社会保障体系，但面对迅速演进的人口老龄化，社会保障制度建设的滞后和社会公共政策的不足与近年来的经济高速增长形成鲜明对照，养老保险制度、养老服务政策等尚未成熟，长期护理保险制度仍在探索，老年人力资源开发政策支撑欠缺等，“未备先老”特征明显。

(三)中国人口老龄化与观念变迁

中国的人口老龄化现象伴随着养老观念的深刻变迁，这一变化不仅涉及需求的多样性，还包括积极老龄观和健康老龄化的新趋势。《中共中央 国务院关于加强新时代老龄工作的意见》强调“积极老龄观、健康老龄化”，契合国际社会应对老龄化的指导性战略和行动建议。作为一种科学的老龄观，积极老龄观体现了对人口老龄化现象的坦然接受和积极应对，以及对老年人在社会中的价值和贡献的认识与肯定。该观念强调老年人应继续积极参与社会经济活动和公共生活，促进他们的社会参与和生产性产出，包括经济就业和社会公益活动。健康老龄化是指从生命全过程的角度，从生命早期开始，对所有影响健康的因素进行综合、系统干预，营造有利于老年健康的社会支持和生活环境，以延长健康预期寿命，维护老年人的健康功能，提高老年人的健康水平。通过完善老年人健康支撑体系，提高老年人健康服务和管理水平，加强失能老年人长期照护服务和保障，深入推进医养康养相结合，为实现健康老龄化打下坚实基础。这不仅是推进健康中国战略的重要内容，也是实施积极应对人口老龄化国家战略的重要举措。

积极老龄观和健康老龄化的理念与实践，旨在提高老年人的功能发挥、生活质量和社会参与度，同时减轻社会和经济负担，实现更加健康、活跃和可持续的老龄社会。在这一趋势下，现代社会的养老观念呈现出了以下新特征：

1. 健康观念更积极主动　现代老年人展现出更强的健康自我管理意识，他们不再满足于传统的治疗方法，而是通过健康教育、体育锻炼、营养指导和疾病预防等措施来主动维护健康，从而提高生活质量。伴随智能健康设备和应用程序的日益普及，老年人能更好地监测自身健康状况。这种积极主动的态度对医疗服务提供者和社区健康管理机构提出了新的挑

笔记栏

战，要求他们提供更为系统和个性化的服务。

2. 财富观念更独立多元　随着养老金制度的变革和人民生活水平的提高，老年人在经济观念上更加独立和多元化。超过 80% 的城市居民不愿完全依赖子女，而是通过储蓄、投资和养老保险等方式为自己的老年生活筹备资金。这一财富观念的转变，对居家社区养老服务提出了新的要求，也为"银发经济"发展带来了新的机遇。

3. 价值观念更注重贡献　老年人不愿成为家庭的负担，他们希望能够在家庭和社会中发挥积极的作用。无论是作为家庭中的一员参与日常事务、分享生活经验，还是作为社会活动的一分子，如参与志愿服务或银龄再就业，老年人都希望通过自己的努力，贡献于社会，并保持自我价值和尊严。

4. 家庭观念更青睐有距离的亲情　过半老年城市居民不希望与子女住在一起，倾向于与子女保持适当的距离，这样既满足了他们对独立空间的要求，也满足了情感交流的需求。这种"近而不居"的生活方式，不仅符合现代家庭的生活习惯，而且有利于保持家庭关系的和谐和老年人的个人自由。

5. 生活观念更注重培养兴趣爱好以融入社会　随着老龄化社会的深入，老年人的生活不再局限于传统的休闲方式，而是包括继续教育、旅行、公益活动、社区文化建设等丰富多彩的活动，保持与社会的联系。社会组织和教育机构为适应这种趋势，提供了更多针对老年人的课程和活动，使他们能够在音乐、绘画、写作、技术等领域培养新的兴趣和技能。通过这些活动，老年人不仅能够丰富自身的精神世界，还提高了他们的社会活动能力和生活满意度。

二、居家社区养老缘起

（一）国外社区照顾历史

在历史上，对老年人的照顾多在家庭内部进行，但随着社会结构的变迁和经济的发展，家庭照顾模式面临挑战。

"社区照顾"一词第一次出现于 1954—1957 年精神疾病与缺陷者皇家委员会文件中，它的照顾对象包括智力障碍者和精神病患者，鼓励这些群体参与社区生活、享受社区服务。社区照顾是指政府通过适当程度的干预并提供一定的支持使得照顾服务的供给主体多元化，号召社会团体或者收容所相关机构共同为老人提供照顾服务。此举可以分担家庭养老的负担和压力，与此同时被照顾的老人也可以获得生活自主性。福利国家之所以提出这样的照顾理念，主要是为了跳出院舍式养老模式的陷阱，以及规避机构照顾的非人性化后果。"去机构化"主张就成为推动社区照顾发展的主要潮流。20 世纪 60 年代，英国政府发布了《健康与福利：社区照顾的发展》报告，社区照顾的对象扩展到了老人、儿童等弱势群体。英国 1968 年公布的卡罗琳报告证实用社区照顾来替代机构长期照护服务可以有效地节省财政支出。然而，这个时期的社区资源并没有达到能够承担照顾责任的程度，在准备欠妥的情况下贸然将照顾责任由中央向地方转移造成了资源的浪费及社会秩序的混乱。

以 1982 年《老龄问题维也纳国际行动计划》为转折，福利国家开启了社区照顾服务的深度改革，大部分国家都遵从"以社区为基础，设法向老年人提供各方面的服务，让年长者能够尽量在自己家里和社区独立生活"的指导思想。1990 年，英国颁布了《全民健康服务与社区照顾法案》，确立了社区照顾在国家福利制度中的地位。英国的社区照顾方式包含：居家服务、家庭照顾、老人公寓、托老所、老人社区活动中心。社区照顾在英国蓬勃发展时，美国和一些欧洲国家也重视并发展老年人的社区照顾，例如美国尤其强调社区的作用，侧重于在老年人熟悉的环境中设立"在地养老"系列项目，西欧国家侧重于社会服务的支持。

国外社区照顾"以人为本"，重视老年人的独立性、尊严和选择权。这种理念的引入对

中国居家社区养老服务产生了积极影响，促进了居家社区养老服务模式的创新，强化了社区参与和跨部门协作，加快了信息技术的实践运用，形成了更加完善的法规和标准，从而进一步推动了老龄事业与产业、基本公共服务与多样化服务的协调发展。

（二）中国居家社区养老缘起

1. 中国传统养老模式　家庭养老作为中国社会的传统养老模式有着几千年的历史。家庭养老是以血缘关系为纽带，由家庭成员对上一代老年人提供衣、食、住、行及养老送终等一系列生活安排的养老方式，这是一种以个人终身劳动积累作为基础，在家庭内部进行的"反哺式"的养老模式。这种养老模式的产生和发展有其深厚的经济、文化、社会基础。

(1) 经济基础：长期以来，以家庭为单位的生产方式是我国家庭养老的社会经济基础。我国传统的生产方式是一种自给自足的自然经济，家庭既是生活单位，又是生产单位，且担负着为其成员提供各种保障的功能。在这种经济模式下，生产资料为家庭成员所共有，家庭中的每个成员依靠家庭有限的土地资源一直劳作到老，以此来保障自己的生活需要。家庭中的父辈们起初不但肩负对土地和生产资料的支配权，而且还承担着农业生产经验和生活技能传承的责任，即使在晚辈独当一面、成家立业后，老人们还尽其所能地承担起帮助子女照顾孩子、看家护院等力所能及的责任，这些对晚辈的生存和发展都极为重要，老年人因此受到子女们的尊敬、奉养。可见，传统的生产方式使子女离不开老人，老人也不会产生与子女分开的愿望。

(2) 文化基础：中国敬老尊老的文化为家庭养老提供了重要的思想基础。儒家文化强调"孝老、敬老、尊老"，提倡长幼有序，弘扬孝道。《论语》中，孔子说："今之孝者，是谓能养，至于犬马皆能有养，不敬何以别乎？""色难。有事，弟子服其劳；有酒食，先生馔；曾是以为孝乎？"孟子也强调"孝之至，莫大于尊亲"。《孝经》把孝视为"天之经、地之义、人之行、德之本"。《孝经·纪孝行章》对家庭养老的具体内容做了详细的规定："孝子之事亲也，居则致其敬，养则致其乐，病则致其忧，丧则致其哀，祭则致其严。五者尚全，然后能事亲。"这当中基本概括了家庭赡养长者的主要方面，包括老年人的居住、日常照料、医疗、后事等问题。古老的孝文化孕育出了具有强烈孝观念与孝行为的中国人。老年人在家中颐养天年，享受着来自子女、孙辈的侍奉与照料成为中国老年人理想的晚年生活。

(3) 社会基础：家庭养老在中国社会的传统中有着坚实的社会基础。在历史长河中，中国社会一直以家族、宗族组织为中心构建社会关系网。家族成员间的互相支持与帮助，构成了家庭养老的社会结构基础。这种社会结构下，个体的福祉与家族荣誉密切相关，个人生活始终与家族利益紧密相连。由于社会没有一套完整的福利制度为长者提供晚年保障，"社会供养"只能作为补充，为那些孤寡老人提供基础的生活帮助。通常情况下，只有在子女因特殊情况无法照顾父母时，亲戚、邻里或社会机构才会介入提供必要的支持。因此，不论是古代的统治者还是百姓，对于尽孝道之责均有明确而高度的认同。赡养老人不仅是一种道德坚守，更是维系家族稳定与传承的社会责任。

2. 现代养老模式变迁　随着中国工业化、城市化的发展，社会从以农业经济为主蜕变到工业化的生产方式。这一变化不单影响了社会和政治制度，也影响到人们的生活习惯、行为模式及人与人之间的关系。其中，家庭养老功能的弱化就是伴随社会现代化进程出现的一个必然现象。社会经济结构性的改变使得传统的家庭与家庭制度发生深刻的变化，家庭规模日益小型化、结构核心化，人口流动性加大，传统的大家庭制度逐渐瓦解，家庭的养老护老功能有渐趋式微之势。

中华人民共和国成立后，社会福利制度逐步建立，部分养老责任由家庭转移到国家和单位。在城镇，单位为职工及家属提供福利，政府则将无劳动能力、无生活来源、无法定赡养和

笔记栏

抚养人的城镇“三无”老人送至公办养老院接受集中供养；在农村，大多数老年人的养老依赖家庭，对于缺乏劳动能力或者完全丧失劳动能力，生活没有依靠的老、弱、孤、寡、残疾的老年人，则实施“五保供养”制度，这形成了大多数老年人居家养老，一部分特殊老年人入住养老机构的格局。这一模式一直延续到1978年我国实施改革开放以前。

20世纪80年代初开始，随着中国人口结构的变化，老龄化及家庭小型化开始显现，对家庭外部的社会化养老服务的需求开始增加；同时，随着向市场经济的转轨，政府提供的养老服务难以满足社会需要，中国养老服务体系的政策框架逐渐开始转向，社会化的养老服务供给逐渐替代家庭供养，政府“补残式”的养老服务供给逐渐转向面对全体老年人的普遍化供给。社会化养老方式，即通过引入社会资源来满足老年人的养老需求。在这一转变过程中，居家养老和社区养老作为一种递送方式开始出现在政策文件中，并与“家庭供养”的含义相区别。2008年，全国老龄工作委员会办公室等相关部门发布了《关于全面推进居家养老服务工作的意见》(全国老龄办发〔2008〕4号)文件，明确定义了居家养老服务并与传统家庭养老模式进行区分：“居家养老服务是指政府和社会力量依托社区，为居家的老年人提供生活照料、家政服务、康复护理和精神慰藉等方面服务的一种服务形式。它是对传统家庭养老模式的补充与更新，是我国发展社区服务，建立养老服务体系的一项重要内容。”

与此同时，自20世纪80年代开始，我国逐步推进社区服务体制和基层社会治理体制的改革，以适应从计划经济向社会主义市场经济的转变。1986年，首次提出在城市推进社区服务工作，为老人、残疾人、儿童及优抚对象等特殊群体提供救助性福利服务，并向社区居民和组织提供便民利民服务。但当时的“发展社区服务”，侧重点在于为社区提供便利及相关支持，不是以养老服务为主。21世纪以来，全国很多地方陆续依托社区对居家老人开展养老服务的试点，如2002年，辽宁省大连市沙河口区建立了居家养老院，着重解决“遗属孤老”和“退休孤老”老有所养的问题；2005年，浙江省宁波市海曙区在全区65个社区中全面推广“政府购买居家养老服务”模式，由海曙区政府出资，向非营利组织——海曙区星光敬老协会购买居家养老服务，社区落实居家养老服务员，每天上门为辖区内600余名高龄、独居的困难老人服务。上述相关探索使得社区服务与居家养老紧密相连，社区为居家养老提供支持，也使居家养老的发展有了较高的起点和较好的基础。

“十三五”期间，民政部联合财政部开展中央财政支持开展居家和社区养老服务改革试点工作，每年拨款10亿元，连续五年支持包括设施建设在内的居家和社区养老服务改革试点。2016—2020年，两部门先后遴选了五批共203个地区进行试点，目标在于通过中央资金引导，鼓励地方加大政策创新和资金投入力度，形成一批服务内容全面覆盖、社会力量竞争参与、人民群众普遍认可的居家和社区养老服务成功经验。重点支持包括设施建设、智慧养老技术应用、专业人才培养、标准化建设和购买服务等七个方面。

2017年《“十三五”国家老龄事业发展和养老体系建设规划》(国发〔2017〕13号)将居家和社区养老服务放到一起论述，提出“大力发展居家社区养老服务”，建设原则是“居家为基础、社区为依托、机构为补充、医养相结合的养老服务体系”。2021年《“十四五”国家老龄事业发展和养老服务体系规划》(国发〔2021〕35号)进一步明确了“居家社区机构相协调、医养康养相结合”的养老服务体系发展目标。在国家政策导引下，我国传统的居家养老、社区养老模式出现了融合发展的趋势，出现居家社区养老模式。从实践发展看，大多数老年人选择居家养老的居住形态，由社区提供良好的养老环境和服务，形成“社区＋居家”养老的服务链条。

三、居家社区养老服务意义

居家社区养老服务将老年人在熟悉的环境中居住与社会提供的服务和支持相结合，满足了老年人的情感和生活需要，既能够克服家庭养老服务能力弱化的困境，规模化满足老年群体就地养老的服务需求，又能够弥补机构养老覆盖面窄、成本高、老年人与家庭割离的缺陷，是同时服务于健康老年人和失能、半失能老年人的经济型养老服务模式。具体而言，其具有以下意义：

（一）推动居家社区养老服务发展，是契合现代老人及家庭需求的必然选择

居家社区养老服务满足“在地老化（aging in place）”的理念，即老年人在自己熟悉的社区中获得养老服务更符合老年人的需求。尤其与机构养老相比，社区在养老服务提供上无疑拥有天然的地缘优势。根据经济合作与发展组织（Organization for Economic Co-operation and Development，OECD）经验，约七成需长期照护的老人更愿意接受居家社区养老服务而非进入养老机构。居家社区养老服务通过社区化居家服务和社区化设施服务确保老年人的基本生活需求得到满足，同时维系了老年人与社会之间的关系，被认为是符合人性化、尊重个体尊严、有利于身心健康及与社会融合的方式。

居家社区养老服务强调“居家”二字，也顺应了中国家庭主要承担养老责任的文化传统，而且反映了社会对老年人养老需求的深刻理解和尊重。它允许老年人在家庭的支持下老化，为家庭成员减轻负担，他们不再需要担负起所有照顾责任，从而可以更好地平衡工作和生活，同时老年人也可以享受专业服务并保持一定的独立性和自主权。居家社区养老服务的发展也是实现社会和谐的重要途径，通过邻里互助和社区支持网络，不仅提高了社区居民对老年人的关怀，还促进了代际融合。社区成员可以通过参与服务老年人的活动来提高对老年群体的认识和尊重，从而增强社区内的相互理解和支持；同时，老年人得以参与社区活动，贡献他们的智慧和经验。

（二）推动居家社区养老服务发展，是推动经济发展和社会稳定的有效举措

居家社区养老相对于机构养老具有成本优势。二战之后涌现出来的福利国家将老年服务纳入公共服务提供体系中，推动大量公共资源投入到养老服务体系，这给政府财政带来巨大压力。我国在经济尚不发达的情况下进入了老龄化社会，社会保障体系建设滞后，随着老年人口的增多，解决社会养老问题对于我国政府及社会而言，无疑是一个巨大挑战。虽然近年来我国总体经济实力不断提高，但还没有足够的能力构建一个高水平的社会福利体系。居家社区养老具有成本相对较低、覆盖范围广的特点，它提倡依托社区，利用社会资源，调动社会力量，多方参与养老服务供给，而不是仅靠政府来发展养老福利事业，这样可以让更多的老年人享受到服务。

居家社区养老服务不仅适应了我国的经济和社会发展现状，而且还促进了相关产业的繁荣。随着老龄化社会的到来，居家社区养老相关的产品和服务需求激增，刺激了从健康管理、居家护理到生活服务的市场扩展。此外，居家社区养老也为技术创新提供了广阔的应用场景，如智能家居、远程医疗和在线教育等，这些新技术的应用能够极大地提升老年人的生活质量，同时推动经济的结构性转型和升级。居家社区养老服务在发展过程中也带动了就业市场的扩展，它不仅为医疗保健、家政服务、社会工作等传统领域提供了大量工作机会，还创造了许多新职业，如养老规划师、养老护理员等。这些职业的出现与发展，一方面满足了老年人的养老服务需求，另一方面也为劳动力市场提供了新的动力。

（三）推动居家社区养老服务发展，是积极应对人口老龄化的重要保障

自 1999 年底 2000 年初进入老龄化社会以来，我国老龄化程度持续加深，人口老龄化

笔记栏

已经成为贯穿我国21世纪的基本国情，党的十九届五中全会通过的《中共中央关于制定国民经济和社会发展第十四个五年规划和二〇三五年远景目标的建议》明确提出“实施积极应对人口老龄化国家战略”，标志着实施积极应对人口老龄化国家战略已经成为中国人口长期发展的主要任务。《中共中央 国务院关于加强新时代老龄工作的意见》要求实施积极应对人口老龄化国家战略，把积极老龄观、健康老龄化理念融入经济社会发展全过程，因此我们需要加大对人口健康的投资，完善老年健康服务体系。在党和国家重大规划和政策意见的引领下，推进基本养老服务，构建居家社区机构相协调、医养康养相结合的养老服务体系，健全养老服务综合监管制度，是积极应对人口老龄化、做到老有所养的重要基础工程。

第二节 居家社区养老服务概念与内涵

居家社区养老服务是养老服务机构或相关社会组织通过多种方式为居家社区老年人提供所需养老服务，包括到老年人家中或在社区养老服务设施或机构，为有需求的老年人提供日常生活起居、医疗护理、日托、短期全托等服务。这种服务基于系统性、以人为本、公平公正、安全便捷及共建共享的原则，为老年人提供多元、个性化服务，以满足其需求。

一、居家社区养老服务概念

依照目前的社会养老服务体系制度设计，社会化养老服务体系的三个组成部分可以进行如下划分(表1-1)：居家养老服务，即以家庭为老年人获得养老服务的主要场所，通过为老年人提供上门服务(如上门护理、送餐、家政服务等)，或由活动能力较好的老年人或者其他家庭成员在家庭之外的其他公共场所就近获得特定的服务支持或者帮助(如老年餐桌、协助购物、协助出行等)，以满足居家生活老年人的养老服务需求。社区养老服务，是在老年人生活的社区中设立养老服务场所(如社区老年活动中心、托老所、日间照料室、喘息式照料中心等)，在这些场所内为老年人提供综合性的照料服务，以缓解老年人家庭的照料负担，解决照料人手不足或时间不充裕等问题。机构养老服务，是以养老机构为依托，为入住机构的老年人提供综合性的养老服务。

表1-1 社会化养老服务体系的构成

构成内容	服务场所	服务人员	服务内容	服务对象
居家养老	以家庭为主	家庭为主、社区及其他组织机构人员为辅	专项服务，包括家政服务、起居照料、送餐、专业护理等上门服务，以及老年餐桌，协助出行、购物、就医等社会参与性服务等	以生活能自理[日常生活活动(ADL)]、但行为能力[工具性日常生活活动(IADL)]受损的老年人为主
社区养老	主要以社区托老所、日间照料室、喘息式照料中心等养老机构/场所为主	家庭为辅，社区及其他组织机构人员为主	提供日间或者短期的24小时综合照料及康复护理服务	以生活自理能力(ADL)受损的老年人为主，包含其他需要日间照料和陪伴的老年人
机构养老	养老机构	养老机构人员	长期的综合照料及康复护理	以生活不能自理的老年人为主

笔记栏

关于居家社区养老的概念，目前学术界还没有明确的、一致的解释。在探讨居家社区养老服务的定义时，不同学者提出了多元化的观点。有的学者把“居家社区养老”定义为“老人不离开自己长期居住的社区和家庭，依靠社区内部或者附近的社区居家养老服务体系，在自己家中养老”。也有学者把它定义为“以家庭养老为主、社会养老为辅的养老模式。即积极调动社会各方面的力量，组合成一个最符合老年人意愿的，一个最有利于保持和加强老年人自理能力的，一个最切实可行的和一个最有效的养老保障体系。建立一个最有助于社会持续发展的养老模式，最终形成一个以家庭为核心、社区居家养老服务网络为外围、养老制度为保障的社区居家养老体系”。这些定义尽管各有侧重，但共同强调了老年人在享受熟悉的社区环境和家庭氛围中养老的重要性。

基于上述观点，大部分学者都赞同：居家社区养老服务是相对于机构养老服务的一种服务递送方式(service delivery system)。将其界定为服务递送方式，包含了两个层面的含义：一是从服务发生的地点看，是在社区内为老年人提供的服务；二是从社区服务的功能看，社区作为服务平台，为居家养老的老年人提供服务。这两个含义使得在服务实践中难以区分社区养老服务和居家养老服务，二者的功能逐渐融合。因此，近年来越来越多的研究及政策文本使用居家社区养老服务的概念。《“十三五”国家老龄事业发展和养老体系建设规划》专门提出了“大力发展居家社区养老服务”。

本书中，将居家社区养老服务界定为：养老服务机构或相关社会组织通过多种方式为居家社区老年人提供所需养老服务，包括到老年人家中或在社区养老服务设施或机构，为有需求的老年人提供日常生活起居、医疗护理、日托、短期全托等服务。

知识链接

“家庭养老”“居家养老”“居家社区养老”之辨析

传统“家庭养老”主要指“老人居住在家＋依靠家庭与子女养老”。这是一种文化上环环相扣的代际反馈模式，“养儿防老”的传统逻辑即出于此，并由此发展出我国绵延千年的传统家庭养老文化。费孝通先生曾指出，中西文化在亲子关系上之不同在于，“赡养老人在西方并不成为子女必须负担的义务，而在中国却是子女义不容辞的责任”。在传统家庭格局中，老人往往会与至少一名子女同住而形成“共居型家庭养老”；而随着现代社会中居住模式和生活方式的嬗变，成年子女与老年父母相互独立居住的情形不断增多，人口迁移流动加剧更使代际间居住距离不断延长，出现“分居型家庭养老”。换言之，家庭养老的核心并不在于老人是否和子代共同居住，而是子代(也包括其他家庭成员)是否承担事实上的主要养老责任，落脚于“责任”或“血缘道义”。

“居家养老”或“居家社区养老”则表现为“老人居住在自己熟悉的社区或家庭＋依托社区获得养老服务”，它不仅减轻了子女及家庭负担、释放了劳动力，而且使得养老服务资源的配置空间也相对较大。从某种意义上讲，将“居家社区养老”简称为“居家养老”并不十分恰当。无论家庭养老还是居家社区养老，“老人居住在家或社区”是其表现形式之共性，然而仅有“居家”还远远不够，关键在于是否有“社区”与之对接资源并供给服务。只有将“居家”与“社区”联署方显居家社区养老之意义，并可与传统家庭养老形成比照，不应偏废或简约。

笔记栏

二、居家社区养老服务内涵

（一）居家社区养老基本内涵

居家社区养老与传统的家庭养老及通常熟知的机构养老不同，它是介于传统家庭养老和机构养老之间的一种新颖的养老方式。从内涵上看，居家社区养老服务以家庭为核心，以社区（村）为依托，以信息化为手段，以专业化服务为主要形式，充分利用包括社区卫生服务机构、各类养老机构及社区公共服务机构等在内的社区资源，以协助居家老年人解决其包括生活照料、医疗保健、精神关爱、文化体育、紧急救助等养老需求。老年人住在自己家中或长期生活的社区里，在继续得到家人照顾的同时，以社区为平台，能够整合社区内各种服务资源，由社区的养老机构或相关站点为有需要的老人提供助餐、助洁、助浴、助医、精神慰藉、社会参与等多方面就近而又便利的服务，使他们能够在熟悉的环境中维持自己的生活，实现“老有所养、老有所依、老有所乐、老有所安”。这种养老方式既解决了在养老院提供服务养老亲情淡薄的问题，又解决了传统家庭养老服务资源有限的问题。

（二）居家社区养老基本原则

1. 系统性原则　系统性原则是指居家社区养老服务的发展应立足我国基本国情，统筹考虑必要性和可行性，坚持积极应对人口老龄化和促进经济社会发展相结合，坚持满足老年人需求和解决人口老龄化问题相结合。

2. 以人为本原则　以人为本原则是指整合社区养老服务资源，从老年人的实际需求出发，结合每个老年人不同的实际情况，提供贴合老年人需求的多样化、个性化、有针对性的居家社区养老服务。

3. 公平公正原则　公平公正原则是指在服务内容个性化的基础上，不因老年人身体、经济、文化背景、宗教信仰等个体差异而产生服务歧视，做到一视同仁，确保公共服务资源的公平分配，合理使用。

4. 安全便捷原则　安全便捷原则是指在社区内部建立养老服务设施，建设养老服务队伍，能够就近面向社区老年人提供有效服务，同时保护老年人及服务人员的安全。

5. 共建共享原则　共建共享原则是指坚持政府、社会、家庭、个人共同参与，各尽其责。弘扬中华民族孝亲敬老传统美德，引导老年人树立主动健康和终身发展理念，鼓励老年人积极面对老年生活，在经济社会发展中充分发挥作用。

第三节　居家社区养老服务主体与客体

居家社区养老服务是一种融合了政府力量及社会力量共同参与的新型养老模式，实现了多元化主体的参与和多样化服务对象的覆盖。通过不同参与者之间的广泛互动，这种模式能够全面满足老年人的多样化需求，从而确保养老服务的质量和效率。

一、居家社区养老服务主体

依据居家社区养老的相关概念及内涵，可以看出这种养老模式是一种融合了政府力量及社会力量共同参与的新型养老模式。这意味着参与主体多元化，包括：

（一）政府

政府是国家权力的执行机构，承担着维护国家安全、社会稳定和确保公共权益的职责。居家社区养老的体系建设，是一项旨在改善民生、解决数亿人养老问题的大工程，离不开政

府的政策引领、制度保障、资金扶持和监督管理。具体来看,中央政府负责制定全国性的居家社区养老政策和标准,提供必要的资金支持和指导;地方政府部门则根据中央政策,结合本地实际情况,负责具体的执行和实施,包括居家社区养老服务设施的建设、服务人员的培训及服务质量的监督等;行政机关则负责日常的管理和协调工作,确保居家社区养老服务的顺利进行和高效运行。

(二) 市场

面对社会养老需求的持续增长,完全依靠政府的投入,难免会面临服务供需不平衡、资源利用效率低下等问题,这可能导致"政府失灵"的不良状况发生。因此,引入市场机制,利用市场的作用来激发养老行业的自循环能力,促使其向良性发展转变显得尤为重要。当前居家社区养老服务市场参与者主要包括现代服务业企业、医疗服务类企业和科创类企业等:

1. 现代服务业企业　这类企业主要涉及险资类、地产类等企业,通过设计养老保险产品、进行养老社区和养老房地产的开发管理,为老年人提供经济和居住安全等保障,并衍生出相应的居家社区养老服务。

2. 医疗服务类企业　这类企业提供包括专门针对老年人的医疗服务、康复治疗和长期护理服务等。

3. 科创类企业　这类企业将智能家居、远程医疗监控、穿戴式健康监测设备和人工智能辅助服务等创新技术引入养老服务领域,促进了传统养老服务模式的转型升级,使其更加智能化和个性化。

(三) 非政府组织

非政府组织是不以营利为目的、主要开展各种志愿性的公益或互益活动的非政府的社会组织,包括事业单位和社会组织。事业单位是一种为了社会公益,主要依靠国家财政经费,从事公共服务,提供教育、科技、文化、卫生等事业产品的社会服务组织。社会组织具有显著的公益性质,通过依法注册,可以补充公共服务,也有参与社会公共事务治理的话语权。在居家社区养老服务领域中,社会组织主要包括:

1. 民办非企业单位　民办非企业单位是由企业事业单位、社会团体和其他社会力量及公民个人利用非国有资产举办的、从事社会服务活动的社会组织。这些单位通常专注于为老年人提供各种养老服务,如日间照料、健康咨询、文化娱乐活动等,旨在提高老年人的生活质量。

2. 社会团体　社会团体是由公民或企事业单位自愿组成、按章程开展活动的社会组织,包括行业性、学术性、专业性和联合性社团。这类团体往往在社区层面上进行活动组织和资源整合,如举办老年人兴趣小组、提供心理支持、组织志愿服务等,这些活动有助于促进老年人的社会参与和精神健康。

3. 基金会　基金会是利用捐赠财产从事公益事业的社会组织,包括公募基金会和非公募基金会。基金会能够提供资金支持、物资捐赠或其他形式的援助,特别是对那些经济困难或有特殊需求的老年人。它们还可能在灾难应对和紧急救援中发挥作用,为老年人提供必要的援助。

(四) 社区

社区是居家社区养老服务的基础,是家庭的延伸和居家社区养老服务的核心载体。老年人在社区中养老,意味着各类资源在这里得以整合,并最终服务于老年人。社区的发展状况直接影响着养老服务的质量。

1. 社区自治组织　社区自治组织在一些概念划分中被认为是从属于社会组织。但不同于其他组织,这类组织在收集居民意见、反馈服务效果和保证有效监督方面具有天然优

笔记栏

势。作为最关注自己社区的团体，社区自治组织能够代表老年人的根本需求，为他们发声。他们还可以促进社区内的资源共享和互助，增进邻里之间的关系。

2. 家庭成员　家庭是居家社区养老服务模式下的基本构成单元。家庭成员对老年人的支持和关怀是不可或缺的，家庭的情感基础地位不能动摇。

3. 老年人　老年人自身资源也是社区资源的重要组成部分，提倡老年互助模式，以老助老，不仅能够节省资源，还能帮助老年人提升社会存在感，满足精神需求。

课堂互动

讨论：如何评价四川省宜宾市珙县的“四方合约”机制？该合约中涉及了哪些养老服务主体？

四川省宜宾市珙县户籍总人口42.9万人，其中60周岁以上人口7.44万人，占全县人口17.3%。近年来，随着大量农村青壮年外出务工就业，在农村留下了不少空巢独居、留守老人，他们的养老已经成为亟需关注解决的社会问题。珙县积极探索农村特殊困难老人关爱服务工作，支持多方主体参与，创新推行村（社区）党组织、乡村老年协会或其他社会组织、特殊困难老人、志愿者四方签订《关爱服务合约》机制，村委会负责指导、协调、监督和保障四方合约有效运行；乡村老年协会负责建立和管理老年人台账；老年人承诺向助老巡访员提供真实信息，并对服务进行客观评价；助老巡访员按照开展巡访服务的要求，定期组织开展老年人免费体检、政策宣传、上门医疗护理、文艺活动、兴趣培训等活动。

二、居家社区养老服务客体

在居家社区养老服务中，客体是指全龄化的老年人群体。这意味着相关服务需涵盖从刚步入老年阶段到高龄老人的所有年龄层。在这个范围内，老年人的需求可能会有很大差异，需要通过评估，实现对老年人群的精准细分。

根据客体的不同特征，居家社区养老服务的客体可以有不同的分类方式。根据年龄，可以划分为60~74岁的年轻老人，75~89岁的年老老人，以及90岁以上的长寿老人；根据居住特征，可以划分为独居老人、夫妻老人和多代同堂老人；根据身体健康状况，可以划分为自理老人、半失能老人、失能老人、失智老人。《老年人能力评估规范》国家标准（GB/T 42195—2022）的出台，从老年人能力评估领域为科学划分老年人能力等级，推进基本养老服务体系建设，优化养老服务供给等提供了基本依据，也为全国养老服务等相关行业提供了更加科学、统一、权威的评估工具。标准中主要评估指标包括一级指标和二级指标。一级指标包括自理能力、基础运动能力、精神状态、感知觉与社会参与4个方面；二级指标包括进食、穿脱衣物、平地行走、上下楼梯、记忆、理解能力、视力、听力、社会交往能力等26个方面。条目加和计分，得分越高，说明能力水平越好。根据上述评估标准，老年人能力被划分为能力完好、能力轻度受损（轻度失能）、能力中度受损（中度失能）、能力重度受损（重度失能）、能力完全丧失（完全失能）5个等级。通过老年人能力评估标准的建设，帮助建立下沉到社区的失能失智老年人能力评估系统，有助于服务主体掌握老年人居家社区养老服务的精准需求，如可根据老年人综合能力评估情况，为有相关需求的老年人提供居家养老上门服务。这一等级划分使得居家社区养老服务的设计与实施更具有针对性，并督促社区建立常态化的评估工作

机制，对辖区内老年人实现分级分类，动态掌握。

三、主体与客体的互动方式

在居家社区养老服务体系中，主体与客体之间的互动方式对于提高服务效率和质量至关重要。这种互动不仅涉及服务供给，还包括情感交流、需求反馈和资源共享等多个方面：

（一）需求响应和个性化服务

居家社区养老服务提供者定期收集老年人的需求和反馈，定期对老年人进行能力评估，根据他们的身体状况、生活习惯和兴趣爱好，提供包括日常服务、健康支持、精神慰藉、紧急救援、文体娱乐等个性化的服务内容。

（二）家庭参与和支持

家庭成员在居家社区养老服务中扮演着重要角色，他们不仅是情感支持的来源，也是日常照料的提供者。居家社区养老服务主体与家庭成员保持密切的沟通，了解老年人的实际情况，并提供必要的指导和支持。

（三）社区资源整合

鼓励不同的服务主体共享资源，社区中的医疗卫生机构、文化教育设施、志愿者组织等，都可以为老年人提供必要的支持和服务，以提高服务的效率和质量。

（四）社会参与和社交活动

鼓励老年人参与社区活动，如文化娱乐、教育讲座、运动健身等，这些活动不仅能够提高他们的生活质量，还有助于保持他们的社会联系和心理健康。

（五）技术支持和远程服务

随着科技的发展，远程医疗、智能家居等技术在居家养老服务中的应用越来越广泛。这类服务主体的参与和互动可以为老年人提供更加全面和便捷的服务，同时也便于老年人进行自我管理和监测。

（六）信息交流和反馈

建立有效的信息交流和反馈机制，确保老年人的需求和建议能够被及时收集和响应，让服务客体能够对服务提出意见和建议，帮助服务主体不断完善服务内容。

通过上述主客体多元化的良性互动，能够更全面地满足老年人的生理、心理和社会需求，提高生活质量，同时也为居家社区养老服务的可持续发展提供保障。

第四节　居家社区养老服务方式与运行机制

居家社区养老服务方式包括社区社会化服务、上门服务和社区养老机构照料服务，这些服务通过不断完善的供给体系、保障措施和监管机制，确保了服务的高质量和高效率，使老年人能够共享改革发展成果、安享幸福晚年。

一、居家社区养老服务方式

随着社会养老服务体系建设的深入发展，居家社区养老服务日趋多样化。目前的居家社区养老服务，依据服务方式大致可以分为三类。

（一）居家老年人在社区获得社会化服务

社会化服务包括到指定商家接受老年餐饮、理发、购物、洗衣、助浴等日常生活服务；到社区卫生服务中心（站）接受定期的健康检查、医疗卫生服务、康复护理、药物管理及健康咨

笔记栏

询等健康管理服务；到老年活动室参加聚会、聊天解闷、读书看报，参加社区组织的文体娱乐活动，以及接受精神慰藉室提供的心理健康咨询和疏导等精神关爱服务等。

（二）对居家老年人提供上门服务

对于居家生活的老年人，在部分社区由指定的服务机构或者人员提供上门服务，如：通过社区卫生服务中心以家庭病床或者上门看病的方式为失能、半失能和患病的老年人提供医疗和护理服务；通过家政服务公司或者雇用的养老护理人员为特定的老年人群提供综合性的日常照料服务；通过老年人服务热线获得电话咨询和电话预约上门服务等。

（三）在社区养老机构提供照料服务

社区的托老所和日间照料室是实现社区养老服务的重要途径，社会养老服务体系建设专项规划将每个社区建设养老服务设施作为重要建设目标。对于一些活动能力受损的老年人，可以到托老所接受短期的健康护理或日常照料，或者到日间照料中心接受社区服务人员提供的日间照料或就餐服务等。

从以上居家社区养老服务方式来看，该服务体系涉及日常生活的各个方面，既考虑到了老年人的基本生理需求，也兼顾到了他们在健康安全、情感关爱及自我实现等更高层面上的需要。

与此同时，随着信息技术服务的快速发展，人工智能、物联网、云计算、大数据等新一代信息技术和智能硬件等产品在居家社区养老服务领域也扮演越来越重要的角色。智能家居、线上社交、智能监测设备与云健康管理的使用，开拓了居家社区养老服务的新方式。

案例分析

上海嵌入式社区服务打造居家养老新模式

案例："社区嵌入式养老"起源于2013年上海闵行区颛桥镇的养老探索。为满足老人"在家门口养老"的愿望，颛桥镇政府利用社区中闲置的公共配套设施，建设了一个规划面积623m^2、仅有30张床位的"迷你"养老院，采用政府购买专业化运营服务的模式，为周边生活半自理、轻度失智失能老人提供全天候的护理照料服务，并通过日托、助餐等方式，辐射到社区其他有需要的老年人群体。这种机构运行方式正是日后"长者照护之家"的典型模式，"社区嵌入式养老"概念就此诞生。

分析：根据《上海市社区嵌入式养老服务工作指引》，社区嵌入式养老是指"在社区内围绕老年人生活照料、康复护理、精神慰藉等基本需求，嵌入相应的功能性设施、适配性服务和情感性支持，让处于深度老龄化的社区具备持续照料能力，让老年人在熟悉的环境中、在亲情的陪伴下原居安养"。其中的关键词"嵌入"，可以从3个维度来理解：一是把设施嵌入在老年人家门口的社区，二是把服务嵌入在老年人现实的需求中，三是把老年人的个体行动嵌入到社会关系网络中。从"三个嵌入"可以看出，社区嵌入式养老与传统养老机构院舍封闭式养老的区别，即养老服务围着老年人需求转，老人离家不离社区，仍然能够参与社区生活、融入社会。

二、居家社区养老服务运行机制

居家社区养老服务的运行机制是确保其高效、有效运转的关键。在居家社区养老服务需求面广、覆盖量大的现实背景下，必须建立科学合理的运行机制，更好地处理好政府和市

场、全龄服务与精准细分、服务供给与服务需求、服务人力与服务能力、服务数量与服务质量等方面的关系，推动养老服务事业与产业协同发展，更好地满足老年人的需求，提高服务质量，以实现居家社区养老服务的可持续发展。

（一）服务供给机制

居家社区养老既要面对老年人的普遍需求，又要面对基于不同个体的特殊需求，这决定了居家社区养老服务及产品的复杂性、多样性，对于服务和产品的提供者也提出了更高的要求。多样化、多层次、高质量的居家社区养老服务供给是养老服务有效输送的保证，也是将老年人社会化养老服务诉求转化为现实有效需求的重要环节，更是服务提供主体提质增效的驱动力。

单一供给主体难以满足居家社区养老服务多样化的需求。同时，由于每一供给主体存在自身无法克服的局限性，因而需要多元化的供给主体合作供给。西方学术界的"失灵理论"通过探讨市场、政府和非政府组织三者的差异及其互补性，为多主体供给的存在提供了理论依据和支撑。"失灵理论"主要包括政府失灵理论、契约失灵理论、志愿失灵理论等。"政府失灵"理论的核心是政府难以满足每一个人的需求，在提供服务过程中可能存在着浪费和低效等问题；"契约失灵"的核心是由于信息不对称或是契约失灵而导致坑害消费者的机会主义行为，依靠市场机制难以解决失灵问题；"志愿失灵"的核心是由于志愿部门其本身固有的缺陷，如慈善不足、服务对象的局限性等造成志愿失灵，从而导致其在服务供给中的不足。

居家社区养老服务本身蕴涵多元供给主体。多元供给主体是指在居家社区养老服务供给中，根据不同产品或服务的性质和特点，以社会需求为导向，鼓励各种市场主体、社会组织和社会公众参与，形成以政府为主导、各种社会主体共同参与的居家社区养老服务供给格局，实现供给主体的多元化和供给方式的多样化。

在追求居家社区养老服务的健康高速发展过程中，首先要充分发挥政府在支持居家社区养老服务发展方面的主导作用，综合运用规划、土地、住房、财政、投资、融资、人才等支持政策，通过搭建平台、购买服务、公办民营、民办公助、股权合作等方式，支持和鼓励社会力量进入，充分调动社会力量参与的积极性。作为决策者和公共服务的安排者，政府也有必要及时了解和预测老年人口结构的变动趋势和服务需求，明确公共服务目标，对辖区内养老服务资源进行合理布局，确定政府购买服务的核心内容。通过制定老年人能力评估标准，建立统一的需求评估体系，实时、准确地匹配老年人的医养康养需求及服务供给。在此基础上，明确不同服务供给主体的梯度功能，形成分级服务模式。例如，上海的长者照护之家按养老功能分为全托、日托、临托、居家服务方式。全托面向中重度失能老人；日托、临托面向重病出院后需要康复护理、家属需要喘息服务的老年人；当老人过了康复期后，入住服务将改为居家服务，由专业医护人员定期上门检查，或由专业护工提供膳食协助、洗澡协助等服务。

社会力量以市场需求为导向，激发市场活力，提供多样化的服务产品，大力发展银发经济。在社会主义市场经济条件下，企业组织具有优化资源配置、激发各方主体不断创新发展、降低供给成本、提高服务质量的作用。在居家社区养老服务供给机制中，应兼顾刚性需求及柔性需求，根据老年人自身情况提供补充性服务或支持性服务，提高居家社区养老服务供给总量与质量，协调发展生活照料、医疗护理、文体娱乐、精神慰藉、康复辅助等一体化服务体系。结合老人健康水平、经济水平、自理能力、家庭照料负担等方面的情况，构建梯度性的服务体系，在有效满足老年人需求上兼顾供给成本的公平性和可持续性。

社会组织具有组织性、民间性、非营利性、自治性、自愿性的特性，其承担越来越多的社会职能，对政府决策产生的影响也越来越大。一方面，社会组织在有效满足特定民众特殊需

笔记栏

求的同时能够兼顾服务的公平和效率，其资源性、自治性使得其更贴近民众，使其提供的服务更容易获取民众接受；另一方面，社会组织是沟通政府与社会、市场的重要桥梁，可以有效衔接和整合政府、企业、社会的资源，为居家社区养老服务提供新动能。社区作为居家社区养老服务有效运行的桥梁，是实际运行中的组织者。在实际运行中，一方面，社区负责“从上到下”工作的开展及实际供给过程的运营管理。另一方面，社区也具有“从下到上”反馈的义务。利用信息技术手段通过线上线下方式，依托社区将周围正式照料与非正式照料服务资源整合到一张“网”上，同时通过搭建居家社区养老服务智慧化平台，建立动态变化、实时更新的电子老年健康档案，将老年人的社会保险、社会福利及社会救助等内容衔接至居家社区养老服务当中，实现老年人、服务供给商和政府管理者三方主体的多元数据共享，使得供求信息不对称、服务资源离散化、服务主体碎片化等问题得到有效缓解。

（二）服务保障机制

为保证老年人需求的满足，政府主体需要为居家社区养老服务供给主体的发展营造良好的社会环境，充分释放市场活力，发挥其在资源配置上的优势，还要通过畅通诉求表达、完善福利政策和加强权益保护等方面为老年群体提供服务保障，使老年人安享幸福晚年。

当养老服务供给主体承担了非营利性的社会责任，却没有获得相应的发展空间，就会迫使其产生通过市场交换获得价值补偿的营利性需求。因此，居家社区养老服务的性质与市场主体的特征注定在“公益”与“赢利”的博弈中，政府需要实施对市场主体必要的补偿，以扩大其获利空间，提升参与积极性。在资源投入方面，政府通过税收、财政优惠政策、补贴机制等，加大对供给主体建设经营的扶持力度，为其提供土地使用、房屋使用、税收减免、水电优惠等，扩展居家社区养老服务的获利空间，打造居家社区养老服务的完整生态链，以吸引私人资本的投入，通过扩展民主参与渠道、增加奖励与荣誉的方式激发各主体的参与度。在资金投入方面，政府一方面向内扩展资金来源，设立专项资金。例如自 2022 年起将不低于 55% 的福利彩票公益金用于支持养老服务。另一方面向外拓展融资渠道，完善项目风险分担和利益分配机制。研究显示，英国财政部与审计署统计政府和社会资本合作（public-private-partnership，PPP）比传统项目节约资金 17%。此外，完善资金保障机制，引入具有权威性、公正性的第三方机构对资金使用等方面进行专业监督与评估，制定相应的科学评估标准，并保证评估的自主权。

在政府购买公共服务中，服务购买方并非服务直接受益者，如果缺乏消费者制约这一市场原则，政府购买服务很难保证服务输送的质量，因此在政府购买居家社区养老服务的过程中需要有老年人的参与和选择权的体现。服务购买前需确定辖区老人的需求层次（如基本保障性的、陪护性的、治疗性的等）、服务形式、价格预期及其他诉求。服务使用环节要求地方政府引入消费者选择模型，使服务供应商形成竞争以提高服务质量。同时依托智慧养老服务平台，通过服务前下单，服务中定位打卡、图片记录，服务后评价等节点进行居家社区养老服务信息的线上线下流转，实现老年人的“全过程”参与。

居家社区养老服务中的福利保障主要包括居家养老服务补贴和长期护理保险。前者主要用于家庭养老床位运营补贴和政府购买服务型补贴，合理确定经济困难失能老年人护理补贴覆盖范围和补贴标准。将政府购买服务与直接提供服务相结合，优先保障经济困难的失能、高龄、无人照顾等老年人的服务需求。后者借助政府力量形成制度化的照护框架，在总结其他国家和试点城市的经验教训基础上，进一步健全并优化相关政策体系，扩展社会支持项目、完善薄弱环节，探索推进长期护理保险制度的建立，为市场主体参与养老服务提供了稳定平台，激活了居家社区养老服务的新路径。在政府主导的“补缺型”老年福利基础上，增加完善普惠性和高端化的服务供给，鼓励和支持发展长期护理、医养结合等服务的商

业保险，增强老年群体对于相关养老服务的支付能力。例如，德国自 1995 年起实施的护理保险制度采取“护理保险遵从医疗保险”原则，凡参加综合商业医疗保险的必须同时参加商业护理保险，后者包含支付更高比例或全部的私人护理院费用、家庭护理费用和住院费用等保障。此外，面对迅速发展的老年健康服务产业，德国商业险公司还提出了“第二健康市场”的概念，主要针对预防性医疗服务业务。

居家社区养老服务质量提升的关键在于人才。建立养老服务人才培养和激励机制，提升行业吸引力，是破解居家社区养老服务人才“瓶颈”的重要举措。国务院印发的《“十四五”国家老龄事业发展和养老服务体系规划》提出，要加强人才队伍建设，完善人才激励政策。鼓励聘用取得职业技能等级证书的养老护理员，推动行业专业化发展。建立基于岗位价值、能力素质、业绩贡献的工资分配机制，强化技能价值激励导向，促进养老护理员工资合理增长。通过提高服务人员福利、保障其合法权益、满足其发展和成就需要的方法激励从业人员，提高其服务质量，吸引更多人才从事居家社区养老服务工作。例如上海市开展护理专业领域和师资队伍建设，并给予护理培训费用补贴或技能提升补贴。

切实防范各类侵权风险，加强老年人权益保护。完善居家社区养老服务领域预付费管理制度，探索建立对预付费的资金监管机制。加强对金融机构开展养老服务领域金融产品和服务创新的监管。完善养老服务机构退出机制，指导退出机构妥善做好老年人服务协议解除、安置等工作，建立健全养老服务机构关停等特殊情况应急处置机制。充分发挥基层党组织、基层群众性自治组织、相关社会组织的作用，做好涉老矛盾纠纷预警、排查、化解，建立适老型诉讼服务机制，提供法律服务、法律援助和司法救助。

（三）服务监管机制

养老服务直接关系到老年人的生活质量，甚至健康与安全，居家社区养老服务的出现是完善社会养老体系的创新措施，具有极大的现实意义。但社会养老服务需求存在的巨大缺口，客观上造成了部分不具备市场准入资格的居家社区养老服务设施存在，或已获取行政许可、具备运营资格的居家社区养老服务设施存在养老服务质量下降，甚至带来安全隐患等问题。通过构建完善的服务监督管理机制，加强质量安全、从业人员、涉及资金、运营秩序监管，加强突发事件应对，是从根本上实现“以人为本”，保障居家社区养老服务提质增效，最终促进老年生活品质提升，增强老人幸福感和获得感的重要手段。

政府监管职能的有效发挥是养老服务质量和行业秩序建立的基础。政府在将居家社区养老服务供给职责委托给更专业的市场主体的同时，角色定位的转变也对政府提出了新要求：购买服务后受委托主体是否按照合同来提供服务，服务质量是否符合标准等问题亟须政府履行监督者职能。加快建立全国统一的居家社区养老服务质量标准、等级评定与认证体系，支持养老服务领域行业组织和机构开展标准化管理。建立有效监督评估机制，充分利用技术手段对居家社区养老服务开展全环节、全过程的监管，并依托第三方机构对居家社区养老服务质量进行客观、准确、专业化评估，确保居家社区养老服务供给质量和水平。例如，厦门市成立全市养老行业监管中心和养老大数据管理中心，实现对各社会化养老行业主体的统一监管，并配合社区助老员开展每周两次的入户寻访工作，充分了解老人的需求和服务反馈，实现动态实时管理与分析。

除了强化政府主导责任外，相关居家社区养老服务机构要压实机构主体责任，坚持党的领导、加强党的建设，对依法登记、备案承诺、履约服务、质量安全、应急管理、消防安全等承担主体责任，不断提高养老服务、安全管理、风险防控、纠纷解决的能力和水平。发挥行业自律和社会监督作用，积极推行行业信用承诺制度，健全行业自律规约，规范会员生产和经营行为，加强会员信用管理，推动行业自律体系建设；制定行业职业道德准则，规范从业人员职

笔记栏

业行为，积极协调解决养老服务纠纷。加大居家社区养老服务领域信息公开力度，建立养老服务质量信息公开清单制度，督促相关机构通过书面告知、在机构显要位置设置公示栏等方式，主动公开其基本信息、规章制度、服务项目、收费标准等事项，畅通群众监督渠道。

（陈　娜　董琬月）

ER-1-2

扫一扫
测一测

复习思考题

1. 什么是居家社区养老服务？请简述其概念与内涵。
2. 请简述居家社区养老服务的主体和客体。
3. 如何充分利用社区资源为老年人提供服务？
4. 现代科技应如何助力居家社区养老服务的发展？

第二章 国外居家社区养老服务经验

笔记栏

PPT 课件

学习目标

知识目标

掌握国外居家社区养老服务的相关概念，明确日本、英国、美国、新加坡等国家居家社区养老服务内容、运行机制和资金来源，建构居家社区养老服务学科方面的国际视野。

能力目标

了解不同国情下，居家社区养老服务多样化发展的深层次原因，辩证分析我国居家社区养老服务的未来发展和可借鉴的方向。

素质目标

深刻把握我国及世界各国面临的养老问题，体会居家社区养老服务管理的定位及其对我国养老发展的重要意义。

课程思政目标

体会不同国家在建立和完善居家社区养老服务体系时坚持以人为本的理念，培养学生尊老爱幼、爱护生命的正确价值观。

【学习要点】

1. 日本居家社区养老服务内容、特点和可借鉴经验。
2. 英国居家社区养老服务内容、特点和可借鉴经验。
3. 美国居家社区养老服务内容、特点和可借鉴经验。
4. 新加坡居家社区养老服务内容、特点和可借鉴经验。

第一节　日本居家社区养老服务

日本是世界上最早进入老龄化的国家之一，经过几十年的探索和发展，形成了“居家社区医养结合”和“介护保险模式”两大养老服务模式。其中，介护保险是居家社区养老服务的基石。在居家社区养老服务的过程中，日本不仅建立了完善的养老保障制度，且非常注重专业人才队伍的培养和服务机构的专业水平，并通过多元化的服务主体，满足养老服务需求。

一、日本居家社区养老服务概述

（一）居家社区医养结合养老模式

在多元养老保障体系的保护下，日本的居家社区医养结合养老模式逐渐清晰，主要涉及

笔记栏

日间照料中心、特别养护之家及老年健康生活大社区三种类型，分别为不同需求的老年人提供相应的服务。

1. 日间照料中心 服务对象主要包括需要日常护理服务及康复训练服务的老人。养老者白天在护理中心获得相应的照料，并参与照料中心举办的活动，晚上回到原生态家庭生活。对于申请日间照料中心照护服务的老年人，日本政府会进行严格的资格审查，以确保申请人确实需要日间照顾服务。

(1)服务内容：包括日常护理监护服务、社交和娱乐活动、康复和医疗服务等。

(2)运行机制：针对老年人的特殊需求，提供个性化的服务计划，确保服务的针对性和灵活性，通常由社会服务机构、非营利组织或地方政府运营。

(3)资金来源：日间照料中心 50% 的资金来自中央和地方政府(公费)，另外 50% 来自被保险人(保险费)。

2. 特别养护之家 是社会福祉法人及地方公共团体为家中没有照护设施的 65 岁以上、(部分或完全)无法照顾自己(比如罹患认知障碍的老年人、失能老人)或者生活条件和经济条件相对较差的群体提供的养护服务。实行 24 小时护理模式，提供全天检测、药物管理、身体护理等服务，为需要夜间护理的老人提供服务。并且以 3∶1 的配比安排护理人员，为入住老人提供日常支持服务。特别养护之家设置了较为严苛的入住条件，要求入住老年人的年龄必须在 65 岁及以上，且护理级别要达到 3 级以上。

(1)服务内容：主要包括认知疾病专业照护服务、医疗服务、康复活动和社交互动等服务。

(2)运行机制：通过专业团队的严格评估，入住期间持续监测老年人的健康状况，随时调整照护计划，确保服务的及时性和有效性。其运营主体是社会福祉法人和地方公共团体，具有公共服务的特性。

(3)资金来源：入住的老年人无须缴纳入住保证金，整体收费水平较低，部分费用通过政府的社会福祉资金或介护保险制度来资助，其他部分费用还通过保险进行报销处理。

3. 老年健康生活大社区 是目前日本正在建设的一种新兴养老模式，源自美国 CCRC (continuing care retirement community)，是一种通过地区医疗资源整合以统筹发展的新形态。社区内建立"支援型住宅""自理型住宅"和"照护型住宅"三种养老住宅，分别提供不同程度的服务。此外，园区内还专门为老年人提供在家医疗、预约门诊等医疗服务，还具有提供紧急医疗服务的急救性医疗机构，一旦养老者有脑卒中、心肌梗死等急性疾病发生，即刻由急救医疗机构第一时间进行救治和护理，之后护送至园区外的专业医疗机构。

(1)服务内容：主要包括生活支援、健康支援、日常照护、医疗康复和临终关怀 5 类服务。

1)生活支援：提供老年人日常生活中的各项支援，包括餐饮、洗浴、起居等。

2)健康支援：提供健康管理、健康咨询和康复服务，以促进老年人的身体健康。

3)日常照护：包括定期的生活援助、医疗服务和日常护理。

4)医疗康复：提供医疗康复服务，包括针对老年人身体状况的专业康复训练。

5)临终关怀：提供专业的临终关怀服务，确保老年人在晚年获得尊严和舒适的照护。

(2)运行机制：老年健康生活大社区的核心是复合型服务设施，涵盖照护功能的老年住宅、康复设施、照护从业者、地区交流中心、支援在家疗养的诊疗所和访问看护站等。通过互联网技术手段和网络交叉的形式，为入住老人提供"生活支援、健康支援、日常照护、医疗康复、临终关怀"等一体化养老服务。运营理念是"持续性关怀"，强调不断满足入住老年人不断变化的养老护理需求。

笔记栏

(3)资金来源：该模式结合了政府支持、用户支付和保险等多元化的金融方式。而政府在老年健康生活大社区运营中扮演“财力支援”和“政策引导”的角色，以鼓励和引导该社区的建设。

(二)介护保险模式

从1982年实施的《老人保健法》到2000年实施的《介护保险法》，日本政府在居家社区养老服务模式方面进行了积极探索，逐步实现了传统的家庭养老模式向介护保险养老模式的转变，极大地缓解了人口老龄化带来的养老压力。

1. 服务对象　介护保险模式的服务对象主要为65岁以上处于“需要介护状态”和“需要支援状态”的公民。“需要介护状态”是指身体或心理障碍持续存在达到半年以上；“需要支援状态”是指能够部分自理，但仍需要依靠部分外部援助才能维持正常生活。

在“介护等级”的判定方面，“介护保险法”明确设置“移动能力、进食、洗浴、排泄、穿衣脱衣、修饰打扮、记忆力、视力听力、情绪行为表现、动手能力”共计10项合计85项细则标准。将参保人的“护理等级”分为7个大类别(表2-1)。介护等级每半年重新评估，介护费用报销制度设置了“需要支援”和“需要介护”两个等级，分别提供相应的养老服务项目。

表2-1　介护等级分类

级别		身体状况
需要支援	需要支援1	能独立如厕、进食、穿脱衣等，但部分日常生活项目不能自理
	需要支援2	能独立如厕、进食、穿脱衣等，但洗澡、部分日常生活项目需要协助完成
需要介护	需要介护1	进食、洗澡、穿脱衣、排泄等能自理，但需要有人协助护理
	需要介护2	进食、洗澡、穿脱衣等勉强能自理，但排泄等需要有人协助完成
	需要介护3	或伴有老年痴呆症，进食、洗澡、穿脱衣等勉强能自理，但排泄等完全需要协助完成
	需要介护4	伴有老年痴呆症，进食、洗澡、穿脱衣等完全需要协助完成，且排泄无法感知
	需要介护5	完全卧床不起状态，日常生活的所有方面完全需要协助完成

2. 服务内容　包含居家护理、日间照护、短期和长期住院护理服务，以及特殊设施照护等服务项目。介护保险模式的服务人员涉及多个专业，包括护士、护理师、物理治疗师、社会工作者和家庭护理者等。

1)居家护理服务：提供上门护理、生活援助、清洁、购物、餐饮等服务，帮助高龄者在家中生活。

2)日间照护服务：提供白天的照料，包括餐饮、康复活动、社交活动等，让高龄者在家庭外有社交和活动的机会。

3)短期住院护理服务：针对需要短期住院治疗的高龄者，提供相应的医护服务。

4)长期住院护理服务：针对需要长期住院照料的高龄者，提供综合的医疗、康复和生活照料服务。

5)特殊设施照护服务：针对有特殊护理需求的高龄者，提供专业的照护服务，例如对患有痴呆症的老年人的特殊照护。

3. 介护服务　在日本多元化的居家养老服务主体中，介护服务主体占据着主导地位，介护服务主体又可分为“设施”和“事务所”。相较于介护服务“事务所”，介护“设施”能够提供更加综合的服务，并拥有更大的规模。近年来，随着介护“事务所”业务范畴不断拓宽完善，逐渐呈现出替代大型介护“设施”的趋势。同时，越来越多的介护“设施”需要与事务

笔记栏

所合作，以补充对医疗、护理和夜间巡回服务的需求。

(1)介护设施：侧重于提供长期、综合的介护服务，包含公共型介护设施和私立型介护设施。公共型介护设施是由国家、地方政府或社会福祉法人运营的长期照护设施。与公共型介护设施相比，私立型介护设施价格高但能够提供更加丰富的服务。

1)公共型介护设施包括：①特殊养老护理院，主要提供全面的长期照护服务，费用低廉，是最供不应求的一类设施；②介护老年人保健设施，提供护理及康复服务，入住期限制3~6个月，作为"院后"及"居家"间的过渡设施；③介护医疗院，以"回归生活"为导向，为有长期医疗计划的老年人提供医疗管理、医疗护理、介护服务及生活场景类服务；④介护疗养型医疗设施，通常附属于医院，以"疗养"为目的，为老年人提供医疗属性服务和介护服务。

2)私立型介护设施包括：①介护型付费养老院，可提供生活援助、介护、护理和康复服务；②住宿型付费养老院，可容纳更多元的老年群体，丰富多彩的娱乐活动是其特色，但护理服务则需要通过与周边介护事务所及供应商合作来提供；③团体之家，协助认知障碍患者共同生活；④老年公寓，提供介护服务的住宅设施，介护服务由周边介护事务所合作提供，适合自理能力较强的活力型老人。

(2)介护事务所：主要提供短期、高频次的日托介护及居家上门服务。主要包括以下三类：

1)依托社区的小规模多功能事务所：主要以日托为主，配套短住服务和上门护理服务的综合型服务，部分可满足夜间巡逻及24小时响应需求，特点是小规模和多功能。

2)专注提供上门服务的机构：主要以居家上门服务为主，各机构可根据自身能力提供上门沐浴、上门介护、短期生活支援、短期住宿等单个或多个服务。

3)提供综合协调服务的地域支持中心：负责线下整合并搭建地域内医疗、护理、照护等资源网络，为老人们提供联系、协调、预防宣传及申办介护保险等服务。

4. 资金来源 介护保险的资金来源包括介护保险加入者的保费和政府的财政补贴。具体而言，每位日本国民在满40岁时被强制性加入"介护保险"，而原则上在其满65岁时即可享受相应的社会"养老"资源，个人只需支付介护养老总费用的30%，享受70%的养老费用报销。

二、日本养老保障体系形成和发展

日本经过近80年的发展已逐步探索出符合其国情和文化的特色养老服务模式，拥有了完善的法律保障体系。但日本养老保障体系的形成并非一蹴而就，其发展起源可追溯至20世纪40年代初，发展历程大概分为以下5个阶段。

(一) 二战结束后(1945—1963年)

"二战"结束后，日本出台国家宪法。这部法律的第25条明确表示，"社会保障"和"社会福利"的根本保障是"生存权保障"，法律明确规定了国家具有提供公共福利的责任，这也是重建日本社会福祉机制的出发点。

随着国家宪法的确立，社会福利制度也开始逐渐完善。自1946年起，日本政府逐步颁布了《生活保护法》、《儿童福利法》、《残疾人福利法》、《社会福利事业法》、《智力低下者福利法》(现称为《智力障碍者福利法》)、《老年人福利法》等法律，形成了六项基本福利法律的体制格局。在社会保障方面，1959年日本政府颁布《国民养老金法》，并以此为起点开始实施老龄福利养老金制度，1961年进一步开始实施国民健康保险制度，实现了全民保险、全民养老金制度。由此，一个福利国家的法制基础已经初步形成。

笔记栏

（二）经济高速发展期（1963—1970 年）

随着社会经济的发展及受到世界女权运动的影响，日本颁布的相关法律提高了女性的地位，增加了女性就业的机会，越来越多的女性走出家庭，传统大家庭结构开始瓦解。另外，随着平均寿命的延长，卧病在床和患有认知障碍的老年人的护理问题日益凸显，由个人赡养能力支撑的家庭护理不足以作为护理过程中的中坚力量，也逐渐成为社会性问题。

1963 年，日本政府颁布了以全体老龄人口为对象的《老年人福利法》。这部法律对老年人福利理念做出了明确解读，指出了老年人应该享受到的社会权利和履行的义务，并且对养老机构进行了分类，从法律层面完善了居家养老的相关福利。为减轻老年人的医疗负担，1973 年日本政府又修正了这项法律，引入了老年人医疗费支付制度，将 70 岁以上老年人的医疗保险中由个人承担的部分改为公费缴付。这一系列政策消除了日本高龄国民就医的后顾之忧，满足了人民的医疗需求。该时期各种法律的相继出台，使日本社会保障体系从以救助为目的走向了全民皆保险的时代。

（三）经济低迷期（1970—1990 年）

20 世纪 60 年代颁布的一系列社会保障政策在 10 年中引发了日本大量非医疗目的“社会性住院”现象，老年福利的高耗费性与医疗保险制度对护理给付的非针对性使得国民医疗费用骤增，对财政的稳健运行产生了巨大的影响。根据日本《2020 年国家医疗支出概览》，1973—1982 年间日本医疗费用由 3.9 兆日元一路上涨至 13.9 兆日元。老年人医疗、福利支出费用成为国家和自治团体的财政负担，政府被迫重新审视健康保险制度，重新实施个人承担费用。为构建综合的老年人保健制度，又于 1983 年制定了《老年人保健法》，旨在协调医疗与保健之间的平衡关系，从而确保国民年老之后有适当的疾病预防和治疗条件及康复等保健社会福利设施，以此来提高老年人的社会福利。为减轻社会医疗资源的压力、消除老年人长期住院、社会性住院等现象，1986 年政府重新修订《老年人保健法》，创建了以康复训练为主体的介于医疗机构和居家之间的“老年人保健机构”。随着法律制度的发展与完善，日本的老年人福利政策由传统的以养老机构为福利中心开始大幅度地向以地区、居家养老为福利中心转化。

（四）介护保险法制定（1990—2000 年）

日本以史无前例之势急速进入高龄化社会（65 岁及以上人口占全国总人口比例超过 14% 即视为进入高龄化社会），随着传统家庭结构的改变，家庭内赡养体制逐渐弱化，严峻的护理问题也成为亟须解决的社会问题。

日本政府自 1989 年开始增收 3% 的消费税作为老年人福利资金的来源，同时出台了“推进老年人保健福利发展十年战略”方案，旨在寻求 20 世纪老年人的福利、保健和医疗的综合应对策略，同时完善居家养老和公共机构养老两方面服务的建设。1994 年日本政府对该方案进行了修订，出台了“新推进老年人保健福利发展十年战略”方案。与上一版本相比，该方案强调了以地域为单位，以全体老年人普遍享受为原则，以服务对象为本，提供综合性服务，帮助其实现自主照料。为配合新方案的推进，1997 年日本政府年制定了《介护保险法》，由此开启了由社会力量为主导的老年人介护保险制度新时代。

（五）介护保险法实施（2000 年至今）

介护保险制度自 2000 年开始实施，以五年为一个目标周期，根据实际情况调整相应措施。为了进一步拆分医疗、介护及福利，使医院重心回归急救和治疗功能，同时缩短非急性期患者的住院天数，日本于 2003 年在三级甲等医院实施医疗的疾病诊断分组（diagnosis procedure combination，DPC）定额支付方式。这一制度的实施促使日本医院的平均住院时长从 2004 年的 19~20 天下降至 2019 年的 12 天，有效提升了医院的运行效

笔记栏

率。与此同时，从医院中释放出来的非急性期患者及老年患者直接催生了院后康复及护理的服务需求。

知识链接

DPC 定额支付

DPC 本意是指诊断群的分类方法，所谓 DPC 是独自开发的、新的诊断分类群，是根据患者的伤病名、年龄、意识障碍水平、手术和处置的有无、有无合并疾病等治疗行为的条件组合，将疾病诊断做不同的分组，并参考以制定的给付价格方式予以支付的制度。

DPC 定额支付的范围：主要针对一般病床的住院患者。

医疗费用计算为：一般病床住院患者的医疗费用是由 DPC 定额支付部分（预付制）和按服务项目支付部分（后付制）相结合的混合型支付方式。即：医疗费用 = 住院患者医疗费用一定额支付部分 + 按服务项目支付部分。

这种制度有助于推动医院提高效率、降低不必要的医疗服务，同时更好地控制医疗成本。需要注意的是，DPC 定额支付制度是日本特有的医疗支付模式。

在介护保险制度推行初期，政府依赖于提供综合介护服务的机构设施来满足这一需求，但由于政府运营的公立介护设施（如特殊养老护理院、介护老人保健设施等）费用低廉且能够提供综合的院后康复及养老服务，导致压床问题再次发生，有限的护理资源被大量占用，介护设施数量及服务人员不足的问题日益凸显，居高不下的入住率又直接导致长期护理费用飞速上涨。为快速补充服务供给，缓解财政压力，日本政府于 2003 年提出了“地域综合照护”的概念，逐步摒弃建设大型公立设施的发展模式，转向整合地域内的中小型医养机构资源及社会力量，通过构建地域照护体系，引导服务对象向社区和居家环境转移。与此同时，伴随介护保险的多次改革与修订（表 2-2），日本政府自 2011 年起提出坚定发展以地域综合照护体系为核心的居家养老模式，一方面加速推进居家服务机构的建设，另一方面通过建立介护保险与健康保险的衔接机制，为综合照护体系提供支付保障。这一转变推动了日本养老服务由机构化向去机构化的方向发展。

表 2-2 介护保险法实施以来的修订过程

年份	介护保险法修订内容
2005	增设介护预防性服务；开始提供地域密集型介护及支援服务
2008	对介护服务的经营者进行依法监管，提升疗养病床设施的使用率，改进介护老人保险设施费用的标准
2011	明确鼓励以地域为基础的居家养老模式（社区综合照料体系）；推进地域密集型服务及小规模复合型服务机构的建设；加强介护人才培养和改善其待遇；开设 24 小时巡回看护服务
2014	根据服务对象的收入将自费率由 10% 提高到 10%~20%；特殊养老机构的介护服务给付条件提高
2017	根据服务对象的收入将自费率由 10%~20% 提高到 10%~30%
2021	修订高额长期护理服务支付制度上限、针对地域复杂的复合型问题强化地域综合照料体系、加强提升介护人才素质、优化福利设备租赁费用等

笔记栏

三、日本居家社区养老服务经验借鉴与启示

（一）介护保险与医疗保险交替互补，构建完善的养老保障制度

介护保险制度是日本养老服务的基石，由《介护保险法》支持，形成了日本“居家社区医养结合”和“介护保险”两大养老服务模式。该法律的核心理念包括：①在法定养老年龄需要“介护”时，由政府指定的专业机构提供养老健康服务；②通过制订“介护标准和服务方案”，在尊重参保人选择权利的前提下，提供差异化的保健康复、医疗救治、日常生活护理服务；③鉴于大部分老年人都不愿意离开原有的居住环境，此时由专业护理机构为其提供上门护理养老服务。基于长期的发展实践，日本已在医保和介护之间建立了合理的交替使用机制，其中介护保险主要针对需长期护理的高龄者和患有特定疾病的人群，为其提供各种形式的护理服务，而医疗保险则主要关注个体的医疗服务，覆盖范围广泛。总体而言，介护保险和医疗保险在日本的养老体系中各司其职，共同为老年人提供全方位的护理和医疗服务，以保障他们的健康和生活质量。

（二）打造地域综合照护体系，通过资源整合实现老年人“在地安养”和“在地终老”

地域综合照护体系是日本居家社区养老的核心内容，旨在通过整合人员、服务和设施，实现老年人能够在家或熟悉的区域中“在地安养”和“在地终老”。地域综合照护服务体系的核心理念包括“自助、共助、互助、公助”四个方面，该体系通过协同医疗、照护、预防、保健、生活支援五类服务，构建以家和社区为核心、具备完善养老资源、步行 30 分钟内可达的生活圈。在满足老人照护基本需求的基础上，进一步提供由不同健康阶段所衍生出的 24 小时全天候、无缝衔接的医疗和介护服务网络。其背后所依托的是政府、养老机构、医疗机构、非营利组织及各类型私营机构相互协作，以“地域支持中心”作为协调枢纽，通过信息共享及标准化流程实现各方资源的整合。地域综合照护体系推动了日本居家医疗及居家护理的发展，共同构筑了具备日本特色的居家社区养老服务模式。

（三）培养专业、全面的居家社区养老服务团队，缓解养老压力的同时提高社会就业率

日本的居家社区养老服务团队通常包括介护福祉士、护士、社会福祉士、介护管理员、医师等专业人员。政府通过完善的人才资格认证和培训机制，建立了细分资格认证体系，目前约有 80 种相关认证。然而，据《第 8 期介护保险业务计划所需的护理人数》显示，截至 2019 年，日本的介护服务人员为 210.6 万人，预计 2035 年后将需要近 297 万人，形成约 69 万人才缺口。为解决人才短缺和成本上升的问题，政府采取提升薪酬、补贴、提供免费咨询和培训等措施，并积极推进科技替代，以缓解养老产业的多重压力。

（四）发展多元化的服务主体，以补充养老产业的医疗服务需求

养老服务主体的多元化涵盖了各类机构和组织，如医疗机构、护理服务公司、社会福祉机构和志愿者组织等。这种发展趋势意味着不再单一依赖传统医疗机构，而是要在整合社区资源的基础上建立更紧密的社区合作机制，以实现各种服务主体之间的协同作用。引入多元化的服务主体也意味着能够更全面地满足老年人多样性的需求，不再局限于医疗方面，还能关注生活、社交、心理等多个层面。通过这种多元化的参与，可以更全面地关照老年人的需求，从而有助于提高他们的生活质量，促进健康老龄化的实现。

（五）构建全链条的养老服务，融合科技应用以提高服务质量和效率

日本的居家社区养老服务构建了全链条的服务内容，主要包括介护服务和居家医疗服务，两者协同提供连续性服务。为了提升服务质量及效率，日本厚生劳动省与经济产业省围绕“辅助转移、辅助行走、辅助如厕、监护与交流、辅助沐浴及辅助护理事务”进行科技应用的开发研究。同时，各类便携诊疗设备设施（如便携式 X 线机、床旁即时超声、便携眼底检

笔记栏

查仪、便携心电图仪等）逐渐融入居家环境中，用于辅助部分疾病的初步诊断。科技的融合不仅提高了服务质量，还通过患者健康数据的积累，支持医护团队更深入地了解患者的健康状况，从而为其提供额外的相关服务创造了更好的机会。

四、典型案例之日本江古田之杜社区

（一）空间布局

日本江古田之杜社区处于东京的中心地段——新宿中心圈 5km 内。整体布局紧凑，涵盖商业、办公、交往、医疗、住宅、教育和公共绿地等多种功能。社区占地面积为 15 789.20m^2，总居住户数为 619 户，用地建筑总面积为 6 877.48m^2，地上 14 层，地下 1 层。社区自然生活环境优美，紧邻 60 000m^2 的江古田森林公园，公园承担着休闲绿地和防震防灾的功能。区域车辆路线密集，毗邻新江古田地铁和巴士站，居民出行便利。其周边 15 分钟的步行圈内有三所学校、两所医院、两家诊所和两家便利商店，充分满足居民的日常需求。社区空间布局总体分布为 ABC 三个街区：A 街区作为单独出售的公寓；B 区是社区内大型的综合型医院；C 区分为学生宿舍、家庭公寓和养老中心。C 区的西北处设置了名为“live in lab”的综合活动中心，作为全社区住户的城市客厅，由育婴屋、餐厅、绘本屋、儿童房和摄影棚等各种活动室组成，是区域管理的基地和居民互动交流的关键场所。

（二）适老化设计策略

1. 积极养老理念　江古田居家社区养老设计理念不囿于传统，鼓励老年人发挥自己的专长和价值，推行积极养老理念。社区主要通过无障碍设施的更新和再就业场景的引入践行该理念。

（1）无障碍设施的更新：社区针对廊道扶手、电梯和楼梯等公共节点的无障碍改造，加宽通道，在楼梯口和出入口处采用饱和度高的色彩强化视觉。室内提供可组装、可便捷移动的家具，增设起立或上下台阶使用的扶手装置。认真排查宅内存在的安全隐患，降低老人跌倒等安全事故的风险。

（2）再就业场景的引入：社区关注老年人的爱好以及健康状况，利用闲置场地和资源，在住宅周边提供一定的蔬菜瓜果的自种植区域，为老人设置流动摊位来进行售卖，从而丰富老人的日常生活，满足情感需求。

2. 多龄互动模式　为了避免老年人孤立，产生寂寞、空虚、失落等消极情感，社区通过餐饮空间、多类型空间、自主性空间及老幼空间的设计吸引居民的参与，进而促进老人与不同年龄群体之间的互动交往，形成和谐的多龄互动模式。

（1）餐饮空间：考虑到部分独居老人无法下厨解决吃饭问题，社区在活动室中设立一座社区食堂，在为老年人供餐之外，还吸引学生和上班族来此用餐。餐饮空间作为基础，形成流动开放的平面形式，成为老人与他人交流互动的催化剂。

（2）多类型空间：社区中的“live in lab”空间设有育婴屋、绘本屋、儿童房和摄影棚等多类型的活动空间，满足各年龄群体的需求，提升老人与其他群体交往的频率。

（3）自主性空间：老人能够在多功能室和隔音室中预定并开展各种兴趣班和居民会议等活动，高控制性和主动性的空间能够激发其交往热情和积极性，增强社交行为发生的频率。小单元的空间设计对老人具有一定的吸引力，也保证了小群体社交所需的安全感和私密性。

（4）老幼空间：社区建设中将老年活动中心和儿童游乐场所相邻建设，使老人边交流边观看儿童游戏，在保证老人和儿童安全性的前提下，促进了老幼之间的代际互动，建立起群体的社交关系。

3. 健康医养体系　随着社区高龄老人和独居老人的增多，养老的需求随之扩大，所需

笔记栏

要的服务种类也越多。结合不同健康状况的老年人医疗和养老的共同需求，社区在户外空间、医疗空间、服务型住宅和养老中心四个场景的共同协作下，从室外到室内，从硬件设施到软件服务都为老人规划了舒适宜人的养老居住环境，形成了独具特色的健康医养体系。

(1) 户外空间：在户外空间中设立不同难度系数的运动器具，以及针对性训练的康养设施，为不同健康状况的老人提供多种运动方式。场地中栽培海棠、银杏等康养型乔本和木本植物，形成丰富的景观季向变化和活力的运动氛围。

(2) 医疗空间：社区医院作为重要的医疗枢纽平台，为老人提供安心宅养的健康保障，也为年轻群体提供了便利服务。医疗空间内部色彩明亮，导视系统清晰明了，病房的空间和设施有助于患者活动自理，采用推拉门以方便轮椅患者的使用。医院采用隔音的材质和构造方式，如隔断、柔性地面和隔音门窗等，有效防止噪声的干扰，为住院患者创造舒适安静的康复环境。

(3) 服务型住宅：面向健康的老人，社区建设“康养 + 护理”的服务型住宅，面积在 45~71m^2。住宅内配置符合老年人尺度的家具，以老年人的活动程序优化布局，方便自我护理。在其生活自由的基础上，配备安全监测、紧急呼救等智能家居设备，保障老人独立生活的安全性。

(4) 养老中心：针对需要介护的老人，由于日本政府不鼓励建设大型养老院，主推小规模（床位一般在 100 张以内）多功能的社区型养老院。社区专门为居家介护困难的老人设立了养老中心，以单人间护理的模式进行布局和管理，维护个体的私密性。室内偏古朴、宁和的色调，地坪采用深棕色的复合木材质，易于清洁、脚感舒适。整体采取仿家居的空间布置，营造家庭化的环境氛围。针对行动困难的老人，设置了特殊浴室，提供周到的护理和服务，使老人在养老机构也能感受到温馨和关爱。

（三）案例经验借鉴

1. 引导多功能集约，提高日常可达性　江古田社区在总体规划上引导空间类型的多元化、集约化，达到合理配置资源的目的。在功能的多样配置上，社区小单元内集聚了商业、医疗、交往和学习等一系列的服务和资源。在空间的高效集约上，江古田社区以住宅为中心，功能空间和基础设施的使用可达程度高。

2. 推动积极老年化，创设再就业场景　江古田社区通过无障碍设施的更新和再就业养老模式的引入等推动“积极老龄观”理念，转变社会对于老年群体的负面认知。老年人也是社会组成的重要群体，具有丰富的知识技能和社会经验，是具有潜力的人力资源。居住环境不能仅仅被认为是老年人的栖身之地，它更应被看作为老年人提供实现个人自身价值、意愿和潜力的场所。

3. 注重身心健康，构筑医养结合体系　江古田社区从四个场景构建了针对不同身体情况的老人的医疗体系，强调了医疗和养老服务在社区层面的结合，使老人在家或在社区中就能享受到全面的医疗服务和健康保障。

4. 创造交流机会，多设代际交往空间　江古田社区创造了多样的社交场所，充分尊重和满足老年人的交往需求。社交行为对老年人的身心状态和精神内在健康都起着关键的作用。

第二节　英国居家社区养老服务

英国的居家社区养老服务内容丰富，包括日常生活照料、医疗护理、心理支持等，其特

笔记栏

色在于全方位的服务和个性化的需求满足。英国政府在居家社区养老服务中发挥着主导作用，通过政策制定、评估和监管，以及购买服务等方式，为社区居民提供高质量的照顾。在医疗与社区养老服务方面，英国实现了有机整合，老年人可以享受免费医疗和专门设置的老年医院服务。

一、英国居家社区养老服务概述

（一）服务形式

英国社区照顾划分为两部分：一是“在社区照顾”，亦称为“社区照顾”，主要是指将服务对象留在社区内对其进行服务，主要针对需要依赖外来照顾的弱势群体，提供专业的照顾，让他们更加享受贴近正常人的生活；二是“由社区照顾”，也称为“社区内照顾”，主要是指由家人、亲友、邻里及社区志愿者为老人提供服务，而所照顾的对象往往是那些生活上基本能自理但在某些方面需要协助的老年人。这两类社区照顾模式可以有机结合，通过功能互补来满足老年人从低龄到高龄直到生命最后阶段的不同层面的不同需要。

英国的居家养老社区照顾体系，为老年人提供了全面综合而又有针对性的养老照顾服务，其中日常生活照料服务内容的实现主要通过以下六种形式来实现（表 2-3）。

表 2-3 英国居家养老社区照顾形式

社区照顾形式	概述
社区活动中心	主要由政府出资兴办，为老年人提供多样化的社区娱乐和健身活动的具有综合服务功能的机构
家庭照顾	通过护理津贴来鼓励老年人在家养老，并为护老者提供扶持和津贴，从而不影响其经济生活水平
居家服务	主要由志愿者或政府雇员为居家老人提供的包括洗澡、购物、送餐、做饭等上门服务，收费一般很低
老人公寓	主要为那些没有家庭成员照顾，但是自身有生活自理能力的低收入老人提供的公寓，配套设施齐全
暂托中心	一种短期护理服务机构，专门针对家庭照顾成员急事外出或因长期护理精神身体需要放松调节而设置的老人暂托处，一般时间不超过 2 周
老人院	针对那些生活不能自理，又无亲人照顾的老年人而采取的院舍集中照顾模式

（二）服务内容

1. 生活照料　又分为居家服务、老年人公寓、家庭照顾、托老所四种形式。

（1）居家服务：是对居住在自己家中，有部分生活能力，但又不能完全自理的老年人提供的一种服务。具体包括上门送饭、做饭、打扫居室衣物、洗澡、理发、购物、陪同上医院等项目。

（2）老年人公寓：是对社区内有生活自理能力但身边无人照顾的老年夫妇或单身老年人提供的一种照顾方式。老年人公寓由二居室组成，生活设施齐全。

（3）家庭照顾：针对生活不能自理、卧病在床的老年人，在家接受亲属全方位照顾的形式。

（4）托老所：包括暂托所和老年人院。因家人临时外出或度假而无人照料的老年人可送到暂托所，由工作人员代为照顾，时间可以是几小时或几天，最长一般为 2 周不超过 1 个月。

2. 物质支援　地方政府或者志愿者为老年人提供食物，安装无台阶通道和电器、暖气设备等设施，改建厨房和房门等；同时英国政府还对 65 岁以上的纳税人给予适当的纳税补

贴，并减少相应的住房税，减少老年人的经济负担。

3. 心理支撑　服务的项目主要包括为老年人上门看病，免去处方费用，提供视力、听力、牙齿、精神等方面医疗的特殊服务，尤其注重对老年人的消极心理加以引导，为他们提供强而有力的精神支持，让老年人拥有归属感，在“似家”的环境中积极养老。

4. 整体关怀　包括为老年人改善基本生活环境和条件、调动周围有效的资源予以支持，例如，为老年人提供娱乐和沟通交流场所。同时，为老年人提供老年人工作室，既可以帮助老年人摆脱心理孤独，促进心智健康，还可以适当增加老年人的经济收入。

（三）运行机制

从运行模式来看，英国社区照顾的主要特点是依托社区，官办民助或民办官助。服务性设施一般主要由政府出资承办或是由政府资助、社区承办，为老年人免费提供服务或是低收费提供服务。政府发挥着主导作用，以市场化运作为主，由专业的机构提供服务。社区工作人员体系由管理人员、关键工作人员和照顾人员组成，是官民结合的架构格局。

（四）资金来源

英国的社区照顾在财政出资上完全体现了以政府为主的特点，很多服务设施都是由政府资助的，社区、家庭和个人的支出不多；从事居家服务的工作人员有志愿服务者，也有政府雇员，这些服务或免费，或收费低廉；一般收费由地方政府决定，在老年人能够承担的范围之内，不足部分由政府开支。对于接受家庭照顾的老人，政府发给老年人与住院同样的津贴，这样使家庭在照顾老年人时有了一定的经济保证。

（五）服务特点

经过几十年的变迁与发展，鲜明的“英国式社区照顾”的特征愈加凸显，社区照顾模式也更加成熟。这些鲜明的特征主要体现在以下几个方面。

1. 官办民助　英国的社区照顾从财政支出到工作人员的组成都显示了以政府为主的特点，或者说英国的社区照顾基本上是官办的，实行“管理员—关键工作人员—照顾员工作”的官民构架格局。

2. 依靠社区　英国的社区照顾主要是立足社区、依靠社区，以社区为依托，各种服务设施都建立在社区中，且社区照顾的方式尽量与老年人的生活相融合。

3. 体系完整　各种社区照顾的机构既有政府出资社区举办的非营利性的机构，也有私营的、商业性的服务机构。提供服务的人员既有政府雇员，又有民间的专业工作人员和志愿服务人员，形成了多主体、多层次的服务体系，以满足不同情况的老年人的需求。

4. 以人为本　大多为老年人服务的福利服务设施地方狭小，但是都能做到就近就便、方便实用、功能齐全、周到细致，适用于所有老年人。所有为老年人的服务，都充分征求老年人自己的意愿，不强迫老年人接受既定服务和安排。他们还进行详细的老年人生理和心理的检查，建立所有入住老年人的健康档案，针对不同情况的老年人设计不同的服务康复计划，如对脑卒中的患者，采取声、光、电复合刺激的方法帮助老年人恢复记忆；对肢体活动障碍的老年人，也有循序渐进的康复训练。

二、英国养老保障体系形成和发展

（一）由院舍服务模式到社区照顾模式

英国在福利国家建构之初，其决策者们沿袭传统思维，将院舍服务作为养老服务的主要载体。这里的院舍是指政府通过财政支出设立的大型养老服务机构——福利院舍。这种养老服务方式虽然较好地解决了被照顾者的日常生活需要，但由于使他们脱离了长期生活的社区，其精神生活难以得到满足，引起了某些人权主义者的批评，同时，政府的财政负担也

笔记栏

越来越重。这时，一些学者希望强化非营利组织和中介组织在养老服务体系中的作用，兴办更多小型的、社区型的养老机构，将照顾资源与服务输送到社区与老人家中。20 世纪 60 年代，英国进一步推广社区照顾的养老模式，主要包括建立社区养老设施机构、养老院舍向社区开放、发展民营养老机构及居家养老模式；70 年代末，社区照顾的养老模式已经在英国广泛普及。

（二）社区照顾养老模式的转变

1981 年，英国《步入高龄化》白皮书指出：非正式资源及非正式照顾系统中的志愿部门应成为支持养老服务系统的重要资源。“在社区照顾”应更多地被理解为“由社区照顾”。1982 年，英国的《贝克利报告》鼓励将养老机构中的个案工作扩展到社区，基于社区资源和服务使用者的需求做出整合，增加经营、监管、资源配置等混合性的工作办法。20 世纪 90 年代初期，英国颁布了《照顾白皮书》和《国家健康服务与社区照顾法令》，进一步强调，社区照顾的目标是在“自己的家或‘像家似的’环境中供养人们”。在英国从“在社区照顾”向“由社区照顾”转变的过程中，养老服务所需资金的大部分由国家承担，即使是政府提供的某些专业的、有偿的养老服务，其费用也是根据接受服务对象的经济状况以低于市场的价格来收取。目前，社区照顾已经有 40 年的发展历程，也拥有了一套相对而言比较完整的照顾体系，该体系按照需求层次理论，构建了由“生活照料—物质支援—心理支持—整体关怀”逐层递进的全方位服务内容，已被广泛应用于英国社会服务的各个领域，在养老问题上最能体现其特色。

三、英国居家社区养老服务经验借鉴与启示

（一）坚持政府的主导作用，鼓励多方参与提供养老服务

英国的社区照顾在财政出资上体现了以政府为主的特点，社区服务设施的资金基本来自政府的财政拨款，社区、家庭和个人的支出不多。此外，还有少量的慈善机构、教堂、中介组织、志愿者提供的免费服务。在服务提供方面，政府主要充当政策制定、评估、监管、购买的角色，在服务领域也建立了“准市场”机制，鼓励私营部门和志愿者作为服务的提供者。

（二）重视发展志愿养老服务队伍，提高公众在养老事业中的参与度

在英国社区，居民的参与率比较高，人们把参与社区照顾作为一件很平常的事情。提供社区照顾服务的绝大部分是非官方的机构，他们给患病的、残疾的和年老的家人、朋友、邻居和其他人提供无偿的照顾，其价值和效益是难以用金钱来估算的。据统计，英国每年有 48% 的人参加志愿者活动。2001 年，590 万非官方（志愿部分）的护理者中很大一部分是社区志愿组织承担的，在社区服务的义工也覆盖了社会各个阶层、各个年龄层次，从议员到普通居民、从青少年到老人都有。公众在社区中互助互爱关系的建立，可以抗衡个人主义带来的疏离与孤立。

（三）建立专业化社区照顾队伍，养老服务人员各司其职各尽所能

英国社区照顾多由专业机构提供，政府对管理人员、关键工作人员、照顾员等各类人员的任职资格和职责都有规定。在社区照顾系统中，管理人员是对某一社区的社会老年服务负全部责任的人；关键工作人员是受管理员分配，是对更小社区或区域内的一定数量的老年人进行照顾的主要责任人；照顾员则是被政府雇佣为老年人提供日常生活服务的人。社区工作人员在政府的监督和严格管理下，各司其职，各尽所能。

（四）大力发展社会工作事业，实现医疗与社区养老服务有机整合

政府大力发展社会工作事业，培养社会工作者，后者对老年人提供家政帮助、日夜间照护等服务，开办“托老所”、食堂及娱乐中心等机构。有的社区会开展“优秀街坊”活动，志

笔记栏

愿组织会聘用人员在白天入户看望老人，及时发现老人的困难和需求，给老人以精神慰藉。英国国民健康服务系统使国民能够享受免费医疗，在该系统中，老年人除了享受公费医疗，还可享受专为老年人设置的老年医院提供的服务。

四、典型案例之英国布拉克内尔

布拉克内尔森林市议会隶属于英格兰东南部区域的伯克郡，是该郡下辖的六个基层政府之一。布拉克内尔森林市全市总人口 18.5 万，平均寿命男性是 81.4 岁，女性是 85 岁，4% 的人口超过 75 岁。

（一）布拉克内尔的居民养老形式

1. 居家养老　居民可以自愿选择居家养老，同时向所在的社区申请一些辅助型的服务，比如在家中安装一些方便老年生活的器械和设备，递送食品或在社区食堂用餐，甚至申请从事一些力所能及的社区工作。

2. 社区护理　视老人生活自理能力水平的高低，社区护理又可细分为两种模式，一种是让老人入住一些经过特殊改造并提供专人照料服务的公寓。公寓是一种向老年人或者其他需要的人提供全方位服务的公寓，为那些生活部分难以自理或者难以独自安全居住的人士提供住处、餐食、个人护理服务。一名区域主管护士会定期访问该公寓，提供护士服务。另一种是让老人住进护理之家，以接受全天候看护。

（二）布拉克内尔居民的智慧化养老服务

布拉克内尔森林市现在有 3 个护理中心，有 6 个为老年人提供特殊照顾的公寓。该市对辖区内老人的养老相关数据掌握得非常细致全面，同时甄别出不同的情况和需求提供不同的服务，例如会询问 120 个问题等。服务内容很多，但原则是让老人独立生活，能自己完成的尽量自己完成。从智能养老看，他们研发了一些专门为老年人服务的智能设备，比如督促吃药的仪器；政府开发建立全国呼救网络联通平台，统一快速协调养老特别是急救服务。

程序设计上细致，尽可能地准确甄别老年人不同资源需求，力求达到精准服务，把资源提供给真正有需求的人；提供的服务全面细致，用健康大数据和智能网络平台、设备来为服务提供支撑，并根据老年人不同症状提供不同的服务；政府与私人机构紧密合作，提供差异化的养老服务。

第三节　美国居家社区养老服务

美国的居家社区养老服务主要有基本模式、“村庄”养老模式、校属退休社区养老模式等，不仅可以为老年人提供丰富多样的服务，而且也有专门针对术后恢复、有记忆功能障碍等特殊老年人的服务。在发展过程中，美国比较重视私人部门和志愿者组织等社会力量的参与，注重与政府的功能互补，建立了多层次、多样化的养老服务体系。

一、美国居家社区养老服务概述

（一）服务模式

1. 按照养老需求层次分类　老年人的需求不同，政府根据不同的需求提供不同的养老模式，最基本的居家社区养老模式包括了生活自理、生活协助、特殊护理、持续护理这几种类型。

(1) 生活自理型社区：主要针对有自理能力的老人，社区主要提供一些基础服务，如餐饮、娱乐、保洁、维修、应急、短途交通、定期体检等。同时，老年人也可以支付一定的费用，获

笔记栏

得更多的生活服务。

(2)生活协助型社区：这一养老社区主要面向没有重大疾病，但生活无法完全自理的老人，一般年龄在80岁以上。社区提供的服务与自理型社区类似。

(3)特殊护理社区：服务对象主要是有慢性疾病、术后恢复期及有记忆功能障碍的老人。养老社区与医院和专业护理机构有紧密的联系，社区内也会配备专业护士，为老年人提供医疗护理。

(4)持续护理退休社区：主要是为老年人提供一体化的居住设施和服务，使当前可以自理的老年人在自理能力下降或丧失时，可以获得相应的照料，而不用被迫更换居所。这种社区其实是前面三种养老社区的融合模式，包括自理、协助与特殊护理三个单元。

2. 其他居家社区养老模式

(1)"村庄"养老模式：这种模式最早是由波士顿的一个基层社会组织创建的。"村庄"不仅可以为老人们提供医疗保健服务，还可以为老人们提供文化、社交、健身、上门维修等服务。在"村庄"养老，可以使老人几乎足不出户就能享受社区中的各项服务。

"村庄"的养老模式主要有以下特点：一是"村庄"的地理位置在城市周边或农村地区，涵盖了老人居住的各种场所；二是老年人可以享受"一站式"购物社区服务；三是以向老人收取会员费的模式为老人提供服务。对于低收入和中等收入的老人，"村庄"也会通过提供奖金或者降低贷款利率来为老人提供优质服务；四是定期和不定期地向老人们提供一些有用信息，比如购物信息和交通信息；五是在提供一些自费服务的过程中，比如提供家电维修、护理服务、保养服务等，村庄管理委员会将会与服务供应商进行协商，给予老人们相应的折扣，折扣比率一般为20%，这样可以适当减轻老人们自费购买服务的负担；六是在社区成立各种志愿者服务组织，招募一些低龄老人，让老人们参与其中；七是社区为了丰富老人的生活，还会为老人们提供一些兴趣班、运动项目及文化娱乐活动等。

(2)校属退休社区养老模式：该模式将高等教育机构与养老服务结合在一起。美国的高校里面，有近80个学院或者大学为老人设计了终身学习的公寓或者学习宿舍，提倡终身学习的理念。这些高校在规划这类社区的时候，重点会考虑学术方向，为老人们提供一些正规的课程，比如提供护理方面的课程。学校在寻找开发商的时候，不仅注重开发商的资质，还希望开发商和学校共同建设该类社区。

(二)资金来源

通常而言，各国在开展居家养老服务时，资金的筹措主要来自家庭、政府、市场及社会组织等。美国政府在养老服务体系中仅仅承担辅助性的责任，美国政府往往通过政府购买公共服务等方式为贫困老人提供服务，除了家庭对老人养老提供一部分资金支持之外，市场和社会组织承担了很大一部分居家养老的经费。还有不少发展成熟的美国社会组织(非营利组织)为老年人提供各项服务，在各类老年人服务机构中，社会组织(非营利组织)占到服务机构的25%以上。

(三)服务特点

1. 为老人提供各项丰富养老服务　包括日间护理中心、廉价营养午餐、老人服务中心等。

2. 提倡以老助老　社区会雇用一些尚有劳动能力且收入较低的老人去帮助生病的、年龄更大的等各种有需要的老人，包括陪护、照料、做饭和付账等。

3. 为高龄老人提供雇佣项目　社区为55岁及以上且经济条件困难的老人提供工作岗位。老人在体检合格、完成在职培训和其他相关服务培训后，就可以在社区内的医院、学校、老人服务中心等单位兼职，可领取一定量的工资补贴家用。

4. 重视志愿者组织的作用　美国政府十分看重非营利性的志愿者组织的作用，政府通

过扶持培育第三部门来承担养老服务的具体事务。美国的志愿者服务群众基础广泛，志愿者通常来自各个行业，包括退休人员、在校学生、艺术家、公务员等。

二、美国养老保障体系形成和发展

美国最早对养老服务事业做出法律性规范始于 20 世纪 30 年代。当时正值经济大萧条时期，美国政府为了刺激经济增长，开始干预经济，其中包括发展养老福利事业以带动经济发展。1935 年，美国国会颁布《社会保障法》，美国开始实行养老保险制度。1965 年，美国颁布《美国老年人法》，同年 7 月美国政府以《社会保障法修订案》的形式通过了老年医疗照顾和低收入人群医疗救助。同年美国国会还通过了《医疗保障法案》，授权政府建立社会医疗保险，包括针对退休老人和残疾人的医疗照顾保险及针对低收入人群的医疗补助，对美国的老年人福利制度进行了详细规定。

自 20 世纪 70 年代，联邦政府和州政府对社区服务的发展越来越重视。自那时起，联邦政府允许州政府对衰弱的老年人和残疾人开展收费服务，并制订了相关的实施计划。而其中一项计划是通过在旧金山老年健康服务中心 On Lok Senior Health 开发的示范项目。"On Lok" 最初的意图是在社区建立老年护理院，但是社区来自中国、菲律宾、意大利的老年人及其家庭并不愿意接受护理院养老。为此，一个综合性项目计划，以英国日间医院模式为基础，将高龄老人所必需的医疗服务和社会支持服务整合在一起。随后，"On Lok" 不断扩大其"医"与"养"的服务，美国也拨款支持"On Lok" 进行试点。1986 年，美国国会批准了 10 个类似的站点。

1997 年，美国的平衡预算法案将 PACE（the program of all inclusive care for the elderly）模式正式纳入医疗保险（medicare）和政府医疗补助（medicaid）之中。PACE 是一种创新模式，通过提供一系列综合性预防措施、急性护理和长期护理服务，管理衰弱老人复杂多变的医疗、功能和社会需求。PACE 的创建旨在为客户、家庭、护理人员和专业医疗服务提供者提供充分的灵活度，以满足客户的多元医疗保健需求，同时保证其继续在社区中安全生活。PACE 计划的目的是提供预付费、全额支付、全面的医疗保健服务，旨在提高衰弱老年人的生活质量和自主性，在医疗资源和社区可行的情况下，最大限度地对老年人给予尊重和支持，让衰弱的老年人能够在家中和社区安享晚年生活，同时保留和支持老年人的家庭单位。PACE 不仅为参与者提供医疗保险和政府医疗补助所涵盖的所有护理和服务，而且由跨学科团队（interdisciplinary team）授权后，PACE 亦可提供医疗保险和政府医疗补助未涵盖的其他必要医疗护理和服务。

此外，美国 CCRC 模式也值得借鉴。CCRC 养老模式综合了机构养老、社区养老等多种养老模式，是专为老人打造的，提供娱乐、照料、护理等综合服务的全日制式付费养老社区。持续护理退休社区面向那些退休不久、当前生活能够自理、但不想由于未来生活自理能力的下降而被迫频繁更换居所的老人。在 CCRC 养老模式下，有需求的老人可付费入住社区，生活能够自理时无需照料，餐厅、超市及各种娱乐活动场所一应俱全。在老人健康状况和自理能力发生变化时，依然可以在熟悉的环境中继续居住，但可获得与身体状况相对应的照料、护理服务。为了实现对入住老人的持续护理服务，此类社区一般是生活自理单元、生活协助单元与特殊护理单元的混合。

三、美国居家社区养老服务经验借鉴与启示

（一）政府、公益组织和私营机构功能互补，构建多层次养老服务体系

政府资助包括对老人的住房补助、医疗补助和居家养老项目补助。除政府外，美国的公

笔记栏

民社会也为居家养老提供了庞大的服务队伍,美国拥有世界上最大的非营利性质的老年照顾机构和数量最多的义工队伍,为居家老人提供膳食和护理等服务,是对政府行为和商业机构的有力补充。

(二) 鼓励发展社保、商业保险和个人理财,建立多样化养老服务支付体系

美国政府提供的养老金只为退休人员提供基本生活保障,一般只占退休收入的 40% 左右,更多的老年人通过购买保险和个人理财方式支付剩余的养老费用。为了晚年生活更有保障,美国老年人在退休前就会规划各种理财方案。美国联邦政府的"401K 退休计划"规定雇员和雇主共同缴费建立退休账户,员工自选金融理财产品进行长期投资,到退休后员工即可分期领取账户养老金。

(三) 建立多样化针对性社区养老模式,实现社区配套和功能有机融合

美国直接融资市场较为成熟,直接融资占整个金融市场的比重达 90% 以上。其中,房地产信托投资基金是养老地产的主要融资方式之一。当前我国的机构养老床位紧张,而依托社区的居家养老服务需求也存在多样化和多层次性的特征。我们可以借鉴美国老年房地产模式运作的思路,针对不同的群体建立多样化的、有针对性的社区模式,实现社区配套和功能的有机融合。

(四) 加速多学科医疗养老团队的构建,满足养老者健康需求

PACE 最大的特色就是多学科医疗团队的组建,PACE 团队成员主要有医疗服务专家、初级保健医生、有护理学基础的社工、营养师、物理治疗师、作业理疗师、活动协调员、注册护士、家庭护理员、司机等。PACE 的团队会根据老年人的需求和健康状况评估,包括身体、医疗、心理、社会及文化等方面。

四、典型案例之美国 Elite Care 养老社区

作为美国第一家建立家庭门户网站的养老社区,Elite Care 社区提供生活自理型、生活协助型、记忆护理型养老服务,独特的养老服务模式在美国各大主流媒体上被争相报道,其中空间环境设计、专业护理服务及互联网科技设备上的应用是其特色。

(一) 人性化的空间设计

Elite Care 社区包括 Oatfield Estates 社区及 Fanno Creak 社区。两个社区附近设有医院或医疗服务中心和消防站,便于及时处理医疗事件和突发事故。Oatfield Estates 社区内的每栋别墅内可容纳 12 名老年人居住,内设独立的房间、通透的阳台和共享厨房。社区充分考虑老年人的生理特点,别墅内采用短过道和宽敞的出入口,避免长走廊给老年人带来心理困惑和焦虑,并设计紧密相连的空间格局,旨在促进老年住户间的关系建立。

Elite Care 没有根据老年住户的认知差别来分隔他们的住所,不同年龄段的老年居民可自由选择居住环境。老年居民可在社区内种植蔬菜,在享用有机蔬菜的同时,增强日常活动的参与度,促进身心健康。

(二) 优质的护理服务和完备的住户评价体系

社区配备了专业且经验丰富的服务团队,提供专业护士上门服务及医生定期诊疗。完善的监管体系有助于提高服务质量,社区制定了一套包括三大方面(居住环境、精神健康服务、安全)10 个项目的住户评价体系,通过住户本人及其家人对工作人员和护理员的服务满意度进行调查。

1. 居住环境方面(30%)

(1)优雅地结束生命(20%):社区住户在生命最后 6 个月内住院时间平均不超过 6 天,能够在家中度过最后的温馨时光,这说明他们在社区得到了优质照顾。

(2)紧急呼叫次数(10%):突发性摔倒、压力、焦虑或其他并发症的发生都会导致紧急呼叫次数增加,次数越少反映出护理人员工作越到位。

2. 精神健康服务方面(50%)

(1)每周一次家庭聚会(5%)。

(2)每周户外集体活动(5%)。

(3)社区例会(10%):例会有利于促进住户与工作人员开展交流。

(4)每日茶会(5%)。

(5)饮食(10%)。

(6)访客用餐参与度(15%)。

3. 安全方面(20%)

(1)通知公告(10%):最大程度宣传积极正面的思想。

(2)护士上门服务(10%):护士每日检测与记录居民的健康情况。

(三)互联网平台及技术设备在老年服务中的应用

1. 社区宣传　作为全美第一个借助互联网平台实现家人实时查看的养老社区,Elite Care社区对家庭极具吸引力。官方网站人性化设计的首页通过彩色模块和温馨图片给老年人及其家人传递了可靠的企业形象。Elite Care养老社区的技术创新服务的管理模式在美国全国广播电视台、国家公共电台、纽约时报等媒体都有专题报道,相关链接呈现在首页,方便访客浏览。

2. 预约参观或入住　社区的位置信息、建筑结构、周边环境、技术设施、服务团队、家庭门户网站等信息在网站设有专栏介绍,可在线预约参观,亲自体验后再做出申请,也可直接通过网络平台或电话提交入住申请。

3. 医护协助设施

(1)轻便徽章:社区内配备了24小时监控系统,超过1 000个感应设备在社区各位置运行。老年居民可自行选择佩戴与感应设备相配的轻便徽章,一旦有任何需要或发生意外,只需按下徽章上的红色紧急按钮,内设芯片实时锁定的位置信息便于工作人员及时提供救援;徽章还可充当房间的电子钥匙,避免患有阿尔茨海默病或其他痴呆症的老年人把自己锁在房内。

(2)负荷传感器:社区在每位住户的床下安装负荷传感器,以监护老年人体重变化,夜间睡眠情况等。

(3)触屏电脑:每间房间配备触屏电脑,除方便住户上网外,还可设置吃饭、睡觉和用药提醒。工作人员通过监护系统的中央数据库查看整个社区情况,包括房间设备的正常运行、房间内的安全与温度等信息、每名住户的位置信息及是否有突发状况发生。该数据库同时对住户家人开放,家人可通过密码登录家庭门户网站,随时查看住户的健康数据和居住情况。技术设备与监护系统的使用有效提高了服务质量。

第四节　新加坡居家社区养老服务

在居家社区养老服务发展过程中,新加坡非常注重政府引导与家庭伦理观念。面对人口老龄化问题,新加坡确立了专门的法律制度和公积金制度,明确个人和子女在养老方面的责任。此外,新加坡还自上而下设立了完善的服务中心,为老年人提供丰富多样的居家社区养老服务。

笔记栏

一、新加坡居家社区养老服务概述

（一）服务内容

新加坡的“老人”通常不叫“老人”而叫“乐龄人士”，可见社会对老人的尊敬。这种尊敬得力于新加坡政府的积极引导。面对人口老龄化，新加坡从国家层面到社区各个层面都建立了乐龄理事会，设立乐龄中心，组织开展有意义的活动或文体项目。新加坡社区居家养老的实践如表所示（表2-4）。

表2-4　新加坡社区居家养老的实践

内容	概述
基础体系	中央公积金制度，强制储蓄计划，强调个人责任和养老规划（涵盖养老、医疗、教育、住房公积金等多项基本内容）
老有所养	1. 东方传统家庭伦理观和儒家孝道文化 2.《赡养父母法令》的颁布 3. 社区服务外包 4. “以房养老”政策有效运行
老有所居	1. 新加坡的组屋建设统一由政府规划建设，价格合理，属于保障性质 2. 鼓励子女与父母同住，提供“三合一”住宅设计，有买房政策的优惠
老有所乐	1. 成立乐龄理事会 2. 社区安排多种形式的体育及文化娱乐活动，鼓励学教，丰富老年人生活 3. 利用自己特长，在社区中发挥余热，从事力所能及工作

（二）运行机制

新加坡将西方市场经济制度与东方家庭价值观念结合，政府鼓励个人规划自己的晚年生活，以中央公积金制度为基础，采取各种税收优惠，财政支持帮助，个人、家庭、社区各尽其责，形成了全社会动员的养老制度，即中央公积金制度辅以社会参与。中央公积金制度是新加坡整个社会保障体系的基础。中央公积金制度中有家庭保障计划，包括“家属保障计划”和“家庭保护计划”。前者是一种定期人寿保险，目的是为公积金会员及其家属在会员终身残疾或死亡时提供应急资金；而后者是一种强制性保险，目的是保证会员具备归还贷款的能力。公积金制度解决了新加坡养老的经济问题。目前新加坡居家社区养老服务的资金来源主要为中央公积金，辅以政府投入。

知识链接

新加坡的中央公积金

1955年，新加坡开始建立中央公积金制度，并设立中央公积金局，对公积金实行全国统一管理。新加坡《中央公积金法》规定，雇主和雇员分别按雇员月收入的法定比例缴纳公积金，并全部存入完全积累式的个人账户中。分别存在以下三个户头：普通户头（ordinary account，公积金的72.5%，用于购买除养老和医疗保险之外的保险、购置产业、进行获批准的投资、教育支出，还可用于转拨款项以供父母退休账户使用）、保健储蓄户头（medicare account，公积金的17.5%，用于支付医院的账单和购买获准的医疗保险）和特别户头（special account，公积金的10%，用于养老保险和特别急用）。雇主和雇员缴纳的保险费率并非一成不变，而会随着经济的发展不断提高。目前不超过55岁雇员的公积金总缴费率为40%，其中雇主和雇员各承担20%。55岁以上至60岁

笔记栏

的总缴费率为20%,其中雇主承担7.5%,雇员承担12.5%;60岁以上至65岁的总缴费率为15%,其中雇主和雇员各承担7.5%;65岁以上的总缴费率为10%,其中雇主和雇员各承担5%。2012年,公积金的缴费率又由之前的40%下调为36%,其中雇主承担20%,雇员承担16%,同样根据不同的年龄段设置了不同的缴费比例。

二、新加坡养老保障体系形成和发展

20世纪50年代,新加坡人民生活很艰苦,老年人生活没有保障,而当时的英国殖民政府也不愿意负担养老支出,因此当时新加坡选择了完全由雇主和雇员承担的强制储蓄型社会保险制度。新加坡的观念一直都是"政府不养老、企业不养老",因此新加坡在建国初期就建立了中央公积金制度,其基本宗旨是为退休的员工或者提前非自愿脱离劳动力的员工设置强制储蓄计划,若在法定退休年龄之前,中途离职或者失业则不能领取公积金。

2004年,新加坡将"在地安老"作为其基本国策,政府大力支持和鼓励子女与父母同住并赡养老人,倡导通过家庭实现居家养老。1995年国会通过《赡养父母法令》,新加坡成为世界上第一个为"赡养父母"立法的国家,明确年青一代的养老责任,对于不赡养父母者予以法律的严惩。"老有所居""居者有其屋"是世界上各个国家社会保障目标中非常重要的一个方面,新加坡在这个方面做得比较成功。

为鼓励子女与父母同住,新加坡政府不仅为需要赡养老人的低收入家庭提供养老、医疗方面的津贴,从而减轻其家庭负担,提高其赡养老人的积极性,还会在建筑设计上采用适合几代同堂的户型设计。同时新加坡"以房养老"模式运行也比较成功,62岁以上的乐龄人士除了可以从公积金账户中领取养老金度日外,还可以将自己拥有的祖屋或私人房产进行部分或全部出租,以换取租金养老。

此外,新加坡以房养老还有一种形式:60岁以上的老年人可申请将房子抵押给有政府背景的公益性机构或金融机构,由这些机构一次性或分期支付养老金。老人仍居住在自己熟悉的住房内,待其去世后,房屋产权由这些机构处置,进行抵押变现并结算利息,剩余的钱则交给其继承人,这也是居家养老的一种资源有效利用的形式。正是因为政府为赡养老人的家庭提供了大力的经济援助,使这些家庭的老人在住房、医疗等方面确实享受到实惠,因此绝大部分新加坡人仍选择家庭养老的方式,而且能够在年老之后享受三世同堂的天伦之乐。

三、新加坡居家社区养老服务经验借鉴与启示

(一) 激发政府养老立法积极能动性,构建多元主体共同参与养老服务体系

新加坡将社会养老作为一个系统工程来对待,在政策制定上,将个人、家庭、社区、国家四个层面都纳入老年人服务体系的构建当中。要求个人必须负起责任规划自己的晚年生活,家庭要成为提供照料的基础,社区要协助和支持家庭,担负起照顾老人的责任,国家提供基本框架,创造条件,帮助个人、家庭和社区各尽其责。

(二) 重视东方家庭伦理价值观念,强调家庭和社区在养老中的作用

2007年新加坡人口老龄化问题部长级委员会将"成功老龄化"定为应对人口老龄化问题的目标,并将"原地养老"确定为实现该目标的战略重点之一。由此,新加坡的居家社区养老获得很大的重视。新加坡依据本国的实际情况,成立了"三合一家庭中心",即幼儿日

笔记栏

托中心、学生托管中心和老年托管中心，将托老所和托儿所有机地结合在一起，这种将老人和幼儿一起送到日托所的办法，不但顺应了社会发展的需要，消除了年轻人的后顾之忧，而且满足了老年人的精神需求，增进了人际交往与沟通。新加坡的居家养老模式也是比较典型融合西方市场经济制度和东方家庭伦理价值观念的家庭型居家养老模式。

四、典型案例之新加坡海军部村庄

海军部村庄由新加坡建屋发展局领衔，七个政府部门和机构共同参与打造，其出发点是为年长者打造一个宜居空间，建设背景则是新加坡正在面临的社会老龄化。因靠近海军部地铁站，海军部村庄因此得名。

海军部村庄占地 9 000m^2，建有 104 个小型公寓，分为 36m^2 和 45m^2 两款。新加坡 55 岁以上人士，只要名下无组屋或其他私人产权住房都可以申请入住。公寓的居住年限是 30 年，到期后可以再申请续住。

（一）“垂直村庄”的空间设计

海军部村庄左侧为 2 栋高层老年公寓，右侧为公共服务设施。公共服务设施部分可分三部分：

下部一、二层为公共广场、商业、小贩中心。一层为市民活动广场和商业服务设施，市民可以在市民活动广场组织各种社区活动、健身舞等活动，商业服务设施主要包括药店、便利店、小型餐饮、面包店等生活服务设施。二层的小贩中心可提供一日三餐，且每个摊位须保障有售价 2.8 元新币的餐食提供，50% 以上餐食须符合新加坡保健促进局提出的健康美食的标准，如低胆固醇和少油炸等。入驻村庄的超市必须在空间上满足轮椅的通行需求，也会在价格上给予年长者 3% 左右的折扣。为了鼓励年长者走出家门接触社会，海军部村庄鼓励入驻商户提供工作机会给年长人士。

中间三、四层为老年医疗康养中心，可提供门诊治疗、日间手术、复健、眼科、骨外科、泌尿科等医疗服务。

上部五层及以上为幼儿园、托儿所、早教机构、老年娱乐及服务设施等。

此外，村庄的屋顶花园还开辟了一个 150m^2 的社区种植园，让爱好耕种的居民种植蔬菜和草药，重拾旧时的村庄情怀。

该项目被设计成一个“垂直建筑群”，这 3 个不同功能的楼层将不同的建筑串联在一起，通过相互交融实现了功能设施的多样性；并与医疗、社会、商业和其他设施保持紧密的联系，同时也有助于增进代际关系，让老人们享有积极健康的生活环境。

（二）包容和融合的设计理念

海军部村庄最令人感动的部分，并不是设计者在各种细节上考虑了年长者的使用习惯和需求，而是这里希望营造的包容和融合的氛围。在新加坡老龄化日渐加重的情况下，不论是在养老院养老，还是在家养老，老人们大多承受着与子女分离的孤独生活，也日渐成为社会的边缘。海军部村庄则要打破区隔，促进各年龄层人群的互动。例如村庄五层的托儿所有 200 个学额，年长者和孩童将共享社区花园空间。二层的小贩中心有 900 个用餐座位，附近居民也能前来享用美食。年轻家长将孩子入托在这里，也在这里购物、享用美食，这样一家老小有更多机会在一起。父母下班也不必急匆匆赶来接孩子，祖父母们已经为你们接好了孩子，祖孙还能享受更多的快乐时光。随着社会的老龄化，海军部村庄将会是未来公共住房的典范，旨在鼓励居民及其家人团结起来建立一个社区。

（朱天民　徐冬平）

笔记栏

扫一扫
测一测

复习思考题

1. 日本养老服务体系包括哪些主要形式？简要描述每种形式的特点。
2. 请结合我国国情，分析英国居家社区养老服务实践中可借鉴的经验有哪些。
3. 按照养老需求层次分类，美国最基本的居家社区养老模式有哪些。
4. 请分析我国居家社区养老服务与新加坡居家社区养老服务的区别和联系。

PPT 课件

第三章 中国居家社区养老服务发展

学习目标

知识目标

掌握中国居家社区养老服务发展的进程和政策演变，了解各地居家社区养老的经验模式，提升对未来居家社区养老服务理念的认识。

能力目标

熟悉我国各个时期养老服务政策的要点和核心，熟知政策的导向和发展趋势，能够较好地借鉴国内居家社区养老服务的经验，为自己所在地区提供更好的服务。

素质目标

深刻认识到我国居家社区养老服务的未来发展趋势，深刻理解养老服务专业的基本要求，培养主动投身于养老服务业的基本素养。

课程思政目标

体会到我国养老服务政策对老年人的友好，激发参与和支持养老服务事业的积极性。

【学习要点】

1. 我国居家社区养老服务的政策历程。
2. 我国各地区居家社区养老服务的主要模式。
3. 我国居家社区养老服务的发展趋势。

第一节 中国居家社区养老服务发展历程

中华人民共和国成立至今，我国养老方式和养老服务体系建设发生了根本性变化，回顾这一发展历程，大致可以分成以下四个发展阶段。在每一个发展阶段中，家庭养老、居家养老、社区养老、机构养老的意涵和方式及支持政策也在不断地演变和发展。

一、初创萌芽期：中华人民共和国成立到改革开放初期

从中华人民共和国成立到改革开放初期，我国仍然延续了传统的家庭养老模式，但是随着社会福利制度的逐步建立，部分责任由家庭转向国家和单位承担。在城镇，单位提供职工及家属的福利，无劳动能力、无生活来源、无法定赡养人和抚养人的城镇“三无”老年人则由政府送到公办养老院集中供养；在农村，绝大多数老年人的养老责任由家庭承担，对于缺乏劳动能力或者完全丧失劳动能力，生活没有依靠的老、弱、孤、寡、残疾的老年人，则实施“五

笔记栏

保供养”制度。城镇“三无”老人集中供养和农村“五保供养”制度的建立和实施，形成了大多数老年人家庭养老、一部分特殊老年人入住养老机构的格局，这一模式一直延续到改革开放初期。

二、探索形成期：20世纪70年代末到1999年

1979年民政部召开全国城市社会救济福利工作会议，开启了社会福利改革的进程。1984年民政部明确提出了“社会福利社会办”的指导思想，随后，养老机构改制成为社会化福利部门，部分公办机构开始面向社会开放，普通老年人可以自费入住，公办养老机构的经营和管理实行“公建民营”改革，走向了社会化的开放和激励模式。2000年，《关于加快实现社会福利社会化的意见》（国办发〔2000〕19号）明确提出国家资助社会各方面力量积极兴办社会福利事业，建立投资主体多元化、福利对象公众化、运营方式市场化、服务内容多样化、服务队伍专业化的新型社会福利体系。自此，我国机构养老一直延续着市场化、社会化、专业化的方向发展，机构养老床位数不断增加，服务内容不断拓展，服务质量不断提高。

与此同时，自20世纪80年代开始，顺应从计划经济向社会主义市场经济的转轨，我国逐步推进社区服务体制和基层社会治理体制的改革。1986年民政部第一次提出了在城市开展社区服务工作的要求，并在全国的大、中、小城市进行了一系列的试点和推广工作。社区服务是以社区为单位组织的区域性社会福利服务，包括面向老年人、残疾人、儿童和优待对象等特殊社会群体提供救助性的福利服务，也包括面向社区内一般居民的便民利民服务和面向社区内各种组织和单位的服务。此后，社区服务与居家养老紧密相连，社区为居家养老提供支持，也使居家养老的发展有了较高的起点和较好的基础。

三、快速发展期：2000—2012年

从1999年底2000年初开始，我国进入人口老龄化社会，养老需求激增，受计划生育政策等多方面影响，家庭小型化、“4-2-1”家庭结构逐步凸显，我国养老服务政策导向也从完善养老服务方式向构建科学完备的社会养老服务体系转变，养老服务发展呈现机构、社区、居家三种基本养老方式齐头并进、体系化发展的特征。

2000年8月，中共中央、国务院发布的《关于加强老龄工作的决定》（中发〔2000〕13号）指出，要建立健全社区管理和社区服务体系，发展老年服务业。坚持家庭养老与社会养老相结合，充分发挥家庭养老的积极作用，建立和完善老年社会服务体系。建立家庭养老为基础、社区服务为依托、社会养老为补充的养老机制。2001年，民政部在全国推行“社区老年福利星光计划”，要求各地形成社区居委会有站点、街道有服务中心的社区老年人福利服务设施网络，覆盖住养、入户服务、紧急援助、日间照料、保健康复、文体娱乐等项目。

2006年2月，国务院办公厅发布《关于加快发展养老服务业意见》（国办发〔2006〕6号）。该文件提出，“鼓励发展居家老人服务业务”“逐步建立和完善以居家养老为基础、社区服务为依托、机构养老为补充的服务体系”。此时，“居家”代替以往“家庭”的提法，标志着发展居家养老已经成为我国解决养老服务难题的基本政策取向。2008年，全国老龄工作委员会办公室联合多部门颁布《关于全面推进居家养老服务工作的意见》（全国老龄办发〔2008〕4号），规定“居家养老服务是指政府和社会力量依托社区，为居家的老年人提供生活照料、家政服务、康复护理和精神慰藉等方面服务的一种服务形式”。

2011年9月发布的《中国老龄事业发展“十二五”规划》（国发〔2011〕28号）明确提出：以居家养老为基础、社区养老为依托、机构养老为支撑，并第一次提出了90∶7∶3的结构目标，也就是说，90%的老年人接受居家养老服务，7%的老年人接受社区养老服务，3%的

笔记栏

老年人接受机构养老服务，这一目标也成为各地指导养老服务设施建设的主要依据，一直延续至今。尽管各地根据人口老龄化的情况不同有所微调（比如上海提出的是 90∶6∶4），但总体上按照这一原则进行设施布局，从而形成了机构、社区、居家三种养老方式按照适当的比例机构统筹发展的格局。

四、创新提升期：2013 年至今

党的十八大以来，党中央高度重视老龄工作，出台了一系列政策方针，我国老龄事业发展迎来全新的局面，社会养老服务体系建设也呈现出新的格局。2016 年 3 月发布的《中华人民共和国国民经济和社会发展第十三个五年规划纲要》提出“建立以居家为基础、社区为依托、机构为补充的多层次养老服务体系”，这反映了我国社会养老服务体系建设的基本思路。2017 年 2 月出台的《“十三五”国家老龄事业发展和养老体系建设规划》（国发〔2017〕13 号）再次强调要夯实居家社区养老服务基础，大力发展居家社区养老服务，加强社区养老服务设施建设。2019 年 3 月国务院办公厅印发的《关于推进养老服务发展的意见》（国办发〔2019〕5 号）对“推动居家、社区和机构养老融合发展”提出明确要求。2019 年 10 月，党的十九届四中全会进一步提出“构建居家社区机构相协调、医养康养相结合的养老服务体系”。2020 年 10 月，党的十九届五中全会通过了《中共中央关于制定国民经济和社会发展第十四个五年规划和二〇三五年远景目标的建议》，提出“实施积极应对人口老龄化国家战略”，这在历次党的全会文献中是第一次，是以习近平同志为核心的党中央总揽全局、审时度势作出的重大战略部署。“实施积极应对人口老龄化国家战略”，为进一步完善社会养老服务体系提供了更为广阔的政策创新空间。2021 年，《中共中央 国务院关于加强新时代老龄工作的意见》进一步明确要求“创新居家社区养老服务模式”以“健全养老服务体系”，“走出一条中国特色积极应对人口老龄化道路”。

思政元素

康平县：以主题教育成效助推“品质养老”再上新台阶

辽宁省康平县深入研究养老品质内涵，依托居家养老服务中心打造“敬老文化、养老文化”，以为老服务质量为重点，加快构建社区居家养老服务圈，居家养老服务得到持续优化，并开展农村互助养老服务，建立老年人信息台账和互助帮扶档案，通过邻里互助、亲友相助、志愿服务等模式，为老人开展助农、助洁、助购、助餐、助急等服务。康平县民政局深入开展“四下基层”活动，坚持问需于民、问计于民，针对老年人“就餐难”问题，开展老年人助餐暖心行动，在康平县城区确定了 8 个助餐点位，采取中央厨房统一制餐、集中配送的方式提供服务。社区（村屯）养老服务不断扩大，实施社区养老服务设施配建达标行动，在康平县城区内建成 2 个区域居家养老服务中心和 18 个养老服务站，在农村建成 15 个村级养老服务站，为老年人提供短期托养、文体娱乐、健康体检、理疗等服务。并在康平县开展特殊困难老年人探访关爱行动，开展“守护夕阳，温情探访”专项行动，按照老年人年龄、身体状况等实施分层分类探访，实现探访关爱空巢留守等特殊困难老年人全覆盖。

在国家政策导引下，我国传统的家庭养老、社区养老模式从内涵上也发生了深刻的变化，出现了融合发展的趋势。一方面，机构养老的内涵进一步拓展，出现了“公办养老机构、

笔记栏

公建民营机构”“营利性养老机构、非营利性养老机构”等不同形态共存的格局,国家政策倡导和鼓励养老机构利用专业优势开展延伸到居家的上门服务,也鼓励专门从事居家服务的专业化公司的发展,在互联网智慧技术的支持下,线上线下相结合,从事专业化居家养老服务的公司应运而生。

这一时期,社区和居家养老的概念进一步融合,出现居家社区养老模式。从实践发展看,大多数老年人选择居家养老的居住形态,由社区提供良好的养老环境和服务,形成“社区+居家”养老的服务链条。具体是指:以居家为基础,依托社区养老服务和设施,来满足居住在家中的老年人养老需求的养老模式,具体的养老服务内容包括生活照料、医疗护理、紧急救援、文体娱乐、精神慰藉、健康管理、康复辅助等。居家社区养老的工作理念,拓展了养老服务的内涵,使老年人能公平享有社会福利资源。社区养老的基本原则之一就是去机构化,这本身就是一种“人权”“人道”和“仁爱”理念的折射。从实施情况来看,居家社区养老服务,一方面使社区资源得到充分利用,另一方面通过为老年人提供无偿、低偿的服务,缓解了家庭和社会的养老压力。从世界各种社会福利体制改革的实践来看,社区照顾作为当前国外社会福利服务的一个输送模式和社会工作的一个重要发展方向,已经得到普遍的应用和发展。

目前居家社区养老服务基本上涵盖了不同层次养老需求的内容,为了科学有效地管理和提供便捷服务途径,将高新技术和大数据平台引入居家社区养老福利领域是一种创新思维,这也意味着居家社区养老服务进入功能的提升时期。

第二节　中国居家社区养老服务发展经验

习近平总书记强调,我国已经进入老龄化社会,老年人越来越长寿,对老年人的服务要跟上。立足我国现实探究中国特色的居家社区养老服务模式,已不仅仅是民生的重中之重,更成为实施积极应对人口老龄化国家战略和夯实高质量发展格局的重要举措。

一、北京:政府主导购买服务的居家社区养老服务模式

随着我国进入老龄化社会,老年人口数量持续增加,养老服务需求规模不断扩大,需求类型更加多元。居家社区养老模式综合了传统家庭养老、机构养老和社区养老模式的优点,实践成效显著,成为当前普遍关注的养老模式。北京经济技术开发区(以下简称经开区)以政府购买基本公共服务的形式,从供给侧出发构建了便捷型、拓展性、对应型的“三位一体”城市居家社区养老服务体系。

(一)生活照料需求的便捷型供给模式

1. 以养老服务驿站为依托,提供便捷的生活照料服务　社区养老服务驿站是充分利用社区资源,就近为有需求的居家老年人提供生活照料、陪伴护理、心理支持、社会交流等服务,由法人或具有法人资质的专业团队运营的养老服务机构。养老服务驿站作为城市的终端养老服务设施、老年人家门口的“服务管家”,对提高居家社区养老服务质量至关重要。自2016年北京市启动全市推广驿站式养老以来,经过几年发展,养老驿站已经在全市“落地开花”。截至2021年底,北京市已建成运营养老驿站1 087家,成为就近精准养老服务体系的基础,被称为老年人“第二个家”。当前,经开区内已建成4家社区养老服务驿站,政府通过购买公共服务形式选定第三方机构,以委托运营方式负责驿站日常运行。目前,这4家驿站由第三方健康管理有限公司进行日常管理,为老人就近提供日间照料、健康指导、呼叫

笔记栏

服务、文化娱乐、心理慰藉、助餐服务等六项基础养老服务。通过驿站责任片区划分和基本养老服务对象的认领工作，建立并完善了老年人档案，同时驿站创新服务内容，推出了中医调理、按摩理疗等特色服务，形成了“一站式、多元化”的“6+N”为老服务体系，较好地满足了老年人生活照料、陪伴护理、心理支持、社会交流等日常需求。

2. 以一刻钟便民商圈为载体，提供便捷的日常生活服务　一刻钟便民生活圈，是社区商圈的形象化表达，指位于社区内部或周边，面向所在社区消费人群，满足步行15分钟范围内日常生活需求和品质消费需求的商圈。“便捷”是对于一刻钟便民生活圈的布局要求，包括早点快餐店、便利店、中小型超市、菜市场、洗染店、美容美发店、维修店（点）、药店、书籍音像店、照相冲扩店和家庭服务等业态，实现“小的需求不出社区，大的需求不远离社区”的便捷服务。北京市经开区的一刻钟便民生活圈以“亦城家园中心”为载体打造。亦城家园中心是经开区政府购买基本公共服务的主要内容之一，按照“委托运营＋资源集聚”的形式，通过招投标形式确定第三方公司为建设运营管理方，通过资源集聚的方式统筹辖区内的一刻钟商圈服务商资源，从而意图打造成为一站式的便民服务综合体，满足居民“最后一公里”的商业需求。目前，经开区已经建成5家“亦城家园中心”一站式便民服务综合体，为周边居民提供菜篮子、老年食堂、书店、儿童托管等服务使得综合便民服务体系基本形成。

3. 以社会组织为支撑，提供便捷的巡视探访服务　北京市经开区以政府购买形式，依托第三方社会组织积极开展巡视探访服务，构建了“建档—巡访—反馈—响应”的政社互动式巡视探访服务体系，有效满足了区内空巢老人、独居老人的陪伴关怀、精神慰藉需求。第三方社会组织首先建立了巡视探访服务档案，摸清了辖区内巡视探访服务对象底数。以“电话＋上门”的形式开展巡视探访服务，对老年人的健康状况、精神状态、安全情况、卫生环境、居住环境等方面进行定期询问、提醒和评估。通过上述工作，第三方能实现对老年群体的健康信息和身体状态的实时把握，并依托居家养老服务巡视探访服务系统、手机应用程序（App）等信息化手段，建立服务对象需求台账，以月度为单位汇总整理，报送至街道。街道根据社工组织反馈的信息，做出针对性响应，从而及时有效满足老年人及其家庭养老服务需求。

（二）医疗保健需求的拓展型供给模式

针对老年人的广泛基本就医需求，经开区采取了扩充区域医疗资源供给容量和丰富医疗保健服务形式的思路来满足需求。一是拓展区域内医疗卫生保健的供给服务容量，通过持续推进北京同仁医院亦庄分院二期工程、北京急救中心经开区分中心的建设施工，启动了3所社区卫生服务中心的建设，全面扩充医疗保健资源供给能力。二是拓展医疗卫生保健服务的供给形式。经开区辖区内的公立医疗机构均提供了疾病诊疗、家庭医生签约和健康档案管理等医疗服务，丰富了医疗保健服务形式，总体上满足了全区老年人基本就医需求。此外，积极与第三方社会组织合作，通过志愿服务、区域共建的形式，拓展了老年人卫生保健服务的供给形式。

（三）个性化需求的对应型供给模式

1. 以适老改造为抓手，推进人居环境友好便捷　生活环境和居家环境的适老化改造，既能提升老年人居家养老的安全性、便利性和舒适性，也是消除各种安全隐患的必要选择。经开区的适老化改造主要以政府购买市场施工工程服务，引入第三方施工队伍进行改造施工，政府和社区负责质量监督。改造主要包括三个方面：一是小区、公园、绿地等公共活动场所的适老化改造，包括在小区内加装楼梯扶手，对单元门进行坡道改造，为辖区老年人提供更加安全、便利、健康的生活环境。二是居家环境的改造，包括室内地面防滑、浴缸拆除、线路改造、智能家居等各类服务，基本覆盖老年人居家生活的各个方面，有效地排除了各类安

全隐患。三是提升老年文体活动场所和设施的覆盖率。针对老年人较大的文体活动场所和设施的需求，在辖区内各个社区实现了健身器材、健身步道、乒乓球室、舞蹈活动教室的全面配备。

2. 以老年兴趣社团为载体，丰富各类文体服务供给形式 例如，某街道以政府购买形式，委托第三方服务机构在社区内开展“文化润茗苑”活动，通过组织开展日常活动、筹备对外宣传及展览等形式培育书法社、话剧社两个社区自组织文化群体，以此带动社区老年居民参与文化活动，满足老年群体在文化体育、精神娱乐方面的多样化需求。此外，经开区各街道和社区也组建了柔力球队、舞蹈队、模特队、书法班、工笔画班、合唱团、乒乓球队等各类老年人兴趣社团，开展各类文体比赛和活动，满足老年人的文体活动需求。

二、上海：产业化带动当地就业的居家社区养老服务模式

上海浦东新区的产业化带动当地就业的居家社区养老模式实例为我国其他城市的发展提供了良好的借鉴和范式，上海主张将养老服务产业化，带动地区就业人口增多。

由于家庭规模的逐渐缩小，老年人口占家庭成员的比例升高，又加上传统的机构养老不能满足绝大多数老年人的生活照料需求，这种社会化的养老供需失衡必须依照社会福利社会化的策略解决，单单依靠政府的力量是很难提供多样、足量的养老服务的。社会化进程中的问题应该通过社会化方式解决，社会福利理所当然也应社会化，由政府出面安排，出资购买，引入社会民间非营利组织进入社区，提供公共养老服务，缓解供需紧张的状况。社会民间非营利组织指在民政部门有登记，合法的民办非企业单位、非营利组织，不以营利为目的，适合成为政府的养老服务购买对象。此类社会民间非营利组织分为市、区（县）、街道（镇）三级，服务对象多为60周岁以上的生活不能自理或是可半自理的老年人，以老年养老服务中心、老年日间照料中心、助老服务社的形式出现，其中老年养老服务中心分为上门护理和日间照料两种。在居家社区养老探索实践中引入非营利组织可谓是上海浦东新区的一大特色工程，为其他地区提供了示范作用。政府将养老服务外包给民间的非营利组织，符合多中心治理原则、福利多元主义及新公共服务理论，带给人民群众切实的利益，而且民间组织一旦得到政府的扶持而蓬勃发展起来，能够创造更多的就业机会，尤其是可以一定程度上解决弱势群体的就业生计问题。非营利组织的非营利性，让它区别于一般的企业，在满足老年人需求的同时，也非常关心提供服务者的福利待遇，其就业岗位多招募社会下岗失业人群、进城务工的农民、伤残人士等，为社会稳定和国家社会保障事业的发展贡献力量。正因为优势良多，国家鼓励民间非营利组织的发展，逐步降低准入标准，并提高补贴额度。同时，政府加强监管，严格要求，将其优势发挥得更充分、更到位。正如上海浦东新区，政府将非营利组织划归为自己管辖，用派出机构——街道办事处对其进行适当的控制，街道办事处负责任命非营利组织的主要管理人员，有着重大决策和任务的裁定权，非营利组织还要定期向其汇报工作内容和成效，受其监督和管辖。

三、广州：注重老人精神需求的居家社区养老服务模式

广州市是我国老龄化程度较高的城市之一，也是较早开展居家社区养老服务模式实践的城市。从2005年初的原东山区试点，到2006年的海珠、天河、越秀、白云等七个区，再到2007年的全面铺开，广州市走出一条极具发展特色的新型居家社区养老服务模式的道路。无论是以荔湾区金花街为代表的社区服务中心运作型、以白云区松洲街为代表的民办养老机构运作型、以天河区员村街为代表的星光老年之家运作型，还是越秀区东湖街为代表的物业管理公司运作型，它们都有着共通之处，那就是政府在居家社区养老服务模式中所起的主

笔记栏

导作用。政府逐渐退出服务提供者的角色，转变成服务提供的寻觅者和购买者，以及对服务质量和服务内容的监管者，摆正了政府与市场之间的关系。尤其是引入了竞争机制，管理社区内部的企事业单位如物业管理公司，只要服务质量到位，具有竞争优势，在平等的竞争环境下就可以胜出，担任服务提供者的角色，这样不仅利用其就近便利的地理位置优势，而且由于物业公司还比较了解住户信息，便于消化内部交易成本，提高服务的质量和效率，这种公平竞争的做法值得推广。

另外，广州市的部分社区还非常注重老年人精神世界的充盈，完善社区医疗保健服务，积极开展各类老年健康知识讲座，普及有关老年疾病的预防和急救知识，做好老年人心理卫生咨询活动，通过现场开导或入户倾听的方式化解老年人精神方面的问题，为老年人的身心健康发展提供帮助和救护，给社区老年人实实在在的关怀。

四、江苏："机构＋社区＋居家"链式养老服务模式

江苏1982年就已进入老龄化社会，比全国提前17年。2020年第七次全国人口普查数据表明，南通市60周岁以上老年人口231.87万，占常住人口的30.01%。面对人口深度老龄化形势，南通市率先打破机构养老、社区养老和居家养老界限，探索出特色鲜明的"链式养老"模式。"链式养老"是以养老机构为支撑，通过充分发挥养老机构"三专"优势（专业人员、专业设施、专业技术），承接运营养老机构周边的社区日间照料中心和居家养老服务站，为居家老年人提供日间照料、助餐助医、康复护理等专业养老服务，形成"养老机构＋社区＋居家"的链式养老服务模式。

（一）建立长期护理保险制度，为"链式"养老提供有效支撑

2015年，南通率先建立基本照护保险制度，并被列入国家首批15个长期护理保险制度试点城市之一。经过将近十年的实践探索，南通的照护保险制度逐步成熟。另外，南通的照护保险与基本医疗保险同步，形成政府补贴、医保统筹基金筹集、个人缴纳、社会捐助的多元化动态筹资机制，建立了居家照护、机构照护和机构上门等多种照护服务方式。长期照护保险制度较大程度减轻了失能个人和家庭的经济负担和经济负担，为"链式养老"服务体系提供了有效支撑。

（二）专业机构承接居家社区养老服务，有效提升服务质量

居家养老仍是我国绝大多数老年人的选择。2018年，南通市出台《关于推进全市养老机构开展居家和社区养老服务的若干意见》，探索由养老机构发挥专业优势，承接运营社区养老服务设施（如社区日间照料中心、居家养老服务站），为居家社区老年人提供日间照料、康复护理等专业服务。这一举措率先打破机构养老、社区养老和居家养老界限。

目前，南通市已有近300家专业养老机构承接居家社区养老服务，并以执业护士和持证护理员为主的专业照护团队，已基本覆盖所有失能、长期卧床及患有各种慢性病的老人。专业的机构和照护团队，有效提高了养老服务质量，促使居家社区服务成为南通很多老年人的选择。

（三）通过政府补贴，逐步推动老年人形成购买服务的理念

针对"三无"老人、农村"五保"老人、低保家庭60周岁以上老人等8大类人员，南通实行不同的补贴标准，并通过政府购买服务的方式兑现。针对机构提供的服务，南通部分民政部门设有智慧养老服务平台，通过平台居家老人可以预约服务，主管部门也可以进行监督。

目前，南通市有将近20万老年人享受政府购买居家养老服务。虽然政府补贴不多，老年人大多将这笔费用使用到餐饮方面，但能够引导推动专业机构延伸服务，并逐步推动老年人形成"花钱购买服务"的理念，这对完善"链式"养老具有非常重要的意义。

五、天津：政府定向补贴的居家社区养老服务模式

根据2020年第七次全国人口普查结果，天津市常住人口中60岁及以上人口为300.27万人，占常住人口的21.66%，其中65岁及以上人口为204.57万人，占常住人口的14.75%。面对这样严峻的养老形势，天津市已逐渐形成具有天津特色的居家社区养老服务模式，实现居家社区养老服务全覆盖。每个老年人都可以按需求找到适合自己的养老形式。现将其特色之处具体介绍如下。

（一）"服务券"计时模式

这种模式最初是在天津滨海新区于2012年5月起试行并推广的，试点期间的服务对象是失能、半失能、卧床不起的老年人，经过创新服务模式，政府取消了原来纯发放资金的救助形式，替换为发放服务券，每张服务券对应两个小时的贴心服务。根据老人身体失能状况，将其分为轻度、中度、重度三个等级，每月分别发放15张、18张、21张服务券，也就是30个、36个、42个小时的服务额度。当老年人需要被照顾时，一个电话便可以叫来服务人员，方便的同时也带来了服务效率的提高。这种服务具有一对一的针对性，单为某个老人提供特殊的养老服务，比如洗澡、翻身、做饭、打扫卫生、购物及聊天等，这要根据老人的需要而定。为了使这种形式真正得到落实、获得成效，在提供服务之后可以做"售后回访"，通过电话或者上门访问的形式了解老年人对于服务的满意度，从而更好地提高服务质量。

（二）爱心门铃帮扶协议

爱心门铃帮扶协议就是驻社区企事业单位、楼长、邻里间签订一对一的结对子帮扶协议，需要照顾的老年人只需按响门铃或是电话求助，帮扶者将尽心尽力为老年人服务，这不仅有利于减轻家庭养老压力，还有助于邻里关系的和谐融洽，形成互帮互助的道德风尚，体现着诚信友爱的天津精神。尤其是对于空巢、高龄老年人的养老问题，政府更是鼓励邻居或是社区志愿者进行结对帮扶行动，甚至低龄健康老年人可以和高龄空巢老年人结伴养老，实现高龄空巢老年人"白天有人照料、夜晚有人陪护"的目标。

（三）养老机构延伸服务——虚拟养老院

养老机构一般具有高素养、高技能的养老护理人员，但是众多老年人却因为有限的床位和高额的入住费用被拒之门外，为了更好地利用养老机构中的护理资源，天津市在2012年年底选取4家养老机构进行试点，机构的护理人员要进入社区，入户为需要服务的老年人提供专业化、高质量的服务。这在保证低收入老年人养老质量的同时，也迎合了老年人居家养老的需求，是一种很好的社区居家养老形式。该做法在2013年被列为天津市的20项民心工程之一，市政府一次性拨40万元供养老机构购置虚拟养老院所需的设备。除公立养老院外，一些民办的养老院也加入了提供虚拟养老业务的队伍中来，和平区某护养院便是其中之一。这家民办养老院的虚拟养老业务只针对特困、失能及空巢的老年人，在全和平区范围内进行入户护理、就医、心理慰藉及助餐这四大类虚拟养老业务，并将其细分为七小项。例如，对于需要进行心理辅导疏通的个别老年人单独定期上门访问，时刻关注老年人的身体和心理的变化，及时给予心理慰藉，防止各种意外发生。对于每一位加入虚拟养老院的老年人在照料之前都要进行全面的身体和心理的检查，与养老机构内部的评价标准对应，制定有针对性的服务内容。经过努力，2012年，天津市和平区劲松助老福祉中心社区虚拟养老院被民政部确定为国家级试点项目，并得到拨款40万元，这是中央财政首次以资金形式支持社会组织参与社会服务。此外，市民政局也给每家向社区延伸养老服务的试点单位拨款10万元予以资助和鼓励。虚拟养老院拥有着美好发展前景的同时，也存在着一些问题，主要是资金和人力两个方面。虚拟养老院的人数有限，要想服务更多的老年人就必须招募更多的有专

笔记栏

业素养的护理人员，这无疑会增加运营成本。另外，天津市政府针对开展虚拟养老业务的养老院给予政策上的支持，如医保政策支持，对试点养老机构申请设立内部医疗机构的，卫生部门给予优先受理和审批；用工政策支持，对具有天津市户籍、与用工单位签订1年以上劳动合同、从事社区老年人护理工作的人员，按照1名服务人员护理5名老人计算，给予社会保险补贴、工资补贴；风险防范政策支持，为解决老年人在服务接受过程中出现的意外情况，将养老机构社区延伸服务所设立的虚拟床位纳入天津市养老机构意外伤害保险政策范围；购置设备支持，参与养老机构社区延伸服务的试点单位，提出养老机构社区延伸服务购置设备明细，由市福利彩票公益金给予一次性10万元的购置设备补贴。

六、香港：社区居家安老服务模式

香港特区政务司前司长张建宗于2021年表示，20年后香港85岁以上人口将有80万，社会需共同探索如何面对人口高龄化挑战，政府将致力推动居家安老为本，院舍照顾为后援的政策，香港特区政府为老人投放大量资源，回馈老人对社会的贡献，包括在合资格私营安老院成立老人日间护理单位，继续兴建新的合约院舍，增加资助安老宿位，提升私人安老院质素等。当前香港主流的安老模式可归纳为居家安老、院舍养老和离港养老三种，以前者为主，后两者为辅。

（一）居家安老模式

该模式是香港主要安老模式，其特点是老人居住在家中，由小区和家庭提供照顾或支持，香港91.4%的老人为家庭住户，8.6%的老人是非家庭住户，居家安老服务除了家庭成员履行养老义务外，主要依靠政府公共服务和养老社会服务进入家庭。因此，居家安老分为两类，一类是以小区照顾为主，另一类是以家庭照顾为主，现将这两类分别界定为小区居家安老和家庭居家安老。

1. 小区居家安老　小区居家安老主要是指老人居住在自己小区的家中，日常照顾或支持主要由政府和非政府组织提供；39%的家庭住户老人居住在公营租住房屋（简称"公屋"），18%居住在资助自置居所房屋（简称"居屋"）、43%住在私人永久性房屋（简称"私楼"）。一般而言，香港市民解决住屋问题概括起来是"没钱的找政府，有钱的进市场"，上述家庭住户中住公屋和居屋的老人共有57%，均属于"没钱"的社会中下阶层、需要政府和社会进行小区照顾或支持的重点人群。香港特区政府为支援贫困老人的居家安老需求，于2020年10月推行"长者社区照顾服务券（社区券）"试验计划，试验计划涵盖全港18区，社区券数目最高可达8 000张。该计划的特点是：钱跟人走，即老人在领取了社区券后，可根据个人所需，选择自己认为合适的小区居家安老，且该计划以"能者多付"的原则让负担能力较低的老人获得较多资助，社区券价值会依照综合消费物价指数按年进行调整。

2. 家庭居家安老　家庭居家安老主要是指家庭有较好的居住条件且家庭成员有能力对老人进行照顾的养老模式。该模式由家人或聘请家庭佣人进行老人照顾，属于中产或以上家庭，随着核心化的小家庭数量不断增长，加上政府推行"鼓励居家为本，院舍照顾为后援"的安老政策，家庭居家安老模式逐步退化。

目前，家庭条件较好的老人有选择高级私营院舍养老模式的倾向，其主要服务对象是65岁及以上，由于健康或其他原因而不能再居家的老人。目前全港约有2.8万老人入住政府提供的安老院舍安老，约有4万老人入住私人提供的院舍安老，院舍养老约占全港老人人数的7%，已经达到了比较高的比例。

（二）院舍养老模式

根据香港《安老院条例》制度，为有特殊需要的老人提供院舍照顾服务，主要包括老人

小区支持服务和安老院舍照顾服务两大类，其中安老院舍照顾服务的院舍又分为老人宿舍、安老院、护理安老院和护养院等四种类型。老人宿舍是为一些能够照顾自己的老人，提供群居的住宿服务、举行活动及安排人员全日 24 小时予以支持；安老院是为那些未能独自在小区中生活，但又无需依赖他人，并在《安老服务统一评估机制》下被评为没有或轻度缺损的老人，提供住宿照顾、膳食及有限度的起居照顾服务；护理安老院是为健康欠佳、身体残疾、认知能力略欠佳及在《安老服务统一评估机制》下被评中度缺损而未能自我照顾起居，但精神上适合群体生活的老人，提供住宿照顾、膳食、起居照顾及有限度的护理服务；护养院则是为一些健康欠佳、身体残疾、认知能力欠佳及在《安老服务统一评估机制》下被评为严重缺损而未能自我照顾起居，但在精神上适合群体生活的老人，提供住宿照顾、膳食、起居照顾、定时的基本医疗和护理及社会支持服务。

1998 年开始，香港特区政府向私营院舍购买部分床位，同时促使私营院舍提升服务素质，一所安老院舍如果 50% 由政府买位，另外 50% 自营床位也必须按较高标准来运营管理。老人要住买位院舍，必须排队（通常要排 40 个月以上）。

各类安老院舍收费各有不同，全港安老院收费 6 000 至 2.5 万港元不等，贫困老人可申请政府综援（综合社会保障援助金）来交院费，综援分不同等级，从 4 000 多到 7 000 港元不等，最高额的是伤残老人。

（三）离港养老模式

该模式主要是指老人离开香港，返回广东等内地家乡安享晚年。据推算，约有 7.6 万名老人居住在内地，约占香港老人总人数的 7.8%。

按既往离港养老政策的硬性规定，老人每年必须在香港住满一定的天数才具备领取老人津贴的资格。自 2013 年 10 月 1 日起，香港特区政府正式实施“广东计划”，允许在广东养老的老人无须回港居住亦可领取老人津贴，预计有 3 万名老人受惠。香港特区政府将向分别位于深圳和肇庆、由香港非政府机构营运的两家安老院购买宿位，接受符合资格的香港老人申请入住，配合该计划实施，香港口岸调整相关程序，保障患有急症的老人可快速通行回港就医。另外，通常会涉及香港房屋协会（简称房协）和香港安老咨询委员会这两所非官方的非牟利机构，其中，房协致力为香港市民提供房屋及相关服务，积极发展“老人安居乐”住屋计划；安老服务协会致力推动安老服务的发展和安老院舍服务质素的提升。随着粤港澳大湾区的发展合作越来越紧密，有不少的香港居民前往内地生活与工作，香港老人也随之经常往返于大湾区探亲或短住，因此，很多大湾区的内地城市将部分老人的优惠扩展至包括香港 60 岁或以上的老人。

香港回归之后，经过二十多年的发展，其养老福利服务得到了比较全面的拓展。到目前为止，香港已经构建起了以经济救助和直接服务等为形式，以养老保险、老年社会救助、老年社会福利服务等为内容的养老服务体系。客观来看，香港的养老服务体系既不是西方福利国家的模式，也不是自由放任的完全市场化的模式，而是建立在理性、适度，既保持活力，又保证公平的原则基础上，其目标在于能够让老人过上有尊严的生活，为其提供适当的支持使其能够安度晚年。这已经成为全香港共享的养老观念，从总体框架看，当前香港的养老服务体系既突出了以居家安老和院舍养老等直接服务的重要性，又兼顾了在经济上保证老年人基本生活的经济援助计划，能够为老人提供从物质生活到精神慰藉等多方面的精细化服务。

七、台湾：居家社区长期照护服务模式

台湾的养老服务模式通常分为机构式、社区式及特殊性三种类型。

笔记栏

(一) 机构式长期照护服务模式

所谓机构式服务指的是24小时皆有照顾人员照顾老人的生活起居,又可分为:

1. 护理之家 收住对象为日常生活上须协助或插有管路(尿管、气切管、胃管)的老人,通常是由护理人员负责,24小时均有人员照顾,必须向所在地的卫生局申请,属于护理机构。

2. 长期照护机构 收住的对象与护理之家相似,亦是24小时提供照顾服务,不同之处是设立之负责人非护理人员;必须向所在地之社会局申请,属于老人福利机构。

3. 养护机构 收住生活自理不便,但不带有管路的老人,同样属于老人福利机构,不过现有的养护机构有少量老人插有鼻胃管或尿管。

4. 赡养机构 收住日常生活能力尚可的老人,亦属老人福利机构。

(二) 社区式长期照护服务模式

社区式服务指的是老人留在自己熟悉的生活环境中,接受不同专业的服务。

1. 居家照护 居家照护指的是老人出院后,仍继续留在家中,接受所需的照顾,仍可与家人维持良好的互动,以下所介绍系由专业人员提供的服务。

(1)居家护理:为居家照护服务中最早发展的照护内容;系由护理人员及医师定期前往个案家中访视,协助家属解决照顾上的问题,并会视老人的需要,连结各项资源,如申请低收入户补助。目前为所有长期照护服务中有健保给付的服务,依照健保的规定,护理人员每2周或1个月视个案情形访视1次,医师则是每2个月访视1次。

(2)小区物理治疗:最早推出的为台北市,后因9·21地震,于各灾区亦有小区物理治疗的相关服务。系由物理治疗师至个案家中协助个案进行物理治疗及协助居家环境的评估,目的是使老人或行动不便者可掌控自己家中的环境,增加生活满意度及独立感。

(3)居家职能治疗:是由职能治疗师至家中评估老人的需要后,拟订其所需的治疗计划。希望协助老人在有限的能力或是居家环境障碍中仍可从事活动,维持老人的活动力,以延长在家中居住的时间,预防失能状况恶化。

(4)居家营养:由营养师至家中提供服务,评估老人的营养需要,拟订老人所需的热量、菜单;并教导照顾者制作老人食物或协助选择合适的管灌品。

2. 居家照顾 居家照顾由非专业人员所提供的服务,主要提供的服务偏重于日常生活所需。

(1)居家服务:由照顾服务员依据老人日常生活能力失能程度的不同,而提供不同的服务,主要服务包括家务及日常生活照顾(如陪同就医、家务服务等)、身体照顾服务(如协助沐浴、陪同散步等)。

(2)送餐服务:对于独居老人所提供的服务,现行有数种方式,一种为定点用餐,即由小区发展协会及各老人中心或是公益团体,提供固定的地方,老人自行于固定时间前往用餐;另一种为照顾服务员至家中协助老人准备饭菜及协助用餐;亦有结合出租车司机将餐食每日定时送至独居老人中。

(3)电话问安:主要服务对象亦为独居老人。主要是由志工或是专业人员不定时打电话至独居老人中关心老人,借以防范意外事件发生。目前有业者提供类似手表紧急联络装置,可防范独居老人意外事件的发生。

3. 日间照护 日间照护是一种介于老人中心及护理之家的照护,即白天提供照护,晚上老人即回到家中,享受天伦之乐,就如同小孩上幼儿园一样,服务对象为日常生活能力尚可的老人。在日间照护机构中亦有提供照护、复健和各项活动,可供老人选择。

(三) 特殊性长期照护服务模式

1. 失智症的照护 针对失智老人提供的照护服务,依其性质亦可分为小区式、机构式

及居家式三种。

2. 另类疗法　非服务模式，目前应用较为熟知的有怀旧疗法、芳香疗法、音乐疗法、宠物疗法等，上述各种治疗方式均须接受各相关专业的训练后，方可为有需求的老人提供服务。

第三节　中国居家社区养老服务发展趋势

在人口老龄化的背景下，大力发展居家社区养老成为解决老龄化问题的重要手段。从居家社区养老服务发展情况来看，服务模式数字化、服务内容多元化、服务主体市场化与服务人员专业化是其未来发展的主要特征。

一、服务模式数字化

随着互联网、人工智能和大数据等数字信息技术的不断发展，居家社区养老服务领域正迎来一场革命性的变革。这些先进技术的应用为老年人提供了更多的便利与关怀。互联网架设了人与信息间的桥梁，使得老年人能够轻松获取健康资讯，实现社交互动和日常所需。人工智能技术则为居家养老服务注入了智能化的元素，智能家居设备、智能健康监测系统及智能助行器等产品的出现，让老年人的生活更加便捷和安全。同时，大数据的运用也为居家社区养老服务提供了更准确的数据支持，能够基于个体需求进行个性化服务，提高服务质量和效率。数字技术的应用正在逐步改变传统养老服务的模式，为老年人带来更加贴心、智能化的居家社区养老服务体验。

（一）互联网与居家社区养老服务的融合

互联网的普及为养老服务发展带来了革命性的变化，尤其是在居家老年人健康管理和医疗服务方面。老年人因为身体不便或距离等原因往往难以获得及时有效的医疗咨询和服务，而互联网改变了这一状况。通过医疗机构提供的在线咨询服务，老年人可以方便地通过网络平台咨询医生，使其不需要出家门即可获得医生的建议和指导。不仅如此，互联网的发展还使得老年人可以获得更丰富的健康信息和知识。他们可以通过在线健康平台获取健康资讯，了解疾病预防、常见病症的处理方法等，从而更好地管理自己的健康状况。社交平台也为老年人提供了社交渠道，他们可以在网上分享心情、交流经验，甚至结交新的朋友。这为很多老年人，尤其是那些生活在相对孤独环境下的老年群体提供了一种重要的社会支持，极大地减轻了心理孤独感。2021 年 12 月，国务院印发《“十四五”国家老龄事业发展和养老服务体系规划》（国发〔2021〕35 号），提出要依托现有互联网资源和社会力量，搭建养老信息服务网络平台，鼓励养老服务机构应用基于移动互联网的便携式体检、紧急呼叫监控等设备，提高养老服务水平。未来，以互联网平台为依托的居家社区养老服务将为老年人提供更加多元的医疗健康和社交服务，使老年人的生活更加便捷、舒适和充实。

（二）智能设备与居家社区养老服务的融合

随着数字技术的不断发展，智能穿戴设备、远程医疗设备和智能家居系统正逐渐走入老年人的日常生活，成为他们健康管理和安全监测的重要工具。其中，智能穿戴设备，如智能手表或手环，不仅可以实时监测老年人的生理数据，如心率、步数等，还能提供定期的健康提示和警报。这种实时监测让老年人能够更好地了解自己的健康状况，及时调整生活方式，预防疾病的发生。同时，远程医疗设备和智能家居系统也为老年人提供了更便捷的医疗服务。老年人可以通过智能设备进行远程医疗咨询和诊疗，无需长途奔波就能得到医生的指导和

笔记栏

建议。智能家居系统则能监测老年人的活动，及时发现异常情况并提供紧急救助。这些智能设备正在逐渐融入养老服务领域，使居家老人能够更好地管理自己的健康和安全，享受更加便利和高效的养老服务，促进了居家社区养老的可持续发展。在这一背景下，未来的智能养老服务设备要基于交互设计理念，做到视觉界面合理化、交互操作人性化，同时通过加强老年人信息技术与智能设备使用教育，帮助老年人跨越“数字鸿沟”，提升老年人使用智能养老设备的体验。

（三）大数据与居家社区养老服务的融合

大数据分析能够根据老年人的生活习惯、健康数据及医疗历史记录等信息，制定个性化的健康管理方案。通过对大数据的深度分析，可以了解老年人的健康状态并提供个性化的健康建议，如在饮食、运动、药物管理、居家安全等方面给予指导。这样的个性化服务可以更好地满足老年人的需求，帮助他们更有效地管理自己的健康。这种融合不仅提供了更加精准与个性化的服务，同时也极大地增强了养老服务的预防作用，即通过预测和提前干预可能的健康问题可以帮助老年人更好地保持身体健康，减少突发疾病的风险。目前国内已有部分地区以大数据技术为依托，开展居家社区养老服务模式创新。以浙江省杭州市萧山区为例，该区以大数据和人工智能算法构建预警模型，精准识别 36 种突发状况，保障老人居家安全。该系统自 2021 年上线以来，已经覆盖全域 22 个镇街、564 个村社，累计将 6 000 余位老人纳入守护范围，预警居家安全隐患 6 100 余次，取得了较好的效果。由此可见，大数据的运用将为老年人提供更为安全、人性化及贴心的养老服务，推动养老服务行业向更加智能、精准的方向不断迈进。

数字化技术的应用在居家社区养老服务中扮演着关键角色，极大地丰富了老年人的生活。这些技术不仅提供了更便捷、高效的服务，更重要的是为老年人带来了全新的养老服务体验，确保了他们的安全与健康，使老年人能够更加独立、快乐地享受晚年生活。

二、服务内容多元化

居家社区养老服务内容日益多元化，不仅停留在医疗护理层面，其服务领域已扩展至心理支持、社交活动、文化娱乐和教育等多个领域。多元化养老服务的发展，使得老年人可以在居家社区中获得更为全面的关爱和照顾，满足其身心健康需求。这种趋势是对老年人全面需求的回应，并赋予养老服务新的形式和内容。

（一）综合性的健康管理服务

多元化的服务内容形成了一个以预防和保健为核心的居家社区养老服务体系。在这一新型服务体系中，定期健康评估成为常态，医护人员根据评估结果制定综合性的健康管理计划，对老年人进行全方位的健康管理。这种服务不仅局限于疾病诊疗，还包括营养指导、生活习惯指导和康复护理等内容。特别是针对慢性疾病管理，服务提供者通过科学的监测和干预，帮助老年人更好地控制疾病，提高生活质量。服务团队的专业化使得老年人能够得到更为细致、全面的医疗保健服务。这种综合性服务能够为老年人提供更加完善的健康保障，延缓疾病发展，提升身体健康水平。

（二）全面的心理支持与社交服务

随着社会结构的改变，心理健康和社交需求成为老年人关注的重点。服务内容的多元化涵盖了心理健康支持，包括心理咨询和心理健康教育等内容。心理支持有助于老年人积极应对各种心理压力和情绪问题，增进生活的幸福度和满足感。同时，社交服务作为促进社交互动的重要手段，可以为老年人提供集体聚会、兴趣小组和志愿服务等各种活动。这些社交活动不仅减轻了老年人的孤独感，也促进了老年人的社会联系和情感交流，为他们提供了

更加丰富的生活体验。

（三）定制化的家政和照料服务

居家社区养老服务内容也延伸至家政和居家照料服务领域。服务提供者针对不同服务对象的不同需求向老年人提供定制化的家政与照料服务，包括协助日常家务、个人护理、关怀探访、生活照料、居家改造、健康管理、法律援助及购物等服务，充分满足老年人个性化的居家需求，保障老年人有一个良好的居家环境，让他们在舒适和温馨的环境中度过晚年生活。这种定制化的服务形式代表了社会对老年人多元化需求的关注和回应。

（四）丰富的文娱和教育服务

现阶段，居家社区养老服务内容已不限于医疗和日常护理，更涵盖了文娱和教育元素。这种转变将老年人的日常生活拓展到了更为丰富的层面，为他们提供了更多的选择和机会，以充实其精神世界与生活体验。服务提供者致力于为老年人组织开展各种娱乐活动与文化课程，使老年人有机会参与艺术创作、学习新技能，还可以参加文化讲座，探讨历史、文学或艺术等主题，从而在精神层面上得到满足。这种全方位的文娱与教育活动丰富了老年人的生活，促进了老年人的智力活动和社交互动，增强了生活的多样性和趣味性。

居家社区养老服务内容多元化代表着养老服务从单一的医疗护理向更全面、更人性化的关怀模式转变。这种多元化发展不仅关注老年人的身体健康，更注重他们的心理健康和社交需求，已经成为居家社区养老服务发展的重要方向，为老年人提供更丰富、更有质量的生活体验。

三、服务主体市场化

传统上，养老服务主要由政府和公益机构提供，但随着人口老龄化和社会需求的变化，社会力量开始介入居家社区养老服务市场，改变了服务主体的格局。这种市场化发展的趋势对居家社区养老服务带来了深远影响，从而让老年人享受到更优质的服务。

（一）民营资本介入

市场化趋势下，民营资本投资养老服务领域显著改变了服务提供者的格局，为老年人享受居家社区养老服务提供了更多的选择。民营养老院、民营社区护理服务和康复机构开始逐步成为居家老年人的选择对象，为他们提供更符合个人需求的服务。这种变化意味着老年人不再局限于公办养老机构提供的服务，而是能够根据个人偏好和经济实力选择更合适的养老模式。民营养老机构的涌入也提升了居家社区养老服务的整体质量，激发其他提供者不断提升服务水平，以满足市场竞争以及社会发展的需求。2023 年 5 月，中共中央办公厅、国务院办公厅印发《关于推进基本养老服务体系建设的意见》，意见提出“鼓励社会力量参与提供基本养老服务，支持物业服务企业因地制宜提供居家社区养老服务”，“凝聚社会共识，充分调动各方支持配合基本养老服务体系建设的积极性和主动性”。此外，近年来养老市场规模不断扩大，根据工信部公布的数据显示，预计到 2025 年，中国养老产业市场规模将超过 20 万亿元。这表明，我国养老服务的发展前景广阔，未来将有更多的民营资本参与居家社区养老服务的建设和运营。

（二）养老机构改革

随着市场化的深入，传统的养老机构也逐渐调整与转变经营模式，寻求与资本的合作或采用更商业化的运营方式进入到居家社区养老领域。这种变革旨在提供更为多元化、更具竞争力的居家社区养老服务。养老机构的创新举措包括探索合作模式、提供更丰富的服务项目，以及运用科技手段提升服务水平。以山东省威海市文登区为例，该区打破机构养老、社区养老和居家养老界限，将养老机构的专业服务延伸辐射到社区、小区、家庭，探索“链式

笔记栏

养老”模式，有效提升养老服务质量。第一，连锁化运营社区养老服务设施。发挥市场上养老服务公司等连锁化、规模化养老服务机构综合优势，创新实施“1+X+N”养老服务模式，即运营1个街道综合养老服务中心，辐射带动数个社区养老服务站，组建多支养老志愿服务队，为老年人提供多元化养老服务。第二，推动机构专业服务向社区延伸。聚焦失能、半失能老年人居家服务需求，出台《文登区居家养老服务管理办法(试行)》，投入资金1 600余万元打造3处中央厨房，组建31支服务队伍，每月为3 370余名老年人提供17~60小时不等的助餐、助洁、助浴等居家上门服务，让老年人幸福感更强、获得感更足。第三，大力发展社区嵌入式养老。将新接收的8处社区养老服务设施整体打包委托给专业养老机构运营，依托社区养老服务设施积极建立供需平台，满足社区老人离家近、服务优、响应快的养老需求，不断提升居家养老服务品质。养老机构的改革不仅为老年人带来更多选择，也使其更具市场竞争力，进而推动了居家社区养老服务质量的整体提升。

(三) 科技公司参与

科技公司的参与使得居家社区养老服务更加便捷、智能化。它们通过数字化健康管理系统、智能医疗设备和在线咨询服务等来满足了老年人不断增长的医疗、社交和生活需求。这些科技手段提供了更为智能的监测和护理，使老年人更容易获得医疗帮助。如天津市委托科技企业围绕老年人在居家社区养老过程中的安全保障、健康管理、随身监护、生活服务、情感关怀等场景，运用人工智能技术、物联感知技术与助老大数据充分融合，打造出立体化的综合养老服务体系。随着科技公司在养老服务领域的持续投入和创新，可以预见，未来将会有更多的科技手段被应用到居家社区养老服务中，进一步推动养老服务行业的发展与进步，为老龄化社会带来了更多希望与可能。

服务主体市场化作为居家社区养老服务发展趋势之一，其不仅让老年人有更多的选择机会，也激发了各服务主体不断提升服务质量、提供创新的服务方式，使老年人能够享受更加贴心、多样化的居家社区养老服务。

案例分析

中办国办印发《关于推进基本养老服务体系建设的意见》

案例：中共中央办公厅、国务院办公厅于2023年5月印发《关于推进基本养老服务体系建设的意见》，意见提出了推进基本养老服务体系建设的总体要求、重点工作和保障措施，明确了基本养老服务的概念、内容、标准和清单制度，突出了对老年人生活安全与失能长期照护服务保障的重点任务。

《意见》指出，基本养老服务在实现老有所养中发挥重要基础性作用，推进基本养老服务体系建设是实施积极应对人口老龄化国家战略，实现基本公共服务均等化的重要任务。

《意见》要求，要以习近平新时代中国特色社会主义思想为指导，加快建成覆盖全体老年人、权责清晰、保障适度、可持续的基本养老服务体系，不断增强老年人的获得感、幸福感、安全感。

《意见》明确，基本养老服务是指由国家直接提供或者通过一定方式支持相关主体向老年人提供的，旨在实现老有所养、老有所依必需的基础性、普惠性、兜底性服务，包括物质帮助、照护服务、关爱服务等内容。基本养老服务的对象、内容、标准等根据经济社会发展动态调整，“十四五”时期重点聚焦老年人面临家庭和个人难以应对的失能、残疾、无人照顾等困难时的基本养老服务需求。

分析：意见的出台对居家社区养老服务发展具有重要意义。一方面，通过建立老年人状况统计调查和发布制度，开展老年人能力综合评估，建立困难老年人精准识别和动态管理机制来逐步实现居家社区养老从“人找服务”到“服务找人”的转变。另一方面，通过发展街道（乡镇）区域养老服务中心或为老服务综合体，支持社会力量为老年人提供日间照料、助餐助洁、康复护理等服务，优先推进与老年人日常生活密切相关的公共服务设施改造，对纳入分散特困供养的失能、高龄、残疾老年人家庭实施居家适老化改造，加强信息无障碍建设等途径能够提升居家社区养老服务的便利化与可及化水平。

四、服务人员专业化

随着居家社区养老服务需求的增长，对从业人员的能力要求也在不断提高，居家社区养老服务人员正朝着更为专业化的方向发展。护理人员、康复医师、社会工作者等各类从业人员的专业化涵盖了更丰富的内容，不仅注重专业技能的提升，也重视人文关怀和沟通技巧的培养，以更好地服务老年人。

（一）护理人员专业化

护理人员专业化是居家社区养老服务发展的关键环节，旨在提升护理人员的专业技能，以满足老年人多样化、个性化的护理需求。其专业化广泛涵盖了从基本护理到高级医疗护理和康复护理的知识与技能。护理人员通过专业化学习不仅能够了解老年人的生理和心理特点，更能有效地应对各种医疗护理需求，确保提供高质量、全面性的护理服务。护理人员专业化不仅注重理论知识的传授，更着重实践技能的训练，确保护理人员具备应对各类突发状况的能力。护理人员专业化提高了护理人员的工作水平和服务质量，为居家社区养老服务的发展奠定了坚实基础。

（二）社会工作者专业化

社会工作者专业化的核心内容包括了解老年人的特殊需求，协助老年人融入社会等方面的知识与技能。这种专业化一方面使社工人员掌握了专业技能，另一方面则让他们更了解老年人的需求，尊重老年人的个人选择，并为之提供更人性化的服务。社工人员专业化也注重与其他领域专业人员的合作。包括学习如何与护理人员、家庭医生和其他医疗专家合作，共同为老年人提供细致和专业的居家社区养老服务。

（三）康复医师专业化

在居家社区养老服务行业，康复医师发挥着重要作用。一方面，康复医师通过评估患者的状况和需求，制定并实施个性化的康复计划，帮助老年人恢复功能、减轻痛苦，并提高其生活质量。另一方面，通过康复医学的专业知识和技能，康复医师可以帮助老年人预防并延缓因疾病、损伤或老化导致的功能下降，维持其最佳的生活状态。此外，康复医师还能为护理人员提供指导和建议，帮助他们在日常护理中更好地支持老年人的康复需求。在这一背景下，康复医师专业化越来越受到行业的重视。康复医师专业化涵盖了广泛的内容，旨在使其能够专注于康复医学领域，并为患者提供全面的康复护理。康复医师专业化的核心内容通常包括了对康复医学的基础知识、疾病和伤害的评估与诊断、康复治疗技术、康复计划制定与执行等内容的掌握。

（四）管理人员专业化

管理人员专业化对于提升居家社区养老服务质量、提高管理水平及满足老年人群体需

笔记栏

求有着重要的意义。首先,管理人员专业化可以提升管理人员的管理水平和领导能力,使其更好地组织协调团队工作,有效管理各种资源,提高服务的效率和效果。其次,管理人员专业化可以使管理人员了解老年人群体的特殊需求和面临的安全隐患,能够更快速、更有效地应对紧急情况和突发事件,提高处理意外状况的能力。再次,管理人员专业化注重沟通技巧和人际关系建设,使管理人员能更好地与老年人、家属及其他工作人员进行沟通交流,建立良好的信任关系。同时,其专业化的培训也能够帮助管理人员了解和遵守相关的法律法规,提升他们的职业道德和伦理意识,确保服务过程合法合规。最后,管理人员专业化能够使管理人员更加专业地对服务进行评估,减少因疏漏或错误造成的风险,提高服务的可靠性和稳定性。因此,在居家社区养老服务中,管理人员专业化不仅有助于提高服务质量,更能够推动整个行业的发展,满足社会对于养老服务的需求,并为老年人提供更加人性化、专业化的支持和关怀。

知识链接

国家卫生健康委员会:近十年我国老龄工作取得显著成效

1. 我国养老服务体系建设取得长足进步　2012 年至 2021 年,中央财政累计投入 359 亿元支持养老服务设施建设。到目前为止,社区养老服务基本覆盖城市社区和半数以上农村社区。截至 2022 年第一季度,全国各类养老服务机构和设施达 36 万个,床位 812.6 万张,床位数是 2012 年底的近 2 倍。同时,建立了养老服务标准体系,基本形成全国统一的服务质量标准和评价体系。

2. 老年健康与医养结合服务被纳入基本公共卫生服务项目　近年来,医养结合整合了养老和医疗资源,很好地满足了老年人的需求。截至 2021 年底,全国共有两证齐全医养结合机构 6 492 个,机构床位总数 175 万张,医养签约近 7.9 万对。我国将老年健康与医养结合服务纳入基本公共卫生服务项目,开展老年健康促进行动,不断提高老年人健康管理和服务水平。此外,为了顺应广大老年人依托社区居家养老的愿望,民政部积极推动养老服务发展的重心向居家社区倾斜,推动国家层面出台多个政策文件,完善相关规划、土地、住房、财政、税收、投资、融资、人才等配套扶持政策。

3. 健康老龄化是应对人口老龄化效益最好的途径　健康老龄化就是维护老年人的内在能力,改善老年人的外部环境,延长老年人的健康预期寿命,因此健康老龄化是应对人口老龄化成本最低、效益最好的途径。

国家卫生健康委员会通过多种方式加强老年健康教育,推进老年人健康管理服务。2021 年,大约 1.2 亿 65 岁及以上的老年人在城乡社区接受了健康管理服务。

(缑文学　孙布克)

复习思考题

扫一扫
测一测

1. 请简述中国居家社区养老的政策是如何演进的。
2. 请简述目前居家社区养老服务的主要经验。
3. 请说明你关于居家社区养老服务的发展前景的看法。
4. 目前,居家社区养老服务还需要在哪些层面进行完善?

第四章
居家社区养老服务建设规划

笔记栏

PPT 课件

学习目标

知识目标

掌握居家社区养老服务设施的选址、整体布局规划，熟悉居家社区养老服务常见配套设施、居家社区养老闲置资源利用途径，了解居家社区养老服务建设的重要法律法规、政策文件及标准规范。

能力目标

掌握居家社区养老服务设施的整体布局规划，能够全面分析社区闲置资源的利用现状，制定切实可行的资源利用计划。

素质目标

深刻领会国家法律法规主导的养老服务建设规划的现实意义。

课程思政目标

树立合理合法的养老服务建设规划意识。

【学习要点】

1. 居家社区养老服务建设的重要法律法规。
2. 居家社区养老服务设施的整体布局规划。
3. 居家社区养老服务常见配套设施。
4. 居家社区养老服务闲置资源利用途径。

第一节　居家社区养老服务建设依据

近年来，我国积极推动养老服务体系建设，日益重视居家社区养老服务建设，并出台了一系列法律、政策和规范，这为居家社区养老服务建设提供了重要依据。

一、法律法规

《中华人民共和国老年人权益保障法》(1996 年 8 月 29 日第八届全国人民代表大会常务委员会第二十一次会议通过，以下简称《老年法》)，是我国制定各项养老政策的源头和依据。这部法律的颁布实施，初步形成对老年人权益保障的法律体系，强调了家庭养老的重要地位。

2015 年 4 月 24 日第十二届全国人民代表大会常务委员会第十四次会议进行第二次修正，对家庭养老进行了重新定位。其中第十三条规定“老年人养老以居家为基础”。由原

笔记栏

《老年法》的“家庭”到新修订《老年法》的“居家”，一字之差，意义迥异。老年人居住在家庭，家庭仍然需要充分发挥其养老功能，但也要发挥社区的养老依托功能。这就使社会和国家做好社区建设的责任更加明晰。为确保居家养老的顺利实现，新修订的《老年法》还为国家建立健全家庭养老支持政策提供了法律依据。如出台相关政策，在购买住房的贷款利息、贷款首付或契税上给予优惠，以鼓励子女与父母就近居住或同住；对家有高龄老人、生病老人的在职职工，给予带薪假期制度，以便于其在家照料老人等。

2018年12月29日，第十三届全国人民代表大会常务委员会第七次会议进行第三次修正。其中第三十八条规定“地方各级人民政府和有关部门、基层群众性自治组织，应当将养老服务设施纳入城乡社区配套设施建设规划，建立适应老年人需要的生活服务、文化体育活动、日间照料、疾病护理与康复等服务设施和网点，就近为老年人提供服务”。第三十九条“各级人民政府应当根据经济发展水平和老年人服务需求，逐步增加对养老服务的投入。各级人民政府和有关部门在财政、税费、土地、融资等方面采取措施，鼓励、扶持企业事业单位、社会组织或者个人兴办、运营养老、老年人日间照料、老年文化体育活动等设施”。

法律法规对居家社区养老服务建设具有重要的指导意义。相关法律法规不仅明确了居家社区养老服务的基本原则和目标，居家社区养老服务的范围、内容、标准和责任主体，为养老服务提供了法律依据和保障。而且，法律法规还规定了居家社区养老服务的质量标准和监管要求，如服务设施的建设标准、服务人员的资质要求等，以确保服务的安全、可靠和有效。此外，法律法规还鼓励和支持社会力量参与居家社区养老服务，提供了相关的政策和经济支持。总之，法律法规为居家社区养老服务的建设提供了指导和保障，促进了养老服务的规范化和健康发展。

二、政策文件

“老有所养、老有所医、老有所为、老有所学、老有所教、老有所乐”是中国老龄事业的发展目标。我国老年人口规模大、老龄化速度快，老年人需求结构正在从生存型向发展型转变，老龄事业和养老服务还存在发展不平衡不充分等问题。近年来，我国坚持党委领导、政府主导、社会参与、全民行动，实施积极应对人口老龄化国家战略，完善养老服务体系，提高养老服务质量，为老年人提供更加安全、舒适、便利的生活环境，全方位多举措加强老龄法律法规政策建设，制定老龄事业发展规划，健全老龄工作体制，鼓励社会广泛参与老龄事业发展。

中华人民共和国成立以来，国家颁布一系列包括老年社会保障、老年福利与服务、老年卫生、老年文化教育和体育、老年人权益保障以及老龄产业等多方面内容的法律法规和政策。《关于全面推进居家养老服务工作的意见》(全国老龄办发〔2008〕4号)是我国首次就居家养老服务单独发文，将居家养老服务推上了专业化、规范化的轨道。并提出了八项具体保障举措：①制定居家养老服务发展规划；②加大政府投入力度，合理配置资源；③贯彻落实支持居家养老服务的优惠政策；④整合资源，建立和完善社区居家养老服务网络；⑤加强专业化与志愿者相结合的居家养老服务队伍建设；⑥积极培育和发展居家养老服务组织；⑦建立居家养老服务管理体制；⑧切实加强对居家养老服务工作的领导。

此外，国务院有关部门还制定老龄事业发展规划，其中《中国老龄事业发展“十二五”规划》(国发〔2011〕28号)提出重点发展居家养老服务，建立健全县(市、区)、乡镇(街道)和社区(村)三级服务网络，城市街道和社区基本实现居家养老服务网络全覆盖，同时加快居家养老服务信息系统建设，做好居家养老服务信息平台试点工作，并逐步扩大试点范围。培育发展居家养老服务中介组织，引导和支持社会力量开展居家养老服务。鼓励社会服务企业

笔记栏

发挥自身优势，开发居家养老服务项目，创新服务模式。大力发展家庭服务业，并将养老服务特别是居家老年护理服务作为重点发展任务。积极拓展居家养老服务领域，实现从基本生活照料向医疗健康、辅具配置、精神慰藉、法律服务、紧急救援等方面延伸。

党的十七大确立了“老有所养”的战略目标和十七届五中全会提出了“优先发展社会养老服务”的要求，根据《中华人民共和国国民经济和社会发展第十二个五年规划纲要》和《中国老龄事业发展“十二五”规划》，制定《社会养老服务体系建设规划（2011—2015年）》（国办发〔2011〕60号）。规划明确建设任务为改善居家养老环境，健全居家养老服务支持体系，以社区日间照料中心和专业化养老机构为重点，通过新建、改扩建和购置，提升社会养老服务设施水平。同时运用现代科技成果，提高服务管理水平，以社区居家老年人服务需求为导向，以社区日间照料中心为依托，按照统筹规划、实用高效的原则，采取便民信息网、热线电话、爱心门铃、健康档案、服务手册、社区呼叫系统、有线电视网络等多种形式，构建社区养老服务信息网络和服务平台，发挥社区综合性信息网络平台的作用，为社区居家老年人提供便捷高效的服务。《“十三五”国家老龄事业发展和养老体系建设规划》（国发〔2017〕13号）要求依托城乡社区公共服务综合信息平台，以失能、独居、空巢老年人为重点，整合建立居家社区养老服务信息平台、呼叫服务系统和应急救援服务机制，方便养老服务机构和组织向居家老年人提供助餐、助洁、助行、助浴、助医、日间照料等服务。实施“互联网+”养老工程。支持社区、养老服务机构、社会组织和企业利用物联网、移动互联网和云计算、大数据等信息技术，开发应用智能终端和居家社区养老服务智慧平台、信息系统、App应用、微信公众号等，重点拓展远程提醒和控制、自动报警和处置、动态监测和记录等功能，规范数据接口，建设虚拟养老院。

健康是保障老年人独立自主和参与社会的基础，推进健康老龄化是积极应对人口老龄化的长久之计。党的十九大作出实施健康中国战略的重大决策部署，党的十九届五中全会明确提出实施积极应对人口老龄化国家战略，促进健康老龄化是协同推进两个国家战略的必然要求。2021年10月13日，习近平总书记对老龄工作作出重要指示，要求“把积极老龄观、健康老龄化理念融入经济社会发展全过程”，“加快健全社会保障体系、养老服务体系、健康支撑体系”。2021年10月14日，全国老龄工作会议召开，对推动老龄事业和产业高质量发展作出全面部署。2021年11月18日，《中共中央国务院关于加强新时代老龄工作的意见》印发；2021年12月30日，国务院印发《“十四五”国家老龄事业发展和养老服务体系规划》（国发〔2021〕35号）。上述重要指导性文件都对推进健康老龄化工作提出了具体要求。“十四五”时期是我国全面建设社会主义现代化国家新征程的第一个五年，也是积极应对人口老龄化的重要窗口期，促进健康老龄化将进入新发展阶段。为贯彻落实中央关于老龄工作的决策部署，协同推进健康中国战略和积极应对人口老龄化国家战略，不断满足老年人健康需求，稳步提升老年人健康水平，制定了《“十四五”健康老龄化规划》（国卫老龄发〔2022〕4号）。《“十四五”健康老龄化规划》提出健全居家、社区、机构相协调的失能老年人照护服务体系，支持居家（社区）照护服务，促进机构照护服务发展。支持居家（社区）照护服务是指支持社区、机构为失能老年人家庭提供家庭照护者培训和“喘息”服务，组织协调志愿者对居家失能老年人开展照护服务。鼓励社会力量利用社区配套用房或闲置用房开办护理站，为失能老年人提供居家健康服务。鼓励社区卫生服务中心与相关机构合作，增加照护功能，为居家老年人提供短期照护、临时照护等服务。促进机构照护服务发展是指在有条件的社区卫生服务中心、乡镇卫生院等基层医疗卫生机构增设护理床位或护理单元。支持医养结合机构开展失能老年人照护服务工作。支持具备服务能力和相应资质的机构将照护服务向社区和家庭延伸，辐射居家失能老年人。推进照护机构老年痴呆患者照护专区和社

笔记栏

区老年痴呆患者照护点建设，满足老年痴呆患者照护服务需求。

国家通过政策文件的制定，为居家社区养老服务建设保驾护航，让居家社区养老服务的建设与发展有规可循，有法可依。政策文件对居家社区养老服务建设起到了重要的作用。首先，政策文件为养老服务提供了指导和规划。政策文件中规定了养老服务的基本要求、服务内容和质量标准，为居家社区养老服务的建设提供了明确的指引。其次，政策文件为居家社区养老服务提供了经济支持和政策倾斜。政府出台了一系列财政补贴、税收优惠等政策，鼓励社会力量参与养老服务，提供了资金和经济支持。此外，政策文件还规定了居家社区养老服务的管理和监督机制，加强了对服务质量和安全的监管，保障了老年人的权益和利益。总之，政策文件为居家社区养老服务的建设提供了政策支持、经济保障和监管机制，推动了养老服务的发展和提升。

案例分析

“浴”见美好，“澡”回幸福

案例：九龙坡“助浴快车”让老人“澡”回幸福，2018 年 12 月，由重庆市慈善总会、市养老服务协会、重庆三心堂养老服务有限公司共同发起的“助浴快车”项目，为失能或半失能老人提供免费洗浴。在此基础上，九龙坡区大胆探索，将“流动助浴快车”与“固定助浴点”相结合，除了在助浴车上给老人们洗澡，对于行动不便的老人，助浴师还会把充气浴缸、水管、水桶等搬去老人家里，上门助浴。真正做到打通失能老人助浴“最后屏障”。

分析：当“洗澡”都成了奢侈享受，失能、高龄老人如何体面养老？老年人的洗澡问题，看似小事，却考量着社会养老体系的人性化、成熟度、精细化。让更多老人“浴”见美好，“澡”回幸福，是社会共同的责任和心愿，是居家社区养老规划关爱失能、半失能老人的关键环节。

三、标准与规范

为更好促进居家社区养老服务项目的建设，国家还出台了一系列的建设标准及建设规范。由民政部组织有关部门编制的《社区老年人日间照料中心建设标准》（建标 143—2010）首次将老年人社区日间照料系列服务上升为国家标准。《社区老年人日间照料中心服务基本要求》（GB/T 33168—2016）规定符合标准的居家养老服务中心应当具有相对独立、固定、专用的卫生间、备餐间、浴室；中心应制定老年人意外伤害和突发疾病应急预案及火灾应急预案，并定期组织演练；有午休需求的老人，在中心应有午休场所，并配备被褥毛毯；个人照护服务应包括助浴、理发、衣物洗涤、测量血压、血糖等内容。另外，《社区老年人日间照料中心设施设备配置》（GB/T 33169—2016）规定了社区老年人日间照料中心设施设备配置的原则、基本要求、基本配置和适宜配置。《社区老年人日间照料中心服务基本要求》（GB/T 33168—2016）规定了社区老年人日间照料中心服务的总则、基本服务和适宜服务。从场地建设、设施建设和服务提供三方面进一步细化了居家社区养老服务建设的要求与规范。

近年来，居家社区养老服务功能有机融入社区嵌入式服务设施规划建设，是进一步增强居家社区养老服务供给能力的有力举措，对于加快推进居家社区养老服务网络建设、把养老服务快捷送到老年人身边、周边、床边具有重要意义。针对这一发展趋势，国家发展和改革

笔记栏

委员会同有关部门研究制定了《城市社区嵌入式服务设施建设工程实施方案》(以下简称《实施方案》)。从《实施方案》明确的政策措施看,依托社区嵌入式服务设施,从完善居家社区养老服务网络、提供短期托养服务、发展老年助餐服务、提供居家养老上门服务等方面为居家社区养老服务发展提供有力支持。《实施方案》推动建设的社区嵌入式服务设施,位于居家社区养老服务网络的终端和"神经末梢",强化社区嵌入式服务设施的养老服务功能,必将有力完善居家社区养老服务网络、打通为老年人提供养老服务的"最后一米"。养老服务机构等运营主体依托社区嵌入式服务设施,可以为有需求的老年人提供生活照料、日常探访、助餐、助洁、助浴、助医、助行、助急等居家上门服务,有效满足居家老年人多样化养老服务。

受中国传统养老观念影响,现在大多数老年人倾向于居家养老。为了顺应老年群体对养老服务进家庭的殷殷诉求,2023 年 9 月 7 日,由民政部牵头制定了《居家养老上门服务基本规范》(GB/T 43153—2023),这是中国针对居家养老上门服务发布的首个国家标准,将为合理界定居家养老上门服务范围、规范供给主体资质条件及供给流程内容要求等提供基本依据,对于推动居家养老服务标准化、规范化、专业化发展具有现实意义。本规范中对居家养老上门服务(at-home care service of the elderly)给出了更确切、内涵更全面的定义,居家养老上门服务是指为居家老年人提供的与身体功能维护、心理健康支持、日常生活协助、环境改善相关的服务活动。而且近年来备受关注的家庭生活环境适老化改造服务内容包括但不限于以下主要内容:①环境评估,包括评估老年人家庭生活环境和改造需求,依据评估结果确定改造方案;②基础改造,包括防滑、防摔、防走失等物理环境改造及相关设备与用品配置;③专项改造,包括为满足不同老年人和不同居住环境要求的物理环境改造,以及健康监测、安防报警、远程控制等智能家居产品的配置安装和使用指导。

标准与规范明确服务内容、服务标准和服务流程,防止养老服务中的不当行为和不合理收费,维护老年人的合法权益。通过制定和执行标准与规范,可以监管养老服务的发展,提高服务质量和安全水平,保障老年人的权益和福祉,推动养老服务行业的健康发展。

第二节 居家社区养老服务设施布局规划

随着社会老龄化的快速发展,社会化养老服务压力逐渐增大,居家社区养老服务设施的建设已经成为政府工作的重点。针对居家社区养老服务展开科学合理的布局规划,能够在有限的区域内均衡配置资源,使养老服务设施达到良好的服务人群覆盖率和地域延伸度,充分发挥其服务效能从而适应老龄群体多样化的养老服务需求,进一步完善居家社区养老服务体系。

一、居家社区养老服务设施布局规划原则

(一) 以人为本原则

居家社区养老服务设施的建立是满足老年群体的就近养老服务需求的前提,可以提供个性化、多样化的居家养老服务资源。居家社区养老服务设施布局规划的过程需要始终贯彻"以人为本"的发展理念,要求面向服务群体,兼顾共性与个性需求,合理对养老服务设施的选址布局、数量规模、功能结构等内容进行规划。

(二) 公平公正原则

公平公正原则是指在进行居家社区养老服务设施的布局规划时,充分考虑老年群体的

笔记栏

活动距离、基础设施的覆盖面、经济等因素，确保公共服务资源的公平分配与合理使用，从而保障老年群体的居家社区养老服务均等化，包括享受养老服务的机会均等、结果均等、在养老服务过程中尊重老年群体的自主选择权。

（三）安全便捷原则

安全便捷原则是居家社区养老服务的基本原则。建立居家社区养老服务设施，一方面需要考量老年群体的空间可达性和便捷性以保证就近就便养老，另一方面需要注重养老服务设施周边交通的安全性及内部功能区的适老化设计。只有在做养老服务设施布局规划时遵循安全便捷的基本原则，才能够更好地为老年群体提供有效养老服务，提高其居家社区养老的满意度，增加老年生活的归属感与幸福感。

二、居家社区养老服务设施布局规划影响因素

（一）人口与老年人口

有研究表明，人口密度、流动人口比重、高等教育人口比重、三代户家庭对养老服务设施的空间分布呈显著负向影响，四代以上家庭户呈显著正向影响。这是因为人口密度越大的地方，土地资源紧张，建设成本越高，导致设施规模受限；流动人口占比越大，表明该地区外来就业的中青年较为聚集，老年人口比重越小，设施建设需求小；居民文化程度高的地区一般经济发展水平良好，居民对养老服务的需求也会由低层次转为高层次，因此会有更加多样化的养老方式；生活在三代户家庭的老年人可以就近享受子女的照顾与关爱，养老需求较少。而四代及以上家庭体现出当地老龄化严重，养老需求增多，需要加大养老服务设施的构建，减轻地区的养老压力。另外，老年人口比重也是影响养老设施空间布局的重要因素，但并不是唯一决定性因素。所以，在建设养老服务设施时应当注意人口特征与其他复杂因素的联系。

（二）建设用地

城市的建设用地与其经济发展水平密切相关，城市经济地租越高，越能体现该地区良好的经济发展水平。当地居民生活条件优越，对养老服务设施的需求自然就会增加。与此同时，城市整体建设用地紧张，出现养老服务的供需矛盾。一方面，根据各社区实际的土地空间利用情况和现行政策，选择合理的配建标准，另一方面，则积极改造闲置土地和建筑，节约建设资源，才能确保居家社区养老设施建设有足够的建设土地可以利用，从而满足相应的养老需求。

（三）政府政策

各地在编制市、县国土空间总体规划时，应当根据本地区人口结构、老龄化发展趋势，因地制宜提出养老服务设施用地的规模、标准和布局原则。各级自然资源主管部门在组织对国土空间总体规划进行审查时要严格把关，确保养老服务设施用地规模达标、布局合理。我国目前养老服务的发展主要依赖政府政策的顶层设计与内容驱动，只有政府提高养老服务设施政策的综合性、一致性，改善指标之间的均衡性，重视居民实际养老需求对养老服务设施建设的导向，才能在空间布局上保证养老服务设施的公平与效率，充分发挥养老服务设施的作用。

三、居家社区养老服务设施整体布局规划

居家社区养老服务设施的整体布局规划要思路清晰，首先明确居家社区养老服务设施的种类，根据居家社区养老服务设施的需求预测调研结果，因地制宜地制定居家社区养老服务的配建标准，依据具体空间布局原则，完成选址，从而进一步完成整体布局规划。

笔记栏

(一) 明确居家社区养老服务设施种类

目前我国大部分地区的养老设施承载着多重属性，但居家社区养老服务设施类型缺少统一的标准化的分级分类体系，主要包括社区老年日间照料中心、养老照料中心、养老服务驿站、社区卫生服务中心、社区卫生服务站、老年养护院、老年活动中心、老年服务中心等种类。明确养老设施分类对居家社区养老服务的统一规划具有重要影响。因此，在进行整体空间布局时，简化居家社区养老服务设施的分级分类，明确其功能定位，有利于整合养老服务资源，方便老年人选择与自身需求密切匹配的居家社区养老服务设施，享受更完善更个性化的养老服务。

1. 养老服务设施分级

(1) 区（县）级养老服务指导中心：区（县）级依托公办或社会办养老机构设立养老服务指导中心，发挥行业管理、技术指导、应急支援、培训示范等功能，负责指导街道、社区的养老服务工作。

(2) 街道养老服务管理中心：街道建设的具备全托、日托、上门服务、对下指导等综合功能的区域养老服务中心，设立养老服务管理中心，负责管理本辖区内的养老服务工作。

(3) 居家社区养老服务站（点）：社区建设居家社区养老服务站（点），发挥供需对接、服务引导等作用。

2. 养老服务设施分类

(1) 从养老服务功能的角度区分：可分为养老设施、为老设施、适老设施 3 种类型。养老设施包括机构养老设施、社区养老设施及居家养老设施，为老年人提供医疗、照护等基础性服务。为老设施包括社区卫生服务院、老年大学、老年活动中心、老年公园、无障碍设施等，满足老年人医疗、教育、文体、休闲这四个方面的需求。适老设施包括适老社区、智慧化平台等，适应老年人口与养老需求的动态变化。

(2) 从养老服务需求的角度区分：可分为提供预防性服务、保护性服务及支持性服务的养老设施。预防性养老服务设施如养老服务驿站，为能够自理的居家老年人提供以协助解决其养老服务需求的包括生活照料、精神关爱、文化体育、紧急救助等社会养老服务。保护性养老服务设施如社区卫生服务中心、社区卫生服务站，提供医疗保健服务，主要服务人群为有居家社区养老需求的全部老年人。支持性养老服务设施如养老照料中心，主要给予失能或半失能的老年人全面的照护服务。

(3) 从养老需求层次的角度区分：可分为托底型养老服务设施、普惠型养老服务设施、高端型养老服务设施。托底型养老服务设施立足于满足老年人生理与安全两方面的需求，保障老年人享受基本的养老生活服务。此类养老服务设施包括社区老年日间照料中心、老年食堂等，服务面向所有具有养老需求的老年人。普惠型养老服务设施满足老年人社交与尊重需求，包括社区老年日间照料中心、居家上门服务等，服务对象可以是需要照护或能够自理的老年人。高端型养老服务设施则是在自我实现方面为老年人提供更高层次更多元化的养老服务，包括综合信息服务中心、老年心理咨询室、老年大学等，服务对象主要是有一定经济基础且自理能力良好的老年人。

3. 养老服务设施生活圈分层 《城市居住区规划设计标准》(GB 50180—2018) 提出生活圈规划观念，以居民在一定步行时间内可达到的距离作为结构划分标准，将生活空间范围分成 5 分钟生活圈、10 分钟生活圈、15 分钟生活圈 3 个层级，分别对应 300m、500m、800~1 000m 的步行距离。为积极应对人口老龄化问题，各级生活圈按照老年人的基本生活需求进行科学规划，并配置各层级所需的养老服务设施，以提供生活服务、医疗照护、文体活动类服务。需要注意的是，老年人的需求是各层级生活圈落实养老服务设施建设的关键因

笔记栏

素，依据老年人的实际情况如身体活动能力和日常出行习惯，并满足其多样化需求，才能够实现老年人的层级需求与生活圈的层级养老服务设施配置的一致性。

(1)5分钟生活圈内的养老服务设施：老年人步行5分钟到达的生活空间范围，养老服务设施对应300m的服务半径，需考虑到服务人群的普适性，以日常生活服务、医疗照护、文体活动类服务为主，应配建包括社区老年日间照料中心、老年服务中心、社区卫生服务站、老年活动站、老年活动场地等规模相对简单、日常必需、使用频率高的设施，为老年人提供助餐服务的社区食堂，满足就近养老基本需求的养老服务驿站则按需配置。

(2)10分钟生活圈内的养老服务设施：老年人步行10分钟到达的生活空间范围，养老服务设施对应500m的服务半径，主要为自理能力较好的老年人提供生活照料、精神关爱等服务，应配建养老服务驿站。

(3)15分钟生活圈内的养老服务设施：老年人步行15分钟到达的生活空间范围，养老服务设施对应800~1 000m的服务半径，以提供长期医疗照护、文体活动类服务为主，应配建社区卫生服务中心、老年活动中心、养老院、老年养护院等设施齐全、服务半径大、非日常必需的综合性社会养老设施。

(二) 开展居家社区养老服务设施需求预测

由于居家社区养老服务设施的布局规划具有动态性、前瞻性，因此需要在养老服务资源配置前及时开展相应的需求预测，以便为后期的趋势研判和发展规划提供可靠依据，提高布局的科学性与合理性。

1. 常用预测方式

(1)问卷调研：问卷调研是一种比较简单、便利的方式，通过抽取特定的样本去进行总体特征的分析。采取问卷调研去开展居家社区养老服务设施的需求预测，以老年人的实际日常需求为出发点，能够充分体现以人为本的发展理念，展现城市规划温度。

课堂互动

讨论：如何针对居家社区养老服务设施的布局规划开展问卷调研？

问卷调研的内容可根据研究目的自行设计，主要是通过调查不同年龄段老年人的子女数量、居住情况、身体状况、养老需求、养老设施的满意度及使用情况，去发现老年人现存的养老问题、养老需求与喜好偏向。调研对象可多元化，如对有养老需求的老年人、老年人的子女、从事居家社区养老服务的工作人员等开展调研，便于调研者从多角度去进行居家社区养老需求的预测，构建全龄宜居的环境。

(2)人口预测方法：常住人口预测常用的方法包括综合增长率法、时间序列法(线性回归)、增长曲线法等。综合增长率法是以预测基准年上溯多年的历史平均增长率为基础，预测规划目标年城市人口的方法，适用于经济发展稳定、人口增长率相对稳定的城市，不适用于新建或发展不稳定的城市。时间序列法是需要城市多年的历史城市人口数据作为基础资料，通过对历史城市人口数据的发展变化进行趋势分析，直接预测和规划其城市人口规模的方法，适用于长时间统计且数据完善、人口数据起伏小的城市。增长曲线法主要通过以往数据来描述变量随时间变化的规律性，适用于较为成熟的城市人口预测，同样不适用于新建或发展不稳定的城市。

笔记栏

2. 预测重点内容

(1) 老年人口预测：未来老年人口的变化是充满不确定性的，开展老年人口预测是指在时间和空间的两维度上，把握区域内老年人口规模、分布密度、老龄化程度指标预测，在一定程度上能够反映出该区域老年群体对养老服务设施的需求量。同时，老年人口预测受死亡、伴随子女迁移等多种客观因素影响，在预测过程中不仅需要考虑到老年人口的自然增长，还要考虑老年人口的流动情况。

(2) 养老服务需求与喜好预测：居家社区养老服务是当前主要的养老模式。为老年群体提供多元化的养老服务设施，满足就近养老需求是规划布局的总体目标。根据老年群体对所在区域居家社区养老服务设施的需求和喜好调查，了解不同特征的老年人对不同养老服务设施的需求数量，可以进一步调整养老服务设施的建设规模、数量和类型，协调设施规划。

(3) 养老服务设施的总配置量预测：首先，结合区域老年人口总量的预测、养老服务需求与喜好调查的情况，并参考政府发布的养老服务设施布局规划标准，初步确定养老服务设施的总配置量。其次，还需要考虑到区域现有的养老服务设施数量，将预期的养老服务设施总配置量与之相减计算出缺口数量，从而确定居家社区养老服务设施新增点的补充。同时，还可以预备部分空间用于未来的规划与调整。规划布局的过程中，适当与区域现有养老服务资源相结合，既可以提高土地资源与空间资源的利用水平，又可以为老年人在熟悉的环境中提供更为全面、优质的就近养老服务。

（三）制定居家社区养老服务配建标准

居家社区养老服务配建标准是评价设施配建达标的重要衡量指标，包括设施配建的床均面积、最小床位数量、最小建筑规模、服务半径等内容。各社区都应当按照一定的标准和要求设立相应的养老服务设施和配套设施，以满足老年人的日常养老需求。

配建标准的制定需要在地方养老政策的指引下，既要综合养老服务设施的服务质量与利用效率两方面，又要联系不同社区老年人口的规模差异性，才能实事求是，予以适当调整，确定各类型设施的具体建设要求。另外，针对不同类型居家社区养老服务设施的配建现状，可采取适宜的配建方式如增设、改造、扩建，达到养老服务供需平衡的良好配建状态。

（四）进行居家社区养老服务设施空间布局

1. 空间布局依据　选址前进一步明确居家社区养老服务设施的空间布局依据是至关重要的。具体而言，主要包括以下四点：

(1) 步行可达：步行是老年人获取社区服务的主要方式，步行可达原则是指居家社区养老服务设施应依托社区资源建设，让老年人可以无障碍（克服时间和空间障碍）地步行到达并享受就近养老服务。由于老年人机体功能下降，步行时间与距离受限，养老服务设施须将老年人的层级需求与生活圈层级规划相关联，主要布局在 5 分钟与 15 分钟的生活圈内。

(2) 功能分明：目前居家社区养老服务设施的命名、分级分类体系缺少统一规范，难以厘清各类养老服务设施的关系。因此，功能分明原则是指在空间布局的时候需要找准各类型设施的功能定位，合理选择不同类别、层级设施所对应的配置标准，避免功能混杂造成资源浪费的现象，为老年人提供确切到位的服务。

(3) 分布均衡：分布均衡原则是指根据老年人口规模与分布密度、活动能力，差异化建设养老服务设施，均衡空间布局，从而达到养老服务供应与需求相匹配。分布均衡原则强调多中心格局，各养老服务设施为同等级的服务供给主体，并且根据老年人活动时间、距离及设施的服务覆盖面和费用，确定不同主体的服务半径和覆盖范围，各空间之间重叠互补可实现养老服务的均等化。

(4) 因地制宜：养老服务设施的布局规划不但要看见民众的养老期望，而且要确切落实

笔记栏

政策标准规范。因地制宜原则是指在充分整合并完善社区现有养老服务资源的基础上,减少同类设施的同质覆盖,并根据服务缺口积极与其他社区的公共服务设施综合设置,进一步优化居家社区养老服务的空间布局。遵循因地制宜原则,总结来说就是依照强化存量与精准增量的规划路径,能够提高闲置资源利用水平,不断探索并丰富居家社区养老服务内容,建立完善的居家社区养老服务设施网络体系,更好地面对社会老龄化带来的需求问题。

2. 选址要求

(1)居家社区养老服务设施选址:应充分考虑地区人口密度、老年人口分布状况、服务需求、服务半径等因素,实现设施规划的科学合理性。

(2)自然环境方面:选择地形平坦的区域,避开自然灾害易发区,保证老年人日常活动的安全;养老服务设施所在处要求空气清新、自然环境优美,通风条件良好,可获得有效日照,且远离高噪声、污染源,声音环境宜为 60dB 以下,为老人营造良好的养老生活氛围,增加养老舒适度,保障老年人的身心健康。

(3)交通出行方面:养老服务设施应建立在交通便利区,但需要避开车流量大的路口,可支持的出行方式多样,交通路线设计安全,方便老年人选择合适的养老服务设施就近养老。

(4)公共设施方面:养老服务设施应最大限度利用社会资源,靠近医疗机构、社区生活配套设施等为老年人提供服务的公共服务设施,实现资源共享。

(5)其他:满足日常生活需求的各类条件如供电、给排水、通信等。

3. 选址布局

(1)选址目标:选址需要根据老年人口分布、养老需求、地区建设的特征,实现老年人步行可达范围内的设施效益最大化目标。

(2)选址方法:基于地理信息系统(geographic information system,GIS)的空间分析是地理信息系统区别于其他信息系统的主要特色,可以看作是对分析空间数据有关技术的统称。选择 GIS 空间分析技术能够对研究区域的养老服务设施供需密度进行定量分析,探索布局的影响因素,初步确定选址范围。位置分配模型(location-allocation,LA)能够进一步探讨供应点与需求点的空间关系,确定选址布局方案。

(3)确定选址:LA 模型内有 3 类优化模型在居家社区养老服务设施的选址中应用普遍,分别是最小设施数量、最短人均步行距离、最大覆盖率的优化模型。在选址时需要对 3 类模型分别进行计算,与配建标准对比选择出最合适的布局方案。

4. 典型案例 具体居家社区养老服务设施的空间布局的实施请参照以下南昌市上滩邻里中心居家社区养老服务设施的空间布局案例。

(1)空间布局选址:南昌市上滩邻里中心位于南昌市红谷滩区长江路绿地外滩公馆旁,隶属上滩社区。上滩邻里中心的服务范围涵盖绿地外滩公馆与凤凰花园一至四期居民,其周边有着南昌舰主题园、江西师范大学附属中学、江西省社会主义学院、印象新天地商场等文娱配套服务。作为新成立的大型社区,上滩社区的不足便由此凸显:社区的基础服务达到普遍标准,但针对社区内老年住户的相应措施较为薄弱,适老化程度低,在老龄化应对问题上捉襟见肘。基于这些问题,上滩社区积极探索,围绕南昌“15 分钟养老服务圈”的概念,以“1+5+X”社区邻里中心的建设为主体,最终选择对绿地公馆旁的社区办公建筑进行改建,打造辐射周边的优质服务中心。上滩邻里中心的设计初衷是“养老托幼”,即在为社区老年人提供多样养老化服务的同时,也针对社区孩童的托管问题给出解决方案。老龄化与少子化是并生现象,因此养老服务与托幼服务并行,显然是新型社区建设的大方向。在本文的案例研究中,更多的是聚焦居家社区养老服务设施的空间布局在上滩邻里中心的实际运用与通用性。

(2)空间布局设计：上滩邻里中心在功能空间规划上进行了因地制宜的适老化布局。该建筑分为两层，依据上滩社区的服务群体需求，将邻里中心的功能划分为养老服务、公共活动与管理区。以此为前提并基于老年人的心理与生理需求，将与老年人养老相关的功能都规划在一层右侧单独的空间，利用地下车库与相对喧闹和人多的公共活动区域分隔开来。

邻里中心将交通动线规划为一条主路线与数条次路线贯穿全二层空间。在一层，主路线位于接待区、书房与用餐区，其余部分则作为次路线分隔开；二层以主路线串联起了所有的空间，并连通了建筑右侧的消防通道，保证了整个建筑空间的安全性与突发应急性。

四、居家社区养老服务设施布局规划常见问题

(一) 养老设施总量与规划目标脱节

我国正面临着老龄化体量大与老龄化速度增快的双重压力，养老服务设施的建设成为政府重要的民生工作内容，其数量也在逐渐增加。但是相关研究显示，大部分地区的养老设施空间覆盖率低，养老床位数总量与规划要求仍存在部分差距，老年人就近养老需求无法得到满足。造成该现象的原因主要在于城区建设用地资源的限制，养老服务设施规模不宜过大；仅配置公办养老服务设施或其他养老机构较少等方面。确定合理的居家社区养老服务设施床位数总量及配建比例，才可打好科学布局规划的基础。

(二) 养老服务政策未能提供服务统一标准

出台现行扶持政策的各级主体较多，部分主体在养老服务设施相关政策的建设中未能充分关注到老年人的实际养老需求，造成养老服务设施在供给、利用、需求等方面存在一定的结构性问题，应该在后续的工作中予以改进，如追求养老服务设施建设规模的同时，也要同步考虑到设施的安全性、实用性，以及与土地政策的适配性；各地区根据政策标准统一建设养老服务设施的同时，也要充分考虑到地区之间的差异性，提高养老服务设施实际利用率，保证可持续发展等。

(三) 老年人口需求与养老服务错位

现今居民社会生活质量提高，老年人的健康意识和生活理念发生一定的转变，对养老服务的期望也越来越高，而现有的养老服务设施设置功能区时存在规模较小、内容单一化、内部环境差、公共服务配建体系不完善、服务水平不高等问题，降低了老年人整体的养老满意度。居家社区养老服务仍普遍存在服务供给率高与服务利用率低、服务需求率高与服务利用率低，以及服务供需结构不匹配的三重矛盾有待解决。应促进构建适老宜居的养老服务设施，注重内部功能区的配建与补充，满足老年人生活照料、医疗保健、精神关爱、文化体育、紧急救助等社会服务需求，并提高其养老服务满意度是养老服务设施建设的重点。

(四) 养老设施空间分布不均

目前我国居家社区养老服务设施在空间布局上分布不均的现象明显。从地区方面来看，我国中、西部地区的养老服务资源均等化程度较高但发展水平较低，东部地区多表现为社区照顾内部的不均等，东北地区则表现为居家养老综合服务内部的发展不平衡。从城区方面来看，大多城区中心养老服务设施占地规模大、配置数量呈现饱和状态，但实际上居住的老年人口数量较少，而在老年人口规模大、分布密度高的区域却经常出现养老服务设施占地规模小、较为匮乏的问题。养老服务设施分布与老年人口空间分布错位，导致老年人难以获得均等化就近养老服务。要求全面协调居家社区养老服务设施的布局规划与老年人口的空间分布，实现各地区的居家社区养老服务可持续发展具有重要价值。

笔记栏

第三节 居家社区养老服务配套建设

居家社区养老服务配套建设已成为中华人民共和国住房和城乡建设部等部门的重点部署之一，但目前尚处于初始阶段，各种硬件及软件配套建设协同发展至关重要。

一、居家社区养老服务配套建设发展概况

老人及儿童比重的增加，年轻人比重的减少，急剧地增加了年轻人的生活压力。居家社区养老服务建设应运而生，其发展是减轻子女养老压力、提升老人晚年生活质量的重要举措。国家层面出台了居家社区养老服务发展相关规划用地、设施建设、财政投入、税收优惠、投资融资、机构培育、人才队伍等支持政策，发布了多个国家和行业标准。截至 2023 年 3 季度，全国共有 35.9 万个社区养老服务机构和设施、308.5 万张社区养老床位，已有 392 个县（市、区）建成示范性社区居家养老服务网络。

作为居家社区养老服务改革试点的天津市河西区某社区，以 700m 为服务半径，打造出“区”“街”“居”三级居家养老服务载体，形成了覆盖超 20 万以上户籍人口的“15 分钟居家养老服务圈”，为社区居民提供全方位的养老服务。

目前我国的居家社区养老服务配套建设还在初始阶段，而老龄化程度仍在逐步加深，居民的养老需求与服务建设的供给能力之间的矛盾日益凸显。居家养老服务配套建设目前主要存在供需不平衡、服务半径缺乏差异性规定、空间覆盖率较低、空间分布不合理、服务功能不完善等问题，需要群策群力，进一步完善。

二、居家社区养老服务常见配套设施

居家社区养老服务配套建设常见配套设施可分为硬件设施和软件设施，下面将详细介绍。

（一）硬件设施

常见配套设施硬件部分主要包括养老服务驿站、社区卫生服务站、社区卫生服务中心、养老照料中心等。

1. 养老服务驿站

(1)社区食堂：“民以食为天”，买菜做饭是老年生活的重要环节之一，它涵盖了社交、锻炼、信息获取等功能。但对于活动半径受限的老人，就餐为日常生活的一大难题。因此，社区食堂以便利、品种繁多、物美价廉火速出圈，为老年人提供了多元化的就餐选择，切实解决了老年人吃饭这一民生问题。社区食堂“明厨亮灶”，根据老年人的饮食偏好制作菜品，兼顾养生、安全、易消化的特质；就餐环境安全卫生，还根据老人的不同年龄段制定不同的优惠政策，个性化制定送餐上门服务等。随着年轻人对健康问题和食品安全的重视程度不断提升，社区食堂备受青睐，社区食堂也因此具备“全龄友好”属性；与此同时，年轻人可以充当质量监督员的身份，促进社区食堂的规范化发展。年轻消费者的加入，为社区食堂的发展注入了新的活力。

(2)文体娱乐：为丰富老年人的晚年生活，养老服务驿站根据老年人的不同喜好，为老年人提供图书室、棋牌室、舞蹈场所、老年大学等场所供老人愉悦身心。很多老人喜欢打牌，但苦于缺乏“合作伙伴”，且无合适的场所，养老服务驿站提供的公办的、免费的棋牌室广受欢迎。不同的老人有不同的追求，部分社区热心老人自发组建志愿服务队，为孤寡、困难老人

提供力所能及的帮助，继续发挥余热。养老服务驿站为有唱歌爱好的老人提供场地，帮助她们筹集经费，聘请退休的音乐教师，组建合唱团，参加社区的文艺汇演，实现自身价值。各地区开办的老年大学，为老年人开设了瑜伽、舞蹈、太极、书法、摄影、中医养生等数门课程，充实了老年人的晚年生活。同时，课程内容与时俱进，吸引了很多有兴趣爱好的年轻人，引发"蹭老式"消费的热潮。老年大学的建立，帮助越来越多的老年人走出家门，回味"重拾书包上学堂"的乐趣。

(3)精神慰藉服务：大量研究显示，将近一半的高龄老人存在不同程度的失能现象及普遍心理健康问题；且老年人面临着退休、丧偶、身体功能退化等问题，这些改变给老人带来压力，影响身心健康。养老服务驿站针对此现象线上线下开展了心理咨询室、老年服务站、网络虚拟服务等服务站点，为老年人提供上门聊天、陪同散步、心理咨询、网络聊天、线上线下交友、组建兴趣小组等服务，针对老年人的认知功能、情绪、情感进行评估，采取干预措施，保障老年人的心理健康。

2. 社区卫生服务站

(1)基本医疗服务：社区卫生服务站为老年人提供常见疾病的诊治、常规体检、疫苗接种、传染病预防、慢性病管理等基本医疗服务。

(2)安全保障服务：社区卫生服务站定期帮助社区居家老年人排查生活环境中存在的各种风险，制定突发事件的应急救援策略，在紧急救援和灾害应对中发挥重要作用，为老年人提供急救服务和医疗救援。

(3)健康教育和宣传服务：社区卫生服务站通过开展健康教育和宣传活动，提高老年人的健康意识和健康素养，促进其健康生活方式，以达到预防疾病和促进健康的目的。

3. 社区卫生服务中心

(1)健康管理：健康乃人生头等大事，老年人更不例外。相对中青年人，老年人病种多、抵抗力差、患病率高、病情常迁延不愈。老年人患病后常需要全面系统的治疗，因此有效的健康管理对老年人至关重要。对于患病老人，社区卫生服务中心可有效实现"早发现、早干预、早转诊"。截至2015年，全国可提供中医药服务的社区服务中心数量占比已达96.63%。

(2)康复护理："十四五"时期，我国人口老龄化程度不断加重，居民疾病谱发生巨大变化，慢性病、心理问题等疾病致残风险增加，导致机体的结构和功能出现障碍，从而引起自理能力的丧失。新近出院的老年人因身体未完全康复，常需要继续治疗，如遇到影响康复等不利因素，常常会导致身体状况急剧恶化甚至死亡。因此社区工作人员应充分重视这一问题，协助老人做好出院后的康复护理，针对老人的身体情况，开展延续治疗及护理，为老人提供健康指导，制定康复计划等。

(3)保健理疗：老年人的身体功能随年龄增长缓慢衰退，且衰退具有不可逆性；若受应激因素影响，身体功能可急速下降。因此，有效干预可延缓功能衰退，作为有效干预的核心——保健理疗，在提升老人晚年生活质量方面发挥着关键作用。社区卫生服务中心作为保健理疗的重要场所，逐步确立正规、全面、系统的老年保健模式，为老人提供线上线下服务，给予自我保健相关知识指导，有效满足了老年人不脱离社区和家庭环境的心理需求，实现足不出户即能享受到贴心服务的愿望。

4. 养老照料中心

(1)家政服务：养老照料中心针对失能老人，推出创新型服务模式，为老年人提供一对一的特殊性服务，比如洗澡、翻身、做饭、打扫卫生、购物及聊天等，还可以在线上为老人提供日常关怀、开办健康知识讲座等。在服务后做"售后回访"，通过电话或者上门的方式获取老年人对服务的反馈，从而不断提升服务质量。

笔记栏

(2)基础照护：养老照料中心为失能、失智老人提供基本生活照料和基本医疗护理服务保障，实现“把专业的事交给专业的人”。有需要的老人可选择入住照料中心，接受来自专业照护人员的照料，最大程度地保障了老年人的生活独立需求和人格尊严，减轻了家庭照护人员的负担，同时也减轻了医疗系统的压力，促进了护理服务行业的发展。

(二) 软件设施

常见配套设施软件部分主要包括政策支持、技术支撑、人员配备等。

1. 政策支持

(1)加强立法，推进居家社区养老法制化进程：我国为推动居家社区养老服务配套建设的发展，出台了一系列的政策措施，完善养老保险、医疗保险等制度，健全监管机制，推进养老服务行业标准化建设，逐步完善机构建设、管理服务、安全生产，运用行业准入、生产许可、监督抽查等手段，提升养老服务行业的层次水平，不断完善养老机构的建设管理服务，提升老年人的生活质量，让老人们安享晚年。

(2)拓宽资金渠道，加大资金投入：以习近平总书记关于老龄工作的重要指示精神为指导，落实 2016 年政府工作报告中提出的“开展养老服务业综合改革试点”的要求，民政部、财政部联合印发了《关于中央财政支持开展居家和社区养老服务改革试点工作的通知》(民函〔2016〕200 号)，选取部分有代表性的市区作为居家社区养老服务的改革试点，遵循中央资金突出奖补原则，按因素法分配，改革当年预拨 60%，对于考核结果达标的试点，予拨付剩余 40%；对于业绩突出的试点给予额外 10% 的奖励并增加下一年度在该地区的试点数量；对于考核结果较差的试点予酌情扣除部分资金，甚至取消当年甚至今后的试点资格。发挥政府的主导作用，通过中央资金引导，鼓励地方加大资金投入力度，整合各类资源，致力于打造完备的居家社区养老体系，增加老年人的获得感、幸福感、安全感。

(3)完善环境设施建设，加强资源整合能力：政府及社区积极整合现有资源，提高资源利用率，建立良好的协调机制，促进各个机构之间形成最大合力，提高工作效率；充分利用信息技术平台，完善社区老年人健康档案，对老人生活进行实时的、动态化的管理。同时，督促各部门各司其职，有效合作，并号召群众参与监督。近年来，政府统筹发展和安全，优化基础设施布局、结构、功能和发展模式，为建设符合中国国情的居家社区养老服务建设打下坚实的基础。

2. 技术支撑

2022 年，“隐形护理员”“小摆件”的推出，为科技助老提供了关键技术支持。“隐形护理员”可实施监测老人居家动态，在老人跌倒的第一时间即可触发报警，也可由老人语音呼救触发，触发报警后可同时向子女、老人所在社区、民政部门、医疗救护系统发出警报，直至得到回应；还兼具语音聊天、远程问诊、微信支付、实时定位等功能，有效地扩大了老人的活动半径，加深了子女与老人的沟通，打造出安全守护生态圈。

科技创新为养老服务的发展提供源源不断的动力，随着互联网技术的不断发展，越来越多的老人接触到网络，并积极使用手机 App 进行订餐、预约挂号、网络购票、线上支付、社交等多项活动。还有一些智能可穿戴设备的研发，为老人的安全提供保障；基础信息系统的建设，实现信息共享、数据有效衔接、快速更新，有效提高了服务效率，为构建个性化、灵活性、智能化养老服务奠定基础。各企业负责人纷纷表示，将持续关注养老事业，大力推进适老化产品的研发，推动技术普惠，让老年人平等享受科技发展带来的红利。

3. 人员配备

(1)养老护理人员：目前我国初级养老护理人员大体上可分为两类，一类护理人员主要工作内容为生活护理，另一类主要从事专业照护，以下简称生活护理岗和专业照护岗。除去

具备吃苦耐劳、有责任心等特质外，生活护理岗还需具备日常生活照护、安全防范知识及技能，专业照护岗需在生活护理岗的基础上增加疾病相关的照护能力。在职养老护理人员呈现“四低四高”的局面，即学历偏低、待遇偏低、社会地位低、职业认同感低；平均年龄高、人员流失率高、劳动强度高、被动就业率高。在高级养老护理人才稀缺的大背景下，开展高层次的养老护理教育势在必行。全国各省市陆续开展实施养老护理人才培养计划，成立培训机构，提升养老护理人才的待遇，为其发放各种津贴补助，提升其社会地位，健全奖励机制；各高校也对此做出积极响应，加速发展养老专业本科教育，积极开展养老服务研究生教育，促进养老护理人才的队伍不断壮大。

(2) 其他专业人员：促进跨学科合作，实现优势互补，加快养老服务人才建设，方能取得养老服务事业的长足发展。高端型养老服务人才、养老金融、大型康养综合体经营管理等专业均存在人才缺口，亟待院校培养。2019 年 10 月 9 日，教育部等七个部门联合提出将以职业教育为中心，为社会服务产业提供支撑，加速健全养老服务、中医药健康服务等紧缺领域人才的培养体系并扩大培养规模，并合理确定高职、本科、研究生等不同层次学历教育的培养目标，同时注重培养复合型创新型人才。近年来，各地综合施策促进居家社区养老服务人才供给，居家社区养老行业的发展势如破竹。

(3) 志愿者：除专业工作人员外，居家社区服务建设涌入了一批新力量，他们大多数由高校学生、社区居民、社会人员、非营利组织、民间团体、慈善机构等组成。他们的加入在很大程度上解决了养老服务人才供给不足、服务内容单一的现状。社区居民是社区治理的主体，大量研究显示，低龄老人的知识、技能、社会经验及社会阅历十分丰富，且对参与社区治理充满热情，已然发展成为社区治理的中坚力量。政府鼓励退休党员、低龄老年人自发组建志愿服务队，并采取一定的激励机制，为低龄老人发放补贴，提升低龄老人的自我认同感，实现社区治理的良性互动。2021 年 8 月，习近平在河北承德考察时指出要“鼓励老年人继续发光发热，充分发挥年纪较轻的老年人作用，推动志愿者在社区治理中有更多作为”。

三、居家社区养老服务配套建设管理模式

居家社区养老服务配套建设中，管理模式的建设不可或缺。常见的居家社区养老服务管理模式有传统养老管理模式，以及在探索中的智慧居家社区养老服务管理模式。

(一) 传统养老管理模式

中国的传统养老管理模式主要包括家庭养老和机构养老。家庭养老的主要优势是安定与方便，且能保证稳定性和连续性，但是需要家庭成员投入大量的时间和精力，随着老人年龄的增加，失能、失智情况的出现，家庭养老在专业养护方面存在缺失。由于受投入成本和传统观念的影响，机构养老虽然能够提供更加专业的服务，但是并不适合普通收入家庭，也难以让老人感受到家庭的温暖，忽视了老人的精神需求。由此可见，传统养老管理模式已不能满足现实养老需求。

(二) 智慧居家社区养老服务管理模式

智慧居家社区养老服务管理是通过互联网、社区养老服务平台、智能设备等将社区内的居家养老服务纳入一个统一的协调框架，建立基础数据库，整合服务资源，协同好线上、线下养老服务。其服务内容涵盖物质保障与生活照料、健康管理、社区日托中心服务。智慧居家社区养老服务管理模式由 6 大主体构成，分别是政府、老人及家属、护工、服务组织、服务培训及评估组织、社区养老服务信息平台。在该管理模式下政府是主导者，负责总体规划和资金支持，并负责相关法律法规的制定；服务组织主要负责雇佣护工和采集老年人的相关信息，并提交给社区养老服务信息平台；服务培训及评估组织则需要制定相应的服务评估标准

笔记栏

和体系并对护工进行专业的上岗培训，还需要收集老人及家属对服务的反馈信息，录入社区养老服务信息平台；社区服务信息平台则需要将采集到的数据进行汇总，制作社区内每个老人的档案，及时对老人的服务需求作出反应，并将需求转介给服务组织，再由服务组织派遣护工为老人提供相应的服务。

探索更多更有价值的养老服务管理模式，总结各地优秀经验，构建具有中国特色的管理模式，方可更好地满足老年人的各种服务需求，实现“老有所养”“老有所依”“老有所乐”，增进民生福祉。相信在全社会的努力下，我国的居家社区养老服务行业将会不断完善，创造出巨大的社会效益。

四、居家社区养老服务配套建设发展趋势

（一）健全相关政策，为居家社区养老服务提供保障

政府针对居家社区养老出台了一系列政策，完善养老保险、医疗保险等制度，落实优惠政策，完善监管机制，加强居家社区养老服务体系建设力度，鼓励和支持专业服务机构及其他组织和个人为居家老年人提供生活照料、生产帮助、紧急救援、医疗护理、精神慰藉、文化娱乐等多层次、多样化的供给服务。近年来，政府强化制度顶层设计，织密居家社区服务网络，大力发展普惠性养老，致力于提升居家社区老年人的幸福感。

（二）培养足量专业人才，提升待遇

专业人员是居家社区养老服务建设发挥功能的主导者，相关建设能否发挥最大效能很大程度上取决于专业人员的综合素养，为顺应社会老龄化趋势，满足老年人多元化的养老需求，居家社区养老对服务人员提出了更高的要求。目前，养老行业从业人员的综合素质普遍不高，经过培训后也很难达到专业化水平。专业人才的严重匮乏严重限制了行业的发展，且受社会观念、薪资待遇、工作强度影响，养老服务人员的需求远远大于供给，养老服务行业就业存在巨大缺口，很多有相关专业背景的高校毕业生不愿从事此行业。因此，政府和高校应充分注意这一现象，分析老人的养老需求，按需制定培养政策，加大相关人才的培养力度，规范考核制度，注重培养养老相关专业学生职业荣誉感。养老行业也应适当提升服务人员的待遇和补贴力度，强化其职业认同感，才能充分调动从业人员的积极性，减少人员流失，吸引更多优秀的人才投身于养老服务的建设中来。

（三）加强宣传力度，扩大覆盖面

老年人对新事物的认识度、接受度较年轻人低，且对居家社区养老相对陌生，受传统观念影响，他们更倾向于家庭养老。对此政府及养老服务相关部门应积极响应，通过各种渠道，加大对居家养老服务建设的宣传力度。针对不同老年群体，组织各类线上线下活动，通过宣传手册、报纸、电视、微信及各种自媒体进行宣传，邀请社区老年人参观并了解居家社区养老服务建设的应用情况，提供免费的健康测量服务，注重老年人的精神需求，提升老年人的信任度，并鼓励他们加入居家社区养老建设中。积极推进普惠养老服务体系建设，扩大服务覆盖面，使居家社区养老惠及更多的社区老年人，使他们充分意识到居家社区养老服务建设的优越性，能够更好地实现他们老有优养的美好愿望。

（四）拓宽资金来源，引入社会力量增加养老服务供给

政府应发挥主导作用，鼓励支持社会资本投入养老服务领域，参与养老服务机构的建设运营。鼓励社会各界捐赠资金、物力人力资源，并为捐赠者提供税收减免等优惠政策；创新融资模式，引导社会资本参与养老服务设施的运营管理；同时还应加大政策宣传力度，提升社会对养老服务建设的认可，促进养老服务市场的发展。

（五）畅通居家社区养老服务沟通协调，实现资源整合及信息共享

政府应成立相关部门，对居家社区养老服务进行统筹规划，加强各主体间的沟通交流，加强与医疗机构、社会组织、企业的合作，整合各类养老资源，实现优势互补、协同发展。健全居家养老信息平台建设，实现信息共享，可使养老服务信息对老人更加便捷可及，服务人员可更全面地了解老人的需求，政府部门可实时监控服务质量，实现良性互动。健全评估和反馈机制，对居家社区养老服务定期评估，收集老人和服务人员的反馈意见，及时调整服务模式，提升服务质量及满意度。

第四节　居家社区闲置资源改造利用

居家社区闲置资源是指利用社区内的闲置养老服务设施、老旧小区资源、办公用房、厂房店面、人力资源等，通过建设社区嵌入式小微机构和养老驿站，不仅为空巢、失能、高龄、失独等老年人提供更加便利的社区养老服务，也进一步延伸到居家上门服务，使更多老人受益。居家社区闲置资源内容涵盖闲置设施、闲置空间、闲置人力资源等，目前居家社区闲置资源的改造利用主要聚焦在闲置设施、闲置空间方面。

一、社区养老服务设施闲置资源改造利用

（一）目前社区养老服务设施资源存在主要问题

1. 社区养老服务设施利用率　目前，“社区养老”是借助社区中的“养老综合服务中心”“老年人日间照料中心”“养老驿站”“农村幸福院”等服务设施开展日托服务，这些养老服务设施是政府倡导、多部门共建，各级财政、民政及当地街道办事处、社区居委会均投入了一定资金，属于社会公益性质。目前各地的社区养老服务设施可谓是“遍地开花”，几乎每个较大的社区及比较大的中心村都有，本是一件为老年人精心打造的民生工程，但由于配套服务跟不上等原因，目前大部分空置，闲置浪费问题十分突出。

2. 设施“用非所建”　有些社区的老年人日间照料中心等设施虽充分利用，但主要用于活力老人聚集娱乐，实际上成为社区老年人娱乐活动的场所。这些活力老人在这里是“老有所乐”，而不是“老有所养”，没有发挥出“社区养老”主要服务半失能老人的基本功能。另外，有些日间照料中心等设施被用作养生及健康理疗场所，并开展市场化营利。

3. 街道办事处的“养老综合服务中心”成为小型养老机构　按民政部要求，每个街道办事处要建设一处“养老综合服务中心”（一般有 20~30 个床位），建成后一般是由政府无偿甚至给予较多补贴让专业服务机构托管运营，运营机构本应该利用其开展日间照料、家庭养老和居家养老指导，以及为部分老人开展全托性质的“喘息”服务，但调研发现有些托管运营机构基于自身利益最大化考虑却让其成为小型养老机构。因房间由政府无偿提供，其经营成本低对入住老人的收费价格也较低，入住率较高，这与其他民营养老服务机构形成不公平竞争，在很大程度上破坏了养老服务业发展的营商环境，同时也导致有些托管机构为了争取更多的社区养老服务设施而采取“寻租”等不正常手段谋取资源，破坏了养老服务业发展的市场竞争环境。另外，“养老综合服务中心”由于规模小，成为小型养老机构后相关配套跟不上，总体服务质量难以保证。

4. 社区“助老大食堂”运营艰难　调研发现，目前许多社区的“助老大食堂”规定前来就餐的老人条件比较宽泛，并将其作为对老年人的一项福利，许多家庭条件较好、老人自己能做饭及家中有人为其做饭不需要提供助餐的老人同样前来就餐，由于就餐人数多给承办

笔记栏

单位带来较大负担，“助老大食堂”属于公益性质，除服务老人外多数社区没有对社区全体居民开放，主要靠政府或集体补贴勉强维持，可持续运营比较艰难；同时许多社区居委会为节省经费开支未对外承包而由居委会自身负责“助老大食堂”中的各项工作，居委会负责人主要忙于这一事务且拿不到相应报酬而“怨声载道”。

（二）充分利用社区养老服务设施闲置资源路径

要解决目前社区养老服务设施资源闲置问题，必须与社区其他资源共享并集成、集约使用，特别是要充分用好社区养老服务设施开展市场化的居家养老，发挥好对居家养老的“依托”作用。

1. 进行资源共建与整合　以现有社区卫生服务机构或有条件的医养结合机构为核心进行共建并注册为独立法人资格的非营利机构，兼并或托管社区养老服务设施及残疾人康复机构，兼并周边个体诊所、药店及“长护险护理站”等机构。

2. 开展综合性的健康服务工作　以就近便捷、均衡可及，提供医康养一体化综合服务并促进居家养老服务加快发展为核心，以不断满足各类人群特别是老年人、残疾人和伤病人多层次、多元化健康服务需求，为居民在社区提供用得上、用得起、用得好、经常用的综合性健康服务，最终实现品质化、精细化、便利化、集约化经营为目标，以推进各类医康养资源共享、降低成本、提升综合效益为导向，多部门联动并整合“各自为政”的服务机构，推动“社区医康养综合服务中心（站）”在社区落地生根，为社区居民提供“一站式”“一揽子”大健康所需的各方面服务。

3. 建设社区医康养综合服务中心（站）　“社区医康养综合服务中心（站）”除具有社区卫生服务机构、老年人日间照料中心或养老综合服务中心、健康养生机构、康复机构等服务机构的基本职能外，还要赋予其履行医养结合居家养老服务及全人群健康管理等新职能。

二、社区空间闲置资源改造利用

（一）社区空间资源目前存在的主要问题

1. 老旧小区规划建设不合理　我国的城市化建设经历了一段粗犷的发展历程，一些地方政府当时可能不能够完全根据城市土地结构、人口状况来规划城市用地，使得早年间部分城市土地无法得到合理利用，对以后的城市建设发展产生了某些不利影响。如老旧小区缺乏公共设施、工厂旧址得不到有效利用等。

2. 土地资源利用阻力较大　社区中还会存在部分闲置土地，但由于种种原因使得土地资源利用矛盾重重，再次利用的阻力非常大。例如有的土地已经得到了政府的审批，但是涉及周边住户的利益，导致开发商与周边住户之间产生矛盾，新建工作始终受到周边住户的干扰和阻挠，使土地长期处于闲置或者半闲置状态。

（二）充分利用社区闲置空间的方法

1. “置换法”　用好闲置房鼓励利用商业、办公、工业、仓储、校舍存量房屋及社区用房等改建养老托育设施，所使用存量房屋在符合详细规划且不改变用地主体的条件下，可在5年内实行继续按土地原用途和权利类型适用过渡期政策，打造成社区（嵌入式）居家养老服务中心。闲置公有房产要优先用于发展普惠养老托育服务，并通过公共资源交易平台等途径及时发布相关信息，鼓励适当放宽租赁期限。非独立场所按照相关安全标准改造建设托育点并通过验收的，不需变更土地和房屋性质。支持各级党政机关和国有企事业单位所属培训疗养机构转型发展健康养老服务。探索允许空置公租房免费提供给社会力量供其在社区开展养老服务。各设区市要制定并向社会公布促进和规范利用存量资源改造建设养老托育服务设施的工作指南，明确适用条件、办理流程、工作机制、建设标准、政策支持等。县级

笔记栏

人民政府要建立存量资源统筹利用“一事一议”协调机制，通过共同会商、专家咨询、第三方认证等途径，定期集中处置存量房屋和设施改造中规划、消防等手续办理、邻避民扰等问题。

2. “项目法” 新建改造服务设施，积极争取住房城乡建设部门支持，将养老服务项目建设纳入老旧小区改造、棚户区改造、人居环境建设等项目。

3. “融合法” 整合利用阵地资源在城市社区，紧密结合城市功能和品质提升工程，将居家和社区养老服务中心纳入社区标准化建设，打造集“党群服务中心、便民服务中心、居家养老服务中心、文化服务中心”于一体的标准化社区。在农村社区，紧密结合乡村振兴战略和新农村建设，利用已建成的新时代文明实践中心、文化活动中心等资源发展农村居家养老。

4. “配建法” 落实“五同步”工作规则，新建住宅小区按照同步设计、同步报批、同步建设、同步验收、同步交付规则配建养老服务设施。

知识链接

城市社区嵌入式服务设施建设工程实施方案

大力优化整合社区配套建设用房等公共空间，清理非必要、不合理用途，腾退资源优先用于发展社区嵌入式服务。加快社区周边闲置厂房、仓库、集体房屋、商业设施等社会存量资源出租转让，用好城市“金角银边”，对不符合城市发展方向、闲置低效、失修失养的园区、楼宇、学校、房产及土地进行盘活和改造开发，可按照相关规定用于发展社区嵌入式服务。支持引导机关、企事业单位等盘活闲置用地用房、向周边社区开放职工食堂等，实现共建共享。

各地在编制城市国土空间总体规划和详细规划、推进城乡社区服务体系建设时要统筹考虑社区嵌入式服务设施建设需求。结合城镇老旧小区改造、完整社区建设试点、社区生活圈构建、城市一刻钟便民生活圈建设等，合理配置社区嵌入式服务设施公共服务用地。在符合国土空间详细规划前提下，试点城市可结合实际对老旧小区补建社区嵌入式服务设施适当放宽规划条件要求。

（苏 丹 吴冬梅）

复习思考题

1. 作为一名规划者，请你陈述将如何去布局理想中的居家社区养老服务设施。
2. 你所居住的社区有哪些闲置资源，请根据社区实际做一份资源改造计划。

扫一扫
测一测

PPT课件

第五章 居家社区养老服务内容

学习目标

知识目标

学习并掌握居家社区养老服务的基本内容。

能力目标

熟练判断居家社区养老服务的内容分类，并熟知各项服务的基本要求。

素质目标

领会居家社区养老服务的内涵精神，把握居家社区养老服务内容未来的发展趋势。

课程思政目标

体会我国居家社区养老服务内容的多层次与多样性，培养尊重生命、关爱生命的价值理念。

【学习要点】

1. 居家社区养老服务的内容及分类。
2. 居家社区养老服务的基本要求。
3. 居家社区养老服务的注意事项。

第一节 日常照料服务

日常照料服务是居家社区养老服务的重要组成部分，主要包括助餐配餐、助浴、助洁、助行、巡视探访等服务，满足老年人基本生活需要。

一、助餐配餐服务

助餐配餐服务是根据食品安全要求，由服务机构向签订协议的社区老人提供饮食的服务。包括助餐服务与配餐服务。

（一）助餐服务

助餐服务是一种针对特定群体的餐饮服务形式，主要服务60岁以上老年人，解决这些人群在日常生活中遇到的用餐难题，从而提升其生活质量。助餐服务主要包括集中用餐、送餐上门、上门制餐三种服务方式。

1. 集中用餐　集中用餐是在指定就餐场所，定时为社区老人提供餐食的服务形式。

(1)基本要求

1)用餐地点：宜选择在方便老人步行前往的地点，且有明显标识。

笔记栏

2）用餐环境要求

①符合建筑安全、消防安全、食品安全等要求，配置满足老人特点的无障碍设施，包括提示标识、无障碍慢坡通道、座厕拉杆、扶手设备等。

②保证环境宽敞明亮（人均餐位面积 ≥ 1.5m²，且就餐空间满足餐车及轮椅通行）、温度适宜、通风良好，注意地面清洁防滑。

③在规定就餐时间前备好餐食并采取保温措施。

3）其他要求

①就餐场所配备急救药箱，以防意外发生。

②场所内废弃物容器应配有盖子，并及时清洁和处理垃圾，做好垃圾分类。

（2）服务内容

1）就餐前：机构将定制餐谱提前公示，于规定就餐时间前备好餐食并保温。

2）就餐期间：营业时间内应保证固定的老人餐位；老人排队自主选择菜肴，服务人员协助维持就餐秩序并注意巡视，为老人提供就餐帮助。

3）就餐后：老人用餐完毕，服务人员及时清理餐桌与厨余垃圾，回收餐具并按要求清洗消毒；每餐每类食品留样冷藏 48 小时，以待核检。

4）增值服务：有能力的机构可以定期或每日特定时间段内，提供份额合理、对老人健康有益的茶歇服务，例如坚果、糕点、酸奶制品、茶水等。

2. 送餐上门　送餐上门是指服务机构根据居家老人需要，提供送餐入户的服务形式。

（1）基本要求

1）送餐管理要求：做好平台预约、统一配送、餐具回收、定期回访等信息管理。

2）送餐人员要求：送餐人员应持有健康证，并定期体检；获得相应送餐交通工具的合法驾驶证件，保证按时送餐入户；具有良好的职业道德，熟悉送餐流程与要求，具有良好的沟通能力，掌握突发情况应急处理方法。

（2）服务内容

1）餐品准备阶段

①公示统一订餐渠道，与长期订餐的老人签订服务合同。

②送餐打包前应检查餐食是否符合要求，装盒后应在封口处粘贴密封贴。

2）餐品装箱阶段

①装箱前二次核查无误后可按照送餐距离由远及近的顺序排列妥善放置。

②对于汤汁、水果等易漏、易挤压受损的食品，或冷鲜、特殊气味、易吸收异味的餐品均应配置辅具单独存放。

3）餐品运输阶段

①应提前规划路线，餐品从装箱到送达，用时不宜超过 1 个小时。

②餐品取送时，送餐箱应随开随关，避免因曝晒、雨淋、剧烈撞击、尘土污染等影响食品质量。

③如发生食品污染、变质等导致无法按时送达餐品，应立即联系机构重新备餐，并告知服务对象。

4）餐品送达与回收阶段

①送达后，出示工牌，核对老人姓名与菜品，并提示用餐注意事项，如鱼刺、骨头、菜品过烫等以防老人受伤，确定无误后完成签收，留存签收证明。

②对于重复使用的餐具、设备等应及时回收进行清洁消毒。

3. 上门制餐　上门制餐是指为居家老人提供定时上门，烹制菜肴、加工食物的服务

笔记栏

形式。

(1)基本要求：上门制餐人员应掌握膳食基本加工与烹饪技能、食品安全与营养学知识；上门制餐的老人家中需要具备符合要求的食品清洗、烹调、加工、盛放等设备。

(2)服务内容

1)根据服务协议的要求，服务双方提前协商确定菜品，在上门服务前应再次确认地址、时间及制餐要求，按约定时间上门服务。

2)制餐人员着工作服、鞋套，出示身份证明并得到服务对象许可后方能进入家中。

3)烹饪前，清点当日食材，发现问题及时向老人或家属反映，不得使用过期、变质的食材。

4)烹饪时，应合理使用燃气、电器设备，全过程注意卫生管理，保证餐食种类与用量符合老人需求；食物原料与成品需留样冷藏48小时。

5)制餐人员离开前应清理厨房并清洗、消毒相关用具；与服务对象确认后，签署证明性文件并做好记录，完成信息存档。

（二）配餐服务

配餐通常是指根据老人的营养需求和口味偏好，对各种食物进行科学搭配和烹饪，以提供均衡营养餐食。

1. 基本要求

(1)取得相应的食品经营资质，或具备合格经营资质的供应商。

(2)遵守国家食品卫生相关法律法规，健全各项规章制度、工作流程、考核管理方法、应急预案等。

(3)服务的项目、流程、标准、价格等均应公示。

(4)做好组织管理，涵盖食品库存与设备管理、环境管理、服务人员日常行为管理和应急处置管理。

2. 服务内容 配餐服务需要服务对象在线上或现场申请，工作人员接待老人、评估情况、记录结果，告知老人及家属相关情况，双方签订服务合同、最终实施服务。

(1)老人状况评估：了解老人餐食需求，评估老人基本情况、营养风险、健康情况、吞咽功能、饮食偏好等。

(2)餐谱制定：根据评估结果，制定个性化营养餐谱，包括普通餐、营养餐和疾病控制餐3大类。注意有特殊膳食结构要求的老人，要进行有针对性的配餐服务。此外，应尊重老人民族与宗教习惯，同时注意因地制宜、顺应季节，定期更换菜谱以增进食欲、保证营养。

二、助浴服务

助浴服务是服务人员利用专门的洗浴设备，帮助或协助社区老人洗浴的服务。一般包括机构助浴和上门助浴两种服务形式。

（一）机构助浴服务

机构助浴是指服务机构借助养老机构、洗浴机构、助浴点等公共环境，安排助浴服务人员，为老人提供洗浴的服务形式。

1. 基本要求

(1)提供助浴服务组织、机构要求

1)具备开办老人助浴业务的相关资质，依法登记注册并公示。

2)根据业务范围，健全各项规章制度、工作流程、考核管理方法、应急预案等。

3)具备满足助浴服务的固定经营场所与所需用品用具、基础设施。

4）公示服务项目、标准、价格、投诉监督电话等信息且保证信息准确性。

（2）机构助浴环境要求：机构提供的助浴环境应符合建筑安全、消防安全等要求，选择在建筑一层或具备无障碍电梯、通道，方便老人通行的场所。场所的功能布局应包含评估区、洗浴区、更衣区、休息区、卫生间等，各区域有明显提醒标识，场地面积与功能用途匹配，且均配备紧急呼救装置，保证老人安全。

（3）服务人员要求

1）持有效健康证明，并定期进行体检。

2）持有相应的资格证书，并定期接受相关培训后考核合格。

3）掌握洗浴服务技能，且具备一定的急救能力，能够处理服务过程中的突发应急事件。

（4）卫生要求

1）应符合国家洗浴服务相关规定。

2）助浴用具如浴缸、助浴床和助浴椅等应做到“一人一用一消毒”。

3）其他用物应根据要求，定期做好清洁消毒工作，并建立助浴设施设备消毒台账。

2. 服务内容

（1）助浴服务前：核对预约信息；由两名专业人员对老人进行健康评估，主要评估基本生命体征（体温、脉搏、呼吸、血压）与既往病史、跌倒史、皮肤状态、自理能力等。根据评估结果选择适宜助浴服务，评估结果为轻、中度失能老年人宜选择洗浴服务，重度失能老年人应选择擦浴服务。若出现不宜提供助浴服务的情况，应告知原因，并提供解决方案；服务人员在服务前对洗浴环境情况进行评估，包括室温、水温、光线、通风、设备运行、用物准备、排除跌倒隐患等。

（2）助浴过程中：宜有家属或其他监护人在场；注意交流并随时观察老人有无不适，根据情况调整服务方式或停止服务，必要时建议就医。

（3）助浴完成后：协助老人擦干身体与头发、整理衣物；按需帮助老人涂抹润肤乳或药膏、口腔清洁、剪指（趾）甲、理发等；休息区观察老人 30 分钟后再次对其进行生命体征测量，做好记录与满意度调查。

3. 应急预案

（1）停水停电：利用储备用水快速为老人冲淋，并做好保温和安抚工作。立即通知相关人员到场协调，启动应急用水用电。

（2）老人摔伤或出现其他不适：询问原因并给予相应的帮助。若情况紧急，及时与监护人、医务人员、上级领导三方联系，并根据情况立即进行现场施救，必要时就近就医。

（3）电击事件预处理：立即切断电源，识别老人身体受电击伤害的严重程度，紧急联系120，同时实施现场急救，如：对受电击者进行心脏和足底按摩、呼吸道清理、人工呼吸、保温。

（二）上门助浴

上门助浴是指服务机构派遣服务人员，借助服务对象家庭的洗浴环境、设施设备，或携带机构配备的专业助浴用具上门提供助浴服务。

1. 基本要求

（1）环境要求：协议签订前，机构需派专业评估员评估服务对象家中洗浴环境是否满足上门助浴需求。包括：具有相对独立密闭的助浴空间；配备淋浴、供暖、通风的设施设备；配备防滑垫、助浴椅等洗浴辅助器具。

（2）用物准备要求：上门助浴人员应常规携带助浴用品，包括：助浴评估包（评估记录表、血压仪）、助浴物料包（洗发水、洗浴液、护发素、助浴手套）、消毒用品、医疗应急包等。助浴用品应符合相关部门质量要求，使用前应征询服务对象同意。

笔记栏

2. 服务内容

(1)评估：助浴前，服务人员需对老年人的身体健康状况进行评估，内容与机构助浴一致；同时对助浴环境进行评估，内容与环境基本要求一致。

(2)物品准备：根据评估结果，准备助浴用品。

(3)上门服务：助浴人员着工作服、鞋套，出示证件并告知来意，征得同意后方可进入。浴前评估、助浴过程、助浴后的操作流程与要求同机构助浴。服务结束后，服务双方签署证明文件记录，礼貌告别。

三、助洁服务

助洁服务是由专业助洁人员为老年人提供的清洁服务，主要包括居家保洁服务和专项清洁服务。

(一) 居家保洁服务

居家保洁服务是指服务人员利用专业清洁设备、工具，参照一定规范，为社区老年人提供居室空间环境的日常清洁、消毒、保养等服务。

1. 基本要求

(1)提供保洁服务的组织、机构应满足以下要求

1)依法登记注册，合法经营。

2)具备健全的保洁服务相关各项规章制度、工作流程、应急预案。

3)具备满足业务要求的固定经营场所，以及提供符合国家标准的保洁服务用品用具与基础设施。

4)公示服务项目、标准、价格、投诉监督电话等信息且保证信息的准确性。

(2)服务人员的要求包括

1)持有效居民身份证件及健康证明，并定期进行体检。

2)持有相应的培训合格证书或国家职业资格证书。

3)掌握自身岗位所需的清洁服务理论知识与操作技能，并严格按照使用要求和操作规范进行使用，包括常用清洁剂、消毒剂的使用方法、浓度、剂量和配置流程。

4)具备基本的法律、安全、卫生知识与职业操守。

5)尊重老人的生活习惯、宗教信仰等，特别注意保护老人隐私，且能与老人进行良好沟通。

(3)用具、用品要求

1)机构按规范采购程序，提供充足的、符合国家标准的安全防护用具及保洁服务用品、用具。

2)入户服务所需的设备和工具包括吸尘器、玻璃清洗器、疏通工具、各类制剂等。各类制剂与设备应达到国家规定的产品质量标准，杜绝“三无”(无生产厂家、无产品合格证、无使用有效期)产品。

3)定时对用品、用具进行校检、规整与补充；设备、工具每次取用与归还时，均要做好相应的检查与登记，并合理放置。

(4)安全要求

1)机构需定期开展安全防护教育与培训。为保洁人员提供与其工作性质相适应的安全用具，如高空作业时提供安全帽、安全绳等；配置或使用制剂时提供防护口罩、手套、护目镜、防护服等。

2)针对易燃易爆、强腐蚀性的制剂，应设专人专库专册妥善管理，出入库和使用须有详细记录，交接手续完整。用具、用品必须符合国家要求。

3）保洁人员需提高自身安全防护意识，严格按照标准流程提供服务；使用水、电等必要能源时，谨防触电、漏水。

4）进行高空作业或较危险的操作时，必须先检查安全防护用具的质量，确保安全后方可进行操作。

5）进行疾病媒介生物防治作业时应做好自身防护，并采取措施防止对老年人造成伤害，作业后的废弃物、病媒生物尸体等必须妥善处理。

2. 服务流程

（1）服务前：机构与老人（家属）签订服务协议。

（2）服务安排：机构根据预约时间安排保洁人员准时到岗。保洁人员统一着装，出示身份证明信息，征得同意后，穿鞋套入户。与客户确定服务内容后，提供服务。

（3）服务期间：无关人员不得入场；未经允许，不得随意翻动、挪移物品；爱惜客户物品，若发现物品有损坏等异常情况时，及时告知客户；妥善使用保洁设施设备与用品用物，不应故意损坏、浪费；按时保质保量完成保洁工作。

（4）服务结束：请老年人（家属）验收签字后礼貌道别。

（二）专项清洁服务

专项清洁服务是指利用专业的清洁设备、用物对居室物品，如地板、地毯、电器等进行保养、清洁、消毒、虫害防治等专业化处理的服务。

1. 基本要求

（1）提供保洁服务的机构要求、用具用品要求和安全要求与居家保洁服务部分一致。

（2）服务人员要求：与居家保洁服务部分基本一致。根据专项清洁任务，助洁人员还需熟练掌握相关专业要求，例如地板打蜡、电器清洁、老年人床铺清洁、虫害防治等相关规范标准，要求专项助洁人员通过专业机构考核并获合格证明。

2. 服务内容

（1）老年人专用设备清洁：例如轮椅、制氧机等，使用不含腐蚀成分的清洁剂及细软抹布擦拭，清洁后设备应无污渍。

（2）床铺清理

1）常规操作：使用柔软干净的抹布擦拭。清洁后床铺应整洁、无污渍。

2）卧床老人床铺清洁：协助老年人翻身至对侧，用床刷自床头至床尾扫净近侧床单上的碎屑，随后将该侧床单平整铺好；另一侧方法一致。

（3）衣服、床品、窗帘、地毯等用物清洗：根据洗涤物材质选择合适的洗涤方法。要求洗涤效果达到清洁干净，无汗渍、污点、异味，保持织物原来的色泽。储藏前注意防潮防霉防虫蛀。

（4）地板清洁、保养：应做到地面清洁干净，采用专业打蜡工具，打蜡均匀、厚薄适当，无残余旧蜡、无杂物、无污迹。

（5）空调、抽油烟机与洗衣机等电器清洁：严格参照产品说明书，根据专业清洗技术方案进行清洁。要求电器清洁后，外部洁净，内部无积尘与污渍。

（6）居室消毒与虫害防治：根据具体需要，选择环保的制剂进行消杀并做好善后工作。

（7）管道疏通：包括浴缸、坐便器或蹲坑、水池、地漏等疏通。要求疏通后，洁具使用畅通、无污泥、无脏污。

四、助行服务

助行服务是为居家老人提供出行陪同与协同办理事项等服务。主要是为行动不便的老

笔记栏

年人或困难群体提供帮助，使其可以更方便地进行日常生活活动。

1. 基本要求

(1)提供助行服务的组织、机构应满足以下要求

1)具备相关资质，依法登记注册并公示。

2)根据业务范围建立完善的相关各项规章制度、工作流程、应急预案。

3)配备与其业务范围相适应的人员与助行器具。

4)公示服务项目、标准、价格、投诉监督电话等信息且保证信息的准确性。

5)建立员工培训档案，签订劳动合同，为从业人员缴纳必要的保险。

(2)服务人员要求

1)持有效居民身份证件及健康证明，定期体检与业务培训。

2)掌握助行服务相应的照护技能和安全防范知识，熟练掌握助行器、轮椅及其他辅助器具的正确使用方法。

3)具备良好的沟通能力和基本应急能力。

4)遵守职业道德，尊重老人的日常习惯与宗教信仰，保护老人隐私。

(3)安全要求

1)服务前：签订协议，维护服务双方的合法权益。对老人进行安全风险评估，做好安全隐患排查；定期检修助行设备，建立设施设备的检查和使用记录表。

2)服务期间：确定安全的外出路线。助行人员时刻关注老人，注意提醒台阶、水坑等路面情况，搀扶老人时轻柔稳定并随时观察或询问老人有无异常或不适状况，如有异常应及时处理，并告知其监护人。

2. 服务内容　助行服务内容包括常规协助老人在住宅小区及周边区域内散步、日晒等出行陪同服务。

(1)签约：评估服务对象情况，根据评估结果制定相应的助行服务计划，服务双方明确协议内容并完成签订。

(2)准备：助行人员应根据老人需要，准备相应的助行器具与物品；为老人选择合适的鞋子并协助穿戴整齐；告知老人外出时的注意事项与预期路线安排，取得老人的理解与配合。若陪同老人外出预计超出常规活动范围(如住宅小区及周边区域)时，助行人员应事先与老人或监护人进行沟通，了解老人外出的目的地、时间、路况、天气等信息，提前做好外出计划。除了助行器具与老人必备物品以外，还应包括急救药物，确保老人携带有姓名、地址、联系电话的信息卡。

(3)服务：助行人员应留心观察老人身体情况，全过程保护老人安全；注意留存相应服务佐证材料，必要时应携带电子记录仪。服务完成后，双方签署证明性文件记录。

五、巡视探访服务

巡视探访服务是通过上门访问、视频电话等方式为居家社区老人提供需求调查和资源链接的服务形式。服务对象包括失能、失智、重度残疾、计划生育特殊家庭老人等重点保障群体；低保、低收入家庭等困境保障群体；城乡特困老人等托底保障群体。

1. 基本要求

(1)提供巡视探访服务的组织、机构应满足以下要求

1)具备巡视探访居家老人相应资质。

2)建立完善的制度规范，包括人员管理制度、服务规范制度、信息档案管理制度、安全管理制度、突发事件应急预案等。

笔记栏

3）定期开展服务人员业务培训与纪律教育。

（2）服务人员要求

1）开展服务前接受相应培训与纪律教育，了解相关养老服务政策，掌握服务流程与链接资源调度。

2）具有安全防范意识，熟练掌握基本应急技能，面对突发事件采取有效应对措施。

3）服务过程中尊重老年人隐私、生活习惯、宗教信仰等，维护其人身、财产安全及人格尊严。

2. 服务内容

（1）调查评估：服务人员预约时间上门对老年人进行需求调查。服务人员应事先表明身份说明来意并征求同意。访视过程中耐心沟通、做好记录与反馈；访视结束友好道别，并整理记录内容作为调查评估结果，经服务对象或第三方确认后，作为提供服务的依据。

（2）制定计划：根据评估结果确定服务项目，制定服务计划。确定服务资源，并协助资源链接。

（3）签订协议：服务组织与老人（家属）或相关第三方达成共识后，签订书面协议，协议应明确详细的服务计划、费用、权益等。

（4）实施服务：按服务计划提供服务。若发现新的服务问题或服务对象新诉求，应及时向第三方报告，并进行二次评估与重新链接服务资源。若突发紧急问题，应及时联系第三方，根据预案进行紧急处理，事后做好记录并归档。

（5）服务结束：应进行服务质量自检与他检，调查服务对象满意度，做好质量改进和补救工作。

案例分析

老有所依！经开区日间照料中心“点亮”养老新生活

案例：经开区日间照料中心“点亮”养老新生活，随着社会老龄化、空巢化趋势日益明显，“白天到中心接受照顾和参与活动，晚上回家享受家庭生活”的“托老所”式社区养老服务新模式，在张家口市经开区大力推广实施。这种集健康护理、文体娱乐、精神关爱为一体的社区“托老所”——老年人日间照料服务中心，不仅就近解决了老年人的生活难题，还提升了他们的生活质量和品位，被老年人称为家门口的“幸福驿站”。截止目前，张家口市累计投入资金 1.01 亿元，建成老年人社区日间照料服务机构 338 个，提供生活照料、助餐、上门服务、代购物、辅助出行等服务，实现了赋码社区日间照料全覆盖，辐射生活小区 3 414 个；拥有临托床位 3 421 张，可提供 1.6 万人次养老服务。

分析：老人日间照料中心是解决养老问题的新选择，尤其是在人口老龄化严重的现代社会，中心的作用越来越重要。日间照料中心不仅能解决老人的生活问题，还在精神层面为老人提供心理关怀和支持。它是高度发达的社会价值体系下一种超越家庭的价值观的体现，让老年人享受晚年生活，而不是迎接生命的终结，从而更加淋漓尽致地展现出热爱生活、珍惜生命的态度。日托中心的建立，为老年人的晚年生活带来了福音，也提供了可复制的养老服务经验。

笔记栏

第二节　健康支持服务

健康支持服务主要包括基础健康支持服务、康复服务与安全急救服务，更好地保障居家社区老人健康权益。

一、基础健康支持服务

基础健康支持服务是为老年人提供医学治疗和精神卫生等方面的各种帮助，满足老年人的各种健康需求，促进老年人回归社会。主要包括陪同就医、健康管理和用药管理服务等。

（一）陪同就医

陪同就医是指陪同老年人开展就医、复诊等活动。

1. 基本要求　陪同老年人就医的过程分为三个环节：陪同就医服务前、就医准备及就医中陪护。

（1）陪同就医服务前：应做好诊前准备，向老年人及监护人告知可能发生的意外及风险等。

1）对神志清醒、生命体征尚平稳者，在家属或监护人共同陪同下，或与第三方签署书面授权书后，可提供陪同就医服务。

2）开展服务前应向老人（家属）告知存在因频繁移动发生跌倒、骨折及突发心脑血管疾病等风险，征得同意并签字。

（2）就医准备：需核对老年人住址，约定就医时间，确定接送方式，询问是否需要轮椅、拐杖等辅助服务设备。

1）应与老年人或监护人商定就医医院、科室及服务事项，包括确定出发时间、路线、交通工具等，提前了解医院地理位置，做好出行计划，必要时提前预约专家门诊或体检项目。

2）准备好老年人就医的病历、医保卡、就医卡、身份证及足够的现金。

3）评估老年人身体状况，对于有慢性疾病的老年患者，应随身携带相关应急药物。

4）出门前让老年人穿戴适当，必要时戴口罩。另外，需根据天气情况和出行时间携带避暑防寒用品如雨伞（或太阳伞）、太阳帽、水杯、外套等。

5）若老年人需要体检，可随身携带一些食品，如牛奶、面包、水果等，以便老年人在体检结束后或饥饿时及时补充能量。

（3）就医中陪护：陪同就医流程应按照老年人或监护人要求执行。陪同就医时，要保障老年人安全，全程观察老年人状态、身体状况及不良反应等。

2. 服务内容　陪同就医服务包括代办预约挂号、代办住院手续、陪护检查、陪同治疗、陪同取药、协助标本收集与送检等。

（1）挂号：到达医院后，对未事先预约的老年人应先安排其坐稳休息，再去排队、挂号，并叮嘱老年人不要随意走动，以免发生意外。必要时可先行排队挂号或提前在网上预约，避免老年人因长时间等待而引起不适或疲劳。

（2）规划路线：提前了解医院科室布局，协助老年人到相应科室就诊。陪同体检时，应明确检查项目和检查科室地点，合理安排体检路线，尽量减少其走动或上下楼梯，避免引起疲劳或不适，提高体检效率。

（3）协助就医：就诊过程中，应陪伴在老年人左右。一般先由老年人向医生陈述病症，若

出现遗漏可协助其补充说明，如发病时间、服用过的药物等，陈述客观准确。若需住院治疗或一些特殊情况的医嘱，应尽快通知老年人家属及监护人。

(4) 标本采集：按照要求，积极协助老年人进行粪便和尿液标本等采集。检查结束后，及时扶老年人坐好休息，必要时让其吃些东西补充能量，避免出现低血糖。

(5) 做好记录：建立陪同就医服务记录。在医生诊疗过程中，应认真记录医嘱，包括注意事项、用药剂量、用药时间、饮食要求、复诊时间等。

(6) 取药缴费：根据医生处方，到医院相应窗口办理缴费、取药等手续，认真核对医生处方及所取的药物名称、数量是否一致，仔细交代服药方法、剂量、时间。

(7) 领取结果：及时去相关窗口或使用医院终端设备拿取检查结果。若检查结果当天无法领取，可按照老年人家属及监护人要求，根据具体时间代为领取。

(8) 保管财物：将就医卡、医保卡、现金等物品，以及相关票据、收据等凭证整理后放入一个文件袋内，以防遗漏或丢失。

（二）健康管理

健康管理是指对老年人的健康进行全面监测、分析、评估，提供健康咨询和指导，以及对健康危险因素进行干预的全过程。

1. 基本要求　需要至少每 3 个月对老年人进行 1 次身体健康评估及评估后教育，在进行健康管理服务时需遵循其服务要求。

2. 服务内容　健康管理的服务内容包括建立档案、指标监测、预防保健、健康指导等。

(1) 建立档案：应建立健康档案并制定健康管理方案。健康档案应包括个人基本信息、健康体检、健康管理记录和其他医疗卫生服务记录。

(2) 指标监测

1) 生命体征监测：需使用专用设备定时为老年人进行生理指标的测量，并详细记录测量数据，记录至少保留一年。监测内容包括体温、血压、体重、心率、呼吸、血糖、血氧饱和度等。

2) 慢性非传染性指标监测：应定期对冠心病、高血压、糖尿病、脑卒中等慢性非传染性疾病指标进行监测并记录，通过综合评估结果对老人实施分类管理、按需服务。

3) 其他指标监测：如实记录老年人异常生命体征、病情变化、特殊心理变化、重要的社会家庭变化、服务范围调整等。

(3) 预防保健

1) 组织开展社区健康宣教、保健知识讲座及相关小组活动；提供社区义诊服务。

2) 为老年人制定个性化健康管理计划，通过电话、网络等多种预约方式，提供疾病诊疗和健康管理预约服务。指导帮助因病情需要的老年人进行转诊。

3) 定期为老年人提供健康咨询、疾病预防、伤害预防、自救及自我保健等健康指导。

(4) 健康指导：针对老年人的实际情况制定年度计划并提供个性化的健康指导方案，协调各种社会资源，组织多种形式的健康教育培训与指导。

1) 饮食指导：为老年人提供膳食选择、每日营养摄入量等指导，制定个性化的饮食方案。在营养师的指导下，协助使用特殊医学用途的配方食品。

2) 运动指导：在专业技术人员指导下，针对老年人生理特点和身体状况制定个性化运动计划，并指导开展运动，包括运动的种类、强度、时间、频率及注意事项等。

3) 精神心理指导：应了解老年人的家庭和社会关系变化，对神志、精神及情绪异常的老年人应给予安抚与疏导，帮助其建立正确的自我意识，调节健康情绪。

4) 安全防护指导：根据实际情况为老年人提供安全防护指导，包括跌倒、坠床、烫伤、噎

笔记栏

食、误吸、窒息、走失、压力性损伤等，并协助选择使用辅助器具。

（三）用药管理

用药管理是为保证药物使用的有效性和安全性而提供的服务。

1. 基本要求

(1)提供用药提醒服务的要求：应遵医嘱按约定的时间提醒老年人按时、按量、正确服药。

(2)提供协助用药服务的要求

1)应熟悉老年人的病情、服用药品的作用、不良反应及相关要求。

2)协助服药前，应确认药品名称、剂量、服用方法等，提醒并监督老年人按时服用，注意区分饭前、饭后或空腹服用，服药后确认已服下。

3)应配合医护人员完成不能自理老年人的给药，管饲者需将药物碾碎用温开水溶解后注入。

4)应记录服药时间、药名、剂量等情况，确保真实、准确、清晰。

5)应按照医生要求，协助老年人定期监测药物疗效和不良反应。

6)用药服务过程中发现异常时，应尽快和老年人家属、开药医生、医疗机构等相关人员联系，并如实叙述异常情况，遵医嘱及时减药或停药。

(3)提供协助清理药品服务的要求

1)应征得老年人或家属同意后协助清理过期和变质的药品，若遇到不同意处理时，应尊重老年人的意愿，同时，在服务记录单上如实记录，并要求其签字。

2)应提醒老年人或照护者定期查看药品失效日期，提供药品正确保管方法的宣教服务。

2. 服务内容　用药服务包括遵医嘱用药提醒、协助用药、协助清理过期或变质药品。

二、康复服务

康复服务是指在专业人员的指导下，为居家老年人提供帮助，使其能够恢复或补偿功能，减轻功能障碍，增强生活自理和社会参与能力的非医疗活动，主要包括康复评估、功能维持训练和康复保健。

（一）康复评估

1. 基本要求　康复服务人员应熟悉各类评估相关表格、量表，了解其评估方法及结果，对老年人进行客观准确的康复评估。

2. 服务内容

(1)在康复服务前，由康复医师和康复治疗师组成康复小组，对老年人进行日常生活能力、精神认知功能、肢体功能、言语与社会交流能力、情绪状况及社会参与能力等情况进行评估，并做好记录。根据评估结果制定康复治疗目标及计划。

(2)康复服务人员在治疗中应根据老年人训练时的反应随时进行阶段性评估并调整治疗方案。服务期间，应至少每个季度对老年人进行1次阶段性评估，每半年对老年人进行1次能力评估，并根据阶段性评估结果调整康复方案。终止服务时，应对老年人进行1次评估。

（二）功能维持训练

功能维持训练是一种通过练习和锻炼改善和提高老年人各方面功能的训练方法。

1. 基本要求

(1)服务提供人员应按照康复服务计划提供服务，服务前向老年人或家属说明服务的内容、方法、目的、注意事项等。

笔记栏

(2)服务过程中应密切关注老年人身体状况,按照实际情况调整训练内容及强度。

(3)所有训练要在可控范围内进行,并注意保护。

2. 服务内容

(1)运动功能:协助老年人做好步行训练、平衡训练、肌力训练、协调性训练等。

(2)日常生活活动能力:协助维持日常生活活动能力,包括进食、梳妆、洗漱、洗澡、如厕、穿衣及功能性移动。

(3)认知功能:通过游戏或利用生活场景,开展知觉、记忆、注意、思维、想象等认知功能训练。

(4)言语功能:通过对话、跟读等方式,进行言语功能训练。

(5)社会交往功能:通过参加活动等,维持老年人的社会交往功能。

(三)康复保健

康复保健是根据康复护理计划,围绕躯体、精神和社会的全面康复目标,在专业养老护理员或护士的引导、鼓励、帮助和训练下进行日常生活护理或借助专门器械进行物理康复和功能训练,帮助老年人发挥其身体剩余功能和潜在功能,以补偿丧失的部分能力,从而使其在生活质量、精神及社会生活等方面得到恢复的服务。

1. 基本要求

(1)应根据老年人身体功能和需求,确定服务时长,并及时、清晰、完整地记录康复服务情况。

(2)服务过程中应密切关注老年人的身体状况,预防拉伤、骨折、跌倒等二次伤害和突发疾病。若发生二次伤害和突发疾病,应立即按照应急预案采取措施并及时报告和记录。

(3)定期维护理疗仪器,清洁理疗室卫生。

2. 服务内容

(1)登记信息,建立档案,登记老年人的基础信息,采集和记录基础健康指数数据,了解老人身体状况及需求,提出理疗建议并制定理疗方案。

(2)开展康复理疗项目,如足部理疗、器械按摩、推拿按摩、拔罐刮痧等。

(3)开展养老保健知识健康教育,向老年人传授健康理念及养生保健知识。

三、安全与急救

安全与急救是指预防和避免因安全事故或紧急状况造成人身伤害,并在发生意外或突发事件时能够快速处理和进行急救的知识与技能。主要包括安全防护与紧急救援服务两种形式。

(一)安全防护

安全防护服务是指居家社区养老服务机构针对危及老年人生命健康和安全的突发状况提供紧急救援的辅助性活动。

1. 基本要求

(1)制定居家社区养老服务意外事件应急预案:应开展意外事件处置培训,掌握处置流程,制定处置应急预案,发生意外事件时,紧急启动应急预案。

1)食物中毒应急预案:老年人发生食物中毒后,应给予必要的急救措施。及时对中毒人员进行催吐,并拨打120急救电话及时就医。

2)老年人急诊应急预案:遇老年人突发疾病急送医院治疗,应全程陪同老人就诊,同时联系老人家属,直至家属到达医院并进行交接。

3)老年人摔伤应急预案:了解受伤部位,如有疼痛、肿胀,可进行冷敷处理;若老年人头

笔记栏

部受到撞击或可疑骨折应立即拨打120急救电话。

4）老年人烫伤应急预案：若烫伤为局部较小面积的轻度烫伤，可用冷水或冰水浸泡或冲洗30~60分钟。若为大面积或重度烫伤，应立即拨打120急救电话，并用冷水或冰水浸泡或冲洗。若烫伤部位有衣物，应先脱掉或用剪刀将衣物剪开。

5）老年人噎食应急预案：可让噎食老年人咳嗽咳出食物；情况危急应立即拨打120急救电话，在等待过程可采用海姆立克急救法协助老年人吐出食物。

6）老年人突然倒地意识丧失应急预案：经初步判断心跳、呼吸骤停，应立即按照徒手心肺复苏操作流程进行处理，情况危急应立即拨打120急救电话。

（2）配备服务设施设备并进行信息管理

1）应配置呼叫系统装置，如呼叫器、求助门铃及远红外感应器、燃气警报器、烟雾报警器等，与服务机构或120、110、119等专业救援机构联动，随时接受老年人紧急呼救。

2）应急服务设施设备安装应符合安全要求，定期检查维护，保障质量完好率100%。

3）应建立通讯、信息等紧急救援设备网络系统，并开通老年人紧急援助服务热线。

2. 服务内容

（1）对有需求的老年人定期上门探访或电话询问。

（2）定期为老年人科普应急常识。

（3）了解老年人家庭设施安全状况，不定期检查其家庭的水、电、燃气、取暖等设施运行情况，排除安全隐患。

（4）应对孤寡、独居、空巢老人进行定期敲门服务，及时发现老年人现状。

（二）紧急援助服务

紧急援助服务是针对危及老年人生命健康和安全的突发状况提供紧急救援的辅助性活动。主要分为家庭紧急援助服务和服务过程中突发事件的紧急援助服务。

1. 基本要求

（1）应根据老年人需求制定服务方案，包括服务人员、时间及地点、内容、流程、要求、检查程序等。

（2）应制定相关应急预案，并组织服务人员定期接受应急救援、应急救护相关技能的培训、演练、考核。

（3）应了解老年人的健康情况和基本情况，并取得其监护人的联系方式。

2. 服务内容

（1）家庭紧急援助

1）接受呼救者的呼救信息或发现紧急情况后，应快速确认呼救地点、呼救人员身份、出现的状况和诉求，并立即启动相应应急预案。

2）协助老年人通知其家属或监护人。

3）服务人员应配合医疗、公安、消防、物业等机构开展现场应急救援工作。

（2）服务过程中突发事件的紧急援助

1）当老年人在服务机构或入户服务过程中遇到突发安全事件时，服务人员应立即启动相应的应急预案，并根据情况立即联系相应公安、消防、物业等机构。

2）服务组织应视情况通知家属或监护人。

3）服务人员应在专业救援人员到来之前对老年人进行安抚并采取相应的措施，视情况确认老年人的受伤或健康状况，如意识、呼吸，并测量血压、脉搏、体温等。

4）专业救援人员到来后，服务人员应告知所掌握的老年人基本情况、突发事件性质等，协助救援人员了解现场情况。

第三节　文娱活动与精神慰藉服务

文娱活动服务包括老年人娱乐、文化教育、休闲活动等服务。这些服务不仅能够丰富老年人的生活，还能够提高老年人的精神素质。精神慰藉的重点对象是空巢、独居老年人，特别是在老年人遭遇丧偶、失独、病痛、失能、临终等重要生活事件时期。

一、娱乐活动

随着年龄增长，老年人运动功能下降，外出社交和运动的机会减少，从而影响健康，造成一定的精神压力。进行娱乐活动服务，可以维持和改善老年人身体功能和运动功能、提高生活质量。

（一）基本要求

1. 环境及设施设备要求

（1）服务机构具备满足老年人娱乐活动的功能。

（2）提供开展娱乐活动所必需的设施、设备和器材。

2. 人员要求

（1）符合相关部门制定的居家社区养老服务人员基本要求。

（2）宜由专业社会工作者负责娱乐活动的组织实施。

3. 管理要求

（1）为老年人提供相对固定的娱乐活动场所。

（2）设置娱乐服务的管理人员。

（3）应制定娱乐服务活动的管理制度，明确具体的服务项目。

（4）娱乐活动设施设备及用品应定期检查和维修，保障安全正常使用。

（二）服务内容

包括刺绣、折纸、雕刻、编制物品、书画、剪纸、手工烘焙等。

1. 刺绣　是一种需要集中注意力的活动，不仅可以激活大脑，还可以锻炼手指灵敏度。

2. 折纸　是需要细致操作的活动，并且在折纸过程中沟通会变得活跃。

3. 雕刻　是一种需要集中注意力及指尖细微动作的活动，有助于提高大脑的活力及维持和改善身心功能。

4. 其他　编制物品、书画、剪纸、手工烘焙等。

二、文化教育服务

老年人可以通过文化教育活动，表达自己的情感和思想、增强艺术修养、培养审美能力。文化教育可以促进老年人的交流和智力发展，增加老年人的知识储备和思维活跃度。

（一）基本要求

1. 环境及设施设备要求

（1）应在相对独立、固定、专业、安静的场所开展文化教育服务活动。

（2）保证服务活动环境的安全、整洁、卫生。

（3）提供开展文化教育服务所必需的设施、设备和器材。

2. 人员要求　文化教育服务人员应接受专业培训，并取得相应从业资质。

笔记栏

3. 管理要求

(1)应设置文化教育服务相关的管理人员。

(2)应制定文化教育服务活动的管理制度，明确具体的文化教育项目。

(二) 服务内容

1. 书法　能够促进人的“知觉、认知、动作”三者的协同合作，刺激并激活大脑的发展，提高空间视觉、运动协调和注意力等方面的能力，从而减缓认知功能的退化。

2. 绘画　是一种自我发掘、探索和接纳、表达无法用言语描述感受的方式。可以增进老年人表达联想、自主、操控感和成就感，帮助老年人更加专注，促进自我了解，以及提高问题解决能力。

3. 音乐　分为主动式和被动式。主动式是让老年人用唱歌或表演乐器等方式来展现自己；被动式是选取老年人喜欢的音乐来刺激听觉，引导其进入想象中的情境。

4. 其他　阅读、兴趣讲座、诗词鉴赏等。

三、休闲活动

老年人参加休闲活动不仅可以促进血液循环、有效维持和保持身体功能处于一个相对较好的状态，还能减轻或消除孤独、抑郁、焦虑等负性情绪。

(一) 基本要求

1. 环境要求

(1)服务场所应位于交通便利，供电、给排水、消防、通信等市政条件配套成型的地段。

(2)服务场所应满足城市步行 15 分钟、农村步行 30 分钟居家社区养老服务圈的要求。

2. 人员要求　宜由专业社会工作者负责休闲活动的组织实施。

3. 管理要求

(1)应设置休闲活动服务相关的管理人员。

(2)应制定休闲活动服务活动的管理制度，明确具体的休闲活动项目。

(3)应建立娱乐文化服务安全管理检查制度，制订相关应急预案。

(二) 服务内容

1. 交谊舞　是需要与他人组队完成的活动，这样不仅可以增加运动量，还能促进老年人之间的交流。

2. 轮椅操　是一项满足失能老年人的活动。老年人可以坐在轮椅上做运动，以维持上半身肌肉力量。

3. 瑜伽　是一种传统的身体和心灵练习，可以帮助老年人放松身体和大脑，增强身体的柔韧性、提高身体的平衡能力，并减轻身体的压力和紧张感。

4. 其他　太极拳、手指操等。

(三) 注意事项

1. 身体方面　注意血压、体力、情绪、体温等。

2. 环境方面　观察是否有过多的交通工具，以及路面是否平坦。天气和温度是否适宜。此外，还需注意锻炼场所的设施完备性，如是否有厕所、饮水处和休息设施等。

四、精神慰藉服务

通过精神慰藉服务，为居家老年人提供关怀访视、生活陪伴、情感沟通、文体娱乐，减轻或消除老年人的负性情绪。

笔记栏

(一) 基本要求

1. 环境及设备要求

(1)应有独立空间,光线柔和,环境安静。

(2)应符合适老化和无障碍的要求。

(3)应配备舒适的座椅、宜配备录音设备。

(4)应配备能够满足精神慰藉服务所需的用品,如娱乐用品、游戏用具等。

2. 人员要求

(1)服务组织应配备专兼职心理辅导人员。

(2)心理辅导人员应具备如下条件

1)应经过培训,并掌握精神慰藉的知识和方法。

2)应掌握与老年人沟通的技巧,了解基本的法律、安全、卫生知识。

3)应尊重并保护老年人隐私,尊重老年人的民族习俗和宗教信仰。

3. 管理要求

(1)应设置精神慰藉相关的管理人员。

(2)制定相应的管理制度。

(二) 服务内容

对于精神心理疾病,可以采取药物治疗和非药物治疗的方式。在居家社区养老服务中,主要运用非药物干预方式预防、缓解老年人不良精神心理状态,以下介绍常用的非药物干预方式。

1. 缅怀疗法 又称“回忆疗法”或“回想法”,是通过引导老年人回顾过去,赋予其新意义,并帮助他们深入了解自己,减轻失落感,提升自尊心,促进更好融入社会。缅怀疗法按其形式,分为个别缅怀疗法、一对一治疗性会谈方式和团体缅怀疗法小组团体活动方式,可根据具体情况选择合适的方式。缅怀疗法可选用不同的干预主题:昔日生活、年代大事、青春年少、我的家乡和工作、执子之手、育儿乐趣。

2. 团体心理治疗 指专业人员根据相同症状将老年人分成相似的小组,在团体情境下提供心理治疗。团体心理治疗可以是开放式的,也可以是封闭式的。团体治疗具有感染力强、影响广泛、升华自己、效果容易巩固等优势。主要适用于在人际关系或其他方面存在某些困惑、焦虑的人格健康的老年人。

3. 运动与锻炼 进行改善或维持健康的活动,能有效改善焦虑、抑郁等不良精神心理状态,如游泳、慢跑、散步、网球、羽毛球、乒乓球等。运动也包括打扫卫生、熨烫衣物等日常生活活动。

4. 改变生活方式 将体育运动、兴趣爱好融入日常生活中,如家务、园艺、音乐欣赏、唱歌跳舞、出行购物等。

5. 参加比赛 参加有规则管理的、有竞争力的、有组织的活动及比赛的奖励机制可以激励老年人,增加其社交机会及能力,如田径、书法、绘画等。

(三) 其他

1. 设立精神慰藉服务室 建立老年人精神慰藉服务室是解决老年人心理健康问题的关键措施。社区作为主要活动场所,提供了便利条件,成为老年人精神慰藉服务的前沿阵地。

2. 精神卫生宣教

(1)消除对老年精神心理疾病的偏见:老年人行为模式的特征是衰老引起的功能退化及适应障碍。我们不应将老龄与不可逆的退化现象等同起来,而应该积极地为老年人提供支

笔记栏

持和帮助。

(2)做好老年人的心理咨询:退休后,老年人失去了原有的职务和职权,失去了影响力和权威性,导致他们的自尊心受到挫折,同时感到与社会脱节,产生孤独、抑郁、急躁或多疑等精神心理问题。心理咨询可以指导老年人进行积极的自我调节。

课堂互动

讨论:在居家社区养老服务上,很多都只是单纯的为老年人提供生活保障和医疗护理服务,往往忽略了老年人的心理健康建设。随着年龄增长,老年人的情绪很容易出现问题,那些子女不能陪在身边的孤独感、伴侣去世的伤感、朋友离开的落寞感、身体状况下降的失落感、生活状况降低的落差感等,这些都会使老年人变得更加敏感,产生的负面情绪增多。如果这些不良情绪不能及时的处理,对老年人的身心健康发展是非常不利的,因此不管是作为子女,还是社区、机构养老相关人员都要加强对老年人心理健康的关注。

如何有效解决老年人出现的心理健康问题?除了文中阐述的措施,你还有其他方法吗?

第四节 安宁疗护服务

居家社区安宁疗护是指以社区为基础的安宁疗护服务团队为本区域内居住在自己家中或社区养老服务中心的临终患者及其照护者提供缓和性和支持性的照顾,侧重医疗照护、疼痛管理、生活质量提升等方面。

一、安宁疗护原则与目标

(一)安宁疗护的原则

1. 以疾病终末期老年患者及其家属为中心　患者和家属是安宁疗护的照护单元,除满足患者的需求外,家属的需求同样需要被关注。

2. 以患者自愿、尊重患者、平等公正为导向　任何治疗或照护决策均应基于患者的意愿,尊重患者的喜好和选择;平等公正以确保所有患者无论种族、经济状况或文化背景都能获得相同质量照护。

3. 为患者提供缓和、舒适、安全、有效的服务　安宁疗护关注缓解患者的痛苦和其他症状,而不是治愈疾病;需要定期评估以确保其适宜性和有效性。

4. 以多学科协作模式实施照护　安宁疗护通常需要多学科团队的合作,包括医生、护士、社会工作者、心理咨询师等,这种跨学科的方法有助于全面了解和解决患者的需求。

(二)安宁疗护的目标

1. 减轻患者痛苦　安宁疗护的目的不是通过积极方式治愈疾病,而是通过控制各种症状,缓解症状给患者带来的不适,减轻患者痛苦,提高其生活质量。

2. 维护患者尊严　通过尊重患者对生命末期治疗的自主权利,尊重患者的文化和习俗,采取患者自愿接受的治疗方法,照护过程中,将患者当成完整的个人,而不是疾病的代

笔记栏

号，提升患者的尊严感。

3. 帮助患者平静离世　通过与患者及家属沟通交流，了解患者未被满足的需求、人际关系网络及在生命末期想要实现的愿望，并帮助其实现，达到内心平和、精神健康的状态，帮助患者平静离开人世。

4. 减轻丧亲者的负担　通过安宁疗护多学科队伍的照护，减轻家属的照护负担，并给丧亲者提供居丧期的帮助和支持，帮助丧亲者度过哀伤阶段。

二、安宁疗护服务对象与服务评估

（一）服务对象

安宁疗护的服务对象是疾病终末期，拒绝原发疾病的检查、诊断和治疗，接受安宁疗护理念，具有安宁疗护需求和意愿的患者及其家属。目前关于生命末期的界定没有统一标准，现有的医学手段无法准确预测生存期，只要老年患者有需求和意愿都应获得安宁疗护服务。

（二）服务评估

安宁疗护服务评估需要在了解患者病情和需求的基础上，为患者选择合适的服务内容。评估包括生理评估、心理评估及社会文化评估。生理评估需要根据患者的症状、体征和相关检查结果，分析患者的生命体征、生理功能的变化，明确患者是否存在影响生命体征的危险因素。心理评估是指应用多种方法所获得的信息，对个体某一心理现象做全面、系统和深入的客观描述。照护者通过与患者及家属的谈话，了解患者及家属的心理状态、对照护及其他方面的要求。社会文化评估是通过询问、观察等方法收集有关社会文化因素对患者生命质量的影响。对于终末期患者，社会文化评估应重点考虑其家属的态度、患者的文化背景等方面因素。

三、安宁疗护服务模式与服务内容

（一）服务模式

1. 居家安宁疗护服务模式　是在家庭环境下，由家属提供基本生活照顾，由医疗机构工作人员定期巡诊，提供帮助的安宁疗护服务。主要适用于肿瘤末期、已不愿接受积极性的治疗、病情不需住院，但仍需安宁居家医疗照护者、家属具有照顾能力等情况的患者。居家照护模式满足患者在家中接受照护的愿望，使其能够有尊严、安详地度过人生的最后阶段。同时帮助家属减缓失去亲人的痛苦，积极地面对生活，最终提高患者及家属的生活质量。

2. 社区安宁疗护服务模式　通常指由社区医护及团队成员为临终患者提供住院机构、门诊及居家模式相结合的安宁疗护服务。主要适用于所患活动性、进行性、预后有限且无根治性治疗的晚期患者积极的、全人整体的关怀照护。应用早期识别、积极评估、控制疼痛和治疗其他痛苦症状的适宜技术，改善临终患者的生活质量、维护患者尊严、缓解家属痛苦。

3. 宁养院安宁疗护服务模式　在宁养院（安宁疗护机构）的环境下，为临终患者提供全程服务，减轻患者的躯体痛苦，舒缓患者及其家属的心理压力。针对疾病终末期患者，医生尊重患者和家属共同做出的选择，不作强制性建议或要求；病程晚期为选择的时机；服务团队的成员之间分工协作；只提供不加速，也不延迟死亡的照护措施。

4. 其他安宁疗护服务模式　常见的如医院安宁疗护服务模式和综合型安宁疗护服务模式。医院安宁疗护服务模式主要在医院环境下进行，适用于有难治性复杂性的临床症状，而在其他照护场所如社区、居家无法满足其全方位照护需求的临终患者。综合型安宁疗护服务模式目前常用的是 PDS（one-point，three-direction，nine-subject）模式，即“1 个中心、3 个方位、9 个结合体系”。“1 个中心”即以解除临终患者的病痛为中心。“3 个方位、9 个结合”

笔记栏

即在服务层面上，坚持临终关怀医院、社区临终关怀服务与家庭临终关怀病房相结合；在服务主体上，坚持国家、集体、民营相结合，共办临终关怀事业；在服务费用上，坚持国家、集体和社会（团体或个人捐助）投入相结合。

（二）服务内容

对于临终患者而言，提升其身体的舒适度，并给予其和家属心理慰藉是安宁疗护服务内容的重要部分。

1. 症状缓解　临终患者具有疼痛、呼吸困难、厌食、吞咽困难、恶心、呕吐、便秘、无力、昏迷或压疮等不适症状，使患者在身体上受到极大的痛苦。因此，临终患者常见症状控制及护理是安宁疗护的核心内容，也是心理、社会层面照护的基础。安宁疗护通过症状管理措施减轻临终患者的症状负担，对患者身体状况进行评估后，通过镇痛、镇静、止吐、通便、利尿等对症治疗，最大程度提高患者的生活质量。

2. 舒适照护　临终患者的症状可能会更加恶化，出现呼吸困难、神志不清、指甲苍白或发绀、四肢厥冷等症状。因此，将房间环境布置温馨、干净，如种植绿植、香薰、播放舒缓音乐，让房间充满温馨舒适感，并保持患者身体清洁，协助患者取舒适体位，帮助患者促进睡眠等照护措施对缓解患者的不适感很有必要。

知识链接

催眠疗法

在失眠时，可以在专业人员的指导下进行催眠疗法，需要做好环境准备，同时放松身体，进行可视化想象、自我暗示、催眠录音。催眠疗法是一种通过放松技巧和引导语言来帮助进入深度放松状态的治疗方法。

1. 环境准备　患者需要处于安静、舒适、暗淡的环境，避免噪声和干扰。

2. 放松身体　患者可以通过深呼吸、渐进性肌肉松弛法或冥想练习来放松全身肌肉，让身体放松，使自己更快进入睡眠的状态。

3. 可视化想象　患者可以想象自己身处一个宁静、放松和愉快的场景中，如沙滩、森林或者是花园中，这样可以使情绪放松下来。

4. 自我暗示　根据医生的指导，或者既往学习到的自我暗示方法，比如使用积极的内部对话或自我暗示，如“我感到平静和轻松，我会进入深度睡眠”等，加快进入睡眠状态。

5. 催眠录音　如果患者通过上述方法仍然无法入眠，还可以尝试听一些专为改善睡眠质量而设计的催眠录音或冥想音频，比如雨声、风声等。

需要注意，催眠疗法可能需要时间和练习才能产生效果，如果失眠问题持续存在或严重影响日常生活，建议及时前往医院就诊，在专业医生的指导下治疗。

3. 心理支持　合理应用沟通技巧（如：倾听、沉默、触摸等）与患者建立信任关系，帮助患者更坦然地面对疾病状况、缓解不良情绪，保持乐观顺应的态度度过生命终末期，从而舒适、安详、有尊严的离世。也可以采取非药物的心理干预，如：芳香疗法、呼吸冥想训练、音乐疗法、中医适宜技术等。

4. 社会支持　临终患者基本脱离社会，易导致患者产生支持度不够的感受，服务人员需了解患者心理需求和变化，为有需求的患者获取社会资源、提供帮助，以增加其社会支持。

笔记栏

5. 死亡教育 服务人员通过对患者和家属进行死亡教育，引导其正确面对和接受当前疾病情况，帮助患者和家属获得有关死亡、濒死相关知识。引导患者回顾人生，肯定生命的意义，并鼓励家属陪伴和坦诚沟通，适时表达关怀和爱。消除对死亡的恐惧、焦虑等心理，坦然面对死亡。

6. 哀伤辅导 患者离世后，部分家属在居丧时期难以接受丧亲的事实，可能会表现出严重的焦虑、烦躁、愤怒。安宁疗护工作者需及时识别家属的悲伤情绪，并与家属交流沟通、陪伴、倾听，鼓励家属充分表达悲伤情绪。通过电话、邮件、网络或探访的方式，与家属保持联系，通过哀伤辅导技术帮助患者家属摆脱丧亲之痛，恢复正常生活。

第五节 其他服务

居家社区养老服务不仅包含日常照料服务、健康支持服务、文娱活动与精神慰藉服务及安宁疗护服务，还包含许多其他服务，主要有代办服务、居家收纳服务等。

一、代办服务

受老年人委托代其办理委托事项的服务活动，帮助老年人办理日常生活中的事务，提高老年人的生活质量。

（一）基本要求

1. 人员要求

（1）提供代办转介服务的居家社区养老机构人员配置应符合相关规定。

（2）应持有健康证、相关的培训合格证书。

（3）应掌握代办转介相应的业务知识。

（4）上门服务人员宜携带电子记录仪。

2. 管理要求

（1）应具备居家社区代办转介服务相配套管理制度、服务规范、服务流程、管理要求、考核机制等。

（2）每项服务应提前线上或线下预约，居家社区代办转介服务应做好详细服务记录。

（3）每项服务应做到有过程跟踪、信息反馈、结果确认。

（4）应建立代办转介服务应急处置机制。

3. 服务项目与质量要求

（1）代办形式：机构接待地代办和上门代办。

（2）服务流程：服务流程见图 5-1。

4. 服务要求

（1）做好每一项服务应有服务记录，填写《代办转介记录表》，完成后双方签字确认。

（2）涉及物品、钱财和票据等服务要当面交接、当面清点、当面确认。

（3）代购物品时要反复与老年人或监护人确认物品种类、规格、价格、颜色等事宜，同意后方可购买。

（4）代管贵重物品和资产的应签订代管协议，并对老年人自理能力、智力水平进行评估，符合代管条件方可代管。

（5）服务时，随时与老年人或家属做好确认沟通工作，及时回馈事项的办理进程及情况。

（6）服务过程中留好相应服务佐证材料。

笔记栏

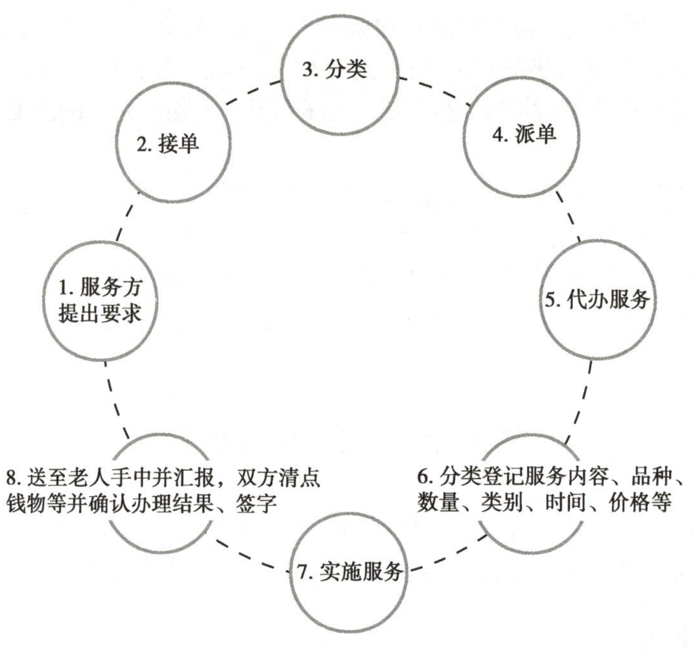

图 5-1　代办流程图

5. 质量要求

(1)居家社区服务机构应建立代办服务质量考核评定细则,评价客观合理;服务提供完成率 100%,服务满意度≥95%,服务记录合格率 100%。

(2)账务相符,记录要求准确、完整、清晰、签名。如代领、代缴各种物品和费用时,应准确整理物品种类、数量,当面清点钱物,并核实、签字。

6. 安全要求

(1)做好代办转介服务安全风险评估和安全隐患排查。

(2)应保护老年人隐私,不向他人谈论老年人私人信息。

(3)应定期检查服务流程、服务人员、服务制度的执行情况,持续总结经验教训,并定期跟踪整改。

(二) 服务内容

1. 代缴服务　代缴社保、水电费、取暖费、电话费、燃气费等。
2. 代购服务　代购生活用品,食品、药品等。
3. 代管服务　代管证件、贵重物品、资产等。
4. 代订服务　代订票、杂志、报纸、图书等。
5. 代收代送服务　代收货、代送货、代领包裹,代领物品等。
6. 其他代办服务　代咨询、代叫、代处理、代取款、代挂失,代联系第三方等。

二、居家收纳服务

居家收纳服务是收纳员根据老年人生活区域的色彩风格,并与老年人交流,为其提供家居整理、收纳方案和收纳的专业服务。

(一) 基本要求

1. 人员要求

(1)服务人员应持有效居民身份证件、健康证明、整理收纳相关证书。

(2)具备相关的整理收纳专业知识和职业技能。

(3)尊重消费者宗教信仰、生活习惯和个性偏好。

(4)掌握标准服务操作规范,保证物品与自身安全。

2. 用品用具要求

(1)根据消费者需求,选择专业的收纳用品用具,最大限度利用空间。

(2)收纳用品用具应选择标识规范、检验合格的产品。

3. 服务要求

(1)根据消费者的空间布局、物品数量、生活动线及生活习惯,对物品合理收纳。

(2)整理收纳后的物品做到易拿取,易归位,易维持,以动线最短,视线可见为主。

(二)服务内容

1. 全屋整理收纳　根据老年人需求及服务质量要求,使用专业的收纳用具,对各个空间的物品进行清空、分类、筛选、收纳、归位、陈列。随着年龄的增长,老年人的身体功能逐渐衰退,容易摔倒。应避免在地板上放置家具以外的物品,确保家具和物品不会妨碍通行。书籍和衣服等物品应整齐地摆放,避免层层叠放。收纳物品应符合老年人的生活习惯,以便他们轻松地找到所需的物品。

2. 衣橱整理收纳　随着年龄的增长,老年人可能会出现手指灵活性下降、记忆力减退等问题。使用抽屉收纳时,应保证能看到每件衣服,并且衣服之间应留空隙,方便老年人存取衣服。使用衣橱收纳时,应将当季的衣服使用衣架挂起来,而其他衣服则另外收纳。对于身体虚弱的老年人来说,开关抽屉和衣橱可能会比较困难。因此,推荐使用塑料衣箱或没有盖子的衣筐等收纳用品。

3. 厨房整理收纳　随着年龄的增长,老年人体力下降,不能长时间站立,并且厨房里有菜刀等刀具和炉灶等引火的物品。对老年人来说,理想的厨房是安全性高、舒适的厨房。应避免将物品随意放在地板上,以免老年人跌倒。灶台周围的空间需要保持宽敞,方便老年人活动和操作。高位置和低位置的收纳柜对于老年人来说不方便取用。因此,常用物品应该放在易于拿取的高度,这样可以减轻老年人伸长胳膊或蹲下取物的负担。此外,厨房用具也不应被收起来,而是应该集中放在方便取用的地方,将它们"可视化",这样可以减少老年人寻找物品的时间。

4. 床头柜收纳　老年人的床头柜收纳最好选择体积大,数量多并且尺寸符合老年人拿取东西的高度。对老年人物品可以进行分类收纳,如药品、眼镜、书籍等,应方便老年人查找和使用。常用物品放易取位置,如水杯、遥控器等。可以使用一些收纳盒或收纳篮,将小物品整理起来,这样可以避免物品散乱,同时也可以方便寻找。在床头柜上方可以安装一个灯光照明,避免老年人因光线不足而无法看清物品。

5. 卫生间整理收纳　卫生间地面使用防滑垫,以降低老年人滑倒的风险。在卫生间安装明亮的灯光,确保老年人能看清周围的环境和物品。同时,确保老年人能够轻松地拿到他们需要的物品,如设置便于抓握的把手、使用便于开合的收纳盒等。避免在卫生间使用玻璃等易碎物品,以防老年人不小心撞到而受伤。将物品分类存放于马桶上方等老年人易于拿取的地方。

(三)其他

对于老年人的收纳服务有以下主要注意事项:

1. 安全性　老年人不宜做爬高、弯腰等危险动作,以免发生意外。老年人常用的物品应放置在容易接触且不易摔倒的地方,如靠近地面的抽屉或柜子。此外,还应考虑防滑措施,避免使用易碎或不稳固的物品,并在收纳完成后确保物品被正确放入储物柜。

2. 分类储存　应根据老年人的生活习惯和需求,将生活用品按类别分类储存,并制定

笔记栏

合理的储物标准，便于老年人管理和使用。

3. 便利性　考虑到老年人的视力状况，建议在衣柜等存储区域安装人体感应灯，以及在抽屉里放置拉篮或可调节高度的隔板，使得老年人更容易找到所需物品。

4. 个性化需求　老年人的物品通常包括多种药品和其他私人收藏。在整理过程中，应尊重老年人的意愿，保留他们认为有价值的物品，同时确保它们的安全性和可见性。

5. 观感问题　老年人也注重家居环境的舒适度和美观。在选择收纳材料时，应以温暖的颜色为主，避免使用过于刺眼或冷淡的色彩。同时，收纳柜的设计应与整体家居装饰风格协调一致，营造出温馨和谐的生活氛围。

（沈 峰　王艳艳）

复习思考题

扫一扫
测一测

1. 请简述居家社区养老服务的主要内容和分类。
2. 请叙述居家社区安宁疗护的定义。
3. 请谈一谈日常照料服务还可以在哪些方面完善。

第六章 居家社区养老服务环境

PPT 课件

笔记栏

学习目标

知识目标

掌握家庭养老照护床位建设和服务内容，熟悉家庭适老化改造的内容，了解老龄友好社区的建设。

能力目标

能够制定家庭养老照护床位建设方案，管理家庭养老照护床位服务模式的运行，并为老龄友好社区的建设提出优化策略。

素质目标

探索家庭养老照护床位服务模式、家庭适老化改造和老龄友好社区建设，培养创新意识。

课程思政目标

培养尊老、爱老、孝老意识，增强职业自信。

【学习要点】

1. 家庭养老照护床位的内涵及建设。
2. 家庭适老化改造的流程与管理。

居家社区养老是我国养老服务的主要模式，家庭和社区构成了大多数老年人养老的基本生活环境。居家社区养老服务环境即以家庭为核心，以社区为依托，通过整合社会资源，为老年人提供养老服务的家庭居住环境和家庭所在社区的环境。通过采取建设家庭养老照护床位、对老年人的居住环境进行适老化改造、创建老龄友好社区等措施，营造老年友好型居家社区养老服务环境，以满足老年人在居住环境、日常出行、健康服务、养老服务、社区参与、精神文化生活等方面的需求，有利于提高老年人的生活质量。

第一节　家庭养老照护床位建设与管理

目前，我国已初步建成居家为基础、社区为依托、机构为补充、医养相结合的养老服务体系，其中，居家社区养老是养老服务体系建设的核心内容之一。家庭养老照护床位作为一种新型养老模式，将养老服务延伸至家庭，是我国居家社区养老服务改革的重要成果。

笔记栏

一、家庭养老照护床位概念与内涵

（一）家庭养老照护床位的概念

家庭养老照护床位，又称家庭养老床位或家庭照护床位，其概念尚未统一。“家庭养老床位”一词最早出现于2017年颁布的《南京市家庭养老床位试点实施办法（暂行）》中，文件指出“家庭养老床位是指按照普通养老机构的服务标准，由养老服务机构为居家的失能失智、半失能老人提供养老服务的家庭床位”。2019年颁布的《上海市开展家庭照护床位试点方案》中，使用“家庭照护床位”一词，是指依托有资质的养老服务机构，将专业照护服务延伸至老年人家中，使老年人家中的床位成为具备“类机构”照护功能的床位。2021年印发的《江苏省家庭养老照护床位建设和服务基本规范》中，使用“家庭养老照护床位”一词，是指依托有资质的养老服务机构，将专业照护服务延伸至老年人家中，使老年人居家享受类似机构照护服务的养老模式。同年北京印发的《北京市养老家庭照护床位建设管理办法（试行）》中，使用的是“养老家庭照护床位”，是指依托就近的养老服务机构，通过家庭适老化改造、信息化管理、专业化服务等方式，将养老服务机构的床位搬到老年人家中，将专业的照护服务送到老年人的床边。此外，青岛、成都、杭州、广州等各城市民政局政策中的界定与上述相似。

（二）家庭养老照护床位的内涵

虽然“家庭养老照护床位”的概念尚未完全统一，但是关于该养老服务模式却达成如下共识：服务对象为失能、部分失能的居家老年人，服务场所为家庭，同时强调服务的专业性，由有资质的服务人员为居家老年人提供专业、优质、规范的照护服务。

1. 服务对象　家庭养老照护床位服务的主要对象为60周岁及以上的经济困难的失能和部分失能老年人。其中关于经济困难的认定，可根据省（区、市）统计部门公布的年度经济和社会发展统计公报，将人均可支配收入低收入组、中间偏下组人员纳入经济困难范围；关于失能等级的认定，可依据《长期护理失能等级评估标准（试行）》《老年人能力评估》（MZ/T 039—2013）或相应地区相关标准，对经济困难老年人的失能等级进行评估认定。在各地市政府公布的家庭养老照护床位建设方案中，对服务对象有进一步的补充要求，如具有相应地市的户籍、稳定的家庭住所、较为稳定的家庭照料者等。

2. 服务场所　家庭养老照护床位的养老模式以社区为服务半径，养老机构的专业服务人员上门至老年人家中，将服务送到老年人的床旁，以满足老年人原居安老、居家养老的愿望。该模式保留了家庭照护的功能，充分发挥家庭成员在老年人照料中的基础性作用。

3. 服务提供主体　养老服务机构中的医生、护士、康复治疗师、养老护理员、社会工作者等工作人员为家庭养老照护床位的服务提供者，具备相应资质，可为居家老年人提供专业的照护服务。

二、家庭养老照护床位历史沿革

在美国、日本、澳大利亚等发达国家很早便有类似家庭养老照护床位服务模式，虽具有一定借鉴作用，但因国情不同并不完全适用。我国尚属首次提出以家庭养老床位为抓手、健康养老为核心、家庭照护为支撑、专业机构服务为依托，优化家庭、社区和机构养老服务资源配置的家庭养老照护床位服务模式。国内研究者对于家庭养老照护床位建设的理论研究已有不少积累，但实证研究经验十分有限。总体而言，我国家庭养老照护床位的发展可分为以下三个阶段。

第一阶段（起步阶段）：2017—2018年。该阶段的政策主要由全国居家和社区养老服务

改革试点地区的市级部门发布，为后续的发展奠定了重要基础。2017 年，南京市民政局颁布《南京市家庭养老床位试点实施办法（暂行）》，是我国首个由政府公布的关于家庭养老床位的建设及管理试点文件，规定了家庭养老床位的建设标准、服务内容、服务流程、基本要求、补贴标准及程序等内容。2018 年，黄石市人民政府在《关于印发黄石市居家和社区养老服务改革试点方案的通知》中提出，要探索家庭养老床位模式，解决老年人尤其是失能老年人的养老问题，老年人在家享受到养老院各项服务。

第二阶段（稳步发展阶段）：2019—2020 年。该阶段家庭养老照护床位的实践开始进入国家视野，同时各省市也及时跟进，出台相关政策，但此阶段仍以探索为主。2019 年，民政部发布《关于进一步扩大养老服务供给促进养老服务消费的实施意见》，提出探索设立“家庭照护床位”，完善相关服务、管理、技术等规范及建设和运营政策，健全上门照护的服务标准与合同范本，让居家老年人享受连续、稳定、专业的养老服务。随后，民政部等九部委发布《关于加快实施老年人居家适老化改造工程的指导意见》，提出探索建立“家庭养老床位”，支持养老服务机构参与居家适老化改造，并上门提供照料服务，实现机构养老与居家社区养老融合发展。

第三阶段（全面推进阶段）：2021 年至今。该阶段家庭养老照护床位的发展由理论探讨、各地自发试行探索阶段迈入国家推行、全国试点阶段。此阶段国家颁布多项规定、通知等文件，细化家庭养老照护床位的发展路径。2021 年 5 月，民政部、国家发展改革委在《“十四五”民政事业发展规划》中提出要健全建设、运营、管理政策，发展“家庭养老床位”。同年，民政部、财政部发布的《关于组织实施 2021 年居家和社区基本养老服务提升行动项目的通知》中明确指出要建设家庭养老床位，根据老年人居家养老需求，进行适老化改造，配备智能化设备，并针对老年人身体状况配备助行、助餐、助穿、如厕、助浴、感知类老年用品。民政部、财政部自 2021 年起，连续三年安排中央专项彩票公益金，支持实施居家和社区基本养老服务提升行动项目，面向经济困难的失能、部分失能老年人每年建设 10 万张家庭养老床位、提供 20 万人次居家养老上门服务。主要相关政策如表 6-1 所示。

表 6-1 我国家庭养老照护床位主要相关政策列表

部门	时间	文件名称
南京市民政局	2017 年 10 月	《南京市家庭养老床位试点实施办法（暂行）》（宁民规〔2017〕1 号）
黄石市人民政府办公室	2018 年 9 月	《关于印发黄石市居家和社区养老服务改革试点方案的通知》（黄政办函〔2018〕52 号）
民政部	2019 年 9 月	《关于进一步扩大养老服务供给促进养老服务消费的实施意见》（民发〔2019〕88 号）
民政部、财政部	2019 年 11 月	《关于开展第五批居家和社区养老服务改革试点申报工作的通知》（民办函〔2019〕126 号）
上海市民政局	2019 年 11 月	《上海市开展家庭照护床位试点方案》（沪民养老发〔2019〕29 号）
民政部等九部委	2020 年 7 月	《关于加快实施老年人居家适老化改造工程的指导意见》（民发〔2020〕86 号）
北京市委社会工作委员会等六部门	2021 年 3 月	《北京市养老家庭照护床位建设管理办法（试行）》（京民养老发〔2021〕47 号）
民政部、国家发展改革委	2021 年 5 月	《“十四五”民政事业发展规划》（民发〔2021〕51 号）

笔记栏

续表

部门	时间	文件名称
江苏省民政厅	2021年6月	《江苏省家庭养老照护床位建设和服务基本规范》(苏民养老〔2021〕21号)
民政部、财政部	2021年10月	《关于组织实施2021年居家和社区基本养老服务提升行动项目的通知》(民办函〔2021〕64号)
工业和信息化部、民政部、卫生健康委	2021年10月	《智慧健康养老产业发展行动计划(2021—2025年)》(工信部联电子〔2021〕154号)
国务院	2021年12月	《"十四五"国家老龄事业发展和养老服务体系规划》(国发〔2021〕35号)
民政部、财政部	2022年9月	《关于做好2022年居家和社区基本养老服务提升行动项目组织实施工作的通知》(民办函〔2022〕60号)
民政部、财政部	2023年5月	《关于开展2023年居家和社区基本养老服务提升行动项目申报和组织实施工作的通知》(民办函〔2023〕31号)

三、家庭养老照护床位建设与服务内容

家庭养老照护床位的服务机构主要包括适老化、智能化改造机构和照护服务上门提供机构。适老化、智能化改造可由家装、通讯、科技类专业化企业或养老服务机构提供,应具有家庭养老床位或适老化改造经验,具备相应的评估设计、施工改造及运营管理能力,拥有稳定、高效的专业化工作团队。照护服务上门提供机构可以是养老机构、社区养老服务机构,以及经营范围和组织章程中包含居家养老上门服务种类的其他企业、事业单位和社会组织,拥有可以上门提供服务的专业团队,包括照护计划制定者、医生护士、康复治疗师、养老护理员、社会工作者等,且人员均符合行业要求并具备相关资质,具有居家养老上门服务经验。

(一)家庭养老照护床位的建设内容

在对老年人进行综合能力评估的基础上,综合考虑其身体健康状况、居家环境条件等因素,对适宜设置家庭养老床位的老年人,以满足其安全便利生活条件、及时响应紧急异常情况为基本要求,对其住所进行适老化、智能化改造。

1. 适老化改造　对老年人住所的卧室、卫生间、浴室、厨房、客厅等关键位置进行适老化改造,视情况配备助行、助餐、助穿、如厕、助浴、感知类老年用品,改善老年人的居住环境,营造无障碍空间,为老年人居家安全和上门服务人员有效开展工作提供物质保障。

2. 智能化改造　为老年人住所安装必要的网络信息服务系统和电子信息服务设备,如防走失装置、紧急呼叫器、烟雾/煤气泄漏/溢水报警器等智能化设备,增强老年人居家生活的安全性、便利性和舒适性。根据老年人实际生活情况,服务机构可依托信息化系统和智能化设备将家庭养老床位纳入24小时动态管理和远程监护,通过无感式监测实时掌握老年人身体变化和上门服务情况,经老年人或其家属同意,根据需要联网视频通话并提供紧急援助。

(二)家庭养老照护床位的服务内容

根据老年人综合能力评估情况,为有相关需求的老年人提供居家养老上门服务,服务内容包括健康状况监测、生活照料、康复保健、医疗护理、心理/精神支持、家庭照料者指导、委托代办等服务。

1. 健康状况监测服务　根据服务对象生命体征数据,建立电子健康档案,并定期监测服务对象身体功能,根据其身体状况变化,及时调整服务方案。

2. 生活照料服务　包括清洁卫生照料、起居照料、饮食照料、排泄照料、体位转移照料等。

3. 康复保健服务　包括预防保健、认知感官训练、肢体康复功能训练、生活自理能力训练、吞咽功能训练、康复咨询及指引、康复辅助器具适配与使用指导等。

4. 医疗护理服务　包括建立健康档案、常规生理指数监测（如体温、体重、血压、呼吸、心率、血糖等）、常见病多发病护理、用药照护、健康咨询、营养指导等。

5. 心理 / 精神支持服务　包括情绪疏导、亲情陪护、心理支持、危机干预等。

6. 家庭照料者指导服务　为家庭照料者提供专业技能指导服务包括日常护理安全、护理操作技巧、急救处理知识等。

7. 委托代办服务　包括代购日常用品、代缴日常费用、代订代取业务、代为申请服务等。

（三）服务流程

家庭养老照护床位的服务流程管理可通过开发“家庭养老照护床位服务综合管理系统”，作为信息化管理平台，对床位服务进行全流程记录和监管。服务分为床位申请、评估、签约、登记、建床改造、床位服务、评价等流程，具体如图 6-1 所示。

1. 床位申请　符合条件的老年人向民政部门公布的服务机构提出设立家庭养老照护床位的申请。

2. 评估　对于需进行老年人照顾需求评估的老年人，民政部门安排专业评估机构对老年人失能等级、照顾需求状况、居家环境等进行评估认定。

3. 签约　服务机构为老年人制定适老化、智能化改造方案和照顾服务计划，签订服务协议。

4. 登记　机构应按照日常收住老年人的流程，为签约老年人办理家庭养老照护床位登记手续，建立老年人服务档案及健康档案。

5. 建床改造　服务机构对老年人的家居环境进行适老化与智能化改造，安装相应设备，完善床位硬件建设档案清单。

6. 床位服务　组建上门服务团队，按照签订的服务协议，为老年人提供助餐、助洁、助行、助浴、助医、康复、护理、巡访关爱等居家养老上门服务。

7. 评价　民政部门可通过第三方机构对家庭养老床位建设、家庭照护服务开展及项目资金使用情况进行综合评价。

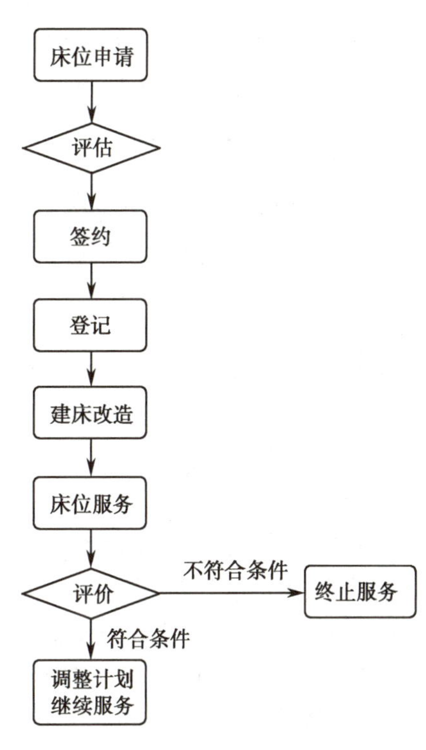

图 6-1　家庭养老照护床位服务流程

四、家庭养老照护床位建设管理

（一）服务质量管理

家庭养老照护床位服务机构应为专业养老机构，依据《养老机构等级划分与评定》或相关地方性标准等进行遴选，或者为依法设立、实行连锁化品牌化运营的社区养老服务机构。按照公平公开原则遴选，确定服务机构名单，并报上级民政局备案。各级民政部门应促进服务机构与辖区内老年人的供需对接，指导服务机构探索开展符合老年人生活习惯、经济实用、个性多样的家庭照护服务，制定建设家庭养老照护床位、提供居家养老服务的工作流程和服务规范。

笔记栏

民政部门应加强对家庭养老照护床位服务机构的常态化监督管理，把家庭养老照护床位纳入养老服务监管范围，将家庭养老照护床位的服务质量纳入机构服务质量日常监测和年度考核，定期、不定期开展多种形式的跟踪、检查、抽查、评估。对不符合规定建设家庭养老照护床位、居家养老上门服务不到位、满意度低或违法违规行为，对服务机构采取限期整改、失信惩戒、限制领取奖励补贴直至行政处罚等措施。

（二）财务管理

目前，家庭养老照护床位的建设和运营多由政府财政资助、补贴。2021 年起，国家已连续三年开展居家和社区基本养老服务提升行动项目，通过中央专项彩票公益金支持家庭养老照护床位的建设，提供居家养老上门服务。为保证政府专项经费的规范、安全使用，提高资金的使用效率，要建立财务管理制度，加强对财务活动的控制和监管。家庭养老照护床位财务管理的主要内容包括预算管理、支出管理和监督管理等方面。

1. 预算管理　家庭养老照护床位的建设和运营主体单位要科学、真实地进行预算编制，加强家庭养老床位建设与特殊困难老年人家庭适老化改造工作的衔接，避免资金重复使用和浪费。

2. 支出管理　经费支出要严格按照项目支持范围、执行周期等要求执行，严禁将项目资金用于建设家庭养老床位、提供居家养老上门服务以外的其他项目。可安排专项工作经费，用于能力评估、家庭床位验收、服务监管等工作。同时，要指导项目地区综合考虑服务老年人数量、服务需求、补助资金额度等情况，在保证服务频次和质量的前提下，合理确定每位老年人的补助标准。

3. 监督管理　完善补助资金的监督管理机制，切实履行监督管理职责，不定期地对专项资金管理使用情况进行专项检查，及时发现和纠正存在的问题。建立健全补助资金信息公开制度，资金的分配、使用和管理情况，自觉接受社会监督和有关部门审计。在资金分配、使用管理过程中，存在违反规定分配或使用资金及其他滥用职权、玩忽职守、徇私舞弊等违法违纪行为的，按照国家有关规定追究相应责任。

（三）风险防控

服务机构应为服务对象制定风险预案，服务前做好各项服务安全预案与事项告知，服务时须有家庭照料者在场。及时受理并妥善处理关于家庭养老床位建设、运营、服务等方面的咨询和投诉。制定突发事件应急预案，并定期组织演练。制定突发公共卫生事件防控方案，通过公告、电话、微信等多种方式向老年人及家属开展科普宣教。发生公共卫生事件时，应依据公共卫生事件等级动态调整家庭养老照护床位服务要求，并及时报告卫生防疫及业务主管部门。服务机构和签约对象发生争议纠纷的，根据合同约定和法律法规及相关政策规定处理，双方协商不成的通过司法途径维护自身合法权益。

思政元素

居家社区养老和中华优秀传统文化有机融合

2022 年，山东省济宁市"厚植传统文化创新养老模式激发养老服务发展新动力"改革试点经验被民政部、财政部推选为全国居家和社区养老服务改革试点工作优秀案例，面向全国推广。济宁市以居家和社区养老服务改革试点为契机，立足儒家文化孝悌为本、邻里互助、乐善好施等文化优势，紧扣新时代文明实践要求，积极创建具有"儒乡圣地·孝养济宁"文化养老品牌。打造儒学讲堂 6 230 处、开展儒学活动 1.2 万场次，倡导百姓儒学，厚植文化养老沃土。在 100 处养老机构、社区老年人日间照料中心开办

笔记栏

"国学书屋"，组织开展孝老志愿服务活动 7 900 余场次，开设《儒乡圣地·孝养济宁》栏目，挖掘孝养文化，推进文化阵地建设。开展中国曲阜国际孔子文化节、孟子故里邹城母亲文化节、鱼台孝贤文化节一系列文化活动，丰富文化养老活动。创新居家社区养老实践，有机融入中华民族优秀文化，彰显中华民族文化自信。

第二节　家庭适老化改造流程与管理

现阶段我国社会现代化与人口老龄化相伴而生。人口老龄化、老龄高龄化、高龄空巢化现象将是我国长期的重要社会现象和基本国情，社会化养老服务是我国解决养老问题的重大战略选择，居家社区养老是养老服务模式，家庭适老化改造是居家社区养老最基础的服务工作。

一、家庭适老化改造概念与内涵

（一）家庭适老化改造的概念

家庭适老化改造是指通过对老年人居住环境的适度改造，使之适应老年人的生活需求和健康状况，从而提高老年人的生活质量和安全感。这种改造能够保障老年人安全，通过设置防滑地板、扶手、安全门锁等设施，有效预防跌倒、滑倒等安全问题的发生。这种改造能够方便老年人生活，为老年人打造一个安全、方便、舒适的居住环境，提高他们的生活享受感和满意度。这种改造能够提高老年人能力，提高住宅设施的便利性、安全性和舒适度，减轻家庭照护的负担。这种改造能够增加老年人福利，减轻社会公共设施和医疗机构的压力，建设更加和谐美好的社会。

（二）家庭适老化改造的内涵

家庭居住环境是老年人生活学习最主要的场所，老年人大量的时间在家庭中度过，因此，家庭适老化改造内涵丰富。

1. 入户空间　入户空间是老年人回家的第一道门户，应该营造出温馨、舒适的氛围。可以在入户门口增加照明，方便老年人夜间进出；处理入户门槛、更换智能化门锁；在鞋柜上增加扶手、坐凳，方便老年人更换鞋子等。

2. 起居室　起居室是老年人日常生活的中心，应该营造出宽敞、舒适、安全的环境。可以在起居室中增加便于操作的家具，例如低位电视柜、可调节高度的椅子等；在墙面增加安全扶手，方便老年人起身和行走；在窗户旁增加安全座椅，方便老年人观看窗外风景等。

3. 卧室　卧室是老年人休息和睡眠的地方，应该营造出安静、舒适、温馨的环境。可以在床边增加照明，方便老年人起夜；在床头增加紧急呼叫系统，方便老年人寻求帮助；在衣柜中增加分层设计，方便老年人取放衣物等。要确保卧室足够宽敞，方便轮椅进出，调整床的高度，便于老年人上下床，同时也要确保床垫的软硬度适中，对床头柜和衣柜等家具进行无障碍改造，方便老年人的使用。

4. 卫生间　卫生间是老年人日常生活中的重要场所，应该注重安全和舒适。可以在卫生间中增加防滑地垫、安全扶手和淋浴座椅等，方便老年人洗澡和上厕所；在洗手盆下方增加可调节高度的水龙头，方便老年人洗手等。也要考虑卫生间的大小和布局，确保轮椅能够方便进出。

笔记栏

5. 厨房　厨房是老年人制作餐食的地方，应该注重安全和便利。可以在厨房中增加低位橱柜和便于操作的厨具，例如可调节高度的菜板和刀具等；在厨房门口增加挂钩，方便老年人挂放厨具和餐具等。还需确保抽油烟机等设备的清洁和维护，保障老年人的健康。

6. 阳台　阳台是老年人休闲和观景的地方，应该注重安全和舒适。可以在阳台边增加防护栏，防止老年人跌落；在阳台中增加便于操作的家具和设施，例如低位茶几、可调节高度的椅子等。还可以在阳台上摆放一些老年人的喜好用品和装饰品，增加他们的活动空间和兴趣。

除了以上几个空间外，还有一些其他空间也需要进行适老化改造。如过道空间的改造，聚会空间的改造，户外环境包括小院子或者花园的改造等。总之，适老化改造需要根据老年人的实际需求和情况进行个性化的改造，以确保他们在安全、舒适和便利的空间中度过晚年生活。

二、家庭适老化改造历史沿革

2012 年新修订的《中华人民共和国老年人权益保障法》第六十四条明确规定，国家推动老年宜居社区建设，引导、支持老年宜居住宅的开发，推动和扶持老年人家庭无障碍设施的改造，为老年人创造无障碍居住环境。这是我国最早以法律的方式提出家庭适老化改造。

2015 年第四次中国城乡老年人生活状况抽样调查数据显示，58.7% 的城乡老年人认为住房存在不适老问题。34.5% 的城市老年人住在 20 世纪 90 年代之前建成的老旧住宅里，而这些老旧住房适老问题比较突出，需要进行适老化改造。

2016 年全国老龄办、国家发展改革委等二十五个部委共同制定出台了《关于推进老年宜居环境建设的指导意见》（全国老龄办发〔2016〕73 号），这是我国第一个关于老年宜居环境建设的指导性文件，也是“适老化”一词首次出现在国家文件中。文件结合我国国情，提出了五大版块、十七个子项的重点建设任务，各项建设任务都紧扣当前老年人生活中的突出困难和障碍，内容涵盖了老年人生活的方方面面，既包含了“住、行、医、养”等硬件环境建设任务，又包含了敬老风尚等社会软环境建设任务。

2020 年 7 月民政部、国家发展改革委、财政部等九部门联合印发了《关于加快实施老年人居家适老化改造工程的指导意见》（民发〔2020〕86 号），明确指出“要创新工作机制，加强产业扶持，激发市场活力，加快培育公平竞争、服务便捷、充满活力的居家适老化改造市场，引导有需要的老年人家庭开展居家适老化改造，有效满足城乡老年人家庭的居家养老需求”。

2022 年民政部等四部门联合发布《关于推进“十四五”特殊困难老年人家庭适老化改造工作的通知》（民办发〔2022〕9 号），明确提出“十四五”时期支持 200 万户特殊困难高龄、失能、残疾老年人家庭实施适老化改造。至此，全国性家庭适老化改造蓬勃开展，各地相继下发了实施家庭适老化改造的文件。主要相关政策如表 6-2 所示。

表 6-2　我国部分省市家庭适老化改造相关政策列表

部门	时间	文件名称
广东省民政厅等九部门	2020 年	《关于做好老年人居家适老化改造工作的通知》（粤民发〔2020〕151 号）
福建省民政厅、财政厅	2020 年	《福建省困难老年人家庭适老化改造实施方案》（闽民养老〔2020〕25 号）

续表

部门	时间	文件名称
浙江省民政厅等三部门	2020 年	《浙江省 2020 年生活困难老年人家庭适老化改造实施方案》(浙民养〔2020〕33 号)
上海市民政局	2021 年	《关于全面推进本市居家环境适老化改造工作的通知》(沪民养老发〔2021〕17 号)
苏州市民政局	2021 年	《关于深入推进老年人家庭适老化改造的实施方案》(苏政民老〔2021〕5 号)
山东省民政厅等四部门	2022 年	《山东省“十四五”特殊困难老年人家庭适老化改造实施方案》(鲁民〔2022〕34 号)
北京市民政局	2023 年	《关于进一步推进老年人居家适老化改造工程的实施意见》(京民养老发〔2023〕282 号)

三、家庭适老化改造流程

(一) 家庭适老化改造的评估

1. 评估原则

(1)科学精准原则:评估参照国际通用的日常生活自理能力(ADL)评定量表,结合老年人身体健康状况,加入家庭环境适老性评估内容,辅具适配的评估内容,形成内容全面、科学合理的评估报告。

(2)综合全面原则:评估中综合考虑老年人的身份特征、生活自理能力、居住环境特征、使用辅具情况,对每一个项目指标进行仔细勘察,测量。全面评估老年人生活能力,行为习惯及环境的适应性。

(3)动态适时原则:充分考虑当前需求的时效性,评估及改造方案要满足老年人当前及未来较长一段时间的使用需求,根据现有的评估情况,预测老年人未来可能需要的适老化改造服务,使家庭空间和设施设备具有较强的可持续性和可塑性。

(4)个性具体原则:评估时应根据不同对象、不同条件、不同需求进行个性化评估,遵循因地制宜、因人而异的原则,充分考虑每一户家庭老年人的活动能力、家庭环境、改造需求和经济条件等。

2. 评估内容

(1)身份特征评估:界定接受服务的老年人是否享受政府购买服务、政府普惠补贴。

(2)生活能力评估:通过记录老年人的身体状况、自理能力、行走情况等对老年人生活能力进行综合评估,判断其功能缺失和需求代偿。

(3)家庭环境评估:通过对老年人家庭环境适老性能的整体评估和家里的入户空间、起居室、卧室、卫生间、厨房、阳台等物理空间的评估,综合分析房屋的适老性,结合老年人的个性化需求制定科学合理的评估改造方案。

(4)辅具适配评估:根据老年人生活能力评估结果,家庭环境评估结果及老年人家庭使用辅具的情况,老年人对辅具的需求和预期达到的效果进行综合评估,制订出辅具适配方案。

3. 评估流程

(1)由经过专业培训,取得相应资格的评估员提前沟通,确定好上门时间,确认是否有人在家,保证评估工作正常开展。

(2)评估员上门时应佩戴资格证,每次评估应有 2~3 名评估员参加,分别针对老年人生活自理能力、家庭环境、辅具配置需求进行评估。

笔记栏

(3)评估员通过询问、观察、测量,填写老年人基本信息表(表 6-3)。

表 6-3 老年人基本信息表

基本信息					
老年人姓名	性别	年龄	电话	住址	
居住情况	□家庭同居 □独居 □日间独居 □养老机构 □其他				
住宅类型	□低层住宅 □多层住宅 □中高层住宅 □高层住宅 □其他				
房龄	______年				
家庭成员					
姓名	性别	关系	居住情况		紧急联系方式
身份特征(养老政策)					
类别			具体情况		
享受政府购买服务			是□	否□	其他□
享受政府普惠补贴			是□	否□	其他□
市场化需求					
医疗费支付方式			自费□	医保□	
兴趣爱好 / 生活经历 / 变故					
兴趣爱好					
职业经历	□干部 □职工 □专业工作人员 □其他				
生活变故	□事故 □空巢 □丧偶 □火灾 □其他				
健康状况 / 身体基本状况 / 主要病史 / 疾病主要症状 / 体征					
病史					
治疗及用药情况					
是否有跌倒后遗症	□否 □是(后遗症情况)				
是否有过走失	□否 □是				
身体基本情况	血压	______mmHg		其他	
	心率	______次 /min		心律	
	呼吸	______次 /min		呼吸音	
	思维	□正常 □差 □困难 □失智 □认知障碍			
	发音	□正常 □不清楚 □困难			
精神状态	□良好 □一般 □差 □抑郁、焦虑等				
听力	□良好 □一般 □差 □失聪				
视力	□良好 □老花___度 □近视___度 □失明				
上肢功能	□良好 □一般 □差 □上肢瘫痪(□左上肢 □右上肢)				
下肢功能	□良好 □一般 □差 □下肢瘫痪(□左下肢 □右下肢)				

(4) 评估员通过观察、测量，分别填写老年人生活自理能力评估表（表 6-4），居家环境评估表（表 6-5），康复辅助器具使用情况评估表（表 6-6）。

表 6-4 老年人生活自理能力评估表

	行为	状态	依赖状况
生活状态	□打扫	□自力 □部分介助 □全介助 □不做	□有 □无
	□做饭	□自力 □部分介助 □全介助 □不做	□有 □无
	□洗衣	□自力 □部分介助 □全介助 □不做	□有 □无
	□购物	□自力 □部分介助 □全介助 □不做	□有 □无
身体	□翻身	□自力 □部分介助 □全介助 □不做	□有 □无
	□洗浴	□自力 □部分介助 □全介助 □不做	□有 □无
	□更衣	□自力 □部分介助 □全介助 □不做	□有 □无
	□刷牙	□自力 □部分介助 □全介助 □不做	□有 □无
	□饮水	□自力 □部分介助 □全介助 □不做	□有 □无
	□饮食	□自力 □部分介助 □全介助 □不做	□有 □无
	□洗脸	□自力 □部分介助 □全介助 □不做	□有 □无
	□梳发	□自力 □部分介助 □全介助 □不做	□有 □无
	□如厕	□自力 □部分介助 □全介助 □不做	□有 □无
	□移位	□自力 □部分介助 □全介助 □不做	□有 □无
	□行走	□自力 □部分介助 □全介助 □不做	□有 □无
	□认路	□自力 □部分介助 □全介助 □不做	□有 □无
	□修剪指甲	□自力 □部分介助 □全介助 □不做	□有 □无
	□抓握	□自力 □部分介助 □全介助 □不做	□有 □无
	□上下楼梯	□自力 □部分介助 □全介助 □不做	□有 □无
	□上下床、坐起或站起	□自力 □部分介助 □全介助 □不做	□有 □无
康复护理措施			
备注			

表 6-5 居家环境评估表

评估项目	评估内容	评估结果	备注
入门空间评估	门槛与地面是否有高低差	□是 □否	
	玄关处是否配置老年人休息换鞋设施	□是 □否	
	门厅内是否有照明设施，保证亮度足够	□是 □否	
	门厅内墙面是否设有防撞设施	□是 □否	
	门的宽度是否大于 1m	□是 □否	

笔记栏

续表

评估项目	评估内容	评估结果	备注
过道评估	地面是否有防滑措施 / 设备	□是 □否	
	过道是否有助行措施 / 设备	□是 □否	
	照明是否充足安全	□是 □否	
起居室评估	是否有轮椅回旋空间	□是 □否	
	沙发是否有适老棱角处理	□是 □否	
	是否有烟雾报警装置	□是 □否	
	地面是否做防滑措施 / 设备	□是 □否	
餐厅评估	餐桌是否有适老棱角处理	□是 □否	
	餐椅是否便于老年人轻松移动和方便转 / 起身	□是 □否	
卧室评估	室内是否有夜间智能感应照明设施	□是 □否	
	床头是否有紧急呼叫装置	□是 □否	
	床铺是否方便老年人起身，是否有借力设施	□是 □否	
	是否有烟雾报警装置	□是 □否	
厨房评估	是否有燃气紧急报警装置	□是 □否	
	是否有水浸报警装置	□是 □否	
	厨房地面是否做防滑处理	□是 □否	
	水龙头是否方便老年人抽拉	□是 □否	
	洗池及炉灶前是否设有扶手，方便坐轮椅老年人使用	□是 □否	
	厨房用具是否有防撞包边处理	□是 □否	
卫生间评估	在浴缸或浴室内是否有防滑措施	□是 □否	
	淋浴间是否设置坐姿淋浴设施 / 设备	□是 □否	
	现有马桶高度是否符合老年人身体状况，是否有助于老年人坐 / 起身	□是 □否	
	是否有内外地面高低差	□是 □否	
	沐浴器、坐便器侧墙是否有助力措施 / 设备	□是 □否	
	卫生间是否有足够的轮椅回旋空间（回旋直径 1.5m）	□是 □否	
	洗脸 / 水盆是否有助力措施 / 设备	□是 □否	
	是否有紧急呼叫、智能报警设备	□是 □否	
	是否有异常滞留感知设备	□是 □否	
阳台改造	是否有防止老年人摔倒的措施 / 设备	□是 □否	
	是否有方便晾晒衣物的措施 / 设备	□是 □否	
	是否预留老年人种植花草、储物的空间	□是 □否	
	阳台是否有内外地面高度差	□是 □否	
其他评估	所有墙面拐角处是否有防撞措施 / 设备	□是 □否	
	所有地面是否有防水、防滑措施 / 设备	□是 □否	

续表

评估项目	评估内容	评估结果	备注
评估当日状况	□老年人家庭环境严重缺少适老化元素，迫切需要适老化改造 □老年人家庭环境比较适老，暂不需要进行适老化改造		
环境评估措施	□助厕类改造　□洗浴类改造　□感知类改造　□康复类改造 □照护类改造　□防滑类改造　□助餐类改造　□助行类改造 □辅助类改造　□适老家具类改造　□无障碍类改造		

表 6-6　康复辅助器具使用情况评估表

康复辅助器具需求评估	目前使用康复辅助器具情况	□无
		□有　　名称：______　　目前已使用：_____年 □已损坏无法修复，需更新 □规格或功能不符合使用者现在的需求，需更换 □适合继续使用 □部分零件受损，可进行修复
	康复辅助器具适配需求	□助行类　□助浴类　□助餐类 □如厕类　□感知类　□康复类 □护理类　□其他类：_______
适配建议		

(5)每项评估内容评估完成后，评估员和老年人或监护人，共同居住的家庭成员签字确认。有条件的将评估内容输入管理系统。

(6)根据评估内容出具家庭适老化改造评估报告及改造方案。

(二)家庭适老化改造的设计

1. 设计理念　应充分考虑老年人的特点，本着“一切为了老年人，一切方便老年人”的“以人为本”理念进行人性化设计。应充分考虑老年人身体功能衰退甚至出现功能障碍，考虑他们在移动、视力、听力等方面的特点，减少各种潜在的危险因素，同时要考虑老年人的居住体验，尽可能设计安全、方便，并能从生理和心理上提升其舒适度的环境，设计出符合老年人实际居住需要的切实可行改造方案。

2. 设计要点　家庭适老化改造设计方案要坚持“四通一平”，“两多两匀”和“灵活适用”等要点。

(1)家庭适老化改造当中的“四通一平”指“视线通”“声音通”“路径通”“空气通”和“地面平”。

1)“视线通”和“声音通”：指改造设计应有助于加强老年人与照护者之间的视线和声音交流，以方便照护者及时观察和了解老年人的需求，并提供所需要的帮助。设计时可充分利用开敞式空间、门窗洞口、透明隔断、镜面反射、音视频呼叫系统等加强各功能空间之间的视线和声音联系。

2)“路径通”：指改造设计应保证老年人通行路径的畅通，具体体现在以下三个层面。一是要及时清理位于老年人通行路径地面和两侧的杂物，以避免老年人在移动过程中出现绊倒、剐蹭或磕碰等意外事故。二是保证充足的通行宽度，特别是在老年人行走不便需要他人搀扶或使用助行器械的时候，应留出通行、回转和辅助操作的空间。三是有条件时可创造

笔记栏

回游动线，加强各功能空间之间的联系，方便老年人在家中活动。

3）“空气通”：指应注意促进室内空间的空气流通。在不破坏建筑结构的前提下，可通过调整门窗位置和开启面积，合理安排自然通风流线，创造对流通风的条件，改善室内通风效果。

4）“地面平”：指改造设计时应尽可能消除或妥善处理地面高差。在老年人的居家环境当中，高差主要以门槛、过门石或台阶踏步的形式出现在卫生间、厨房、阳台、入户空间的门口及不同铺装材料的交接处。改造时可通过优化干湿分区、合理组织地面排水和将门槛嵌入地面等方式消除高差。对于难以消除的高差，可通过设置坡道或段差消加以处理，或设置明显标识，以提示老年人注意。

(2)家庭适老化改造当中的“两多两匀”是指“储藏多”“台面多”“光线匀”“温度匀”。

1）“储藏多”：指老年人家中的储藏空间应分类明晰、储量充足。老年人的家中通常会积累较多的物品，容易出现因物品杂乱堆放而影响通行和使用的情况。因此在改造设计时应注意帮助和引导老年人家庭合理规划和利用储藏空间，提高储藏效率，避免物品侵占其他功能空间。

2）“台面多”：指尽可能多为老年人设置一些置物台面。一方面，可供老年人将常用物品放置在容易看到和取放的位置，便于寻找和随手取用。另一方面，高度适宜的置物台面还可兼作扶手，在老年人移动和弯腰时起到撑扶和保持身体平衡的作用。

3）“光线匀”：指老年人住房的自然采光和人工照明条件要保证室内空间明亮且照度均匀，避免产生阴影和眩光。改造时，可利用玻璃的透射、镜面或墙面的反射改善户型中部分空间的自然采光状况，通过整体照明与局部重点照明相结合的方式改善具体位置的人工照明条件。

4）“温度匀”：指老年人住房的温度保持在舒适范围内，并在各个空间均匀分布。老年人对室内环境的舒适度要求较高，特别是对温度变化较为敏感，因此在设计中应重点避免出现空调直吹老年人、床头紧邻外窗等情况。卫生间内宜设置浴霸或暖风机，以保证老年人更衣和洗浴过程中室内温度的适宜性。

(3)家庭适老化改造的“灵活适用”主要体现在家具设备选型和空功能间布置层面。

1）在家具设备选型层面，为方便老年人使用，应选取便于操作的开关面板、门把手、水龙头和柜门拉手形式，将储藏空间、开关插座、门窗把手等设置在老年人易于操作的高度范围内。因地制宜、因人而异地配置安全辅助设施，以扶手为例，除了安装专用扶手之外，还可灵活利用台面、柜体、床尾板等家具构件起到扶手的作用，以避免辅助器具的过度使用给老年人带来机构化的不适感受。

2）在功能空间布置层面，为创造更大的灵活性，不建议过多使用固定式的家具，可适度采用小型化、轻便化、可组合拼接的家具，以满足老年人根据自身需要调整家具位置和空间布局的需求。居室当中的开关插座点位布置也应考虑到多种空间布局形式的可能性，兼顾不同情况下的使用需求。

另外，针对特殊照护老年人的个性化需要进行改造设计，要留出照护空间。如失智症老年人会出现多疑、猜忌等精神行为症状，甚至出现幻觉和妄想，与健康老年人同住一个区域时会有冲突可能，因此，改造设计这类家庭的活动场所应考虑独立成区，专门看护，以保障老年人安全。

(三) 家庭适老化辅具的配置

1. 如厕类辅具

(1)适老化坐便器：考虑由于老年人易出现便秘，如厕时间较长，突然站立易出现眩晕等症状，导致摔倒。因此，在坐便器两旁应安装辅助性把手，帮助老年人离开坐便器。对于患有

慢性关节炎且使用轮椅的老年人，坐便器的高度与常用的有所不同，采用可以调节高度的坐便器，使老年人坐下后双足足底完全接触地面，使其获得安全感，保持坐平衡，以顺利排便。

(2)可穿戴大小便收集处理系统：可穿戴大小便收集处理系统包含主机、护理床垫、护理裤、护理罩及收集袋等组成部分，可24小时穿戴且全自动工作，能自动感应、冲水、烘干、冷水加热、除菌循环、收集污物、记忆排泄次数，使用时无异味、无污染。

2. 移位类辅具

(1)辅助腰带：对于步行困难或不能单独完成短距离移动的老年人，腰带可协助其以相对容易的姿势完成移动，如从床上移动到轮椅，或从轮椅移动到坐便器。腰带弹性、大小、松紧适宜。辅助腰带不仅有助于老年人在保持身体平稳的情况下完成移动，同时还能减轻照护者负担。

(2)移动板：使老年人在保持现有的卧姿或坐姿的状态下对其进行移动，主要用于将老年人从床上移动到轮椅上。移动板两端，即现位置到目标位置间，其空隙需在10cm以下，移动板两端分别有15cm延伸，以保证安全。

(3)移位车：帮助失能老人在轮椅、床、坐便器、浴缸等设施设备之间转运。此类设备由照护者操作，利用专用吊具的升降功能和小脚轮的移动功能，实现老年人的移位。操作过程中应保障老年人的安全。

(4)顶置轨道移位系统：又称为天轨移位系统，由通过安装在楼顶或者房顶的铝合金特制轨道，使用吊机前行或后退，上升或下降，达到无障碍移位，可用于老年人移位、如厕、步行训练、沐浴等，不仅能够安全、舒适、方便快捷地移动老年人，同时能够减轻照护者的工作强度。

3. 沐浴类辅具

(1)普通沐浴椅：沐浴椅种类繁多，有高度可调节型、椅背型、扶手型、座面旋转型、扶手可上调型、墙上装折叠型等。选择沐浴椅最重要的是考虑老年人坐在椅子上是否舒适平稳、进出浴室及站立是否方便、放置椅子后是否有足够的自行洗浴和照护空间。

(2)电动沐浴椅：电动沐浴椅具有升降功能，能够实现与护理床的水平对接，洗浴中可根据舒适度调节高度和背靠角度，减轻照护者弯腰导致的不适，提高照护工作效率。

(3)边进式浴缸：全开放式进出设计，免除了老年人抬腿跨入浴缸的困难和危险，为老年人进出浴缸提供了极大的便利。轻度失能老年人和部分重度失能老年人若是无法站立者，照护者可以平面移位方式帮助其进入浴缸座。

4. 适老助听、助视类辅具

(1)气传导助听器：通过一个或多个麦克风收集声音，再通过助听器中的芯片算法对声音进行不同频段的放大、压缩处理，最终将处理后的声音通过放置在耳朵里的耳机传递到内耳中。气传导助听器包括耳背式助听器、定制型助听器等。

(2)骨传导助听器：通过颅骨将声音直接传递到内耳的听觉神经。相比于传统的气传导助听器使用起来更加简便舒适，听到的声音更加逼真，多采用外挂式，不与耳道接触，更适合老年人佩戴。

(3)适老助视器：提高和改善老年人视觉功能，克服视力功能障碍的装置。由于个体的差异和用眼的特点不同，应依据老年人的生活习惯和不同活动选择合适的助视器，方便户外活动或者日常阅读。

5. 防压疮适老辅具　压力转换型床垫：为减轻长期卧床患者的烦恼和痛苦，减轻照护者劳动强度设计的适用于长期卧床患者的辅具。使用时应定期对两个气囊轮换充气和放气，使卧床老年人身体着床部位不断更换，既起到人工按摩的作用，又可促进血液流通、防止

笔记栏

肌肉萎缩。

6. 适老助行器

(1)拐杖：用于下肢残疾者的长距离行走，用以支撑体重，保持平衡，锻炼肌肉，辅助行走。适用于平衡障碍、下肢无力、骨折、截肢、截瘫等。分为腋杖，前臂杖，手杖。

(2)步行器：通过相应的辅助工具可以帮助老年人维持身体平衡，完成日常生活活动。步行器应支撑性稳定、坐具舒适，同时具备便携、方便操控和调节的功能。

(3)轮椅：是肢体伤残老年人的代步工具，也可以进行功能锻炼和参与社会活动使用，使老年人在生活中实现自理，并获得心理支持与康复。

7. 适老生活自助具　通过生活自助具能够帮助老年人省时、省力地代偿性完成一些无法独立完成的日常生活活动，增加生活独立性。可分为穿衣自助具、个人卫生用具、饮食用具、家居用具、书写辅助用具等。

随着现代科技的发展，老年人生活需求的增加，给老年人生活帮助的辅助器具将越来越丰富，越来越新颖，越来越实用。

四、家庭适老化改造管理

家庭适老化改造与一般的家庭装修不同，家庭适老化改造常常需要在有老年人居住的情况下进行，注意减少改造施工对老年人家庭的影响。因此，特别需要加强适老化改造的管理。

(一)加强改造策划的方案管理

应尽可能采用简便易行的工艺工法，更多通过设施设备成品的安装和模块化、装配式构件的组合来实施改造，避免使用对建筑硬装具有破坏性作用的改造施工方式，从而提高施工效率。应抓住主要矛盾，根据家庭适老化改造的整体方案，围绕老年人的核心困难提供最为直接有效的解决方案。

(二)加强改造施工的组织管理

根据方案，对照流程，落实改造，加强监管，防止偷工减料，马虎应对，切实把住施工关。应尽可能集中、紧凑、合理地安排各项改造施工工作，在保证施工质量的前提下缩短项目工期，应保证老年人家庭得到妥善安置。将老年人的临时安置空间与改造施工区域分隔开来，设置吸尘器、排风扇等必要的设备，对于设有两个卫生间的住宅户型，可通过交替施工的方式满足改造期间的使用需求等。

(三)加强改造验收的质量管理

一方面把住家庭适老化改造和配置的设备关，我国目前适老辅助产品，特别是智能化适老辅助产品还处于发展初级阶段，产品更新迭代比较快，产品成熟度不够高，这就要求我们从事适老化改造工作的专业人员，要认真了解市场信息，积极选取优质产品。另一方面把住家庭适老化改造和配置的验收关，家庭适老化改造处于政府推动发展阶段，各方还没有更多成熟的经验，更没有有利于实际操作的标准，需要各地推动家庭适老化改造的政府部门高度重视，全流程监管，做好验收工作。

五、家庭适老化改造发展趋势

总体而言，我国养老服务还处于初级发展阶段，家庭适老化改造要坚持初期体验、形成需求、市场运作、产业发展的运营理念，抓住家庭适老化的改造本质，推动家庭适老化改造的发展。

(一)初期体验是家庭适老化改造的基础

随着年龄的增加、挫折的不断累积，老年人对勇于尝试的行为有着负向抑制，好奇心呈

笔记栏

现递减趋势，对未知的恐惧越来越多。因此，通过初期体验的方式来推广新产品，是消除其恐惧心理的有效手段。初期体验一方面通过政府出台扶持家庭适老化改造的政策，另一方面通过企业提升家庭适老化改造的质量，使老年人切身体会到家庭适老化改造带给他们生活的好处，通过初期体验让老年人感受家庭适老化改造解决生活问题和提高生活质量，筑牢老年人家庭适老化改造的基础。

（二）形成需求是家庭适老化改造的关键

需求的重要性不可忽视，它会给家庭适老化改造带来强大驱动力，决定着家庭适老化改造的发展方向和巨大市场。家庭适老化改造需求的形成复杂多样，包括居住条件、收入水平、家庭关系、改造质量、政府政策等。我们要着力关注家庭适老化改造的每个环节，增强体验感，强化营销力，把住质量关，充分发挥政府政策的影响力，充分利用企业营运的推动力，充分激发老年人家庭适老化改造的真实需求，形成家庭适老化改造的更大市场。

（三）市场运作是家庭适老化改造的动力

随着市场经济的发展，企业市场化运作已经成为企业发展的重要途径，市场化运作可以提高企业的经济效益，提高企业竞争力和市场占有率，使企业触达更广泛的客户群体。市场化运作的核心是客户导向，企业必须将客户需求作为自己的服务方向，必须找到与竞争对手的不同点从而形成竞争优势，才能打造出自己的品牌形象，才能发展壮大成优秀的企业。家庭适老化改造的市场化程度越高，企业越多，竞争力越强，越能满足老年人家庭适老化改造的需求，越能提高老年人家庭适老化改造的质量，越能扩大老年人家庭适老化改造的市场。

（四）产业发展是家庭适老化改造的前景

当下我国老龄人口呈加速发展的趋势，需要家庭进行适老化改造的老年人必将越来越多。在政府家庭适老化改造政策的引导下，在企业家庭适老化改造质量的影响下，改造对象的信心更足，改造企业的力量更强，改造内容的拓展更广，改造发展的市场更大，家庭适老化改造必将形成产业发展的格局。

家庭适老化改造是一项系统性工程，需要来自政策、制度、资金、人才、技术、社会和机制等各方面的支持，才能够保证相关工作的高质量开展。现阶段，我国的家庭适老化改造服务尚处于发展的初级阶段，对照发达国家的经验做法，还有待从多方面入手开展工作，构建和完善相应的服务支持体系。例如，在政策层面进行顶层设计，制定行动路线，引导工作方向；在制度层面规范行业和市场行为；在资金层面提供多渠道可持续的保障；在技术层面研发针对性的改造措施；在社会层面创造良好的环境基础；在机制层面统筹协调相关资源，维持复杂系统的持续稳定运行。同时，家庭适老化改造又是一项兼具综合性和专业性的复杂工作，需要具备综合素质的专业人才发挥主导作用，培养以改善老年人居住生活环境为目标，负责协调建筑、医疗、护理、福利和行政等各领域专业工作人员的综合型人才，促进专业间交流协作，提升服务质量和效率，全面推进家庭适老化改造的市场化可持续发展。

第三节　老龄友好社区建设

做好居家社区养老服务不仅要有好的顶层设计、强的政策支持、活的运作机制、大的服务队伍，还要有适老化的家庭居住生活环境，更要有适老化的居家社区养老服务环境。伴随着我国人口老龄化快速发展的趋势和家庭养老服务功能不断弱化的现实，营造有利于老年人身心健康和独立生活的老龄友好型社区环境，建设老龄友好社区，不断增强老年居民在社区生活中的获得感、幸福感、安全感，是解决我国目前居家社区养老服务难题的关键所在。

笔记栏

一、老龄友好社区建设提出

党和政府高度重视老龄友好型社区的建设工作。早在 2009 年，全国老龄工作委员会决定在 6 个省的 9 个城市及社区进行“老年友好城市”和“老龄友好社区”建设试点。2012 年《中华人民共和国老年人权益保障法》明确指出“国家采取措施，推进宜居环境建设，为老年人提供安全、便利和舒适的环境”的建设目标。2019 年《国家积极应对人口老龄化中长期规划》明确提出老龄友好社区建设的时间表：到 2022 年，老年人宜居的社会环境初步建立；到 2035 年，老年友好型社会总体建成；到本世纪中叶，老年友好城市、友好乡村、友好社区遍布全国。

二、老龄友好社区建设进程

2020 年为贯彻落实党中央、国务院关于实施积极应对人口老龄化国家战略的决策部署，推进老龄友好社区建设，国家卫生健康委（全国老龄办）决定在全国开展示范性老年友好型社区创建行动。围绕提升社区服务能力和水平，更好地满足老年人在居住环境、日常出行、健康服务、养老服务、社会参与、精神文化生活等方面的需要，探索建立老年友好型社区创建工作模式和长效机制，切实增强老年人的获得感、幸福感、安全感。计划通过四个阶段六个方面的努力，到 2035 年全国城乡实现老年友好型社区全覆盖。

（一）四个阶段

1. 第一阶段　示范创建阶段（2020—2022 年）。2020 年，启动老年友好型社区创建工作。2021—2022 年，在全国创建 2 000 个示范性城乡老年友好型社区，为全国发挥示范引领作用。

2. 第二阶段　示范推进阶段（2023—2025 年）。进一步推进示范性城乡老年友好型社区创建，2023—2025 年，在全国再创建 3 000 个示范性城乡老年友好型社区。

3. 第三阶段　总结深化阶段（2026—2030 年）。认真总结示范性城乡老年友好型社区创建的工作经验和工作模式，加强工作宣传，扩大创建范围，开展中期评估，到 2030 年底，老年友好型社区在全国城乡社区的覆盖率达到 50% 以上。

4. 第四阶段　全面评估阶段（2031—2035 年）。大力推广老年友好型社区创建经验和工作机制，评估创建效果，加强分类指导，进一步扩大城乡老年友好型社区创建的覆盖面，到 2035 年底，全国城乡社区普遍达到老年友好型社区标准。

（二）六个方面

1. 改善老年人的居住环境　支持对老年人住房的空间布局、地面、扶手、厨房设备、如厕洗浴设备、紧急呼叫设备等进行适老化改造、维修和配备，降低老年人生活风险。建立社区防火和紧急救援网络，完善老年人住宅防火和紧急救援救助功能。定期开展独居、空巢、留守、失能（含失智）、重残、计划生育特殊家庭老年人家庭用水、用电和用气等设施安全检查，对老化或损坏的设施及时进行改造维修，排除安全隐患。加强社区生态环境建设，大力绿化和美化社区，营造卫生清洁、空气清新的社区环境。

2. 方便老年人的日常出行　加强老年人住宅公共设施无障碍改造，重点对坡道、楼梯、电梯、扶手等进行改造，保障老年人出行安全。加强社区道路设施、休憩设施、信息化设施、服务设施等与老年人日常生活密切相关的设施和场所的无障碍建设。新建城乡社区提倡人车分流模式，加强步行系统安全设计和空间节点标志性设计。

3. 提升为老年人服务的质量　利用社区卫生服务中心（站）、乡镇卫生院等定期为老年人提供生活方式和健康状况评估、体格检查、辅助检查和健康指导等健康管理服务，为患病

老年人提供基本医疗、康复护理、长期照护、安宁疗护等服务。开展老年人群营养状况监测和评价,制定满足不同老年人群营养需求的改善措施。深入推进医养结合,支持社区卫生服务机构、乡镇卫生院内部建设医养结合中心,为老年人提供多种形式的健康养老服务。利用社区日间照料中心及社会化资源为老年人提供生活照料、助餐助浴助洁、紧急救援、康复辅具租赁、精神慰藉、康复指导等多样化养老服务。广泛开展以老年人识骗、防骗为主要内容的宣传教育活动。建立定期巡访独居、空巢、留守、失能(含失智)、重残、计划生育特殊家庭老年人等的工作机制。

4. 扩大老年人的社会参与 引导和组织老年人参与社区建设和管理活动,参与社区公益慈善、教科文卫等事业,支持社区老年人广泛开展自助、互助和志愿活动,充分发挥老年人的积极作用。因地制宜改造或修建综合性活动场所,配建有利于各年龄群体共同活动的健身和文化设施,为老年人和老年社会组织参与社区活动提供必要的场地、设施和经费保障,满足老年人社会参与需求。

5. 丰富老年人的精神文化生活 鼓励社区自设老年教育学习点或与老年大学、教育机构和社会组织等合作在社区设立老年教育学习点,方便老年人就近学习。有效整合乡村教育文化资源,发展农村社区的老年教育,以村民喜爱的形式开展适应老年人需求的教育活动。丰富老年教育内容和手段,积极开展老年人思想道德、科学普及、休闲娱乐、健康知识、艺术审美、智能生活、法律法规、家庭理财、代际沟通、生命尊严等方面的教育。鼓励老年人自主学习,支持建立不同类型的学习团队。组织多种形式的社区敬老爱老助老主题教育活动,加大对"敬老文明号"和"敬老爱老助老模范人物"的宣传。开展有利于促进代际互动、邻里互助的社区活动,增强不同代际间的文化融合和社会认同。

6. 提高为老服务的科技化水平 提高社区为老服务信息化水平,利用社区综合服务平台,有效对接服务供给与需求信息,加强健康养老终端设备的适老化设计与开发,为老年人提供方便的智慧健康养老服务。依托智慧网络平台和相关智能设备,为老年人的居家照护、医疗诊断、健康管理等提供远程服务及辅助技术服务。开展"智慧助老"行动,依托社区加大对老年人智能技术使用的宣教和培训,并为老年人在其高频活动场所保留必要的传统服务方式。

经过三年的努力,全国老龄友好社区建设顺利推动,2021 年评选表彰了 992 个示范性老龄友好社区,2022 年评选表彰了 999 个示范性老龄友好社区,2023 年评选公示了 1 000 个示范性老龄友好社区。各地积累了不少经验,形成了推动老龄友好社区发展的局面。

第四节 居家社区养老服务环境建设案例

居家社区养老服务环境建设符合养老服务发展趋势,受到居家社区老年人的欢迎,并呈现出具有示范引领效应的典型案例。

一、典型案例

(一)案例一:南京市家庭养老床位建设的创新实践

2016 年南京市率先在全国探索家庭养老床位建设,通过到一线听取老年人及其家属、子女心声,召开座谈会,汇聚养老服务机构、行业专家、相关部门智慧,反复研讨论证,最终形成建设家庭养老床位的思路,并开展试点工作。2017 年 9 月,南京市民政局联合市财政局印发《南京市家庭养老床位试点实施办法(暂行)》(宁民规〔2017〕1 号)正式在全市全面启动。

笔记栏

经过5年多试点探索、总结提升，主要做法可以概括为“五化”：

1.“一体化”管理　家庭养老床位核心点在于老年人能在家享受和机构同等服务，否则就会流于概念，沦为居家上门服务或者“居家上门＋适老化改造”。所以，我们首先明确家庭养老床位是指按照普通养老机构服务标准，由养老服务机构为居家的失能失智、半失能老人提供养老服务的家庭床位，并要求家庭养老床位老人与入住机构老人“六个统一”，即：统一评估、统一协议、统一服务内容、统一服务流程、统一人员调度、在信息平台上纳入统一空间管理。

2.“适老化”改造　经统计，目前家庭养老床位入住老年人平均年龄在86.5岁，基本都为失能失智或半失能老年人，其中失能老年人占比超过15%。服务对象的家庭设施和床位适老化改造是开展家庭养老床位建设的基础，安装扶手、烟感探测器、燃气报警器、人体感应小夜灯、床头一键呼叫设备及铺设防滑垫等必要硬件设施。同时，配置相应的网络信息服务系统和智能穿戴、智能感应、远程监控等电子信息服务设备，动态掌握老年人生理指标及活动情况。借助24小时应急响应，老年人可通过紧急呼叫设备主动发起，或通过智能生命监测设备自动发送远程求助信息，由专业养老机构实施响应。

3.“专业化”服务　要通过三种途径，确保家庭养老床位服务和养老机构同等水平，不打折扣。一是在主体上，明确提供家庭养老床位服务的必须是民政部门设置批准的一级以上养老机构、三级以上居家养老服务中心，确保服务提供者具备相应能力和资质水平。二是在服务内容上，为家庭养老床位老年人提供助餐、保洁、代购、健康档案、定期巡诊、医疗康复等“机构式”服务套餐。同时，老年人也可根据自己经济情况、护理要求、服务目标来定制“套餐”，享受精神慰藉、文化娱乐等服务项目。三是在质量监管上，明确要求家庭养老床位服务由第三方开展满意度调查，且满意率不低于90%。

4.“规范化”流程　规范化流程是养老服务质量控制的关键，在开展家庭养老床位建设过程中，必须建立起规范化流程。首先，开设家庭养老床位，由老人向符合条件的养老服务机构提出申请。其次，养老服务机构上门调研服务需求、根据量表评估确定老人护理等级。接下来，在老人与养老服务机构签订服务协议后，养老服务机构对家庭养老床位进行适老化和信息化改造，并按机构标准提供服务。

5.“同等化”扶持　家庭养老床位建设，是顺应老年人期盼的新生事物，出政策、定标准是基础，更要出台相应的政策支持。家庭养老床位统一可以享受综合运营补贴，养老机构收住本市户籍半失能、失能失智老人，基准运营补贴分别按每人每月200元、300元的标准发放。四级以上养老机构运营补贴分别享受基准补贴的1.1倍、1.2倍。补贴经费由市、区各承担50%。居家养老服务机构按居家养老服务相关补贴文件执行。

案例分析：南京家庭养老床位已初具规模，建设水平日臻成熟，综合效益不断显现：一是有效化解主城区养老床位紧缺困局。目前全市共建成家庭养老床位8 751张，相当于80家中等规模养老院，在主城区，家庭养老床位已成为养老床位的重要供给渠道。二是有效降低老年人养老负担。根据统计，南京中档水平养老机构半失能老年人每月收费在4 000元左右，失能老年人每月基本要超过5 000元。而2021年，南京市企业退休人员月人均养老金水平为3 282元，所以，对大部分老年人而言入住养老机构成本较高。家庭养老床位替机构省去建设和租金成本，进而能向老年人让利，相较入住机构节省费用超过30%。三是有效促进居家社区机构相协调、医养康养相结合。《“十四五”国家老龄事业发展和养老服务体系规划》强调加快健全“居家社区机构相协调、医养康养相结合的养老服务体系”。家庭养老床位使养老机构专业服务向居家延伸，医养资源向末端流动，成为践行规划要求的生动实践。

笔记栏

课堂互动

1. 请列举出其他家庭养老床位建设的典型案例。
2. 分析目前家庭养老床位建设和运营存在的问题。

(二) 案例二：虞城亮出适老化改造的幸福“密码”

2022年底，江苏省常熟市户籍老年人口35.13万人，老龄化率达33.28%，已进入深度老龄化社会。近年来，常熟市坚持“政府引导、部门联动、国企示范、社会参与”的思路，以家庭适老化改造工作被列入“我为群众办实事”市委书记领办项目为契机，以“绩效考核”为杠杆，大力推进家庭适老化改造工作。2020—2022年，市镇两级财政累计投入820万元，带动村居、慈善、家庭和爱心企业等投入485万元，为全市近4 000户老年人家庭实施了适老化改造。

聚焦系统规划。2021年，突破“政府买单式改造”的单一模式，率先探索市场化路径，实行“政府补一点、村(居)委出一点、家庭掏一点、慈善捐一点、企业让一点”的常熟“五个一点”方案。全市范围内有需求的老年人家庭，都可以申请实施家庭适老化改造。对3大类12种补贴家庭类型，按改造总费用，政府分别给予40%至100%的补贴，每户最高补贴3 000元。

聚焦连片启动。2021年，虞山街道北门大街社区和海虞镇汪桥村作为苏州市首批集中适老化改造小区，共计为165户老年人家庭完成了适老化改造。2022年，常熟深入推广集中连片改造模式，各镇(街道)选定一个以上的村(社区)，为辖区内特殊困难老年人家庭实施适老化改造，合计改造1 100户。

聚焦全程监管。经报名、培训、考试合格达标方可入选，实施过程中，申请审核、评估设计、改造实施、验收审核、补贴结算全流程均严格按照程序执行，确保家庭适老化改造方便实用，按时高效完成。

聚焦社会联动。市残联动员爱心企业出资150多万元，为210户残疾老年人家庭实施适老化、无障碍改造。市慈善总会对80周岁以上空巢(独居)老年人家庭补贴居家智能化改造服务费，并积极扶持社区环境适老化改造的推进。“五社联动”，实施微心愿圆梦行动，引导社会爱心人士完成困难残疾老年人的适老化改造微心愿。

聚焦市场推进。鼓励有需求的老年人家庭自费实施适老化改造。

聚焦智慧赋能。通过为老年人家庭安装床头一键呼叫报警器、烟雾探测报警器、无线单体门磁感应器等智慧物联设备，实时监控老人居家养老情况，有效解决独居老人的潜在安全风险。

案例分析：家庭适老化改造是近年来居家社区养老服务发展的一项重要任务，各级民政部门高度重视，出台政策支持并推动经济有困难的特殊老年人家庭进行适老化改造。常熟市针对老年人家庭的实际情况，大胆探索，积极实践，一方面拓展家庭适老化改造的对象，将有适老化改造需求的老年人家庭都列入改造范围给予支持。另一方面聚焦更多的社会资源，强化家庭适老化改造社会支持和资金支持，解决了不少问题，取得了不少成果，积累了不少经验，成为全国学习的典型。2023年民政部在常熟市召开了全国特殊困难老年人家庭适老化改造工作推进会。

课堂互动

1. 对比常熟市家庭适老化改造同其他地方政府家庭适老化改造的异同点。
2. 分析未来家庭适老化改造的发展趋势。

笔记栏

（三）案例三：悦来村给出了老年友好社区建设的优质答卷

江苏省张家港市悦来村与悦来社区属村居合一的社区，位于冶金园（锦丰镇）沙洲新城北部，辖区 60 周岁及以上的老年人占户籍总人数的 28%。区域交通便利，基础设施齐全，各类组织健全，形成了较为完善的网格服务体系。

悦来村以优化老年人生活环境，提升老年人生活质量为出发点，根据高龄、失能老年人的实际需求，悦来村开展有爱无碍项目，为有需要的特困独居家庭安装无障碍设施，在小区公共区域设有缓行坡道、扶手，在五层以上的居民楼设置电梯，便于老年人出行。

针对独居、留守等 37 户老年人家庭，悦来村建册立档，定期走访，并对其家庭用水、用气、用电，进行志愿检查和维修维护，排除安全隐患。

结合农村人环境整治工作，悦来村集中力量对农村户厕、农户生活垃圾分类、村内河道进行了整治。通过绘制文化墙、打造文化娱乐广场、美化乡村道路等措施，达到乡村环境的整体提升。

悦来村将“敬老爱老”纳入村规民约，通过宣传栏、微信公众号、宣讲会等渠道进行广泛宣传。每年开展“文明家庭”评选活动，并将“孝老爱亲”列为“文明家庭”参评基本要求，历年来累计“文明家庭”户数已达到 90%，真正在辖区内做到了敬老爱老风尚引领。

悦来村定期组织志愿者开展居家探访，推出“养老服务时间互助平台”，鼓励低龄老人服务辖区内 80 岁以上失独、孤寡老人，为他们提供定期的心理关怀及健康干预。

悦来村开展了“悦老·幸福传递”项目活动，通过为孝善之家的老人拍摄全家福，增强老年人的幸福感和归属感，同时引导更多的人传递和发扬孝善文化。在春节、中秋节、重阳节等传统佳节之际，悦来村为 60 周岁以上老年人发放福利物资，让他们感受节日的喜庆。

悦来村呼吁周边商铺加入爱心联盟，开展为老服务。辖区卫生服务站，有专职人员进行健康指导，配有血压计、血糖仪、体重计等，服务站为老人提供家庭医生签约服务、老年健康教育、建立老年健康档案等服务。结合卫生主题宣传日开展健康公益集市、急救培训、眼病筛查等活动，实现了村民基本健康的自查与管理。

悦来村积极发挥居家养老服务中心的“枢纽”作用，打造“幸福港湾”服务空间，开辟老年人活动室 10 余间，为辖区老年人提供宣传教育、法律服务、志愿服务、日间照料、康复理疗等服务。此外，悦来村打造了心理咨询专区，联络专家在居家养老服务中心进行轮值，运用专业知识为老年人解决心理困惑。还开设了“悦龄学堂”，通过开展识字识图、音乐舞蹈、书法绘画等课程，实现老有所养、老有所学、老有所乐，让老年人生活快乐心情愉悦。

案例分析：老年友好社区建设涉及方方面面，既要搞好硬性设施建设，又要推动软性文明建设。张家港悦来村依托强劲的村级集体经济基础，投入人力、物力、财力、精力，全面贯彻落实上级党委和政府的要求，改善老年人居住生活环境，提高为老综合服务水平，积极推进老年友好社会建设，切实增强老年人的幸福感、满足感，呈现了老龄友好社区建设实践的生动画面。

课堂互动

1. 总结老龄友好社区建设要从哪些方面开展工作。
2. 阐述你对进一步做好老龄友好社区建设工作有哪些建议。

笔记栏

二、案例经验借鉴

上述案例分别从家庭养老床位建设、家庭适老化改造和老龄友好社区建设三个方面对居家社区养老服务环境建设取得的成绩进行了介绍,案例的实践是突出的,案例的经验是珍贵的。面对居家社区养老服务环境建设初步发展的客观现实,我们要在案例中学习借鉴,在实践中推动发展。以下是三个典型案例为进一步做好居家社区养老服务环境建设的启示。

(一) 适老化是居家社区养老服务环境建设的方向

老年人随着年龄的增长,一方面老年人的身体功能和感知能力逐渐衰退,对安全和舒适的需求更高。另一方面老年人受传统养老观念影响,更倾向于在家中养老,加上社会支持体系的不够完善,许多老年人需要依靠家庭成员的照顾。因此,适老化的家庭养老床位建设和家庭适老化改造,让老年人在家中安全、舒适地生活,减少意外事故的发生,提高老年人居家养老的生活品质。适老化的老龄友好社区建设,满足老年人社区养老服务的需求,提高社区的养老服务水平。上述三个案例的适老化养老服务环境建设在各地的实践给我们提供了宝贵经验。

(二) 社会化是居家社区养老服务环境建设的力量

上述三个案例启示,通过社会化,可以更多地整合社会资源,包括人力、物力、财力等,为居家社区养老服务提供更多的支持和帮助,可以增强居家社区养老服务的力量,可以为老年人提供更多的选择和便利。通过社会化,可以更好地引入社会力量和市场机制,引入专业的养老服务企业和团队,为老年人提供更加专业、细致的服务,为老年人提供更加多样化、个性化的居家社区养老服务,促进居家社区养老服务的创新,提升居家社区养老服务的质量。通过社会化,可以更好地适应市场需求,增强居家社区养老服务之间的互动与交流,加强与社会力量的合作,促进不同企业、组织之间的交流与合作,形成互利共赢的局面,推动居家社区养老服务的可持续发展。

(三) 生活性是居家社区养老服务环境建设的内容

养老就是生活,就是老年人的生活。老年人的日常生活需要考虑到各种生理和心理的需求,家庭和社区的设施及空间都要满足老年人行走、坐卧、饮食等基本生活需求,同时也要考虑到他们的心理需求,增强他们的安全感、归属感。上述三个案例启示,生活性的家庭养老服务环境让他们在熟悉的环境中享受安全、舒适的生活,享受晚年的天伦之乐。生活性的社区养老服务环境,可以帮助老年人更好地融入社区,参与到社区生活中,与邻居交流、互动,减少他们的孤独感,享受到更丰富的社区活动,提升他们的生活品质。

(四) 创新性是居家社区养老服务环境建设的未来

随着社会老龄化程度的加深,传统的家庭养老模式已经不能满足现代老年人的需求,而居家社区养老服务作为一种新型养老模式逐渐受到重视。在这种模式下,养老服务家庭和社区环境的设计和建设需要更加注重老年人的生活质量和心理健康,创新性就成为了关键。老年人需要的是一个舒适、安全、便利的生活环境,创新性的设计和建设从老年人的实际需求出发,充分考虑他们的生活习惯、身体状况和心理需求,为他们创造一个更加宜居的生活空间。老年人需要的是一种有尊严、有品质的晚年生活,创新性的设计和建设从老年人的角度出发,为他们提供更加贴心、人性化的服务,让他们在社区中感受到家的温暖和关怀。上述三个案例启示要积极推动居家社区养老服务环境建设的创新发展,为老年人创造更加美好的晚年生活。

(郑利江　李　燕)

笔记栏

扫一扫
测一测

复习思考题

1. 请简述家庭养老照护床位的建设内容及上门服务内容。
2. 请简述家庭适老化改造的流程。
3. 请简述老龄友好社区建设的六个方面计划。

第七章 居家社区养老服务人员管理

笔记栏

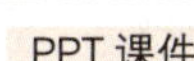

PPT 课件

学习目标

知识目标

掌握居家社区养老服务人员吸引和甄选的措施、人员留用与激励的策略，熟悉我国居家社区养老服务人员培训的系列要求与人才培养的现实困境。

能力目标

掌握居家社区养老服务人员常见的知识和技能，能够运用人员吸引和甄选、留用和激励的理论知识解决实际问题。

素质目标

熟悉居家社区养老服务应具备的基本职业素养。

课程思政目标

掌握居家社区养老服务人员管理重要性，了解职业生涯规划方法。

【学习要点】

1. 居家社区养老服务人员应具备的知识和技能。
2. 居家社区养老服务人员吸引和甄选措施。
3. 居家社区养老服务人员留用和激励策略。
4. 居家社区养老服务人员培训与人才培养的路径。

第一节　居家社区养老服务人员应具备的知识和技能

居家社区养老服务人员队伍建设是实施积极应对人口老龄化国家战略的核心抓手，是健全完善居家社区养老服务体系的重要支撑，是影响居家社区养老服务高质量发展的关键因素。要成为一名优秀的居家社区养老服务人员，需要有专业知识和技能，同时具备一定的职业素养和道德修养。

一、居家社区养老服务人员构成及相关职责

居家社区养老服务人员为老年人提供与身体功能维护、心理健康支持、日常生活协助、环境改善等相关的服务，包括具有相应从业资质并合法从事居家社区养老服务的专职或兼职工作人员。居家社区养老服务人员的构成多元化，其自身相关职责也有所差别。

1. 医护人员　医护人员是老年人健康的守护者，还是老年人生活中的重要帮手。通过为老年人提供全方位的医疗、护理和健康支持服务，助力老年人实现健康、幸福的居家社区

笔记栏

养老生活。医护人员在居家社区养老服务中的主要职责包括：①评估老年人的身体健康状况，包括测量血压、心率、体温等，及时发现老年人潜在的健康问题。②提供基本的医疗服务，包括常见疾病和急性病情的处理，给予老年人应急的医疗帮助。③为老年人提供日常的护理，促进老年人的健康和康复。④对老年人的心理健康进行评估和关注，通过与老年人进行心理沟通，关注老年人的情绪变化和心理需求，并提供心理支持和咨询。⑤承担宣传、教育和预防工作，通过定期组织健康讲座和知识科普活动，向老年人和家属传授健康知识和养生技巧，提高老年人的健康意识和自我保健能力。同时开展常见疾病的预防宣传和筛查工作，降低老年人患病的风险。

2. 养老护理员　养老护理员是居家社区养老服务的主力军，主要为老年人提供生活照料及康复服务，特别是失能、残疾老年人。养老护理员需掌握专业化且规范的养老服务知识和技能，其主要职责包括：①清洁卫生护理、饮食睡眠护理、排泄护理等，满足老年人基本生活需求。②常见疾病护理、跌倒晕厥等紧急情况救护，减轻老年人的身体痛苦。③养老保健、文化娱乐等，提高老年人的生命质量。④人文关怀、心理关怀及临终关怀等，给老年人和家属以心理支持，维护老年人生命尊严。

3. 家政助理员　养老家政护理员主要由专业家政人员、社区失业人员、下岗人员组成。在居家社区养老服务中主要职责是负责老年人家居清洁、陪伴、膳食供应、个人卫生照料等事务。

4. 社会工作者　社会工作者作为协调社会关系、解决社会问题的新兴职业，其价值理念是助人自助。在居家社区养老服务中，其主要职责是运用专业知识进行资源整合、政策倡导、宣传教育，利用个案辅导、小组工作等方法为老年社会群体服务。

5. 志愿者　志愿者是居家社区养老服务人员队伍的重要组成部分，其不计报酬、积极主动地参与养老服务。志愿者的组成较为多元化，主要有学生志愿者、公务员志愿者、社区志愿者等。在居家社区养老服务中主要职责是心理慰藉、娱乐文化活动等。

二、居家社区养老服务人员应具备的知识

居家社区养老服务人员构成多元化，职责各异，因此各类服务人员应具备的知识也有所差别。

1. 医护人员　主要任务是提供疾病诊治、康复护理、健康教育、预防保健、安宁疗护等。因此，居家社区养老服务中的医护人员需要熟练掌握各种医疗知识，针对不同的老年病症制定科学的诊治方案，为老年人提供及时、有效的医疗服务。通过全程健康教育的实施，促进老年人身体健康；定期开展健康教育科普性活动，提高老年人对疾病的预防，如原发性高血压、糖尿病、脑血管疾病的预防。同时，医护人员还要具有相应的护理和康复知识，关注老年人的康复过程，给予全面的照护和关怀，帮助老年人尽快恢复健康。此外，医护人员还需要有相应的知识储备，以便向老年人宣传和普及安全防范、卫生防护、环境保护、食品安全、急救常识等。

2. 养老护理员　主要任务是对老年人进行生活照料和技能护理两个方面。

(1) 生活照料：为了更好开展生活照料，养老护理员需要具备包括清洁卫生、睡眠照料、饮食照料、排泄照料、安全保护、给药护理、观察护理等方面的知识。

1) 清洁卫生：掌握做好老年人个人卫生的相关知识，包括洗脸、洗澡、修剪毛发和指甲等个人清洁。掌握义齿的护理知识，能为特殊老年人清洁口腔，减少口腔细菌的滋生，掌握皮肤护理知识。

2) 睡眠照料：掌握为老年人布置安静、舒适睡眠环境的相关知识，掌握睡眠卧位的知

笔记栏

识、操作步骤和注意事项，改善睡眠环境中的声音、光线、温度、湿度、床档、呼叫器等。针对睡眠障碍的老年人应分析可能导致的原因，尽可能地去除诱发因素，包括减少午睡时间，睡前不要饮浓茶、咖啡或其他刺激性的饮料等。还应掌握疼痛护理和松弛肌肉知识，帮助疼痛老年人改善睡眠状况。

3）饮食照料：掌握根据老年人自身的身体状况，实施个体化原则，制订合理的饮食计划，建立合理饮食结构的相关知识。同时还需要掌握鼻饲饮食的相关护理知识，便于做好特殊患者的护理。

4）排泄照料：掌握老年人的排泄规律，协助老年人如厕，熟悉便器与纸尿裤使用的相关知识。同时采集老年人的二便标本，掌握留置导尿集尿袋和肠瘘袋的更换知识。能配合护士照料二便异常的老年人，严重者需在医生的指导下有针对性地进行药物治疗，掌握缓泻剂的使用及灌肠知识。

5）安全护理：掌握协助老年人正确使用轮椅、拐杖等助行器的相关知识，能对老年人进行扶抱搬移，能正确使用老年人其他保护器具。掌握预防老年人走失、摔伤、烫伤、噎食、触电等意外事故的知识。

6）给药护理：掌握用药的注意事项和不良反应的相关知识，配合医护人员协助完成老年人的口服给药并保管老年人的口服药。

7）观察护理：掌握老年人正常的生命体征的相关知识，准确测量老年人的液体出入量，观察老年人的皮肤、头发和指（趾）甲的变化，对不舒适老年人进行病情观察。

8）心理护理：掌握心理护理知识，为老年人和家属提供心理支持。

（2）技能护理：为了更好开展技能护理，养老护理员需要具备包括消毒、冷热供应、护理记录、急救护理、常见病的护理等相关知识。

1）消毒：掌握常规的消毒、灭菌知识和简单的隔离相关知识，对便器等常用物品进行消毒。

2）冷热供应：了解老年人机体体温特点，掌握温水擦浴和湿热敷的相关知识，协助老年人进行温水擦浴和湿热敷。

3）护理记录：掌握正确书写老年人护理记录的相关知识，能对特殊老年人护理进行记录，能对护理文件进行保管。

4）急救护理：掌握基本的急救知识，能对老年人突发外伤出血、烫伤、噎食、摔伤等意外及时报告并做出初步的应急处理。

5）常见病的护理：掌握老年人高血压病、冠心病、中风、帕金森病、糖尿病、退行性关节炎、痛风、便秘、老年性痴呆症等常见病的护理相关知识，并配合医护人员完成相应的护理。

3. 家政助理员　主要任务是帮助老年人居家环境清洁、日常起居照护、运动休闲陪护。

（1）居家环境清洁：掌握温湿度与细菌滋生、房间布局与安全隐患等相关知识。为了保持室内空气新鲜，应该经常开窗通风，保持合适的温、湿度，以减少室内空气中细菌的滋生。房间布置简洁，家具摆放适当，日常生活用品取用方便，地面平坦、防滑，卫生间和厨房附近铺设防滑砖、防滑垫，门槛粘贴颜色鲜明的提示。

（2）日常起居照护：掌握老年人的饮食、睡眠特点等相关知识。做到饮食合理搭配，营养丰富，以满足老年人正常的机体消耗；帮助老年人建立良好的睡眠习惯方法，养成健康的睡眠习惯；协助做好个人卫生。

（3）运动休闲陪护：掌握基本的运动常识和运动方法等相关知识，陪伴和协助老年人进行运动锻炼活动，对老年人提供运动保健指导。同时还需要掌握器械辅助运动的知识和注意事项。熟悉老年人的心理变化情况，掌握老年人心理不良情绪的疏导知识和注意事项。

笔记栏

4. 社会工作者　主要任务是社会和辅助性行政工作。因此，需要具备心理学、社会学、政治学、管理学、教育学、法学等多学科综合知识，熟悉与社会工作业务相关的法律、法规、政策知识，能够熟练运用个案社区工作、小组社会工作、社区社会工作、社会工作行政等社会工作方法。

（1）社会行政工作：工作内容包括接案、收集资料与预估、制订计划、实施计划、评估与结案5个部分。

1）接案：掌握建立专业关系的基本知识及相关社会政策和社会工作者职业守则。

2）收集资料与预估：掌握观察、提问等收集资料的基本知识，保密和告知原则，预估的基本知识等，且能够对信息进行初步分析。

3）制订计划：掌握社会工作机构管理的知识，制定服务计划的步骤，服务协议的基本知识等。

4）实施计划：掌握社会工作机构评估的系统知识，能对不同机构的运作方式、合作模式进行评估，能对资源整合与配置进行评估。

5）评估与结案：掌握评估和结案的基本知识，能够运用量表、问卷等方式收集评估信息，能够确定结案时间，并进行结案和记录。

（2）辅助性行政工作：分为处理文字和处理信息与管理文件两个部分。

1）处理文字：掌握专业报告的撰写方法与注意事项、工作理论与实务的前沿知识、社会工作研究方法与其相关的外文知识，从而能够开展社会工作理论和实务。

2）处理信息与管理文件：掌握信息收集与整理的知识和文档管理的知识，便于收集、整理机构所需信息，并对文件进行分类、归档并妥善保管。

5. 志愿者　志愿者主要在老年人生活、健康等方面提供关心和帮助。通过开展一系列的爱心主题活动，为居家社区老年人提供生活、文化、教育、医疗保健等方面的支援服务，使居家社区老年人感受到大家庭的温暖与关怀。因此志愿者需具备高度的奉献精神和团队精神，遵守道德法规、诚实守信，具备文明创建、生活常识、社交礼仪和志愿者服务等方面的知识。

三、居家社区养老服务人员应具备的技能

居家社区养老服务工作人员不仅要具备基本的知识，能够为老年人提供专业的居家社区养老服务，同时，还需要具备相应的技能，并具有爱心、细心、耐心，能够真正关心老年人，提供温馨的服务。

1. 职业道德素质　居家社区养老服务人员应具有良好的职业道德。对待老年人应该像对待朋友亲人一样，及时热情地服务老年人，用心去倾听，并尽量满足其提出的合理要求，提供人性化的居家社区养老服务。如服务人员进入老年人家庭后，应处理好与家庭成员的关系，文明礼貌地对待所服务家庭中的每一个人，当家庭内部发生矛盾时，不要参与其中，必要时可以适当做些劝解；尊重老年人的生活习惯，不损害老年人财产。居家社区养老服务人员要积极主动，讲究信用，以自己的尽心、爱心和关心，换得老年人的称心、放心和安心，成为老年人生活中不可缺少的得力助手。

2. 法律法规意识　提高伦理道德素养，增强养老服务方面的法律法规教育，树立正确的职业观，将知法懂法作为居家社区养老服务的核心能力。老年人是弱势群体，居家社区养老服务人员应具备更高的道德素养，掌握基本的法律知识，同时要加强社会伦理道德教育，提高伦理道德核心素养。

3. 专业技术能力　专业技能是保证养老服务人员能够胜任工作的基础，同时也是他们在面对紧急情况时保护人身安全的必要条件。如医护人员必须了解各种疾病的治疗方法、药物的正确使用、急救措施等。

笔记栏

4. 分析与预判能力　增强居家社区养老服务人员对老年人常见疾病的分析及预判能力，涵盖老年人跌倒、压疮、走失、噎食、误吸、烫伤、冻伤等风险，并能做出初步的应急处置，配合专业医务人员对急救老年人进行安全转运等。同时，制订出风险预防措施，预防风险发生。

5. 沟通与合作能力　掌握与老年人交流的技巧，培养服务人员的人文情怀。居家社区养老服务人员不仅要照护老年人的身体和生活，还要对老年人及其家属进行心理疏导，保障老年人身心健康。

6. 身体素质　居家社区养老服务是一种特殊的职业，是体力与脑力劳动相结合的工作，因服务对象是老年人，因此工作时不仅要精神高度集中，还需具备良好的身体素质，才能保证工作顺利进行。

综上，居家社区养老服务人员能为老年人提供全方位的照顾、关怀和支持，不仅能提高老年人的生活质量，促进老年人身心健康，还能为家庭减轻负担。因此，重视、培养和支持居家社区养老服务人员的工作十分必要。

第二节　居家社区养老服务人员吸引和甄选

养老服务人员是实施居家社区养老服务必不可缺的服务主体。针对我国居家社区养老服务面临的“人员缺”“引不来”“素质低”“缺认同”“待遇低”“流失高”等现状，吸引和甄选高素质人员对实现居家社区养老服务的高质量发展具有重要意义。

一、居家社区养老服务人员吸引

（一）居家社区家养老服务队伍存在的问题

1. 人力资源短缺　随着全球老龄化趋势加剧，养老服务需求快速增长。相关研究数据显示，按照一般口径的1∶3完全失能人口照护比计算，我国养老护理人员的缺口高达500万人。居家社区养老服务人员供应同样明显不足，无法满足老年人日益增长的居家社区养老服务需求。

2. 人员结构不合理　当前居家社区养老服务人员中，主要以下岗失业人员、退休的居委会干部及招聘的其他社会人员为主，而社会工作者、医护工作者、养老服务管理等专业人员比例较小，且从事居家社区养老的服务人员多以40~50岁的女性为主，高素质人员和大学毕业生稀缺。

3. 队伍稳定性差　已工作的居家社区养老服务人员由于工作烦琐和薪酬水平较低，以及工作压力的存在，往往难以长期从事该职业，人员流失率高，稳定性较低。

4. 专业化水平低　养老服务人员的专业培训较落后，大多居家社区养老服务人员没有经过专业的培训或教育就直接上岗，具有专业资格的人员较少，专业知识技术不足，远不能满足居家社区养老服务多元化、专业化、精细化的需求。

5. 职业认同感低　居家社区养老工作的社会认同度低是造成服务人员自我效能感不强、满意度低的一个重要原因。同时，低水平的薪酬待遇和有限的成长空间，使居家社区养老服务人员难以获得工作上的认同感和成就感。

6. 志愿者短缺　志愿者作为专业服务的补充，但目前提供养老服务的志愿者缺少连贯性和针对性。而且我国现阶段正式的志愿者组织少，发展步伐较慢，组织性较差，所以在居家社区养老服务中未能承担起补充的责任。

笔记栏

（二）吸引居家社区养老服务人员的策略

1. 加大政策支持　政府部门应认识到居家社区养老服务领域中专业人员的重要性，大力发展养老服务相关专业教育，支持院校增设养老服务与管理相关专业，扩大养老服务与管理专业人员队伍规模。同时，鼓励在院校和居家社区养老服务站之间建立培训联系，为居家社区养老服务输送更多专业型人员，增加人员储备。出台相关政策激励机制和社会保障制度，支持和鼓励居家社区养老服务人员的培养和发展，以便更好地为居家社区养老服务队伍注入新元素。

2. 优化岗位配置　建立居家社区养老服务岗位优化制度，根据养老需求，设置不同层级和类型的岗位，形成合理的岗位结构，配备一定比例的养老服务管理者、社会工作者、家政助理员、养老护理员等。随着居家社区养老产业的不断发展成熟，养老服务队伍岗位还可以加入心理咨询师、营养师、法律咨询师等更加专业的岗位配置。

3. 提高薪酬福利　确定合理的薪酬水平，完善居家社区养老服务人员的基本保障制度；对于专业人员例如医生、心理咨询师等设置兼职岗位，除法律规定的基本社会保险和福利待遇外，还可提供部分额外福利，发放岗位津贴，以提高薪资福利满意度，吸引更多优秀专业人员从事居家社区养老服务工作。

4. 改善工作环境　加大资金投入，为服务人员提供一个舒适、安全、干净的工作环境。同时，提供先进的养老服务设备和工具，如辅助筷、辅助起身椅、电动轮椅、楼梯升降椅等先进仪器，协助老年人生活起居、健康管理，降低居家社区养老服务对人力的需求，减轻护理强度和难度，提高工作效率和服务质量。

5. 提供发展机会　居家社区养老服务机构应重视对养老服务人员的培养，完善居家社区养老服务人员的培养机制，增强其系统性、计划性和科学性。立足于居家社区养老工作的实际情况，对现有人员进行免费培训，提高其专业水平。同时，建立完善的晋升通道，为养老服务人员营造成长的空间，为其提供发展平台，提升养老服务人员的职业归属感和认同感，增加他们的职业发展动力。

6. 创新激励机制　建立基本薪酬加绩效管理的工资体系，以工作绩效来核定考核绩效，并给予相应的绩效奖励。对于表现优秀的人员给予星级服务等级或行业内优秀表彰，优秀等级与服务薪酬挂钩，增强服务人员的职业荣誉感和成就感，打造“行行出状元”的良好社会氛围。

7. 引导相关专业学生进行职业规划　职业生涯管理是对职业的展望与期许。首先要加大居家社区服务相关专业高校学生职业生涯教育力度，培养其专业认同感和职业归属感。将职业生涯相关理论课程和专业课程相结合，构建科学的知识结构，帮助学生充分认识养老服务行业，树立正确的职业观念、目标，做好职业生涯规划设计，坚定养老服务的信心。

8. 提高职业形象和声誉　充分利用各种渠道宣传居家社区养老服务人员的先进事迹，树立居家社区养老服务人员的良好职业形象和社会声誉，逐步改变社会公众对于从事养老服务是“伺候人”工作的负面印象，从切身利益和社会地位方面，提升居家社区养老服务人员的责任感和荣誉感，营造良好的职业发展社会氛围。

9. 加强志愿者队伍建设　充分调动各种社会力量，积极推动社区志愿服务、互助养老服务常态化发展，吸引鼓励高校学生、社区居民、社会人士等争当志愿者，发展和壮大志愿者队伍。设立志愿者服务帮扶，解决老年人在工作、学习、生活等方面的困难和诉求，充分发挥党员、共青团员及干部的模范带头作用。

作为支撑老年人幸福晚年的重要力量，居家社区养老服务人员至关重要。政府部门及

笔记栏

相关居家社区养老服务机构应构建人员引进机制，从政府支持、增设岗位、薪酬待遇、专业培训、职位晋升等方面，满足居家社区养老服务人员不同层次的需求，让更多有活力、高素质的专业人员愿意来。

知识链接

江苏发布全国“首个养老护理专业技术职称体系”

2023 年 9 月 15 日，江苏省民政厅、人力资源和社会保障厅联合发布全国“首个养老护理专业技术职称体系”，将养老护理专业技术资格作为卫生系列的二级子系列，设初级、中级、副高级三个层次，对应名称依次为养老护理师、主管养老护理师、副主任养老护理师。在评审条件方面，综合考虑养老护理人员的学历资历、专业能力和业绩成果，在注重养老服务理论水平的同时突出一线护理实绩。在评价标准方面，根据养老护理工作特点，倡导理论与实践相结合，突出学历条件、护理水平、工作时长，以及参与行业标准制定、项目运营管理等方面的评价标准。

此次江苏在全国率先试点建立养老护理专业技术职称体系，是养老服务人员队伍建设的重大突破和制度创新，畅通了养老护理人员职业发展渠道，增强了养老护理职业的社会认可度和获得感荣誉感，有助于推动养老服务人员队伍专业化职业化建设，吸引更多专业人员加入养老行业，让人员引得进、留得住，促进养老服务人员队伍整体素质提升。

二、居家社区养老服务人员甄选

人员甄选工作对居家社区养老服务的发展意义重大，成功的甄选能为居家社区养老服务机构招募到优秀的服务与管理人员，减少运营成本，取得长远的竞争优势。通过制定有针对性的策略，提高居家社区养老服务人员的甄选质量，从而更好地满足老年人的需求并促进居家社区养老服务的高质量发展。

（一）甄选的基本概念及意义

1. 概念 甄选可以定义为用人单位在招募工作完成后，根据用人条件和用人标准，结合企业自身的需求状况，综合利用心理学、管理学等学科的理论、方法和技术，对应聘者的任职资格和对工作的胜任程度进行系统的、客观的评价，从而作出录用决策。

2. 人员甄选的意义

(1)提高服务绩效：居家社区养老服务人员是核心竞争力的源泉。面对复杂严峻的老龄化现状及多元化的养老需求，不断提高居家社区养老服务人员招聘甄选水平，筛选出具备适应岗位需求、能力与素质匹配的应聘者，提高居家社区养老服务的整体绩效。

(2)节约成本与资源：招聘和培养一个员工需耗费大量时间、精力和资金。有效的人员甄选可以避免因错误的招聘决策导致的人员更换和培训成本。通过确保应聘者的匹配度和适应性，降低员工离职率，节约居家社区养老服务的成本与资源。

(3)塑造良好的组织文化：人员甄选不仅需关注应聘者的专业能力，还要考虑其价值观、态度和团队合作能力等软性素质。通过甄选符合居家社区养老服务机构价值观念和文化的人员，可以帮助居家社区养老服务机构塑造良好的组织氛围和团队合作精神。

(4)推动创新与发展：优秀的人员往往具备创新思维和问题解决能力。通过人员甄选，

笔记栏

可以筛选和吸引富有创造力和创新潜力的应聘者，推动居家社区养老服务的创新与发展，促进持续的进步和竞争优势，为居家社区养老服务长远发展打下良好基础。

(5)有效管理风险：人员甄选可以通过全面的评估和背景调查，减少雇佣不适合岗位的人员、避免人员纠纷和不当行为等问题的发生，降低招聘中的风险，保护居家社区养老服务的声誉和利益。

(二) 提升居家社区养老服务人员甄选有效性及可靠性策略

1. 完善甄选体系　居家社区养老服务对于人员的需求多样化，最重要的是要建立起科学、合理、高效的甄选体系。应根据居家社区养老服务的实际情况，制定完善科学的招聘制度，结合各层级、各岗位人力资源需求情况确定招聘需求，立足于岗位任职资格要求和人员评价标准，开展招聘工作。

2. 优化甄选方法　居家社区养老服务在发展过程中，要保持其持续发展的活力，就必须有一支具有竞争力的队伍。应根据居家社区养老服务的战略发展目标，在调查研究并充分结合行业、岗位特点的基础上，完善甄选方法，使居家社区养老服务人员素质与岗位要求相匹配。

3. 制定人力资源规划与招聘计划　通过制定科学的人力资源规划和招聘计划，采取规范化和程序化的手段，对居家社区养老服务人员进行招聘和雇佣，有效减少招聘工作的盲目性和随意性。

4. 确定人员评价标准与工具　甄选的目的是根据居家社区养老服务的实际需要选择合适的人员。因此，必须确定人员评价标准和招聘工具。人员评价标准的确立应坚持广泛性和重点性、准确性评价和模糊评价相结合的原则。评价工具的确立应坚持目的性、效率性、多种评价工具相结合及方便简洁的原则。

通过完善甄选体系、多种甄选方法相结合的方式提高居家社区养老服务人员的甄选质量，不断优化居家社区养老服务内部人力资源结构，提升总体人力资源质量及服务水平，从而推动居家社区养老服务的高质量发展。

第三节　居家社区养老服务人员留用和激励

普通员工的离职，替代成本通常高达离职人员薪水的1.5倍至2.5倍。过高的离职率带来极大的损失，也会给企业的外部形象造成不好的影响。为解决人员流失问题，做好人员留用，需要多方位、全过程的激励，居家社区养老服务的人员管理亦如此。

一、居家社区养老服务人员留用

人员留用是管理工作中一个非常头痛的问题，尤其是核心和骨干优秀员工的留用。伴随新技术对价值创造深层次的渗透，各行各业面临劳动力结构变化的重大趋势，劳动力成本上升，人口红利逐渐消失。如何做好人员留用，对居家社区养老服务可持续发展至关重要。

(一) 人员留用的基本概念

人员留用发生在人员甄选之后，是根据战略规划、人力资源规划及工作岗位分析的需求，采取相应的措施，减少或避免人员流失或离职的过程。居家社区养老服务人员留用即居家社区养老服务机构为了自身的发展及做好养老服务满足国家、社会和老年需求，采取相应的人员留用策略，避免居家社区养老服务人员流失的过程。

笔记栏

(二) 居家社区养老服务人员留用的策略

引才为先，留用为本。仅重视引才，但在用人上缺乏驱动力，易陷入引得进、用不好、留不住的恶性循环。居家社区养老服务人员留用面临更严峻的现实，需要综合性的留用策略。

1. 完善制度建设 根据服务人员的实际表现，制定合理的薪酬和福利制度。同时，通过提供晋升机会、股权等方式，激发员工的积极性和创造性，增加员工的归属感和忠诚度，促进人员留用。此外，注重服务人员的个人发展，提供广阔的职业发展空间和多元化的工作体验，赋予他们更多的自主权和决策权，参与到居家社区养老服务及管理决策过程中。

2. 营造文化氛围 弘扬尊老、敬老、爱老的价值观，营造积极向上、和谐宜人、公平竞争的工作氛围。通过开展居家社区养老服务文化建设活动、组织居家社区养老服务人员参加文体活动等方式，增强员工的团队精神、沟通能力、凝聚力和归属感。良好的文化氛围可以为居家社区养老服务人员提供一种职业认同感和思想归属感，愿意为居家社区养老服务发展贡献力量。

3. 加强关怀与沟通 加强与居家社区养老服务人员的沟通，让其感受到关怀和支持。通过定期的满意度调查、组织交流会议等方式，了解养老服务人员的需求和反馈，及时解决其面临的问题和困难。同时，关注居家社区养老服务人员的身心健康，提供健康管理和心理辅导等服务，使其感受到关怀和温暖，增强留职意愿。

4. 尊重人员多元化和个性化 居家社区养老服务属于新兴行业，面临着不断变化和亟待完善的市场，面对不同文化背景和需求的客体，因此，居家社区养老服务人员管理需要重视多样性，注重人员的个性化需求和特点。通过加强多元化的人员招聘、管理方式、人员培养和发展等方式，促进人员的个性化发展。

居家社区养老服务人员留用是人员管理中的一项重要任务，需要全面、系统地展开。通过完善制度建设，营造文化氛围、加强关怀与沟通等策略，让居家社区养老服务人员感受到支持与关怀，提升职业素质和发展空间，为居家社区养老服务的可持续发展提供人力支撑。

课堂互动

讨论：如何看待在居家社区养老服务中高层次人才激励机制成效不显著的问题？

在现实中，由于人口老龄化加剧，居家社区养老服务不断兴起，随之而来的是高层次人员的需求。有的甚至花上百万的费用引进博士或博士后，在人员引进后却发现很多在短期内离职，难以留用。

请分析居家社区服务养老服务高层次人员难以留用的原因？

二、居家社区养老服务人员激励

(一) 人员激励的基本概念

人员激励是指通过各种有效的激励手段，激发人的需求、动机和欲望，形成某一特定目标并在追求这一目标的过程中保持高昂的情绪和持续的积极状态，以达到预期效果的活动。包括社会环境、工作条件、技术设备等客观因素；还有接受教育、训练和知识经验积累之后形成的素质、能力等主观因素。居家社区养老服务人员激励是指通过各种有效的激励方式，激发居家社区养老服务人员的潜力。

笔记栏

（二）居家社区养老服务人员激励的作用

1. 吸引并留住优秀的专业人员　在居家社区养老服务的人员管理中，通过各种优惠政策、丰厚的待遇和福利及明晰的晋升方式来吸引和留住需要的各类养老服务与管理人员。通过完善的激励制度设定，有助于居家社区养老服务人员实现直接的成果、价值的实现和未来的人力发展，体现个人价值。

2. 激发服务人员的潜在能力　研究表明，员工的工作绩效与员工能力和受激励程度的乘积成线性函数关系，即绩效 =F（能力 × 激励）。詹姆士（W.James）教授在对员工激励的研究中发现，按时计酬的分配制度仅能让员工发挥 20%~30% 的能力，如果使用某种激励，员工的能力可以发挥出 80%~90%，两种激励方式之间约 60% 的差距则是有效激励的结果。如果将激励制度应用于居家社区养老服务人员管理过程中，有利于提升队伍的创造性、革新精神和综合素养。

3. 营造良性竞争环境　科学的激励措施创造出良性竞争环境，进而形成良性的竞争机制。在具有竞争性的居家社区养老服务环境中，居家社区养老服务人员可能会感受到一定的环境的压力，但这种压力往往能转变为努力工作的动力。对不同的人员运用不同的激励方法，可以使优秀的服务人员受到鼓励，继续保持其积极行为，也可以使表现一般和较差的服务人员得到鞭策，认清自己与他人的差距，从而主动改变自己的行为。

4. 推动居家社区养老服务高质量发展　运用激励方法进行居家社区养老服务目标管理，让管理者及居家社区养老服务一线人员同时参与目标的制定，将个人目标与组织目标协调一致，形成合力，更好推动居家社区养老服务高质量发展。

（三）居家社区养老服务人员激励的策略

1. 人员激励的经典理论

（1）马斯洛的需要层次理论：该理论认为人的需要有五个层次，按需要的先后顺序从低到高进行划分，依次为生理需要、安全需要、社交需要、尊重需要和自我实现需要。生理需要包括衣食住行和其他生理功能的需要，即维持生命的必要条件。安全需要主要指渴望获得一份安全而稳定的职业，拥有各种保险并能享受退休养老保障等。社交需要表现为爱与归属的需要，包括自尊、自主和成就等内部因素，和社会给予的地位、认可和关注等外部因素。自我实现需要是追求个人能力极限的内驱动力，包括自我成长、从事和自身能力相匹配的工作，发挥自己潜能的需要。马斯洛的需要层次理论启示每一位管理者在工作中了解员工的需要，找出相应的激励因素，采取积极的激励措施，来满足不同层次的需要，以引导员工的行为，实现组织目标。

（2）亚当斯的公平理论：该理论认为组织中的员工都有估价自己的工作投入和获得报酬的倾向。每个人都会自觉或不自觉地把自己付出的劳动和所得的报酬同他人付出的劳动和所得的报酬进行比较，比较的结果将直接影响其工作积极性。任何一个好的管理者都不可能做到绝对公平，因此管理者需要制定一个具体的、科学的激励方案，按照方案实施，在实施过程中尽量避免一些主观和人为因素的影响。

（3）斯金纳的强化理论：也称作有效的操作条件反射理论，该理论认为人们的行为很大程度上取决于行为所产生的结果。即为了达成某种目标，人会采取一定的行为作用于环境，当行为的结果有利时，这种行为就会重复出现；当行为的结果不利时，就会减弱或消失。强化分为正强化和负强化，就管理而言，正强化就是奖励那些组织需要的行为，从而加强这种行为；反之亦然。

（4）弗洛姆的期望理论：该理论是按照人们的期望来解释激励问题。需要本身是一种动力，但需要在未被满足之前，对需要者来说只是一种期望，因此需要作为一种动力是通过期

望表现出来的。动力大小与期望大小成正比，而期望的大小又取决于两个因素：效价与期望值。用公式表示：$M=V\times E$，其中，M-motivational force；V-valence；E-expectancy，即激励力量＝效价 × 期望值。

2. 人员激励的原则

(1)物质激励与精神激励相结合：物质激励主要是通过经济手段激发人们的潜能，从而调动积极性；而精神激励主要是通过理想、成就、荣誉、情感等非经济手段激发人们的潜能，以此调动他们的积极性。物质激励与精神激励是有效激励的两种模式。因此，在居家社区养老服务人员管理中，应进一步完善物质激励与精神激励，将两者有机结合，切实调动服务人员的工作积极性和创造性。

(2)外在激励与内在激励相结合：外在激励是一种重要的激励方式，它虽然能对人员产生一定的激励作用，但很难激发他们的内驱力。内在激励则主要来源于对工作活动本身、发自内心的一种力量。外在激励以内在激励为基础，内在激励的产生有赖于外在激励的诱发，而内在激励一旦产生会使外在激励更有效，两者互相促进。因此，要实现对居家社区养老服务人员更大的激励效果，需要将外在激励与内在激励有机结合。

(3)组织目标与个体目标相结合：激励的目的是实现组织目标，而这需要提高人员个体的工作积极性，发挥其创造性。要实现良好的激励效果，必须将组织目标与个人目标有机结合使个人潜能得以发挥，进而推动居家社区养老服务质量的全面提升。

3. 人员激励的策略　随着社会的发展，人们生活水平的提高，越来越多的人在选择工作时已经不仅仅是为了生存，还包括工作的成就感、能力发展的需要、良好的环境需要及物质需要等。因此，激励策略也应该多元化，包括成就激励、能力激励和环境激励。

(1)成就激励

1)组织激励：在管理制度上为居家社区养老服务人员参与管理提供便利，激励人员提高工作的积极性和主动性。居家社区养老服务管理者要为每个岗位制定详细的岗位职责和权利，同时让服务人员享有参与权，以达到激励的效果。

2)榜样激励：榜样的力量是无穷的，以优秀居家社区养老服务人员为榜样，积极宣传其先进事迹并给予表彰和奖励，形成良好的工作氛围。

3)荣誉激励：人们的需要是不断由低级向高级发展的，当居家社区养老服务人员的个人物质条件得到满足后，社会需求和精神需要就占据主要地位。因此对居家社区养老服务人员同样需要荣誉激励。

4)绩效激励：对不同层次的服务人员设置不同层级的考核并给予不同的绩效激励。考评过程全过程公开透明，考评结束后，让居家社区养老服务人员知晓绩效考评结果，从而产生激励作用。

5)目标激励：目标是人的一种期望，没有了目标，人就不会有努力奋发的动力。居家社区养老服务管理者的重要任务之一就是要努力实现组织目标与个人目标的一致性。

6)理想激励：理想激励主要是组织通过开展适时的、有针对性的理想教育和思想政治工作对居家社区养老服务人员进行激励，以增强个人的理想意识。

(2)能力激励

1)培训激励：培训激励对刚进入居家社区养老服务的年轻工作人员尤为有效。通过培训，可以提高个人工作能力，为承担更大的责任、更富挑战性的工作及提升到更重要的岗位创造条件。

2)工作内容激励：用工作本身来激励个人，即如果能让人员从事其最喜欢的工作，自然会产生激励。居家社区养老服务管理者应该了解员工的兴趣所在，发挥各自特长，提高

笔记栏

效率。

(3)环境激励

1)政策环境激励:居家社区养老服务管理者制定完善的规章制度,保证公平性和科学性,也可以在一定程度上提高工作效率。

2)客观环境激励:客观环境,如办公环境、办公设备、环境卫生等都可以影响居家社区养老服务人员的工作状态。在舒适的环境,其工作行为和工作态度都会向更高层次发展。

(4)物质激励:在社会生活中,每个人都离不开一定的物质需要和物质利益,这不仅是维持生存的基本条件,也是个人发展的重要前提。居家社区养老服务给予不同层次的工作人员合理的薪资,从而激发他们工作积极性是一种重要的激励形式。

第四节 居家社区养老服务人员培训与人才培养

养老服务人员的专业素质和技能水平对于推动居家社区养老服务高质量可持续发展至关重要。因此对居家社区养老服务人员开展专业培训和高层次人才培养,提升其服务意识和专业素质,为老年人提供更加优质的养老服务,能有效推动居家社区养老事业和产业的发展。

一、居家社区养老服务人员培训

业务精、素质好、热心为老年人服务的居家社区养老服务队伍,是居家社区养老服务成败的关键。队伍建设既要重视引才、留才,也要重视对居家社区养老服务人员的培训。既要有职业精神的提升,也要有言谈举止的规范;既要有系统的理论学习,也要有规范的实操训练。同时,培训机构需有效实施培训计划,实时地对培训效果进行评估和改进,持续提高培训质量,以满足不同居家社区养老服务工作岗位需求。

(一)居家社区养老服务人员培训的基本要求

1. 培训机构的资质要求　有资质开展居家社区养老服务的培训机构应具备独立法人资格或相关部门认定、授权的培训资质。同时,培训机构要有与培训范围相适应的师资队伍、培训场地及示教设备设施,建立完善的培训师资数据库。此外,培训机构还应具备完善的管理体系,包括但不限于培训服务管理制度、培训教师管理制度、学员管理制度、培训考核管理制度、财务管理制度和应急预备方案等,应符合安全、消防、卫生、环境保护等现行国家有关法律、法规和标准要求。

2. 培训师资的要求　培训合格的居家社区养老服务人员是培训教师的首要工作职责。首先,培训教师需取得相应的培训资质,热爱教育事业,具有良好的思想品德,遵守教师职业道德,了解教育学、教育心理学等内容,具有独立的教育教学和课程开发能力;其次,在遵守教师职业道德的基础上,培训教师对授课的专业或相关专业应具有丰富的理论知识和实操工作经验,能够帮助培训学员提升解决实际问题的能力;第三,培训教师能根据不同岗位需求,制定相应的教学计划,包括培训内容、学时安排、培训考核、效果评价等,有独立完成所授课程编制教案、组织教学和操作示范的能力,并能及时总结经验,提高授课质量。此外,培训教师在培训实践中能够逐步建立起统一的培训计划、统一的培训教材及正规化的教育培训体系。

笔记栏

知识链接

上海市民政局关于开展养老护理员在岗培训工作的指导意见（沪民规［2023］13号）

养老护理员在岗培训由市民政局、区民政局、养老服务机构直接或委托其他培训机构组织实施。市民政局负责统筹安排本市养老护理员在岗培训工作，编制在岗培训课程材料，指导全市开展养老护理员在岗培训，指导建设养老服务公共实训基地，组织开展本市持有二级/技师技能等级证书及以上的养老护理员在岗培训工作。各区民政局负责制定本区养老护理员在岗培训年度工作方案，指导本区各养老服务机构开展养老护理员在岗培训工作，建设养老服务公共实训基地，组织开展本区持有三级/高级工技能等级证书的养老护理员在岗培训工作。

3. 培训对象的要求　从事或准备从事居家社区养老服务工作的人员都可以参加相关培训。除了养老护理员的培训，市场对老年人能力评估师、养老规划师、居家社区养老机构经理人等类型的养老服务专业人员的需求也很迫切，不同类型居家社区养老服务人员的职业技能培训也需要逐渐系统化和规范化。

（二）居家社区养老服务人员的培训方式

鉴于目前我国养老服务人员培训师资力量匮乏，可采用线上线下相结合的方式对居家社区养老服务人员进行培训。线上培训可包括视频教程、在线课程等，线下培训可包括实践操作、模拟演练等。此外，培训机构还应加强院校与企业、医院的合作，可邀请专业的养老服务机构或者医院专家，比如医生、护士、康复治疗师、营养师等进行授课，以提升居家社区养老服务人员的专业水平。

（三）居家社区养老服务人员的培训内容

1. 职业道德培训　做好居家社区养老服务需要养老服务人员富有极强的责任感和使命感。

（1）尊重老年人：居家社区养老服务人员应当尊重老年人的人格尊严和隐私权，不得泄露老年人的个人信息，要遵守职业道德规范，注意保护老年人的隐私。同时尊重老年人的意愿和选择，不得强迫老年人做自己不愿做的事情，不得干涉老年人的自由和权利。

（2）关心老年人：居家社区养老服务人员应该关心老年人的身心健康，定期检查老年人的身体状况，提供适当的康复护理和健康教育，帮助老年人保持健康。同时严格遵守安全操作规程，确保老年人的生命安全，不得有任何疏忽和失误。

（3）建立良好的沟通和信任关系：居家社区养老服务人员应该与老年人建立良好的沟通和信任关系，关心老年人的生活和情感需求，帮助老年人解决生活中的困难和问题。

2. 专业理论知识和实践操作技能培训　居家社区养老服务人员需要具备相关的专业知识和技能，如与养老护理相关的生活照护、基础照护、安宁服务、康复服务、心理支持、照护评估及质量管理等理论知识和实操技能（具体详见第五章）。

3. 礼仪培训　居家社区养老服务人员的礼仪培训包括仪容仪表礼仪和沟通礼仪的培训。养老服务人员应端庄、自然、大方，给人留下亲切、温和的形象，具体包括以下几个方面：

（1）仪容仪表培训：在仪表礼仪中，仪容美是重中之重，保持良好的仪容，是居家社区养老服务人员维护自身形象和养老职业形象美的关键。首先要保持头发整洁，男士鬓发不盖过耳部，剃净胡须，女士发型得体，刘海不宜过眉；其次保持面部干净，不着浓妆，口腔清新无异味；然后要保持双手清洁，指甲修剪整齐，不涂指甲油，不使用香味浓烈的化妆品和香水；

笔记栏

女性可以适当化淡妆让自己气色看起来更精神。仪表方面要注意得体的着装，开展居家社区养老服务的工作人员应有专用服装，以区别于其他不同类型服务人员，也是居家社区养老服务人员职业群体的外在表现形式。整体装束应简约端庄，工作服保持洁净、平整、合体，不佩戴首饰，同时应佩戴工作牌，方便服务对象辨认、询问和咨询，入户时穿平底鞋并戴好鞋套。需要注意的是工作服仅供上班时穿，非上班场合不宜穿工作服。

(2)沟通礼仪培训：沟通礼仪指的是居家社区养老服务人员在服务过程中运用得体的言语或非言语交流技巧以示对老年人的关爱。

1)言语交流培训：言语交流是居家社区养老服务人员与老年人进行交往最广泛的一种手段，是二者之间思想、情感沟通的桥梁。养老服务人员使用文明礼貌的语言是居家社区养老服务沟通礼仪最基本的要求，在与服务对象交流的过程中，注意居家社区环境中语言的一些特性。首先文明、得体的语言能使老年人很快信任居家社区养老服务人员，并积极配合其工作的开展，比如使用普通话或当地方言，并使用尊称。其次养老服务人员的语言要做到言简意赅、科学规范、通俗易懂，使老年人能够准确无误地理解服务人员的话语，同时能感受到关爱和尊重。最后避免使用老年人听不懂的医学术语或其他粗俗不雅的用语，以免引起老年人的不安和误解。当老年人遭受疾病的折磨时，居家社区养老服务人员应表现出对老年人强烈的同理心，切不可将负面情绪带到工作中。无论在何种情况下，居家社区养老服务人员都要求做到：嘲讽的话不讲，埋怨指责的话不讲，伤害的话不讲，有损职业形象的话不讲。此外，居家社区养老服务人员上门服务前，应提前和老年人或其家属电话沟通，主动报备来电人员所属单位及来电意图，确认服务内容及上门时间后，准时上门服务。

2)非言语交流培训：居家社区养老服务人员应向老年人呈现出热情、友好、真诚的情感。当老年人心情沉重表现出焦虑恐惧时，应给以温和、镇定的目光，使老年人得到安慰；当倾听老年人谈话时，多给些正视、关注的目光，以示对其重视和爱护等。同时微笑是最重要的一种非语言沟通技巧，是居家社区养老服务工作中不可或缺的一种能力。通常情况下，居家社区养老服务人员须发自内心、自然流露表情，切不可故作笑颜或者流露出与交流情景不相符的面部表情，应避免使用高傲、厌烦、嘲笑等面容表情。

(四)居家社区养老服务人员培训的评价改进

培训结束之后，培训机构需要对培训实施过程中存在的问题进行分析总结并及时改进培训方案。评价主体应包括参训学员、培训讲师、培训管理人员、服务对象和相关第三方。评价方式包括但不限于意见征询、满意度调查、访谈等。比如通过向参训学员发放满意度调查问卷，征求其对培训的感受和评价；通过对其考核来衡量其是否在知识、技能和素质等方面得到了相应提高，同时综合分析参训学员的成绩，衡量是否达到培训预期效果；还可对参训学员所在部门或居家社区养老服务机构进行走访和问询进一步了解培训效果。

培训管理人员在日常培训过程中发现问题应及时反馈给培训组织实施部门，及时调整优化培训大纲并组织实施；其次要建立居家社区养老服务人员的考核机制，对服务人员的服务质量进行评估和监督；最后还须建立居家社区服务人员的档案管理，同时建立服务人员的交流平台，以便服务人员之间的沟通和经验分享。

(五)居家社区养老服务人员培训的档案管理

开展居家社区养老服务培训机构应建立不同养老服务岗位培训档案管理制度，对参与培训人员进行分类和跟踪。培训档案包括但不限于纸质文档、电子文档和音像资料等形式。培训档案应及时归档，集中存放，专人保管。

总之，居家社区养老服务人员培训是提升居家养老服务质量的重要途径。随着社会老龄化的加剧，居家社区养老服务的需求越来越大，只有通过专业化的培训和学习，居家社区

笔记栏

养老服务人员才能够为老年人提供更好的服务，从而推动居家社区养老事业和产业的高质量发展。

二、居家社区养老服务人才培养

推进居家社区养老服务专业人才培养，对发展老龄事业，壮大老龄产业，推进老年友好城市和老年宜居社区建设，构建居家社区机构相协调、医养康养相结合的养老服务体系，推动我国居家社区养老事业和产业的健康发展具有重要意义。

（一）我国居家社区养老服务人才培养的现实困境

虽然当前我国对养老服务人才培养制定了一系列利好政策，但由于种种问题导致养老服务人才的队伍建设困难重重。居家社区养老是未来我国养老事业和产业发展的核心方向，而专业化居家社区养老服务人才则是重中之重，尽快补上居家社区养老服务业人才缺口已迫在眉睫。

1. 培养体系尚未形成　我国人口老龄化程度日益加剧，老年人养老需求也日渐多元化，然而当前我国老龄事业和产业发展所需多层次专门人才的培养体系尚未确立，远不能适应行业发展的需求。研究生、本科阶段仅有极少数院校开设了养老服务管理、社会工作（福祉方向）、老年医学、健康服务与管理等相关专业，开设老年服务与管理、老年护理等专业的职业院校数量也不多。至于相关专业的继续教育和开放教育正处于培育发展时期。人才培养体系尚未形成，居家社区养老服务高层次人才梯队建设尤为艰难。

2. 师资队伍建设滞后　目前我国养老服务人才培养相对落后，与快速发展的优质居家社区养老服务需求严重不符。多数院校教师并未有养老行业从业经历，师资力量的不足也制约着院校对专业人才的培养。

3. 养老服务相关专业招生难　我国开设养老服务类专业院校现阶段普遍面临着专业招生难的困境。由于社会认知、薪酬待遇等问题，尽管部分院校采取订单培养、学费补助等举措，招生情况仍不理想。

（二）推进我国居家社区养老服务人才培养的策略

1. 政府层面　加强顶层设计、总体规划、宏观调控和精准施策。

政府应从顶层设计入手，将养老服务人才培养列入发展规划，为提升养老服务人才的社会地位提供政策支持。制定居家社区养老服务人才在执业资格、岗位薪级、薪酬标准、职称晋升、福利保障等方面的指导文件，建构居家社区养老服务人才收入增长机制和晋升通道，增强职业的吸引力和保障性。通过政府建立健全居家社区养老服务管理体系，推动居家社区养老服务实现事业产业并重，引进更多专业团队，优秀的养老服务与管理人才。只有政府明确的顶层设计结合精准施策，才能留住现有人才，吸引更多专业化人才进入居家社区养老服务行业。

政府还可鼓励高等院校或研究机构，对居家社区养老服务相关师资进行培训。通过系列措施，吸引资深的居家社区养老服务从业者进行继续教育，在招生、人才培养和就业中充当“桥梁”作用，通过基地建设、产业宣传、人才培训、就业渠道扩展等方面助力院校高层次专业化人才培养。

同时，政府可通过设立居家社区养老服务人才激励机制，通过全国选拔，树立先进，提升居家社区养老服务人才的社会地位与职业认同感。一是通过新闻媒体等形式宣传优秀居家社区养老服务人才。二是提升居家社区养老服务人才的薪酬待遇与从业门槛。此外，合理设置岗位，规范等级标准，对养老服务行业设立门槛，制定执行资格准入制度，提高专业化要求，对相关岗位的从业人员在学历、专业、职业资格等方面进行规定，保障提升居家社区养老

笔记栏

服务行业相关职业的市场价值。

2. 院校层面 完善养老服务相关专业人才培养方案，加强校企深度合作，专业培养精准对接行业需求。

院校是人才培养的摇篮，承担着国家与社会发展的重大责任，为国家、社会输送强大的人才队伍是院校义不容辞的责任。居家社区养老服务人才的培养要以适应社会需求为目标、以培养专业技术能力为主线、以就业为导向的原则，聘请相关企业资深人士和学校教师共同研究专业人才培养方案，根据现实需求及时调整人才培养计划、培养方式和教学内容。

目前我国对居家社区养老服务人才的需求不仅仅针对专业技能，对于管理能力、心理素质、市场化能力等综合要求也很高。院校应致力于把学生都培养成为综合性人才，通过对综合性人才与市场需求的研究，不断完善专业课程。为保证培养人才学以致用，实现培养目标与社会实际需求精准对接，院校需与企业建立深度合作。院校通过加强与业内企业沟通交流，深入了解市场对人才需求的各项标准与定位，打通学生实习、就业通道，形成人才培养与输出的闭环管理，让学生在实践中熟悉专业，认可行业，毕业后可快速投入工作。也可聘请医生、研究人员、管理人员、培训师、护理人员、最美护理员等到学校兼职授课或进行专题讲座。最终，院校在通过与企业对接合作的过程中，根据市场实现需求，不断完善专业教学标准。

高等教育要在提高人才培养质量、提高科学研究水平、增强社会服务能力、办出特色等方面汇聚力量，要不断优化学科专业、类型、层次结构，促进多学科交叉和融合。重点扩大应用型、复合型、技能型人才培养规模。院校应把培养社会需要的人才责任放在首位，在教育部门的指导下，根据社会对养老服务人才的需求和要求，结合学校定位，合理设置养老服务类专业，积极推进养老服务及管理各专业教学指导委员会各项工作，推动国内外的交流，加强在人才培养、科学研究等方面的合作，扩大教育领域的话语影响力，积极争取国家政策和扶持。

3. 企业层面 营造人才培养的文化氛围，优化组织分工，充分挖掘社会潜在人才。

企业应塑造人才培养的文化氛围，通过老员工对新员工业务知识、经验传授等，促使新员工尽快能胜任本职工作；通过现场实际操作、提问、演练、评比等多种方式，快速掌握技能知识。老员工对新员工们的言传身教、双向沟通、团结互助，不仅能使新员工树立正确的人生观和价值观，还能促进其明确工作目标，端正态度，进而做到爱岗敬业。

调整居家社区服务与管理不同层级之间的职责权限，如让居家社区养老服务机构的院长们集中于业务管理和院内团队管理层面，而将日常业务的处理交给更基层的管理人员，将机构关系维护等交给片区经理等，降低风险的同时，通过日常工作实战培养储备院长。

居家社区养老服务中心在运营过程中，可通过对潜在人力进行挖掘，建设一支素质较高的志愿者队伍。第一加强与养老产业中的其他企业进行对接，整合相关资源；第二通过与院校合作沟通，吸引在校学生来居家社区养老服务中心进行志愿服务；第三通过以服务换服务的模式，吸引社区内低龄老年人进行志愿服务。

4. 社会层面 制造良好舆论，引导社会认知，尊重知识与人才。

首先，鼓励社会服务从业人员，如家政服务人员、心理咨询师、公共营养师、社会工作者等行业人员，充分了解国家的大政方针和发展动态，正确认识养老服务事业和产业的职业前景和社会地位，转变择业就业观念，选择居家社区养老服务，实现自身的人生价值和社会价值。其次，引导社会大众改变对养老事业、产业及其养老服务人才的误会和偏见，在全社会弘扬尊重劳动、尊重知识、尊重人才的良好社会风气，创造良好的社会环境，营造良好的服务

笔记栏

氛围，推动居家社区养老事业和产业长久可持续发展。

（娄方丽 付敏丽）

复习思考题

1. 请阐述如何理解“在人口老龄化严峻的现况下，居家社区养老服务人员的工作是十分必要的”这句话。

2. 请阐述如何确保招聘流程既能吸引到专业人员，又能够高效地甄选最适合的候选人。

3. 请阐述如何看待居家社区养老服务人员留用与人员激励的辩证关系。

4. 请简要阐述政府、院校、企业和社会应如何加强协作以推动我国居家社区养老服务人才培养。

扫一扫
测一测

PPT 课件

第八章 居家社区养老服务信息管理

学习目标

知识目标

掌握信息管理、居家社区养老服务信息管理、居家社区养老服务信息技术的基本概念，明确居家社区养老服务信息管理的基本框架与结构。

能力目标

掌握我国居家社区养老服务智慧化困境，熟悉居家社区养老服务的信息技术应用现况。

素质目标

梳理我国居家社区养老服务信息管理、智慧化服务的发展历程，把握未来发展趋势的能力。

课程思政目标

体会我国居家社区养老服务信息管理、智慧化的重要性，培养勇于创新、不断探索的精神。

【学习要点】

1. 居家社区养老服务信息管理的基本框架与结构。
2. 居家社区养老服务信息管理的现状及发展趋势。
3. 居家社区养老服务智慧化的内涵。
4. 居家社区养老服务智慧化的应用。

第一节 居家社区养老服务信息管理概述

当今社会信息和信息技术在居家社区养老服务及管理中发挥重要作用，构建完整的信息管理系统是提供快捷、高效服务的前提。

一、信息管理概述

随着社会的不断进步与发展，进入人类认识领域的信息量大且杂，信息需求不断增长与有用信息稀缺之间的矛盾推动了信息管理的发展。目前对信息管理的概念，不同学者有不同的理解。英国图书情报界的信息管理倡导者认为，信息管理是情报学、图书馆学、档案学及记录管理的综合，再加上计算机、网络和软件。我国关于信息管理有两种基本定义。微观定义认为，信息管理是对信息的管理，即对信息进行组织、规划、加工、控制等，并引向拟定的

目标。宏观定义认为，信息管理不仅仅是对信息进行管理，还是对涉及信息活动的各种要素（人、信息、设备、机构等）进行合理的组织和控制，以实现信息及相关资源的合理配置，有效地满足社会信息需求的过程。信息管理的实质是对从信息生产到信息利用全部过程中各种信息要素与信息活动的组织与管理，以满足社会对使用信息的需求。本教材基于该宏观定义展开论述。

二、居家社区养老服务信息管理

居家社区养老服务信息管理是把信息技术引入居家社区养老服务领域，利用互联网在信息交换、信息处理、信息存储、信息维护、大数据挖掘方面的优势，借助计算机、服务器、信息管理中心、移动终端设备等互联网信息技术，为居家社区老年人提供日常照料、健康支持服务、文娱活动与精神慰藉、安宁疗护等方面的养老服务。服务的主要途径是借助居家社区养老服务信息平台，将政府、医疗机构、养老服务供应商、家庭、个人等养老服务供给主体有序地联系在一起，运用互联网等信息技术为老年人提供便捷性、灵活性、多样化、智能化的居家社区养老服务。完善的居家社区养老服务信息管理系统由一个统一的居家社区养老服务信息平台、三个基础系统（基础信息数据库系统、养老服务子系统即业务系统、操作应用系统）组成。

（一）居家社区养老服务基础系统建设

1. 居家社区养老服务基础信息数据库系统建设　基础信息数据库系统的建设需要充分利用大数据技术，将老年人的身心指标数据和老年人的养老服务需求数据联系在一起。基础信息数据库系统主要包括老年人信息数据库、居家社区养老服务机构及服务人员数据库、社区卫生服务中心及医生信息数据库、志愿者信息数据库、政策法规和技术标准数据库、便民场所信息数据库等。这些基础信息数据库建成以后，集成在一个共享数据库上成为一体，并遵从统一的存储标准和接入标准，实现各方面的数据有序衔接、充分共享、快速查询、及时更新，不断提高数据的利用程度。

基础信息数据库系统具体包括：①老年人信息数据库。包括老年人的基本信息（即性别、年龄、经济状况、受教育程度、家庭住址、居住状况、子女数量等）；老年人的养老服务需求（即日常照料、健康支持服务、文娱活动与精神慰藉、安宁疗护等）；老年人电子健康档案数据（即遗传病史、血压、血脂、身高、体重、三围、体检报告、家庭医生等）。②居家社区养老服务机构及服务人员数据库。包括机构的数量、位置、规模、服务类别；服务人员的数量、技能水平、联系方式等。③社区卫生服务中心及医生信息数据库。包括社区卫生服务中心的数量、规模、医生数量、科室、位置、联系方式等。④志愿者信息数据库。包括志愿者数量、姓名、年龄、专业技能、联系方式等。⑤政策法规和技术标准数据库。包括国家和上级主管部门的养老政策信息、政府养老津贴和财政补助信息、养老服务标准、养老服务系统和养老服务信息平台的技术标准等。⑥便民场所信息数据库。包括辖区内药店、超市、商场、菜场、餐馆、理发店、洗衣店的位置、联系人、营业时间、联系方式等信息。这些信息数据库的建设可以使居家社区养老服务资源的供需匹配，同时为居家社区养老服务管理中心的决策提供基本数据支撑。这六个信息数据库是最基本、最常见的，各地区可以因地制宜地增加相关的数据库。

2. 居家社区养老服务业务系统建设　养老服务业务系统的建设是保障居家社区养老服务信息平台有效运行的骨架，因为各个业务系统直接关系到需求方和供给方养老服务的实现，关系到基础信息数据的互通互联，关系到居家社区养老服务中心管理和服务的效率。养老服务系统主要由八个系统组成。当这些养老服务子系统即业务系统的建设完成以后，将它们统一集成在居家社区养老服务信息平台上，为各个养老服务参与主体使用该信息平

笔记栏

台、执行相关操作奠定基础。

养老服务业务系统主要包括：①居家社区养老综合服务门户。主要包括政策和新闻发布系统、在线交流沟通系统、服务监督与评价系统等。该门户的主要作用是为老年人提供网络化的综合服务。②基础信息数据库管理系统。包括服务商综合管理系统、老年人管理系统、社工和志愿者管理系统、社区卫生服务中心和医生信息管理系统等。③居家社区养老服务业务受理系统。根据服务类型进行分类，包括日常照料、健康支持服务、文娱活动与精神慰藉、安宁疗护系统。该系统的主要作用是收集和受理老年人通过各种渠道反映的服务需求，自动将这些需求匹配给合适的服务人员，从而对社区内养老资源进行统一调配、对接供需。同时对服务需求、服务受理、服务分配进行综合的统计分析，为居家社区养老服务管理中心的决策提供基本依据。④居家社区养老地理信息系统。为老年人提供互联网地图服务，有利于居家社区养老服务人员快速定位，提高服务效率，同时也有助于进行紧急救援。⑤风险防控系统。主要是为了预防数据库信息由于各种原因被清空或者外泄，以及在这些数据库信息出现问题以后可以采取紧急补救措施。⑥紧急求助系统。主要是为了处理应急情况，方便老年人出现突发情况可以得到及时处理，包括一键报警、一键急救、一键呼叫亲情号等服务。⑦手持终端和微信平台系统。其主要作用是借助老年人的智能可穿戴设备传回老年人的相关数据，通过智能手机 App、微信公众号平台等途径将老年人的需求发送给居家社区养老服务管理中心。⑧支付结算系统。其目的是方便服务供需双方交易结算，通过与老年人的医保账户、长期照护险账户、养老金个人账户和政府财政补贴账户连接，实现实时结算，同时形成报表式的财务管理制度。

3. 居家社区养老服务信息平台操作应用系统的建设　操作应用系统的建设是分别为老年人、居家社区养老服务管理中心、养老服务供应商提供一个使用居家社区养老服务信息化平台的窗口，是将居家社区养老服务信息平台投入实际运营的关键环节。居家社区养老服务信息平台一端通过各种途径收集老年人的养老服务需求，另一端及时处理老年人的服务需求并将服务指令传递给适合的养老服务供应商，由他们安排相关人员为老年人提供服务。在这个过程中，老年人可以把自己的养老服务需求传递给居家社区养老服务管理中心；居家社区养老服务管理中心可以接收和分析老年人提供的养老服务需求数据，并将它们及时传递给养老服务供应商；养老服务供应商可以接收居家社区养老服务管理中心的服务指令，进而安排专人去提供服务。老年人及家属操作平台是由老年人及其家属操作，通过热线电话、微信平台、App 软件、网络平台、智能可穿戴设备、智能手机等多种途径和设备进行服务需求发布、网络订餐、健康管理、紧急呼叫、服务评价等。

具体而言，通常有三个操作平台：老年人及家属操作平台、居家社区养老服务管理中心操作平台、养老服务供应商操作平台。这三个操作应用平台是针对不同养老参与主体而开发的，当它们整合成一个独立的操作应用系统并集成在居家社区养老服务信息平台上时，各个养老服务参与主体才能通过该平台利用大数据、云计算等信息技术，对老年人的相关养老服务需求进行智慧分析，然后通过互联网将分析结果及时传递给养老服务供应商和老年人及其家属，实现为老年人提供便捷性、高效性、多样化、智能化养老服务的目标。

（二）居家社区养老服务信息平台建设

居家社区养老服务信息平台建设的核心是以老年人为中心，以居家社区养老服务中心为网点，以互联网信息平台为支撑，保证居家社区养老服务顺利开展的一个信息管理系统。居家社区养老服务信息平台建设的指导思想：以老年人的养老服务需求为基础，以云服务平台为支撑，以各种感知终端为手段，以社区为依托，面向居家社区老年人提供高效、灵活、多样的养老服务。居家社区养老服务信息平台建设的目标：通过利用信息化手段来整合社区

笔记栏

的养老资源，整合不同养老服务供应商的服务渠道，使老年人及家属能够通过电脑、智能手机、智能穿戴设备等智能终端发出服务请求，让服务者和被服务者都能享受到网络信息化所带来的便利。总之，利用大数据、云计算和物联网等信息技术，有效整合社区的养老资源，使各个养老服务参与主体能够紧密联系起来，实现养老服务的信息化、智能化、服务内容的标准化。各级民政部门和居家社区养老服务信息管理中心可以整合老年人健康档案管理、服务对象筛查、服务需求管理、服务补贴管理、养老服务机构管理、供需对接管理、服务结算管理、服务质量监管、设施设备管理等信息，从而形成综合数据库。相关养老服务供应商也可以及时掌握老年人的服务需求，进而灵活地提供养老服务，实现养老资源的优化配置。

居家社区养老服务信息平台不仅能够方便老年人及其家属，也能够有效整合社区养老资源，提高养老资源的利用效率，提高管理部门的管理效率和监管水平，促进居家社区养老服务健康发展。居家社区养老服务信息平台，不仅需要政府的大力推动，也需要社会力量共同参与合作，更需要相关企业不断创新。在政府责任优先与社会多元协作相结合的前提下，充分发展以社区为基础的老年人养老服务社会支持体系。政府除了在法律法规、数据规范、网络建设、数据应用等方面率先发挥作用之外，还要通过出台各种资金扶持政策，比如财政、税收等方面的优惠政策，鼓励和引导社会资本进入居家社区养老服务领域，不断丰富居家社区养老服务的内容。

总之，加强社会各方力量的协同合作，不断完善居家社区养老服务产业链，有利于促进居家社区养老服务落地生根。随着居家社区养老服务种类的增加、网络基础设施的改进及对系统稳定性要求的提高，居家社区养老服务的信息服务平台、信息数据库和服务系统建设也需要不断更新完善。

案例分析

诚和敬驿站智慧养老信息服务平台

案例：北京诚和敬驿站养老服务有限公司于2016年成立，2021年，该公司国家级服务业标准化试点正式获批。诚和敬驿站将多系统功能整合作为企业IT信息化发展战略的重点，并且始终坚持以科技、互联网带动管理升级和服务提升，努力推进公司内部管理和业务运营的数字化、信息化和智慧化。

通过几年的规划和发展，诚和敬驿站打造了养老智慧化信息服务平台，包括智慧养老信息服务平台、运营平台、智能终端。①智慧养老信息服务平台。该平台具备多点远程监控、语音视频互动、视频会议、灾难自动报警、驿站店面管理、多平台同步监控等功能，并为人脸识别、客流统计和多系统交互功能预设了拓展模块，为老年人提供更好的服务及安全保障的同时，也极大地降低了驿站管理成本和运营风险。②运营平台。包含完整的客户档案和服务工单动态管理，实现下单、派单、服务、确认、结算等全服务流程信息化管理。利用智能硬件采集老年人数据，通过大数据分析进行预警，养老服务平台完成实时信息通报，实现信息共享、科学合理地利用应急资源，提高对突发事件的应急处理能力。③智能终端。诚和敬驿站引入了一些智能设备，比如采用智慧养老巡视智能终端，通过人工智能技术，老年人佩戴该终端，养老驿站和子女使用手机，可以自动获悉老年人的行为变化异常，就近按需及时响应，实现对辖区内老年人全天候的智能安全监护，杜绝老年人发生意外后无人知晓的恶性事件发生。

同时，诚和敬驿站已实现信息系统的实时数据更新、信息自动同步，相关流程、权限、功能等做到“多系统、一账号、数据互通”，提升了工作效率，降低了人力成本，加速

笔记栏

各项业务流转。管理信息系统、财务系统和业务系统的三者融合,打通了服务提质增效的"最后一公里",助力驿站信息化水平步入崭新的阶段。

分析:随着社会的进步,信息技术在居家社区养老服务中作用越来越大。诚和敬驿站智慧养老信息服务平台借助物联网、云计算等高新技术,打造了从企业管理、运营管理、智能终端等的养老智慧化信息服务平台,满足养老服务机构自身管理需求外,同时实现与智能终端设备的数据对接,为居家老年人提供专业化、规范化、智慧化的养老服务。

第二节　居家社区养老服务信息管理趋势

随着互联网、物联网、云计算、人工智能等信息技术的广泛应用,信息管理在居家社区养老服务中的重要作用日渐凸显。通过建立居家社区养老服务信息管理系统,将高新科技和大数据平台引入居家社区养老服务领域,可以实现老年人的基本信息、健康状况、服务需求等的全面管理,有助于提高服务效率和质量,为老年人提供及时、便捷、高效的服务。

一、居家社区养老服务信息管理背景

我国积极推进"互联网+政务服务"工作,信息技术在多行业的应用为养老服务提供了思路,政府部门逐渐形成共识,必须将互联网、物联网、大数据等信息技术与居家社区养老服务融合发展。基于此,我国相继出台了多项政策指导意见。

2015年,国务院办公厅印发《全国医疗卫生服务体系规划纲要(2015—2020年)》(国办发〔2015〕14号)。该文件提出"建立完善人口健康信息化标准规范体系。加强信息安全防护体系建设。实现各级医疗服务、医疗保障与公共卫生服务的信息共享与业务协同"。"同时,云计算、物联网、移动互联网、大数据等信息化技术的快速发展,为优化医疗卫生业务流程、提高服务效率提供了条件,必将推动医疗卫生服务模式和管理模式的深刻转变。医改的不断深化也对公立医院数量规模和资源优化配置提出了新的要求"。

2017年,国务院办公厅印发《中国防治慢性病中长期规划(2017—2025年)》(国办发〔2017〕12号)提出"推动互联网创新成果应用,促进互联网与健康产业融合,发展智慧健康产业,探索慢性病健康管理服务新模式"。

2017年,工业和信息化部、民政部、国家卫生计生委联合印发《智慧健康养老产业发展行动计划(2017—2020年)》(工信部联电子〔2017〕25号)提出"运用互联网、物联网、大数据等信息技术手段,推进智慧健康养老应用系统集成,对接各级医疗机构及养老服务资源,建立老年健康动态监测机制,整合信息资源,为老年人提供智慧健康养老服务"。

2018年,民政部印发《"互联网+民政服务"行动计划》提出"推动互联网与养老服务深度融合,构建线上线下相结合、多主体参与、资源共享、公平普惠的互联网养老服务供给体系"。"加强涉老数据、信息的汇集整合和发掘运用,推动搭建部门互联、上下贯通的养老工作大数据平台,加快升级改造全国养老机构信息系统"。

2019年,国家卫生健康委、国家中医药管理局发布《关于印发全国基层医疗卫生机构信息化建设标准与规范(试行)的通知》(国卫规划函〔2019〕87号),针对目前基层医疗卫生机构信息化建设现状,提出"未来5~10年全国基层医疗卫生机构信息化建设、应用和发展

笔记栏

要求。基层医疗卫生机构信息系统建议部署在县级或以上全民健康信息平台，鼓励基层医疗卫生机构根据自身情况，积极推进云计算、大数据、人工智能等新兴技术应用，探索创新发展，更好地服务广大老百姓”。

2019年，民政部印发《关于进一步扩大养老服务供给促进养老服务消费的实施意见》（民发〔2019〕88号）提出“加快互联网与养老服务的深度融合，汇聚线上线下资源，精准对接需求与供给，为老年人提供‘点菜式’就近便捷养老服务，创新服务模式，培育服务新业态，改善服务体验，更好地带动养老服务消费。引导有条件的养老服务机构运用现代信息技术，依托互联网、物联网、云计算、大数据、智能养老设备等，打造多层次智慧养老服务体系，创造养老服务的新业态、新模式”。

2021年，国务院印发《“十四五”国家老龄事业发展和养老服务体系规划》（国发〔2021〕35号）提出“推动‘互联网＋养老服务’发展，推动互联网平台企业精准对接为老服务需求，支持社区养老服务机构平台化展示，提供‘菜单式’就近便捷为老服务，鼓励‘子女网上下单、老人体验服务’”。

2022年，国家卫生健康委印发《全国护理事业发展规划（2021—2025年）》（国卫医发〔2022〕15号）提出“要充分借助云计算、大数据、物联网、区块链和移动互联网等信息化技术，结合发展智慧医院和‘互联网＋医疗健康’等要求，着力加强护理信息化建设。利用信息化手段，创新护理服务模式，为患者提供便捷、高效的护理服务”。

信息技术与居家社区养老相结合是顺应时代发展的必然趋势，也为解决养老问题提供了一种全新的路径。物联网、大数据等现代信息技术的飞速发展，相关技术标准日益成熟，为居家社区养老服务信息管理奠定了硬件和软件基础。

二、居家社区养老服务信息管理现状

（一）居家社区医养一体化平台日趋成熟

该平台以监护对象即居家老年人家庭终端为最初节点，以社区卫生服务中心为二级节点，以大型综合医疗机构为三级节点，旨在将社区养老服务所关联到的服务者、服务对象、服务设施交互运行的过程数字化，通过各种信息系统网络加工生成新的信息资源，以便做出有利于居家社区养老各项要素组合优化、资源合理配置的决策，提高居家社区养老服务运行的质量和效率，最终以实现居家养老为基础，以社区医疗服务为网底，健康管理云平台及远程急救为支撑，大型综合医院救治力量为中心的资源协同的医养一体化平台服务的闭环管理。

（二）居家社区养老服务信息管理平台日趋完善

民政、卫生等相关政府部门采取了系列举措，率先试点居家社区养老服务信息管理平台建设。一方面加大对老年人使用智能养老产品的补贴力度，另一方面加大对提供智慧养老服务企业的政策和资金支持力度，帮助企业不断提高创新能力，降低生产成本，使智能可穿戴设备的使用更加经济实惠，更加便捷。此外，政府部门通过服务采购、服务外包、社会众包等多种方式，依托大数据企业分析利用养老大数据，依托专业养老服务机构提供养老服务，充分发挥各个养老服务供给主体的专业化优势，进行协同创新。同时，积极吸纳社会公益组织、慈善组织、非营利组织，以及专业养老服务机构、医疗机构等企事业单位加入居家社区养老服务信息平台，通过多方力量的协同合作，为居家社区老年人提供便捷、灵活、多样的养老服务。此外，积极招募居家社区养老志愿者，建立“养老服务电子时间银行”，为志愿者搭建完善的奖惩机制，夯实养老志愿者队伍。

近些年，通过政府、市场和社会力量共同努力，居家社区养老服务信息管理平台建设日趋完善。通过整合各种养老服务资源，为老年人提供更加便捷和高效的服务。其中养老服

笔记栏

务信息平台是主要载体，通过基础数据信息的互联互通，实现信息服务平台中的主要业务。当下主要业务系统包括：居家社区养老综合服务门户、基础信息数据库管理系统、服务业务受理系统、居家社区养老地理信息系统、紧急救助系统、风险防控系统、支付结算系统等多个业务系统。这些业务系统集成在信息服务平台上，为老年人、家庭、社区和养老服务供应商等多维主体参与居家社区养老服务提供统一接口。

（三）居家社区养老服务信息管理技术仍需提升

在居家社区养老服务领域中，借助互联网在信息存储、信息交换及信息处理等方面的突出优势，能够优化养老资源配置，提高养老服务信息管理质量。但是，由于各公司的数据采集产品在信息算法技术上标准不一，导致终端数据差异较大，影响数据的应用价值。同时，各项技术应用数据无法互联互通，造成老年人居家养老数据形成信息孤岛。另外，各家医院或医疗机构系统建设相对独立，各自制定医院信息系统（hospital information system，HIS）数据标准，数据库中的数据难以共享。

因此，借助信息技术与区域内各医疗卫生机构的信息化系统实现互联，完成统一标准数据资源库的建设。进一步实现居家社区老年人健康档案的归并，对患有慢性病的老年人实现居家监管和诊疗服务，消除医疗卫生机构及老年人之间的信息孤岛，为老年人居家社区养老提供便捷的服务，减轻大型综合医疗机构就诊压力，实现卫生行政部门的公共健康管理，促进医院—社区—居家养老服务业的协同发展。

三、居家社区养老服务信息管理发展趋势

（一）居家社区养老服务信息管理呈现协作整合趋势

居家社区养老服务信息管理的发展趋势将朝着跨部门与跨领域的协作、信息共享与资源整合等方向发展。①跨部门与跨领域的协作。为了实现更加全面、高效的居家社区养老服务信息管理，民政部门、卫生健康部门、社会保障部门会加强协作，共同制定相关政策和标准，推动信息共享和资源整合。②信息共享与资源整合。由政府牵头，区域信息中心统筹，通过大数据、云计算、物联网、移动互联等信息技术建立大数据系统，梳理民政、社保、医疗等相关部门的数据信息，实现各部门平台端口互接，有效整合各部门的数据信息，构建老年人信息数据库，具体内容涉及老年人基础身份信息、老年人健康信息、老年人需求信息等方面，实现“一处登记，处处可查”，达到数据信息的共享与服务资源整合，提高服务效率和质量。

（二）居家养老服务信息管理呈现一站式综合服务趋势

积极推动养老服务综合化信息系统的建设，借助“互联网+”等技术打造养老服务需求研判、社区综合养老服务项目及科技助老服务等大数据平台，形成一站式综合服务的高标准运营模式。综合服务趋势如下：①融入智能化和信息化。未来的居家社区养老服务将会更加注重科技的应用，强化养老服务运营管理平台功能，各类养老服务项目与内容、服务产品、服务信息均可在平台上进行管理和运营，例如，通过智能化设备和信息化平台为老年人提供远程医疗、护理、康复训练等服务，还可以建立老年人健康档案等信息化平台，实现健康管理和监测等功能。②重视服务类型多元化和个性化。未来的居家养老服务将会更加注重老年人的不同需求，提供更加多元化和个性化的服务类型，例如，康复训练、心理咨询、文化娱乐、陪伴就医等方面的服务；此外，服务机构还可以针对不同的老年人群体提供更具针对性的服务类型。③建立智能化监测与预警系统。为了更好地保障老年人的安全和健康，未来的居家社区养老服务信息管理将更加注重智能化监测与预警系统的建设。这些系统能够实时监测老年人的日常起居、生活状态、健康状况等，一旦发现异常情况，能够及时发出预警并采取相应的措施。

(三) 居家养老服务信息管理呈现数据驱动决策趋势

2019 年，国务院办公厅发布《关于推进养老服务发展的意见》(国办发〔2019〕5 号) 明确提出实施“互联网 + 养老”行动：持续推动智慧健康养老产业发展，拓展信息技术在养老领域的应用。促进人工智能、物联网、云计算、大数据等新一代信息技术和智能硬件等产品在养老服务领域深度应用。重视数据驱动的决策与服务优化，居家养老信息平台管理机构通过充分挖掘各方的数据信息，深度分析老年人需求和偏好，形成为老年人提供社区线上线下互动的、专业化的衣、食、住、行、医疗、保健、康复、托管等方面的信息化服务，使提供的服务更加个性化、精准化。同时，数据驱动的决策也将有助于优化服务流程、提高服务效率。

在老龄化日益严重的今天，要破解目前我国居家社区养老服务信息管理存在的各种困境，需要在政府的统一规划下，吸引相关养老服务供应商、社区和家庭等各方共同参与合作，通过居家社区养老服务信息平台，更好地为老年人提供快捷、及时、灵活、多样、智能的养老服务，不断提高居家社区养老服务质量，提升老年人的晚年幸福指数。

第三节 居家社区养老服务信息技术应用

现代信息技术不仅为人们的生活、工作和学习带来了前所未有的便利，而且已成为支撑社会生产和活动的重要基石。在居家社区养老服务领域，信息技术也已经成为重要的支撑手段。

一、信息技术概述

(一) 信息技术

信息技术 (information technology) 通常也被称为信息和通信技术。从广义上来讲，是指人类开发和利用信息资源的所有手段的总和；从狭义上讲，则指利用计算机、网络等各种硬件设备及软件工具与方法，对各种信息进行获取、加工、存储、传输与使用的技术。有史以来，信息技术的发展经历了语言的使用、文字的出现与使用、印刷术的发明与使用、计算机与互联网的使用五次信息革命。近年来，随着信息技术的不断发展，有学者提出了多媒体、网络化应用及智能互联网时代的信息革命。信息技术范畴十分广泛，其中计算机技术、通信技术和传感技术被称为现代信息技术的三大技术基础。目前，信息技术作为一种重要的技术手段已广泛应用于社会的各行各业之中。

(二) 卫生信息技术 (health information technology)

我国卫生信息化建设经历了从无到有，从局部到全局，从医院向其他业务领域不断渗透的过程，医疗卫生信息化逐渐成为医疗卫生服务体系中不可或缺的重要内容。现代卫生信息技术是以计算机技术、通信技术、微电子技术和传感技术为主要特征的各种医疗卫生领域中所使用的现代信息技术的总称。它涉及医疗卫生信息的识别、获取、存储、分析和利用等环节。目前，卫生信息技术主要包括计算机网络技术、数据库技术、软件工程技术、医疗企业集成技术、数据仓库与数据挖掘技术等。

二、居家社区养老服务信息技术

(一) 居家社区养老服务信息技术的含义

信息技术的介入为居家社区养老服务提供了更专业、更细化的产品和服务，满足了老年人不同层次的照料需求，同时也提高了服务效率，有效缓解了老年照料人力资源不足等现实

笔记栏

问题。本教材所涉及的居家社区养老服务信息技术主要是指依托于互联网技术对智慧居家社区养老的各项信息进行收集、汇总、分析和综合应用的技术。

（二）居家社区养老服务主要信息技术

在居家社区养老服务中，主要应用到的信息技术包括计算机技术、通信技术、传感技术和物联网技术。

1. 计算机技术　近年来，随着计算机技术的不断发展，其在养老服务领域广泛应用，如在老年人档案管理、便民平台建设和网络宣传等方面。目前主要包括计算机硬件技术、计算机软件技术、计算机网络技术及数据库技术四大类。

2. 通信技术　通信技术是指将信息从一个地方传送到另一个地方所采取的方法和措施。目前，通信技术已逐步脱离纯技术驱动的模式，开始了技术与业务的结合互动发展模式。其中，光纤通信技术、卫星通信技术和移动网络通信技术是当前通信技术的主要发展方向。

3. 传感技术　传感技术是指从自然信源获取信息，并对之进行处理和识别的一门多学科交叉的现代科学与工程技术。从物联网的视角出发，传感技术是衡量一个国家信息化程度的重要标志，在各个领域内广泛应用。未来传感技术的发展趋势是朝着更加全面、微型化和智能化的方向发展，操作也将更加简单便捷。

4. 物联网技术　物联网（internet of things，IoT）是指通过射频识别、红外感应器、全球定位系统、激光扫描器等信息传感设备，按照约定的协议将物品与互联网相连接，借助信息交换和通信，从而实现对物品的智能化识别、定位、跟踪、监控和管理。物联网技术为智能化社会的发展提供了有力的保障，主要表现在识别技术、架构设计、通信协议和网络技术等方面。

三、居家社区养老服务信息技术主要应用

信息技术介入居家社区养老照护服务，以社区为平台，通过信息技术手段以较低的服务成本为社区的老年人提供更加专业的服务，在兼顾老年人需求的同时，减少照护者的时间和精力。信息技术助推养老事业和产业发展，在居家社区养老领域广泛应用，主要体现在服务产品的研发设计和居家社区养老服务管理等方面。

（一）居家社区养老服务中的信息技术产品

居家社区养老服务中的信息技术产品主要涉及老年人居家安全保障、老年人健康监测和老年人社会联系等方面。

案例分析

苏州市“虚拟养老院”模式中的智慧化信息技术产品应用

案例：江苏省苏州市姑苏区居家乐养老服务中心于2007年创立，依托率先研发的“云智家”虚拟养老院信息平台，以及“好护家”客户端微信小程序，积极探索养、护、医、康、居（购）多维综合服务涵盖居家生活照护、长期失能护理、居家医疗康复、家庭夜间陪护、社区日间照料、小嵌老年公寓、老年生活配送、居家安防监护、远程健康管理、安宁善后抚慰、养老平台研发、养老标准建设等全体系全生命周期养老服务，打造融居家、社区、机构全域养老生态体系，创新了智慧居家养老——“虚拟养老院”模式。

历经17年探索，居家乐养老服务直营业务涉及18个城市35个地区471个线下养老服务网点，千余名全职员工制服务团队，覆盖用户超100万+老年人，年服务规模500万人次。多年来，居家乐针对养老服务与管理的综合需求，开发完善基于生活照护

笔记栏

计划的服务运行监管系统、基于智能物联终端的健康动态监护系统、基于生活产品选择的配送业务运营系统、基于安全监控终端的紧急救助处置系统、基于系统业务数据的智能综合分析系统、基于智能手机应用程序(App)的移动养老管理终端、基于微信公众应用程序接口(application programming interface,API)的养老信息发布系统、基于多源信息融合的养老服务门户网站等,并在未来进行物联网时代的健康管理方案相关方向的研发。

分析:17年来,居家乐养老服务品牌影响力持续提升,成功打造了国内居家养老行业的“苏州模式”,得到了全国老龄办的高度认可,2017年入选《养老中国》典范案例,居家乐先后获得民政部科技成果创新奖三等奖、第二届中国社会创新奖入围奖、全国巾帼文明示范岗、全国敬老文明号等荣誉120余项。

1. 居家安全保障信息技术产品　老年人居家安全保障信息技术产品多是基于物联网技术,并通过传感器设计来实现。主要有两方面:一方面,是解决老年人日常生活中可能会遇到的危险情况,如装置在厨房的传感器,会在烧水或煮饭过程中长时间无人关注时发出警报,提醒老年人注意。另一方面,特别关注独居老年人,可以使用传感器实现远程监控,在老年人摔倒时,地面传感器会立即通知亲属或社区工作人员。此外,诸如红外线扫描仪、“一键式”紧急呼叫等信息技术产品也广泛应用于当下的居家社区养老服务中。这些信息技术产品通过传感装置结合通信技术,能够提供安全警报,确保养老服务人员高效准确地提供居家社区养老服务。

2. 健康监测信息技术产品　老年人健康监测信息技术产品的设计与应用多是通过各种传感器实现对老年人健康状况的监测,如当下常见的腕表式血压计、心跳监测仪等。同时结合通信技术为居家社区老年人提供预约挂号、远程健康监测、咨询和治疗等服务。随着信息技术的不断发展,目前的产品还拓展了远程心理治疗、远程健康管理等功能。除此之外,信息技术手段还为医疗技术人员提供了辅助工具,可以通过对比和分析老年人病案信息和相关数据,更便捷地了解老年人的既往健康状况。

3. 居家社会联系信息技术产品　老年人居家社会联系信息技术产品是在当下主流通信技术产品的基础上衍生的,是专门针对老年人特定服务项目而设计的产品。如集移动通信与一键呼叫器为一体的老年手机,能够为老年人提供24小时的特殊服务,包括信息查询、远程医疗、网络聊天交友、社区服务及家政服务等,极大地方便了老年人的生活。针对失智老年人的特殊需求,开发了特定的防走失定位技术,依托卫星通信技术等手段,家属及工作人员可在App观测到老年人的具体位置和移动轨迹,确保老年人在参与社会活动过程中的安全。此外,为了满足老年人的日常生活需求,多地开始建立老年一卡通系统工程。

(二) 居家社区养老管理中的信息技术

信息技术在居家社区养老服务管理中的主要作用是通过信息化平台建设实现的。早期的信息技术应用包括电话服务平台构建、“虚拟养老院”服务平台的设计等。如今,居家社区养老的信息化平台是指将多项信息技术联合应用,以老年人为核心,社区养老服务中心为网点、网络平台为支撑,多组织资源参与构建的信息管理系统,以确保居家社区养老服务的顺利运行。在居家社区养老服务信息平台中的主要参与主体有老年人及家庭、居家社区养老服务管理机构、养老服务供应商及政府管理部门等。

信息化平台建设主要有硬件设施、基础数据库、服务子系统及操作端四个层面。硬件设施:主要包括能够支撑整体系统平台运行的计算机硬件设备、网络环境及老年服务终端的信

笔记栏

息技术产品。基础数据库：包括老年人个体基础资料、健康状况、养老服务需求情况、社区养老资源情况等基础数据库，通过数据交换平台及数据挖掘等技术应用，实现数字资源互通、协同联动及大数据分析应用。服务子系统：是居家社区养老服务信息化平台中预期功能得以实现的关键，通过对老年人服务需求的识别、分配、统计和决策，在信息技术支撑下实现多重功能。操作端：指居家社区养老服务中不同主体的操作端，通过快捷便利的通信连接，确保老年人的服务需求能够得到及时回应。

第四节 居家社区养老服务智慧化发展

当今社会正面临着巨大的人口老龄化压力，如何将养老压力转化为发展养老事业和产业的动力，推进社会的全面发展已然成为我们亟待解决的重要现实问题，基于信息技术的养老服务智慧化发展为此提供了新的思路。

一、居家社区养老服务智慧化概述

（一）养老服务智慧化

养老服务智慧化理念最早由英国生命信托基金会提出，当时被称为"全智能化老年系统"，其核心在于运用物联网、计算机网络、智能控制技术等先进的信息技术为老年人提供服务，智慧化手段可以说是老年人生活中的"隐形伴侣"，它能够陪伴老年人，让他们高质量地享受老年生活，当下通常将其称为智慧养老（smart senior care，SSC）。我国学者中比较具有代表性的智慧养老定义由左美云教授团队提出，即智慧养老是利用信息技术等现代科技手段，围绕老年人的生活起居、安全保障、医疗卫生、保健康复、娱乐休闲、学习分享等各方面为老年人提供的生活服务和管理，通过对涉老信息的自动监测、预警和处置，实现这些技术与老年人之间友好、自主式、个性化的智能交互。一方面提升了老年人的生活质量，另一方面充分利用了老年人的经验和智慧，使智慧科技和智慧养老相得益彰，旨在让老年人过上更幸福、更有尊严和价值的生活。养老服务智慧化主要涵盖智慧助老、智慧孝老和智慧用老三个层面。目前我国的养老服务智慧化发展主要侧重于智慧助老方面，同时积极探索智慧孝老。

（二）居家社区养老服务智慧化

1. 居家社区养老服务智慧化的含义　居家养老服务智慧化作为一种新型模式，它将互联网、物联网、通信技术等现代信息技术引入到居家社区养老服务领域，以满足老年人的生活照料、安全保障、医疗卫生、娱乐休闲等养老需求为核心，以居家为基础、社区为依托，并结合各种终端设备共同运行。该模式通过社区的统筹协调，整合政府、社会及家庭等多维养老服务资源，旨在为居家社区老年人提供实时、快捷、高效的养老服务。

2. 我国居家社区养老服务智慧化发展历程　我国居家社区养老服务智慧发展历程主要经历了萌芽初期、探索期和发展期三个阶段。

我国部分地区自21世纪初就推出了"一键式"紧急救助服务，信息化养老理念萌芽开始显现。例如，2007年苏州市沧浪区成立的"虚拟养老院"，以及此后上海、浙江等多地开展的相应探索；2011年，国务院印发的《中国老龄事业发展"十二五"规划》（国发〔2011〕28号）也明确提出要"加快居家养老服务信息系统建设，做好居家养老服务信息平台试点工作"；同年，国务院办公厅印发的《社会养老服务体系建设规划（2011—2015年）》（国办发〔2011〕60号）强调要"提高社会养老服务装备水平""加强养老服务信息化建设"，拉开了我国智慧养老的序幕。这一阶段的探索主要是以居家养老为主体，注重信息技术助老设备

笔记栏

的研发与试验，并未形成国家层面的养老服务智慧化概念。

探索阶段自2012年全国老龄办提出“智能养老”概念开始，养老服务产业开始倡导引入先进的信息技术。2013年，全国老龄办成立了全国智能化养老专家委员会，推动智能化养老事业和产业的发展。同时，开始建立智能化养老实验基地，其中华龄智能科技产业园作为首个老龄智能科技产业园落地江苏常熟。该产业园设立了老年创意园、体验功能区、老龄智能科技产品生产基地、智能化养老实验基地等区域，集产品研发、生产、交易、展示、培训等功能于一体，推动了养老服务方式向智能化转型。自此开始，我国积极推进养老服务智慧化发展。2015年，国务院颁布的《关于积极推进“互联网+”行动的指导意见》（国发〔2015〕40号）中，明确指出要“促进智慧健康养老产业发展”，注重养老服务智慧化的探索。在这一阶段的发展中，从顶层设计和试点推广开始，各类市场主体逐步涉足养老服务智慧化产业，积极探索智慧养老的协同解决方案，并探索以居家社区养老为主的不同养老模式的智慧化路径。

在养老服务智慧化发展的推广阶段，我国相继出台了多项政策意见，指导养老服务智慧化发展的实施。如工业和信息化部、民政部及国家卫生计生委三部委印发的《智慧健康养老产业发展行动计划（2017—2020年）》（工信部联电子〔2017〕25号）通知，提出推动关键技术产品研发、推广智慧健康养老服务、加强公共服务平台建设、建立智慧健康养老标准体系、加强智慧健康养老服务网络建设和网络安全保障等重点任务。同年，我国全面展开了智慧养老应用试点示范工作，并针对养老服务智慧化发展中出现的老年“数字鸿沟”问题提供解决思路。随后，工业和信息化部、民政部及国家卫生健康委三部委在2021年印发的《智慧健康养老产业发展行动计划（2021—2025年）》（工信部联电子〔2021〕154号）中，提出科技支撑能力显著增强，产品及服务供给能力明显提升，试点示范建设成效日益凸显，产业生态不断优化完善的发展愿景，以推动我国养老服务的智慧化进程。在这一阶段，国家高度重视养老服务智慧化，积极调动协调资源，通过应用试点建设，引导相关市场主体探索出具有中国特色的智慧养老产品应用和服务模式，推进以居家社区养老为主的多元养老服务模式智慧化发展。

3. 居家社区养老服务智慧化表现　居家社区养老服务智慧化表现主要体现在以下几个方面。

（1）信息化管理系统：通过不同的方式采集老年人及机构、社区和居家的养老服务主体等有关的信息，运用现代信息处理技术和互联网技术，按照管理、服务、统计、分析、展示等要求，进行整理归类开发。形成老年人信息管理系统、老年证发放管理系统、老年人能力评估系统、养老服务管理系统、居家养老管理系统等养老信息管理系统。

（2）电商服务平台：通过互联网平台的技术，整合居家社区养老的服务资源和产品资源，借助各种互联网营销手段，实施电商平台对服务和产品的销售，满足各层次老年人对居家社区养老服务和产品的需求。

（3）数据资源中心：通过现代信息动态对接及物联网技术，整合老年人的人口信息、医疗卫生信息、社会保险保障信息、民政服务信息、教育文化体育旅游信息、残疾人信息等老年人行政服务数据；整合老年人养老服务信息；整合老年市民卡在园林、医疗、交通、商务等老年人社会服务信息，形成比较完备的动态信息数据资源中心。

（4）智能化监控检测产品：通过监控设备、紧急按钮、智能手环、防跌倒智能产品等多种智能产品，加强监控监管。通过远程健康监护、健康管理、居家服务等多种居家社区智能检测设备，提供实时、快捷、高效、低成本的智能化检测服务，方便居家社区老年人生活。

（5）智慧养老应用场景：居家社区养老服务综合利用现代科学技术，围绕加强管理，降低

笔记栏

成本，提高效率，建设信息联通、数据融合、技术联动的智慧养老生态应用场景。

二、居家社区养老服务智慧化发展现状

（一）居家社区养老服务智慧发展顶层规划不断完善

近年来，党中央、国务院不断提升对养老服务智慧化的重视，并要求加快推进老年人常用的互联网应用和移动终端适老化改造，实施“智慧助老”行动。各行业主管部门积极响应配合，陆续发布了多项政策文件，以推动解决养老服务智慧化发展的相关问题。例如，国务院办公厅印发的《关于切实解决老年人运用智能技术困难的实施方案》（国办发〔2020〕45号）、工业和信息化部印发了《互联网应用适老化及无障碍改造专项行动方案》（工信部信管〔2020〕200号）及《“双千兆”网络协同发展行动计划（2021—2023年）》（工信部通信〔2021〕34号）等，这些文件的出台都有助于老年人更便利地享受智慧化的养老服务。

（二）居家社区养老服务智慧化产品日渐多样

智慧化发展的多样性首先体现在居家社区养老服务智慧化产品的多元化，在提升传统产品便利性的同时，也在开发新功能产品方面展开探索研究。2023年，经地方推荐和专家评审，工业和信息化部、民政部、国家卫生健康委组织制订了《智慧健康养老产品及服务推广目录（2022年版）》，其中公布了健康管理类智能产品（可穿戴健康监测设备、健康监测设备、家庭医生随访工具包、社区自助式健康监测设备）、老年辅助器具类智能产品、养老监护类智能产品（智能监测设备、智能看护设备）、中医数字化智能产品、家庭服务机器人、适老化改造智能产品及场景化解决方案（如家庭养老床位、智慧助老餐厅、智慧养老院、智慧化康复中心、智慧药房）等。此外，在推广智慧健康服务与智慧养老服务的过程中，也更注重发展老年人个性化健康管理的服务。

（三）居家社区养老服务智慧化试点稳步推进

目前，我国各地积极探索居家社区养老服务智慧化试点建设，打造品牌模式。例如，山东威海将“智慧养老”作为优化提升养老服务的新引擎和新动能，在“智慧城市”中推广“互联网＋”“物联网”居家社区养老服务模式。积极推进移动互联网应用的适老化改造，有效解决智慧养老需求难以对接、服务难以落地、质量难以监控等问题。同时，政策规范和标准建设也在同步推进，如安徽省地方标准《智慧社区居家养老服务模式建设规范》（DB34/T 4030—2021）的提出，该标准规定了智慧社区居家养老服务平台建设的要求，为各地多样化探索居家社区养老服务智慧化发展提供了指导。

案例分析

武汉市居家和社区养老服务智慧化改革

案例：湖北省武汉市作为国家第一批居家和社区养老服务改革试点城市之一，不断探索利用互联网和其他信息技术，突破“虚拟网络与实体服务、家庭养老与机构上门服务”之间的时空界限，致力于打造一种“虚实互通、家院互融”的“互联网＋居家养老”新模式——“家庭养老院”。该模式利用现代通信、传感设备、定位终端、电子地图、可视呼叫、App等互联网技术手段，将养老机构的专业养老服务以精准化、低成本、标准化的方式送到老年人家中，用信息化手段破解“居家养老难到位”的问题。

2018年，经第三方评估比较供给与需求的矛盾，发现通过互联网和物联网技术的运用，融合居家和养老院的各自优势，可以将老年人的住家打造成“家庭养老院”，实现从“老年人到社区接受服务”至“机构到家中服务老年人”的转变。武汉市按照“点-

线-面”的原则，因地制宜地实施了社区嵌入、中心辐射、统分结合的“三位一体”构架模式。截至2020年底，该市已完成了14个的“互联网+居家养老”统分平台建设，建立了77家中心辐射式和220家社区嵌入式的服务网点。全市共吸纳了餐饮、家政、超市、药店、医院等不同领域的统分平台线下为老服务商达2 100余家。在中心城区，“三助一护”服务对老年人需求有效应答的街道已达100%。

分析：武汉市试点的运行实现精准优质服务的提供、降低了成本、提高了服务效率，同时还增加了就业岗位。通过搭建市、区两级的养老信息服务平台，目前武汉市已建设了326个覆盖社区和街道的“互联网+居家养老”服务网点，弥补了传统居家养老服务中存在的信息不对称、服务半径长、运行成本高等不足和短板，已将整个市区打造成一座“没有围墙的养老院”。

(四) 居家社区养老服务智慧化体系仍需完善

我国居家社区养老服务智慧化正在快速发展，智慧化服务助老水平稳步提升，但也面临着诸多的问题与困境，整体发展体系仍有待完善，主要表现在以下几个方面：

1. 居家社区养老服务智慧化相关政策法规及标准体系尚不完善 我国当下的养老服务智慧化发展整体仍处于宏观规划阶段。国家在养老方面所出台的法律仍以《中华人民共和国老年人权益保障法》为主，其余相关政策文件多为具有指导性的政策意见，各地推行的服务标准、政策和数据管理平台各不相同，多部门、多行业间的协作渠道尚不通畅。由此可见，虽然我国的养老服务智慧化具有一定的政策保障，但尚未形成一套规范的政策法规和标准体系。

2. 居家社区养老服务智慧化工作人员专业水平较低 我国现从事养老服务的工作人员主要呈现“三低三高”的现象，即社会地位低、收入待遇低、学历水平低，年龄高、流动性高、职业风险高。虽然部分人员持有护理证、社工证，但他们综合知识的储备较为匮乏，复合性技能较低。与传统的养老服务相比，居家社区养老服务智慧化除了需要掌握基本的老年照护、老年护理方面的知识外，还需要了解更多信息技术设备和软件应用方面的知识，这对于服务人员的技术操作能力及专业知识水平都提出了更高的要求，但目前我国养老服务人员的专业水平尚无法满足现阶段的居家社区养老服务智慧化需求。

3. 居家社区养老智慧化配套设施仍不健全 目前我国无论是智慧化基础建设还是适老化设施设备都无法满足大多数老年人的智慧养老服务需求，智慧化服务功能实现不佳。居家社区智慧化养老服务仍以基本日常生活需求满足为主，服务终端水平不高，再加上养老服务市场机制不健全、开放性有限及智慧养老服务企业自身运营成本问题等都使整体的智慧化配套设施尚未健全。此外，智慧化服务功能单一、智慧化产品和服务设计便捷性不高、适老性不足等问题均导致智慧化养老服务供给效率低下，难以实现居家社区养老服务的智慧化功能。

4. 居家社区养老智慧化中老年人隐私安全及数字鸿沟问题凸显 老年人隐私安全问题主要是指老年人在使用互联网等信息技术时所面临的个人隐私泄露和安全威胁。智慧化服务模式的发展必然涉及个人信息的收集，这就使老年人信息存在安全隐患。且老年人也因对诈骗等信息泄露问题的担忧而排斥智慧终端的佩戴和相关信息技术的应用。与此同时，老年人对于信息技术的学习和使用也存在着困难，这正是当前智慧化养老模式发展面临的一大困境，也暴露出现下“智能化技术进步，人性化服务不足”的问题。

笔记栏

三、居家社区养老服务智慧化发展趋势

关注解决居家社区养老服务智慧化实践中的困境及问题是未来发展的主要方向。目前,我国居家社区养老服务智慧化发展呈现出医养康养结合型、公私合作型和多方参与等趋势。

(一) 居家社区养老智慧化发展呈现医养康养结合趋势

2019 年 10 月,党的十九届四中全会提出了医养康养相结合的新要求,即“积极应对人口老龄化,加快建设居家社区机构相协调、医养康养相结合的养老服务体系”。这一模式旨在兼顾服务对象的共性和个性需求,为不同健康状况的老年人提供适合的服务项目。在健康中国战略下,医养康养相结合的关键在于整合相关资源和服务,让各个主体发挥不同的作用,形成完整的服务链。智慧手段融入医养康养结合模式中的“医”,主要表现在疾病诊治与健康管理服务、针对慢病等老年人的长期照护服务、老年人的医疗救治等方面;“康”主要体现在健康教育和预防保健服务、个性化的健康指导、多样化的社交活动等方面;而“养”主要是指针对老年人的日常基本养老服务。医养康养结合型居家社区养老智慧化模式将重点关注老年人的健康需求,依托智慧化手段和现代信息技术,为老年人提供融合健康教育、预防、诊疗、康复、照护和安宁疗护为一体的整合服务。医养康养相结合模式必将成为居家社区养老服务智慧化发展的重要方向之一,在家庭、社区、医疗机构、医药企业、养老服务机构、科技企业等多个行业的通力协作下,共同提高居家社区养老服务的质量和效率,提升居家社区老年人健康素养水平,促进健康老龄化的可持续发展。

(二) 居家社区养老智慧化发展呈现公私合作趋势

在居家社区养老服务中的公私合作主要指公共部门与私人部门通过责任分担、风险共担及监督机制建立伙伴关系,提供养老服务,达成合作,实现双方或多方共赢的一种方式。2017 年,财政部、民政部及人力资源和社会保障部联合出台了《关于运用政府和社会资本合作模式支持养老服务业发展的实施意见》(财金〔2017〕86 号),鼓励运用政府和社会资本合作模式推进养老服务供给侧结构性改革。在公共部门财力有限而社会资本充裕的条件下,社会资本通过与公共部门合作的方式进入公共服务领域,从而减轻财政压力,更好地为社会提供公共服务。目前我国的居家社区养老服务智慧化发展面临着经济压力,存在老年人购买能力不足,城乡和区域之间购买能力不平衡的问题,引入公私合作模式在一定程度上可以缓解资金压力。通过公共部门和私人部门的合作,充分发挥多元主体的资源优势,实现互利共赢。这不仅可以借助信息技术,引入智能化设备和系统,提高养老服务的质量和效率,还可以促进养老产业的发展,创造更多的就业机会,并推动社会和经济的可持续发展。

(三) 居家社区养老智慧化呈现多方参与趋势

基于我国当下居家社区养老智慧化发展基础,立足智慧化体系建设的薄弱环节,各部门及社会各界不断优化改革,呈现出多方协同参与的趋势。首先,政府多部门联动提供资金、政策等支持,协调多方参与主体促进居家社区养老智慧化发展需要;其次,养老服务提供者及供应商等多维合作的企事业单位和社会组织,根据养老服务提供者的需求,开发适合的智慧化产品和解决方案,积极引入智慧化技术,提高养老服务的质量和效益。此外,居民和家庭作为居家社区养老智慧化主要需方,不断积极参与,了解养老智慧化技术的应用,主动寻求优质的智慧化养老服务,通过智能化设备和服务来增加生活便利性和幸福感。多方参与,共同推进实现智慧化服务从开发到应用的全过程,对居家社区养老服务智慧化发展发挥积极的推动作用。

(杨莉莉　丁　玎)

笔记栏

扫一扫
测一测

复习思考题

1. 请查阅文献，列举我国居家社区养老服务信息管理存在的问题及应对策略。
2. 请简述我国当下居家社区养老服务中的信息技术。
3. 请论述我国发展居家社区养老服务智慧化所面临的困境。

PPT 课件

第九章 居家社区养老服务质量管理

学习目标

知识目标

掌握居家社区养老服务质量管理的定义、内容及要素，居家社区养老服务质量标准的原则、特点、服务元素、体系框架；熟悉居家社区养老服务质量管理的评估主体、评估属性、评估内容；了解居家社区养老服务质量标准的构建及设计方法；居家社区养老服务质量管理的评估方法。

能力目标

概括居家社区养老服务质量标准体系。

素质目标

了解现阶段我国居家社区养老服务质量管理现状及不足，学习居家社区养老服务质量管理的先进做法，加深对居家社区养老服务质量管理的理解。

课程思政目标

树立公平公正的服务意识，不歧视任何老年人，提供平等的服务机会和权利，促进社会的公平和包容。

【学习要点】

1. 居家社区养老服务质量管理的定义与内容。
2. 居家社区养老服务质量标准的原则、特点、体系框架。
3. 居家社区养老服务质量评估流程。

第一节 居家社区养老服务质量管理概述

为了保障高质量的居家社区养老服务，需要开展有效的居家社区养老服务质量管理工作，包括明晰内涵外延、设定目标、明确职责、制定标准、建立评估和反馈机制等环节。

一、居家社区养老服务质量管理内涵

（一）服务质量的内涵

质量管理大师朱兰（J.M.*Juran*）认为，质量是适用性与贴切性。日本的质量哲学界定质量是零缺陷，也就是第一次就把工作做好。可见，质量侧重于产品或服务的优劣程度。与有形产品不同，服务具有无形性、不可分离性、不可储存性和差异性。因此，服务质量不同于产品质量，服务质量的好坏最终是由客户的意见决定。通常，服务质量是指服务能够满足客户

笔记栏

潜在需求的特征总和。

居家社区养老服务质量主要包括技术质量和功能质量两类。居家社区养老服务技术质量,包括居家社区养老服务本身的质量标准、环境条件、网点设置及服务项目、服务时间、服务设备等是否适应老年人的需求。居家社区养老服务功能质量,指服务机构在为老年人提供居家社区养老服务的环节中,使老年人感受到的服务流程和服务体验,与居家社区养老服务的流程设计、服务接触(与老年人的交流互动)、服务能力(包括服务技能、服务态度、对问题的解决能力、对缺陷产生后的服务补救能力)等直接相关。

(二)居家社区养老服务质量管理的定义

质量管理是确定和实施以质量为中心的全部管理职能,质量管理的职责由最高管理者承担,组织的全体人员共同参与并承担相应义务。服务质量管理的概念是 *Juran* 在 1999 年提出的,即服务质量管理是一个动态化、流程化的管理过程,包括管理策划、风险控制、管理改进三个环节。本教材将居家社区养老服务质量管理定义为根据居家社区养老服务的特点,通过一系列的质量管理方法和工具,从老年人养老服务需求出发,对居家社区养老服务过程进行控制和改进,以提升居家社区养老服务质量。

(三)居家社区养老服务质量管理的重要性

居家社区养老服务质量管理是一个系统性的管理过程,旨在提高居家社区养老服务质量和老年人及其家属的满意度。它涉及对居家社区养老服务的服务提供者、服务过程和服务结果的管理,以确保居家社区养老服务的可靠性、时效性、准确性等方面达到或超越老年人及其家属的期望。

居家社区养老服务质量管理的重要性在于,随着我国老年人群的更替及经济社会发展水平的提升,老年人对居家社区养老服务的需求和期望越来越高,只有通过有效的质量管理,才能不断提高服务质量和老年人及其家属的获得感和幸福感。

二、居家社区养老服务质量管理流程

(一)设定居家社区养老服务质量管理目标

居家社区养老服务质量管理目标是确保居家社区养老服务质量符合相关标准和满足老年人需求,以提高老年人的生活质量和满意度。具体来说,包括以下几个方面:

1. 确保服务安全　提供安全可靠的居家社区养老服务,保障老年人的生命财产安全,预防意外事故的发生。

2. 提高服务质量　不断提高服务水平,优化服务流程,提高服务效率和质量,提升老年人对服务的认可度。

3. 满足个性化需求　根据老年人的不同需求和特点,提供个性化的居家社区养老服务,包括医疗护理、康复服务、心理咨询等。

4. 强化设施设备管理　加强居家社区养老服务设施设备的维护和更新,确保设施设备的安全、卫生和质量。设施设备既包括社区日间照料中心、养老服务站提供的设施设备,也涵盖服务人员上门服务时携带的设施设备,以及老年人家中适老化改造后增加的设施设备。

5. 促进团队合作　加强居家社区养老服务团队的建设和管理,提高服务人员的专业素质和服务技能,促进团队合作,提高服务效率和质量。

6. 建立质量管理体系　建立完善的居家社区养老服务质量管理体系,包括质量策划、质量控制和质量改进等方面,确保服务质量的持续改进和提升。

7. 加强信息管理　加强居家社区养老服务信息的收集、整理和分析,建立信息共享平台,提高信息利用效率和服务质量。

笔记栏

(二) 明确居家社区养老服务质量管理组织结构与职责

居家社区养老服务质量管理组织结构与职责主要分为以下几个层次：

市、区民政部门具体负责居家社区养老的组织领导、综合协调、督导检查和经费管理工作，制定养老服务的规章、标准，规划养老服务资金、设施，激励民间投资养老服务，规范养老服务机构、人员。

区、街道(乡镇)和社区(村)层面，建立居家养老服务中心、站点，受政府委托负责本辖区居家养老服务的实施和管理，其职责包括建立老年人信息库，发布老年人服务需求信息和社会服务供给信息，对享受政府补贴的居家社区老年人进行资格评估，对居家社区养老服务人员相关资格进行审查，接受服务对象的服务信息反馈，检查监督服务质量等。

社区(村)是居家社区养老服务工作的直接具体组织者，负责整合社区资源，规划并完善社区服务设施，沟通供需双方的信息，管理居家社区养老服务并进行服务质量的评估、监督等工作，落实养老服务政策和养老补助资金。

居家社区养老服务机构是居家养老的实施主体，依托社区接受街道、社区居委会领导，负责提供具体服务，做好服务人员的选聘、派遣、管理、培训、职业道德教育等，为老年人提供各种优质的服务。具体服务包括医疗护理服务、生活支持服务、心理健康支持和组织志愿者服务等。

此外，第三方机构负责监督评价。具体来说，第三方机构监督评价养老服务机构、养老服务人员的服务质量，对社区评价老年人收入、自理能力的结果进行监督。

(三) 制订居家社区养老服务质量标准

居家社区养老服务质量标准是居家社区养老服务质量管理的核心内容。居家社区养老服务质量标准应当涵盖居家社区养老服务的各个方面，通过制定和实施一套标准和政策，以确保服务的质量和一致性。常见的居家社区养老服务质量标准包括以下内容：

1. 基础服务标准　包括每日清洁居室卫生、定期消毒、供应开水、提供洗澡用水和膳食等。

2. 生活服务标准　包括代购物品、代办储蓄、贵重物品存放保管等。

3. 娱乐服务标准　包括电视机、报纸杂志、书刊等老年人阅览娱乐服务项目。

4. 医疗护理服务标准　包括基本的医疗服务，定期进行体检和健康监测，根据需要提供康复训练和护理服务。

5. 心理咨询服务标准　关注老年人的心理健康，提供心理咨询服务，帮助其解决生活中的困扰和问题。

6. 安全服务标准　确保老年人的安全，包括防跌、防过度保护等服务。

7. 服务质量评估标准　制定服务质量评估指标，定期对服务进行评估和改进，提高服务质量和老年人的满意度。

(四) 建立居家社区养老服务质量评估机制

定期对居家社区养老服务质量进行评估，有助于全面了解居家社区养老服务质量和管理水平，发现存在的问题和不足，提出改进建议和整改要求，并根据评估结果进行改进，是提高服务质量和老年人满意度不可或缺的环节。同时，评估结果也可以作为对居家社区养老服务机构进行奖惩和监管的重要依据。评估的依据主要包括国家相关法律法规、行业标准和规章制度等。评估方法包括听取汇报、查阅资料、现场查看、问卷调查、访谈等多种方式。评估的内容主要包括以下几个方面：

1. 基础条件　包括居家社区养老服务机构的设施设备、环境卫生、安全卫生等方面的条件。

笔记栏

2. 服务质量　包括服务人员的专业素质、服务技能和服务态度等方面，以及服务项目的全面性、及时性和满意度等方面。

3. 管理水平　包括养老服务机构的组织管理、制度建设、服务流程等方面的管理和监督。

4. 社会声誉　包括老年人及其家属对居家社区养老服务机构的评价和口碑，以及社会媒体的报道和评价等方面。

（五）开展居家社区养老服务质量审核评估

居家社区养老服务质量审核评估流程主要包括以下内容：

1. 组建审核评估团队　组建专业的审核与评估团队，团队成员应具备相关的专业知识和经验，能够全面、准确地评估服务机构的质量和安全。

2. 收集、审核评估资料　包括核对评估对象相关信息，收集、整理相关资料，明确评估质量标准等。

3. 现场实施审核评估　评估团队工作人员对居家社区养老服务机构的设施设备、人员资质、服务内容、安全卫生等方面进行现场评估，包括但不限于现场查看设施设备、查看服务记录，与服务人员及老年人交谈，发放调查问卷等。

（六）完善居家社区养老服务质量反馈机制

完善居家社区养老服务质量反馈机制，可以及时发现和处理服务中存在的问题和不足，保障老年人的权益。同时，可以提高服务质量的透明度和公信力，促进服务人员与老年人之间的沟通和信任。居家社区养老服务质量反馈机制应包括以下内容：

1. 建立反馈渠道　为便于老年人及其家属提供服务质量反馈，应提供多种投诉渠道，如电话、邮件、信函、网络等，并在醒目位置张贴投诉电话和联系方式。

2. 定期进行服务质量调查　为了解老年人及其家属对居家社区养老服务的满意度、需求，以及存在的问题，可以通过电话调查、入户访问、社区活动等方式开展服务质量调查。

3. 分析问题与持续整改　对于服务质量调查中发现的问题，应及时进行分类整理、分析原因、制定改进措施并进行整改。同时，应监督整改过程，确保整改措施的有效实施。

4. 建立奖惩机制　对于服务质量优秀的服务机构，应给予一定的奖励和表彰；对于服务质量差的服务机构，应采取相应的惩罚措施，如警告、整改，甚至更换服务机构等。

第二节　居家社区养老服务质量标准

质量管理与质量标准密不可分，两者相互补充相互提高，质量管理始于质量标准，终于质量标准。

一、居家社区养老服务质量标准化重要性

标准是科学、技术和实践经验的总结。居家社区养老服务标准化则是制定、发布及实施标准的过程，即通过一定的原则和方法的运用，达到质量目标化、方式规范化、过程程序化，以提升居家社区养老服务的效能。标准化并非工业化的产物，其从度量衡统一制度开始，历经工业化时期、二次世界大战的高速发展，现伴随工业4.0时代的高度精确竞争进入全球经济一体化的国际化阶段并逐渐深入到服务业，深受各界关注。居家社区养老服务作为现代服务业中的新兴力量，有序推进标准化建设，对于促进其发展壮大和产业化具有十分重要的意义。

笔记栏

（一）破解当前居家社区养老困境的抓手

自 2017 年我国首批居家和社区养老服务改革试点正式启动，至今，已在不少省市开始进入普及推广期。但居家社区养老服务存在启动难、运行难、评估难等现实困境。首先在启动阶段，由于各地政府认识和态度不一，资金投入无法确定，服务人员知识技能缺乏、场地受限等普遍存在。其次在运行阶段，居家社区养老服务知晓率、参与率与消费意愿均不容乐观。不少老年人不了解居家社区养老，即使有部分老年人有初步了解，但消费意愿不强，老人们宁愿花巨资购买保健品也不愿意低偿购买居家社区养老服务。这在一定程度上导致有价值的居家社区养老服务项目丧失规模效应，形成恶性循环。前期试点存在诸多问题，如有限资源的分配，服务项目的内容，重点老年群体和多数老年人的需求兼顾，政府财政补贴的标准与方式，无偿项目与有偿项目的确定及收费标准制定，管理者与社区干部、社会工作人员、社区居民、项目执行者等不同主体间的权责利问题等。最后在质量评估阶段，政府如何进行质量评估、老年人走访和网上评价反馈系统如何建立、第三方机构评估如何规范开展、机构的星级如何划分等都没有统一的国家标准。缺乏质量评估标准与有效监督，导致冲突多，重复的弯路多，居家社区养老的有效推广与实施面临困境。

因此，为克服居家社区养老服务工作中的障碍，需明确居家社区养老服务的内容，规范服务的标准，厘清居家社区养老运行过程中的现实问题，指导居家社区养老服务的开展与实施。只有健全居家社区养老服务质量标准体系，规范居家社区养老服务，才能有效地提高质量，促进居家社区养老事业与产业发展。

（二）契合服务业标准化大趋势

服务是一种难以运用产品检验的形式进行控制和把握的特殊商品，因此，制定一系列服务标准，如质量标准、供给标准、服务人员标准，推进标准化管理，实现标准化运行，能有效规范服务行业的运作，提高服务行业质量，最终提升服务业企业的综合实力和竞争力。我们已经进入知识经济时代，标准和标准化已拓展到经济社会领域，不再只停留于工业化生产中，推进服务标准化已成为增强服务业市场竞争力的重要措施。养老服务标准体系是养老服务标准按其内在联系形成的科学有机整体，它以服务通用基础标准体系为基础，以服务保障标准体系和服务提供标准体系为核心，以科学的服务业组织标准化结构为框架。建立和完善养老服务标准体系，可以促进标准组成达到完整有序，为监管提速、服务提质奠定良好基础。

目前我国尚无完整的居家社区养老服务标准，各地都在积极探索建立适合本地区发展的标准体系。为有效应对我国人口老龄化带来的社会问题，规范社会化养老服务，实现养老事业与产业“工作质量目标化、工作方法规范化、工作过程程序化”，在我国建立一套完整居家社区养老服务标准体系势在必行。凡是居家社区养老服务范围内需要协调统一的服务质量、服务管理、服务工作要求，都应该制定标准，并纳入养老服务标准体系。要以老年人需求为中心，建立服务质量标准，规范居家社区养老服务市场，实现政府对居家社区养老服务市场的监控，最终达到切实保障老年人的生命安全和健康的目标。

（三）切实推进国家标准化战略

为适应科学发展、社会转型的更高要求，国家实施标准化战略，全面提升标准化发展的整体质量，积极参与国际标准化活动，为标准的发展提供政策支持，营造宽松环境。从 2012 年 3 月国家标准化管理委员会发布标准化事业发展“十二五”规划，明确提及拓展服务业标准化领域。主要包括服务业发展的新领域、新业态、新热点，拓宽服务业标准化的覆盖范围，完善生产性服务业和生活性服务业标准体系，促进服务业的规范化与标准化。到 2021 年 12 月，国家标准化管理委员会、中央网信办、科技部等 10 部门印发《“十四五”推动高质量发展的国家标准体系建设规划》（国标委联〔2021〕36 号）。规划明确建设重点领域国家标

准体系（服务业领域）、优化国家标准供给体系、健全国家标准保障体系等重点任务。贯彻落实《国家标准化发展纲要》，指导国家标准的制定与实施，加快构建推动高质量发展的国家标准体系，助力高技术创新，引领高质量发展。借助国家标准化建设的良好环境，各地积极探索制定居家社区养老服务标准，设立居家社区养老服务规范来指导本地区居家社区养老服务。虽然就居家社区养老服务质量标准而言，系统性、操作性还存在差距，但为构建国家层面的居家社区养老服务标准积累了重要经验，是推进国家标准化战略的有力支撑。

二、居家社区养老服务质量标准原则

（一）目标性原则

以人与自然结合为基础，形成科学、先进的协调配套有机整体，提升服务效能，并为服务的监督管理提供科学的依据，是建立服务标准体系的目标。居家社区养老服务质量标准建立，必须是养老服务系统中各要素或子系统的协调配合与有机衔接，以保障老年人权益，提升老年人居家满意度，需要准确分析居家社区养老服务主客体及环境，科学、合理界定居家社区养老服务标准的功能与目标。

（二）协调性原则

标准化活动中的系统化是指系统整体的优化，整体组合要大于组成它的各个要素的总和。一整套居家社区养老服务标准是由一定的规则组合而成，实现标准之间的相互依存、相互制约、相互协调和相互补充的内在联系，促使有机整体的形成，充分发挥标准系统的功能目标，获得良好的系统效应。在制定居家社区养老服务质量标准时，需统筹规划，注重协调，才能满足需求，获得持续稳定的社会与经济效益。

（三）规范性原则

居家社区养老服务质量标准体系是全国各街道社区、养老服务机构及千千万万老年人家庭可参照的指导性文件，为避免走弯路、走错路，造成资源浪费，标准制定必须规范。

（四）可行性原则

居家社区养老服务质量标准体系要用户（老年人及其家庭）、管理方（政府街道社区）、执行方（各养老服务机构）及服务人员用得上、看得懂、能操作，确保标准中的条款具有较强的可行性。同时，以评价和测量为导向，配合相应的监督机制，增强其服务意识，提升服务水平。

（五）开放性原则

居家社区养老服务质量标准体系是一个开放的信息系统，绝不是一成不变的，其在运行实践中会不断与不同主体及其环境进行信息交换，了解老年人的养老需求与期望，以及最新的国际养老趋势。当居家社区养老服务业自身或其所处的环境发生变化时，应针对个别实用性不强或者不合时宜的标准进行修订，以推动居家社区养老服务标准体系不断完善。但在修订或废止前的一段时期内要保持稳定，不得随意变动。

（六）安全性原则

老年群体属于身体心理功能退化的群体，对安全具有较高要求，所以居家社区养老服务质量标准的制定要给予高度重视，通过规范服务人员的服务要求、操作步骤等来保障养老服务的安全性。

三、居家社区养老服务质量标准特点

（一）时间性

居家社区养老服务的时间性指的是服务应当具备及时性和灵活性。服务对象的特殊性

笔记栏

决定了养老服务需求的急迫性，在服务请求提出后所等待的时间越短，效率越高，这种满足需求的有效性才强。所以，居家社区养老服务质量标准有明确的时间规定。

（二）舒适性

居家社区养老服务的舒适性是指提供安全、温馨、人性化的居住环境，以及满足老年人生活、饮食、社交、精神等方面需求的服务，旨在提高老年人的生活质量和幸福感。老年人在接受居家社区养老服务过程中感受到的舒适程度决定了对养老服务的满意度。

（三）功能性

居家社区养老服务的功能性指的是通过过程与结果所实现的效能和作用。服务应当具备满足老年人需求的功能特点，能够提供全面、个性化的照护和支持，以提升老年人的生活质量和幸福感。居家社区养老服务标准要满足居家社区老年人在生活照料、医疗保健、心理慰藉等方面的功能化社会服务需求，提升质量效能。

（四）文明性

居家社区养老服务的文明性是指服务提供者应当尊重老年人的尊严和个人权利，为老年人提供文明、尊重的服务环境。服务人员提供服务要举止礼貌文明，满足老年人精神需求。

（五）公共性

居家社区养老服务的公共性是指服务应该面向全体老人，提供公平、公正、包容的服务，不分种族、宗教、性别、年龄或经济状况。居家社区养老服务旨在满足老年人需求，需要公平规范，这有利于我国普惠型的养老服务体系建设，促进社会的和谐发展。

（六）合法性

居家社区养老服务的合法性指的是服务应当符合法律法规的规定，具备合法的资质和执业许可，确保服务的合法性和可信度，最大限度地保障老年人的合法权益。

四、居家社区养老服务质量标准设计理念与构建方法

（一）居家社区养老服务质量标准的设计理念

居家社区养老服务质量标准的设计理念上，应注重科学性、系统性、有效性，以推进标准体系的全面建立和不断完善。

1. 注重系统思维与问题意识的统一　居家社区养老服务质量标准的建构是一项系统工程，具有综合性、结构性和配套性。在特定的经济社会条件下，居家社区养老服务质量标准需要系统的思维和宽广的视野来设计和推动。同时，居家社区养老服务质量标准要以问题为导向，强化服务质量标准设计的薄弱环节，确保解决居家社区养老服务中最突出的问题。

2. 注重阶段性和连续性的统一　居家社区养老服务质量标准构建是服务标准化的变革与完善，需要有长期目标和总体规划。伴随经济社会发展和技术条件的更新换代，标准的设计是阶段性和连续性相统一的过程，必须在长期目标和总体规划下设立短期目标和短期安排。

3. 注重自上而下和自下而上的结合　居家社区养老服务质量标准的构建和实施需要政府发挥主导作用，自上而下的推进是构建居家社区养老服务质量标准的直接动力。同时应将老年群体的呼声和诉求作为标准设立的根本尺度，充分发挥自下而上和自上而下两种动力机制的协同作用。

（二）居家社区养老服务质量标准的构建方法

目前，标准的构建方法主要有分类方法、层次方法、系统方法和过程方法。根据居家社

笔记栏

区养老服务的特点，这几种方法兼而有之，本教材重点介绍分类方法和过程方法。

1. 分类方法　根据服务标准的结构，居家社区养老服务标准主要分为居家社区养老服务基础标准、居家社区养老服务支持标准、居家社区养老服务通用标准和居家社区养老服务专业标准。在一个内容全面的标准体系表里，通过信息化分类处理，便于相关使用者查询标准，检查、监察标准体系的变化等动态工作。

2. 过程方法　依据居家社区养老的特点，采取过程法构建相应的标准体系，分为主要过程、支持过程和改进过程。主要过程包括居家社区养老服务需求调研、策划、设计开发、实施与监督过程；支持过程包括文件策划、人力资源管理、基础设施管理、工作环境管理、文件控制、记录控制和售后服务过程；改进过程包括内审和管理评审过程。在形式上，过程方法构建标准体系更贴近组织的实际经营管理活动；在内容上，能够灵活地适应组织因环境的变动进行动态调整，也便于组织对标准体系本身的系统管理。同时，居家社区养老服务各过程的要素是互相联系、互相影响、互相制约的。因此，应用过程方法分析居家社区养老服务质量标准体系，需基于市场经济条件下养老服务组织经营管理活动的共同特点，研究其基本过程；然后从标准与标准化概念的内涵出发，分析居家社区养老服务过程中的质量标准化对象，以及参与过程活动的途径、步骤、程序、方法、资源、条件等因素，再进行归纳总结以提炼出具体的居家社区养老服务过程质量标准。

五、居家社区养老服务质量标准服务元素

居家社区养老服务已在各地广泛探索，根据北京、上海、杭州等地居家社区养老服务的实践，居家社区养老服务标准化建设的服务元素要具有前瞻性，加强专业化服务，为不同层次老年人提供以助餐、助浴、助洁、助急、助医、助困、助学、助乐、助游、助聊等“十助”有偿、低偿或无偿的服务，同时适时增加陪医等服务，以达到老有所养、老有所依、老有所乐、老有所安、老有所为、老有所学的目标。

（一）适老：开发满足老年人需求的适老产品

1. 日常用品　主要是老年人日常生活能用到的、专门根据老年人特点设计的生活用品，如厨房用品、卧室用品、卫浴用品、电子数码产品、运动产品等。

2. 辅助用品　主要是辅助老年人弥补身体功能衰退的产品，如轮椅、助行器、助听器、拐杖、坐便椅、身体护具等。

3. 医疗护理产品　主要是老年人专用的家用医疗和保健器械，如牵引矫正产品、理疗仪器、康复器具、呼吸机、护理床、急救产品等。

4. 身体检测产品　主要是身体功能和健康测量产品，如血糖仪、血压计、心率仪、测脂仪、体重秤等。

5. 养生器材　主要是延缓衰老、增强体魄、保持健康的产品，如按摩器、理疗器械、足疗用具、健身器材等。

（二）宜老：建立适宜老年人的生活环境

1. 满足老年人生活需求　提高设施的便利性，如社区道路的坡道设置既要考虑年迈体弱的老年人在有人帮助下通过，也要考虑老年人坐轮椅单独行动时靠自身能力能够通过，应注意安装扶手、护栏等安全设施。

2. 满足老年人交往需求　提高空间的开放性，提供老年人聊天、下棋、运动等环境场所。

3. 满足老年人互动需求　提高空间的临近性，在儿童活动场所旁给老年人设置合适的活动场所或者休息区域，使老年人活动场所与儿童活动场所临近。

笔记栏

4. 满足老年人参与需求 提高功能的丰富性，住所外部环境空间应该为老年人提供相应场所，使老年人能参与丰富多样的社区活动。

（三）为老：人性化养老服务

1. 生活照料方面 提供居家生活照料服务和社区日间照料服务。

2. 医疗保健方面 提供入户医疗护理服务和机构综合医疗服务。

3. 精神慰藉方面 提供文娱健身服务和心理健康服务。

（四）安老：针对失能、失独、贫困、空巢老年人服务

建立特定老年群体探访关爱服务机制、丰富探访关爱服务内容、充实探访关爱服务力量、提升探访关爱服务质量效率、做好探访关爱服务应急处置等。

（五）养老：辅助家庭养老功能不足的老年人

提供居家社区养老信息呼叫服务、居家社区养老上门服务和入住居家社区养老服务机构等服务。

1. 居家社区养老信息呼叫服务 包括老人档案管理、派单呼叫平台、健康监测、定位管理、居家安防、服务预订管理等各种智慧养老服务。

2. 居家社区养老上门服务 包括出行、清洁、起居、卧床、饮食等生活照护，以及基础照护、健康管理、康复辅助、心理支持、委托代办等。

3. 入住居家社区养老服务机构 包括咨询服务、膳食服务、生活照料服务、老年人护理服务、协助医疗护理服务、医疗服务、康复保健服务、心理 / 精神支持服务、安宁疗护服务、休闲娱乐服务、教育服务、委托服务等。

（六）享老：满足高层次养老目标

提供个性化高质量的有偿服务，如法律咨询维权、配偶看护、精神慰藉、调研培训、陪购代购等。

六、居家社区养老服务质量标准体系框架

标准体系是标准化工作的基石，科学、合理的养老服务标准体系是有效开展标准化工作的重要基础。为了有效地优化管理目标，居家社区养老服务质量标准体系可以考虑通过系统分析，将与居家社区养老服务相互关联、相互作用、相互依赖的组织机构、人员、技术、管理等标准化要素在一定环境下构建形成有机整体。

（一）居家社区养老服务质量标准体系范畴

最早由波兰的约·沃吉次基在 1960 年提出标准的三维空间概念，认为标准化的范畴可以由标准的三要素（对象或领域、内容、级别）作为坐标轴所构成。根据此理论，建立居家社区养老服务质量标准体系范畴的三维空间（图 9-1）。X 轴代表居家社区养老服务质量标准化的对象或领域。居家社区养老服务业是涵盖居民服务业、计算机服务业、软件业等为主的第三产业，在建筑业、能源业及农业等领域也有相关的延伸，它是随着经济、社会的发展而出现的一种综合的现代服务业，所以居家社区养老服务标准化建设要考虑到服务环境标准、服务质量标准、网络信息化管理标准等多个方面。Y 轴代表居家社区养老服务质量标准化的内容，主要包括服务通用基础标准、服务提供标准、服务管理标准及服务保障标准。其中，服务提供标准和服务管理标准根据提供服务的地点和方式的不同，分为社区养老标准和虚拟养老院养老标准。Z 轴代表居家社区养老标准的级别，分为企业级、地方级、行业级和国家级。

（二）居家社区养老服务质量标准体系的框架设计

标准体系通常是以结构框图和体系表的形式构建出来的，是一个科学的有机整体。根

据：GB/T 24421.2—2023《服务业组织标准化工作指南 第2部分：标准体系构建》的要求，综合考虑居家社区养老服务发展现状及其内在要素，搭建标准体系，首先梳理出涵盖内容的各个板块的逻辑图（图9-2）。

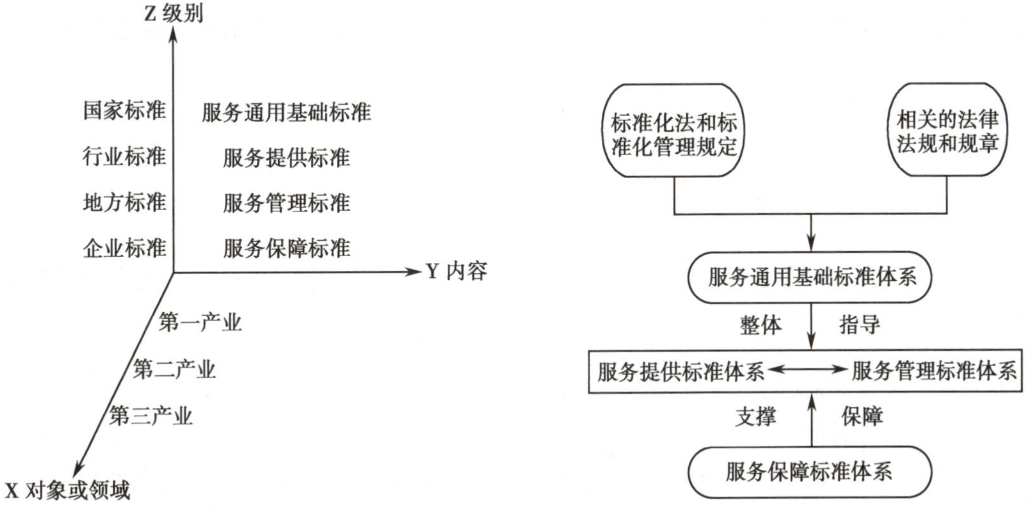

图9-1　居家社区养老服务质量标准体系范畴　　图9-2　居家社区养老服务质量标准体系逻辑

居家社区养老服务质量标准体系的上层是其所适用的法律法规及标准化管理规定，整个体系内的所有标准都应在这一层标准的指导下制定。居家社区养老服务业标准体系内包括服务通用基础标准体系、服务提供标准体系、服务管理标准体系和服务保障标准体系。

根据板块逻辑图，分析居家社区养老服务体系的每个板块所包含的子模块及其内在联系，将其涵盖的内容表达成树形层次结构（图9-3）。

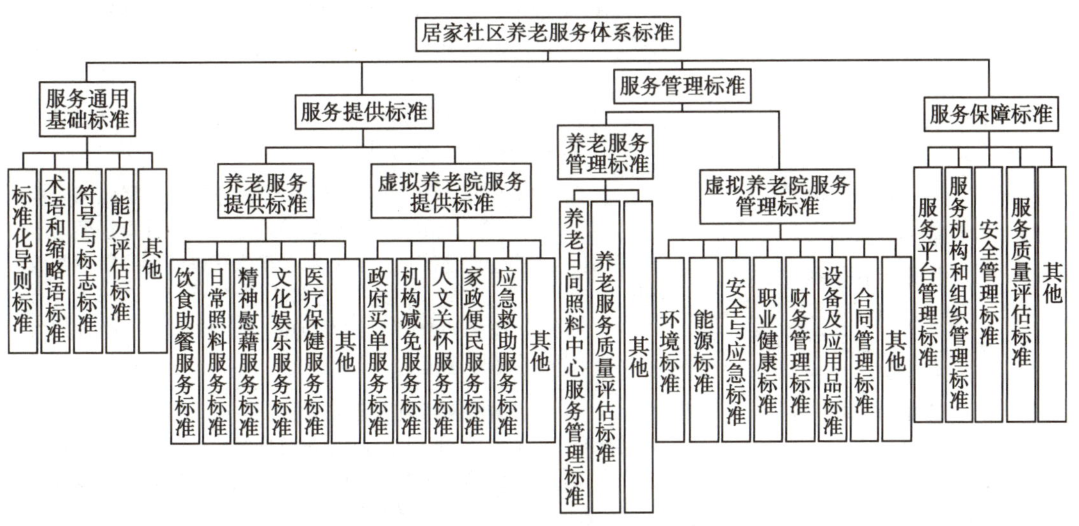

图9-3　居家社区养老服务质量标准体系构成

居家社区养老服务质量标准化建设，是养老服务供给方式的改变，也是对养老服务工作理念和服务流程进行的根本性转变。上文对标准条文的阐述已勾画出居家社区养老服务质量标准体系的框架，标准体系的构建首先依据我国养老服务业标准化建设的内在要求，以及我国居家社区养老服务业的现状及其发展趋势。其次，标准体系设计的重点在于制定居家社区养老服务基础标准、服务资质标准、服务供给标准、服务过程控制及服务质量管理等。为适应居家社区养老服务业发展需要，还要考量与不同阶段经济社会发展水平和具体情况相适应。

图 9-4 描绘了居家社区养老服务质量标准体系的关键指标、三级框架及逻辑结构等。基于上述分析和划分，以老年人接受养老服务的过程为主线，可以概括出居家养老服务质量体系（表 9-1）。

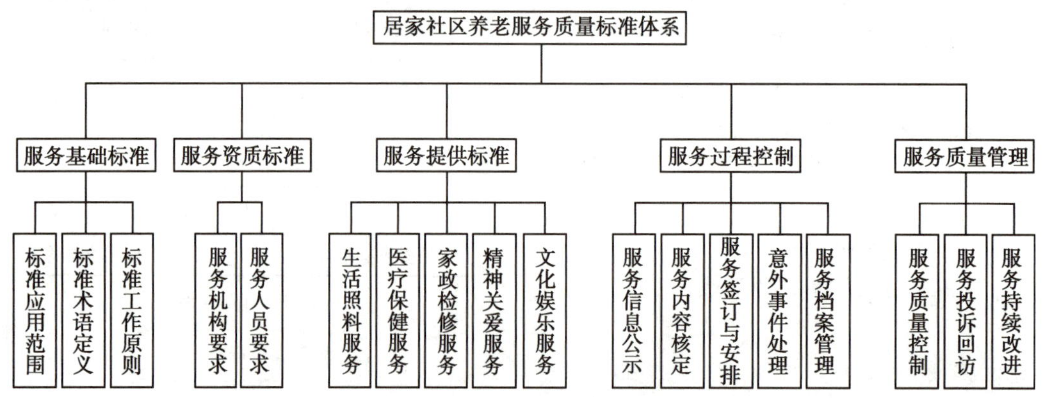

图 9-4 居家社区养老服务质量标准体系结构

表 9-1 居家服务标准质量体系

服务类型	服务目标	服务范围		服务质量标准
过程性服务标准	提供优质的助老服务，保障老年人的养老生活质量，提升老年人居家养老生活满意度	服务具体内容	生活照料服务	合理配餐，提供符合食品安全法律规定和老年人口味的助餐服务；协助老年人起居准确到位，老年人无不适现象，生活护理的个人用具应保持清洁；定期清洗、更换床单和衣服，有条件的可收集老年人衣物集中清洗、消毒；助浴过程中应注意观察老年人身体情况，如遇老年人身体不适，协助采取相应应急措施，外出助浴应选择有资质的公共洗浴场所或有公用沐浴设施的养老服务机构；代办服务应及时办理，应当面清点钱物、证件等
			医疗保健服务	根据老年人需求制定针对性预防方案，方案应简明扼要，便于老年人掌握；康复护理过程中应注意观察老年人的身体适应情况并协助老年人正确使用康复保健仪器；做好提供康复护理服务的记录；通过与老年人的互动等形式为老年人提供预防保健，针对老年人个体提供相应的健康提示
			家政检修服务	安装维修服务应按老年人要求进行，确保维（装）修后无安全隐患，能正常使用；清洗换气扇、油烟机、煤气灶等应做到清洗干净、卫生；不定期检查老年人家庭设施的安全情况，排除安全隐患
			精神关爱服务	预先了解老年人兴趣爱好等情况，与老年人保持良性的沟通互动；善于把握老年人心理特点，并通过心理干预手段调整老年人心理状态
			文化体育服务	根据老年人自身需求，组织老年人开展文娱活动；提供适宜老年人阅读的报刊书籍；建有老年活动室或室外文体休闲场地，配备一定的体育、娱乐器材

续表

服务类型	服务目标	服务范围		服务质量标准
过程性服务标准	提供优质的助老服务，保障老年人的养老生活质量，提升老年人居家养老生活满意度	服务过程控制	服务信息公示	服务机构应真实、准确、完整地公示服务相关信息，便于老年人获取、了解
			服务内容核定	应主动、翔实地向老年人介绍服务项目、服务内容及收费价格，并根据老年人实际情况核定服务内容
			服务签订与安排	应根据核定的服务内容，与接受服务的老年人或其家属签订服务协议，提供相应服务
			意外事件处理	服务机构应建立居家社区养老服务意外事件处置应急预案
			服务档案管理	利用信息技术，建立数字化档案，形成网络化信息管理；服务档案应包括老年人信息、服务协议、服务项目、服务安排、服务记录等资料
		服务质量管理	服务质量控制	服务机构应建立服务质量监控和检查系统，包括对服务人员资质和能力的控制、对服务过程的监控、对服务结果的检查，以及对服务对象满意度调查等，制定服务质量的控制方法并有效运作
			服务投诉回访	养老服务机构应制定并公示接受投诉的方式和程序，改善服务，提高服务质量并定期做好服务对象回访工作
			服务持续改进	通过纠正措施的控制，策划并实施日常的改进；通过对服务质量方针和目标的策划及确定，提出预期目标和总体要求
非过程性服务标准	为保证助老服务活动的顺利开展，对居家社区养老过程性服务所提供条件	居家社区养老服务机构要求		应正式登记注册，具备相关资质证书；配备与其服务范围相适应的固定经营场所及完备的相关设备设施
		居家养老服务人员要求	管理人员要求	具有相应的职业资格证书，掌握企业管理、经营项目等专业知识技术，熟悉有关居家社区养老服务的法律、法规和规定，具有较强的为老服务意识
			服务人员要求	持有健康证明，遵守居家社区养老服务职业道德，具备基本的法律、安全、卫生知识，能够熟练运用相应业务知识和岗位技能，服务周到细致
个性化服务	根据老年人实际需求采取具体服务	在标准化服务具体环节中遇到的个性化服务情况		对老年人的个性化需求及时反馈，满足其具体需求，在实际操作过程中仍应考虑已有标准

第三节　居家社区养老服务质量评估

居家社区养老服务标准为居家社区养老服务提供了一套准则和方法，从而使得居家社区养老服务质量评估工作具有准确性、一致性和可比性。居家社区养老服务质量评估是指对提供给老人的服务质量进行全过程评价。

一、居家社区养老服务质量评估意义

居家社区养老服务质量评估的主要是为了提供有关居家社区养老服务质量的反馈和信

笔记栏

息，以便居家社区养老服务机构能够持续改进服务，更好地满足老年人的需求。居家社区养老服务质量评估的意义包括以下几方面：

一是有助于政府加强指导，确保有效监督。以国家标准、行业标准及地方标准为基本依据，有助于各级政府强化居家社区养老服务指导，协助服务机构规范化运营；同时构建质量评估体系，定期开展专项监督行动，有助于对居家社区养老服务机构形成有效监督，促使其不断完善改进服务过程中的不足之处，不断提升服务质量。

二是有助于服务机构间动态比较，促进良性竞争。居家社区养老服务质量评估的重要功能是确保不同的服务机构具有相对统一的衡量标准。以质量为切入点调动市场机制，通过服务机构间比较和良性竞争，将促进整个行业健康发展，带动居家社区养老服务水平整体提升。

三是有助于供求匹配，保障老年人合法权益。通过对不同服务机构的质量评估和等级划分，将有利于提升居家社区养老服务市场信息透明度；通过了解不同服务机构的星级指数及评价，老年人可以根据自己的养老需求及消费能力自主选择相应的服务，减少资源的不必要浪费，更好地保障自身合法权益。

二、居家社区养老服务质量评估主体

（一）居家社区养老服务机构

居家社区养老服务机构是自我评估的主体。居家社区养老服务机构需要通过对自身服务质量、服务标准及服务流程的自我检查和评价，客观反映出服务现状，并针对短板进行改进和升级，实现服务品质的提高和客户满意度的提升。养老服务机构可以根据国家标准或地方标准，实施对标评估，以寻找自身存在的问题和不足，提升服务质量和水平。但由于居家社区养老服务机构自我评估的初衷主要是为了应对相关部门的常规性检查，这种例行性的自我检查式评估可能导致评估结果作用有限。

（二）居家社区养老服务对象

居家社区养老服务对象，即接受居家社区养老服务的老年人，对服务供给与需求的匹配程度十分敏感，会根据居家社区养老服务机构提供的服务与自身预期进行比较，同时也可能与自己之前接受过的服务进行比较，对居家社区养老服务质量、服务标准及服务流程等方面的优缺点进行评价。尽管老年人是评估主体，其评估目的是及时发现养老服务中的不足与局限，但由于涉及评估主体的自身利益而会在一定程度上降低评估的客观性，加上老年群体的特殊性，他们往往不能清楚地表达出自己的需求。一方面，并非所有服务对象都能够完成服务质量评估，如失智老人就无法完成评估；另一方面，服务对象的评估也并非完全客观，如习惯高盐饮食并患有高血压的老年人，可能对低盐饮食评价较低。

（三）家属或监护人

老年人在接受居家社区养老服务后，其家属或监护人对居家社区养老服务内容、服务态度、服务环境及服务效果进行评估。有的分类将服务对象及家属或监护人等同，但事实上，服务对象与家属或监护人对居家社区养老服务质量评价有时并不完全一致，甚至还会出现背离的情况。可能出现家属或监护人对服务非常满意，而接受服务的老年人对服务非常不满，或者完全相反的情况。因此，有必要将这两类评估主体予以区分。

（四）管理机构

管理机构主要指居家社区养老服务的政府主管部门，通过对养老服务机构的监督、检查及对服务对象的调查等，了解居家社区养老服务情况，并对服务作出评价。当前，养老服务质量评估的重要性已经得到政府部门的充分重视，在日常工作中设立相应的指标体系进行

笔记栏

定量评估也成为常用的管理手段。但是，国际经验表明，政府对自身工作评估是缺乏公信力的，所以依照国际惯例，需要邀请具有管理职责的政府部门和直接提供服务的养老服务机构之外的第三方专业机构来负责实施质量评估。

（五）第三方机构

除了上述评估主体之外，居家社区养老服务评估还需积极引入第三方机构的力量，通过其专业性和独立性，提高评估的实际效果。第三方机构指独立的、不直接提供养老服务的企业或组织，根据相关标准和规范，对居家社区养老服务质量和水平进行评估和认证。常见的第三方机构可能是大学中相应的专业院系或社会科学领域的科研机构；从性质上看，可以是非营利的社会组织，也可以是市场化的专业公司企业。

第三方机构的任务包括：第一，根据设定的评估任务，确立评估的目标和标准，构建相关的指标体系和制订严格的工作程序。第二，根据设定的标准和程序，在服务过程中对居家社区养老服务机构进行定期或不定期的评估和监督，并就机构的硬件设施和软件配置提出进一步改善的意见和建议。第三，根据设定的标准和程序，对申请入住的老人进行身心状况与服务满意度调查，提出综合性的评估意见。

三、居家社区养老服务质量评估属性及内容

（一）居家社区养老服务质量评估属性

居家社区养老服务质量评估具有 4 个方面属性：一是评估对象涵盖硬软件建设，即居家社区养老服务质量评估既包括家庭养老床位、适老化改造等硬件建设，同时更关注人员队伍和服务水平等软件建设，硬件是基础面，软件是核心面。二是评估方法兼顾主客观评价，即居家社区养老服务质量评估既强调可量化、客观和简洁的客观性指标测量，同时也注重老年人对所提供的养老服务满足需求、达到期望程度的主观性感知测量。三是评估内容具有多维度，即养老服务质量评估既关注内容质量，同时也注重过程质量和结果质量，充分体现出多维度的有机统一。四是评估结果注重社会与经济双重效应，即居家社区养老服务质量评估不仅关注养老服务机构盈利水平及促进经济增长的效应，同时更注重养老服务质量对老年人获得感、幸福感和安全感及对就业拉动的社会效应。

（二）居家社区养老服务质量评估内容

从居家社区养老服务内容层面上看，养老服务质量的评估重点聚焦在家边、身边和周边的各类养老服务，主要涵盖日常照料、健康支持、文娱活动与精神慰藉、安宁疗护等方面服务。从操作层面上看，当下对居家社区养老服务质量的评估主要集中于助餐、助洁、助医和康乐四大服务类型上。鉴于四大类服务在内容、形式、服务提供机构和供给场所等方面不尽相同，因此四类服务的具体评估形式也有明显的不同。此外，居家社区养老服务类型通常是多样和细分的，由于服务产品具有无形性和差异性等特征，服务产品质量很难像有形产品质量那样进行科学的测定和评价。根据美国学者白瑞、巴拉苏罗门及西思姆等所提出的服务质量模型，应当在服务质量的可感知性、可靠性、反应性、保证性和移情性 5 个维度上确定居家社区养老服务质量评估指标构建和测度。

1. 可感知性　可感知性亦被称为有形性，是指服务的有形展示，如各种服务设施、服务环境、服务标志、服务人员的外貌和着装等。服务质量评估主体正是借助这些有形的、可见的部分来把握居家社区养老服务的实质。有形部分提供了有关居家社区养老服务质量本身的线索，同时也直接影响到评估主体对服务质量的感知。

2. 可靠性　可靠性是指服务提供商是否能够按照承诺的标准提供服务，是质量评估最重要、最核心的内容。即考察居家社区养老服务机构准确无误地履行所承诺服务的能力。

笔记栏

对于老年人而言,可靠的服务质量是非常重要的,可以让他们放心地享受居家社区养老服务。如养老服务机构为居家老年人提供送餐服务的准时程度,提供长期护理服务的居家老年人压疮发生率等都能反映居家社区养老服务的可靠性。

3. 反应性 反应性主要指反应能力,即应对居家社区老年人提出的要求、询问以及处理和解决各类问题的迅速程度。服务传递的效率是服务质量的一个重要反映,老年人往往非常重视等候服务时间的长短,并将其作为衡量服务质量好坏一个重要标准。很多时候反应是否迅速,往往会影响到老年人的生命安危,老年人突发疾病通过智能呼叫终端预警,如果反应不及时,可能错过最佳抢救时机。因此,居家社区养老服务机构应尽可能缩短让老年人等待的时间,提高服务传递的效率。

4. 保证性 保证性是指服务人员良好的服务态度和胜任工作的能力,增强老年人对居家社区养老服务质量的信心和安全感。服务人员良好的服务态度会使老年人感到心情愉快,自然会影响其主观感受,从而影响老年人对服务质量的评价。服务人员具备渊博的专业知识,能够胜任服务工作,会使老年人对养老服务机构及其提供的服务产生信心,并对获得满意的服务感到愉快。在居家社区养老服务中,服务人员的素质是非常重要的一个维度,不仅要有专业的知识技能,还要具备一定的职业素养和人际交往能力。一方面,服务人员需要具备专业的技能,如护理、烹饪、家政等方面的知识和技能,需要了解老年人的健康状况和日常需求,能够提供专业的护理服务,如测量血压、血糖等生命体征,进行按摩、理疗等保健服务,同时还需要具备照顾和烹饪的能力,保证老年人的饮食健康和营养均衡。另一方面,服务人员需要具备一定的职业素养,包括良好的职业道德和职业操守,需要尊重老年人的隐私和尊严,不泄露老年人的个人信息,不擅自使用老年人的财物;需要有责任心和敬业精神,认真对待自己的工作,不偷懒、不旷工、不迟到早退。此外,服务人员还需要具备一定的人际交往能力,能够与老年人沟通、交流。倾听老年人的需求和意见,及时反馈和处理老年人的问题,建立良好的沟通和信任关系的同时。与老年人的家庭成员、医护人员等多方面进行协调和合作,保证老年人的照顾和服务质量。

5. 移情性 移情性也称关怀性,是指居家社区养老服务人员能设身处地为老年人着想,努力满足老年人的要求。这便要求服务人员有一种投入意识和大爱精神,想老年人之所想,急老年人之所需,了解老年人的实际需要,以致特殊需要,竭尽全力予以满足,充分的关心和体贴老年人,使服务过程充满人情味。

四、居家社区养老服务质量评估方法

社会科学研究中的定量研究方法和定性研究方法,也是居家社区养老服务质量评估的常用方法。

(一) 居家社区养老服务质量评估的定量方法

定量评估是指运用数量指标来进行评估。数量指标又可以分为客观指标和主观指标。所谓客观指标是指用一些客观存在的可以用数量来标示的指标。在设计这些指标时,一定要注意其可比性。同时,选取客观性更强的结果性指标,可能更能反映事实真相。在评估时,常常会涉及老年人的主观感受,这就要用主观指标来进行测度。目前用得比较多的是态度量表。面向接受居家社区养老服务的老年人设计调查表(问卷),采用科学的抽样方法,针对服务设施、服务质量、服务态度、服务效率等进行满意度调查,调查结果应进行量化并作为居家社区养老服务机构服务质量评价的依据。

定量方法的优点是,可以用直观的数据来表述评估的结果,看起来一目了然,便于评估主体掌握调查选取的样本范围内的基本情况。但如果要用调查的结果来推及全面,一定要

笔记栏

用随机抽样的方法。随便找接受居家社区养老服务的老年人进行访问并不是“随机”，而是“随意抽样”，这样的调查结果是无法作推测的。

定量方法的缺点是，为了量化可能会使本来比较复杂的事物简单化、模糊化，有的意见被量化以后可能被误解和曲解。譬如同一个问题，最后回答“满意”“一般”“不满意”，原来很复杂的事物，就变成几个很简单的选项了。

（二）居家社区养老服务质量评估的定性方法

定性分析是通过对用文字或其他方式（譬如音像资料）记载的资料进行分析。就居家社区养老服务而言，常用的定性评估方法有个案访谈法、参与观察法、文献研究法、历史研究法等。如，通过资料收集和查看等方式，对居家社区养老服务机构的资质证书、规章制度、服务档案记录等文件进行审核就是典型的定性评估方法。

与服务对象面对面地进行比较长时间的结构式或者半结构式的访谈，也是常见的定性方法，有利于深入挖掘问题及原因。用一个通过理论推导演绎的分析框架，对资料进行编码整理，能客观全面反映居家社区养老服务对象的意见。

定性方法在一定程度上可以避免定量方法的缺点，挖掘出服务对象深层次的想法和意见，使居家社区养老服务质量评估的结论更全面、更深刻；但评估者本身主观的价值判断影响较大，对评估者的素质要求更高。

（三）定量方法和定性方法相结合

如上所述，定量方法与定性方法都有其优点和缺点。在居家社区养老服务质量评估过程中，将定量与定性结合起来可能是一个有效的方法：如果在解读问卷调查得来的数据时，配合深入访谈得来的个案资料，用定性研究来深入发掘问题的内核，能帮助评估者更好地认识和理解研究问题的真相。现场评估就是典型的定量与定性相结合的评估，即对居家社区养老服务机构的场地及服务场所进行现场观察和信息收集，综合评估服务提供能力和服务管理水平。现场评估方法包括但不限于下述内容：确认服务机构的场地、硬件条件；检查规章制度、服务记录、档案、合同凭证等文件；评估服务人员情况；现场观察服务过程；核实自评材料信息；与服务人员、服务对象及其他相关人员交流访谈。

五、居家社区养老服务质量评估流程

对居家社区养老服务质量进行客观评估，通常都是由居家社区养老服务机构自评后，再经由民政部门或其他政府部门委托第三方机构进行评估。具体评估流程如下：

1. 自评　一般情况下，居家社区养老服务项目开展满一年，由项目承接机构进行服务项目自评，向服务采购主体（一般是民政部门）提交自评报告，申请评估。评估工作一般应每年实施 1 次。

2. 委托第三方评估　服务采购主体委托第三方评估机构开展实地评估。

3. 第三方评估机构组建评估团队　团队成员一般由养老服务行业专家组成。这些专家可能来自行业协会、高校及社工机构等。

4. 评估前资料准备　包括收集和整理居家社区养老服务机构的申报材料、自评材料；汇总接受居家社区养老服务的老年人名单，确定实地调查的老年人名单及相关信息；明确评价标准和相关政策。

5. 召开专家研讨会　根据居家社区养老服务质量评估及调研需要，结合资料收集情况，组织专家召开研讨会，制定详细的评估和调研方案。

6. 对整个评估及调研团队进行培训　包括宣传学习居家社区养老服务质量评估相关政策文件及主要标准，明确实地评审方式及所要查验的资料清单；敲定实地评估方案、任务

分工、材料清单、评估工作纪律要求，以及评估期间的人身安全等事项，统一思想认识。

7. 实地评估及调研　根据参与居家社区养老服务质量评估的养老机构数量，并结合人力情况，实施评估工作。

8. 数据分析及整理　评估团队成员对于实地评估和调研收集的资料，组织安排专人梳理、核对、录入实地评估收集的信息，完成实地评估数据和信息的汇总整理工作，同时，对信息交叉核对，查漏补缺，确保所收集到的各项信息可以满足居家社区养老服务质量评估的需求。

9. 确定评估结果并提交　根据搜集到的资料和数据，严格按照居家社区养老服务质量相关标准的规定，计算各居家社区养老服务机构的综合得分，并撰写评估报告，提交给采购方。

10. 评估结果公示　采购方对评估结果进行公示，对评估结果有异议的，应在公示期结束后 7 个工作日内以书面形式提出复评申请。由采购方组织复评，复评结果为最终结果。

11. 评估结果反馈　采购方将居家社区养老服务质量评估结果反馈给居家社区养老服务机构，居家社区养老服务机构对照标准，结合自身的不足进行改进，提升服务质量，以便迎接下一年的评估。

综上，现阶段我国尚未建立相对统一的居家社区养老服务质量评估标准，面对当前质量评估滞后及碎片化现状，加快全国相对统一的居家社区养老服务质量评估体系建设不仅必要，而且迫切。当然，统一标准并不意味着各地评估指标的完全相同，需要根据不同地区经济状况与居家社区养老发展程度，对相应的具体项目、指标做适时调整，坚持评估普遍性与特殊性相结合的基本原则。

第四节　居家社区养老服务质量管理典型案例

杭州市居家社区养老服务工作一直走在全国前列，在居家社区养老服务质量管理方面，杭州市通过率先制定地方标准、开展多主体评估的方式，不断推动居家社区养老服务质量持续改进，其经验与做法值得学习借鉴。

一、杭州市居家社区养老服务质量管理案例背景

杭州市老龄化程度高于全国，其养老服务成绩在全国范围内也较为亮眼。在国家市场监管总局发布的《2021 年全国公共服务质量监测情况通报》中，杭州市养老服务质量满意度位列副省级城市第一位，在全国 120 个重点城市中排名第二。截至 2019 年底，杭州市 60 岁及以上户籍老年人口 179.57 万人，占其总人口的 22.55%，80 岁及以上高龄老人 28.58 万人，占其全部老年人口的 15.92%；失能、半失能老人 9.98 万人，占老年人口的 5.56%。为积极应对日益严峻的人口老龄化形势，满足广大老年人最迫切的居家养老需求，近年来，杭州市坚持以老年人为中心，深入推进居家养老服务供给侧结构性改革，加快打造高质量“一刻钟”幸福养老服务圈。在居家养老服务设施分层分类、困难老年人家庭适老化改造、康养联合体建设及“互联网＋养老”等方面形成了系列杭州特色经验，这些经验都需要进一步制度固化。同时，杭州市还存在居家养老体系不够健全、城乡区域发展不平衡、医养结合不够深入等问题，也需要夯实基础、补齐短板，以此进一步推动居家养老服务工作再上新台阶，更好地满足老年人的居家养老服务需求。

杭州市于 2020 年 10 月 1 日开始实施《杭州市居家养老服务条例》，为更好地贯彻落实

该条例，加快构建形成居家为基础、社区为依托、机构充分发展、医养有机结合的多层次养老服务体系，全面提升居家社区养老服务水平，有效满足老年人日益增长的多样化多层次的养老服务需求，杭州市又于2020年10月9日出台了《杭州市人民政府办公厅关于贯彻落实〈杭州市居家养老服务条例〉的实施意见》（杭政办函〔2020〕47号），其工作目标之一是"居家养老服务监管机制更健全。政府监管、行业自律、社会监督'三位一体'的监管体系有效建立，老年人合法权益得到有效维护"。其主要任务是强化居家养老服务监管。具体措施包括建立健全监管机制和强化居家养老服务质量规范。明确提出要"制定全市统一的居家养老服务质量规范，市民政部门应当会同有关部门对居家养老服务机构进行综合评估，规划和自然资源、民政、财政等部门每2年对居家养老服务用房的配置和使用情况、政府提供的居家养老服务项目绩效情况等进行评估，并实施相应奖惩措施；定期针对本系统本行业领域的重点环节进行安全风险摸排评估"。

二、杭州市出台《居家养老服务质量规范》地方标准

居家养老是当前老年人养老生活的主要方式，在杭州市有超过96%的老年人选择了居家养老，每天有2800余家居家养老服务中心为老年人提供涵盖助急、助洁、助餐、助医、助浴、助行、助聊的"七助"服务。为了贯彻落实《杭州市居家养老服务条例》，推动居家养老服务质量创新，杭州市作为浙江省养老服务标准化的先行者，率先出台由杭州市民政局编制的市级地方标准《居家养老服务质量规范》（DB 3301/T 0315—2020），并于2020年10月30日起正式实施。《居家养老服务质量规范》地方标准以科学性、客观性、合理性、适用性为编制原则，根据杭州市居家养老服务的实际情况，详细规定了居家养老服务的基本设施、服务种类、人员配备、智慧应用、居家养老服务机构等级评价等方面内容。标准实施以后，杭州居家养老服务机构评定采用等级制管理，从设施建设、组织建设、服务活动和社会效果四个维度对居家养老服务机构开展等级评定，根据评价结果将居家养老服务机构分为3个等级，由高至低依次为五星级、四星级、三星级，等级越高，表示服务质量越高，服务设施设备越完善。老年人可以根据服务机构的星级更方便地选择居家养老服务。《居家养老服务质量规范》中还突出了智慧应用、适老化设施改造、公共卫生应急管理的杭州特色，比如根据老年人服务需求特点，通过物联网技术和可穿戴设备提供信息、健康监测、生活照料、紧急求助等服务，能为居家养老服务中心等进行服务质量评价和监管提供依据。《居家养老服务质量规范》的出台，有助于提升杭州市居家养老服务和管理水平，也能够为居家养老服务中心进行服务质量评价和监管提供依据，提升老年人的生活幸福指数。

三、杭州推动多主体参与评估

（一）引入智慧养老场景，邀请银龄体验官参与评估

居住在杭州西湖区的老年人只要打开"浙里办"App，点击"一键养老"应用场景，随即进入简洁清晰的主页，包含了"问医生""不上当""去听课""云书房"等模块，主页尾端还设置有"SOS"求救按钮和电话急求热线。这是西湖区自2021年推出的"一键养老"居家老人养老智慧暖心服务，以老人视角设计服务架构，通过数字化手段来解决老年人高频需求场景和生活关键问题，让老年人享受到数字化带来的居家养老红利。只要在家点一点手机，就能享受远程问诊、康复治疗、送餐上门等30多项居家养老服务，对经常需要医疗帮助的老年人来说十分方便。自"一键养老"居家老人养老智慧暖心服务推出后，西湖区特地招募了一批"银龄体验官"。"银龄体验官"主要由身体健康、责任心强、会用智能手机的老年人担任。体验"一键养老"应用场景，并提出优化改进场景的意见建议；同时，监督西湖区养老政

笔记栏

策是否宣传与落实到位、养老服务是否真正满足老年人需求等工作，参与养老服务政策制定与工作改进全过程，不断提升西湖区广大老年人的满意度与幸福感。

（二）政府多部门协同发力，推动规范化标准化发展

杭州市临平区审计局在乡村振兴专项审计调查开展过程中，发现当地存在养老助餐政策未实现全区统一、部分居家养老照料中心适老设施未安装等问题。针对存在问题，该局联合临平区政府办公室及相关单位迅速制定“搭建平台，统一助餐政策”“明确标准，确保点上整改”“举一反三，扩大整改成效”的一揽子整改方案。临平区政府分管领导专题部署、临平区审计局督查监管、临平区民政局牵头执行，形成合力，强化落实整改责任，全面推进问题整改，取得了积极成果。

通过多单位协作，临平区全面摸排了各镇街助餐情况，搭建了全区智慧助餐云平台，同时完善制度设计，统一了养老助餐政策。通过搭建平台、统一政策，有效解决了各镇街助餐系统互不兼容、不能跨区域就餐的问题，推动了老年助餐标准化、规范化发展，提高了老年人用餐满意度。按照整改方案，临平区对未安装适老设施的居家养老照料中心也进行了全面整改，切实提升了居家养老服务设施的安全性、体验感与老年人的生活品质。临平区审计局相关负责人表示：“借此契机，我们制定相应政策，将适老化设施安装内容与验收标准紧密相扣，加强监督，从根本上解决问题，提升服务质量。”在全面提升养老服务软硬件设施的同时，临平区民政局出台《杭州市临平区养老服务电子津贴工作职责和考核管理办法》，建立长效监管机制，加强政府购买服务监管力度。

（马云超　赵文雯）

ER-9-2
扫一扫
测一测

复习思考题

1. 请简述居家社区养老服务质量标准的原则与特点。
2. 请简述居家社区养老服务质量管理的目标。
3. 请简述居家社区养老服务质量标准化的重要性。
4. 请简述居家社区养老服务质量评估的方法。
5. 请简述相关标准在居家社区养老服务质量评估中的作用。

笔记栏

PPT 课件

第十章 居家社区养老服务风险管理

学习目标

知识目标

掌握居家社区养老服务风险管理的目标和过程，熟悉居家社区养老服务提供方面临的风险类别和常见的不良事件。

能力目标

了解居家社区养老服务风险管理内涵，能够发现现实中一些养老服务过程中出现风险的规律，能够具备风险识别和现状调查的基本能力。

素质目标

深刻把握居家社区养老问题的社会属性，体会养老服务风险管理的定位及对于家庭生活和社会稳定的重要意义，引导学生关心身边的老年群体。

课程思政目标

体会到居家社区养老服务风险的客观存在，树立安全观念，提升风险管理意识及风险应对能力，逐步建立起居家社区养老服务的安全意识体系。

【学习要点】

1. 居家社区养老服务风险管理的内涵与特点。
2. 居家社区养老风险的特殊性和不良事件的影响因素。
3. 居家社区养老服务风险管理改进的主要措施。

第一节　居家社区养老服务风险管理概述

居家社区养老服务是高投入、低收益行业，面临着各种高风险因素。在居家社区养老服务的运营过程中风险管理至关重要，决定了老年人的生活质量和社会稳定。这不仅需要服务机构和从业者充分了解和评估各类风险，采取有效措施降低风险，确保老年人的福祉；同时还需要政府和社会各界关注养老行业的风险问题，共同努力促进养老行业的健康发展。

一、居家社区养老服务风险管理内涵

（一）居家社区养老服务风险

风险是指具有不确定性的损失。在提供居家社区养老服务时，服务对象实际状况复杂多变，服务地点、人员相对分散，服务内容的标准化程度偏低、管理规范难度大，服务提供方极有可能因为管理不到位面临各种损失或赔偿的责任。同时，居家社区养老涉及基层弱势

笔记栏

群体的民生需求，也是社会保障、民政补助和公益慈善的重点，社会关注度大，收入来源广泛同时也多有变化。原本被减免的成本可能变成需要实际承担的支出，或是因为政策标准变化增加成本开支。

（二）居家社区养老服务风险管理

居家社区养老服务的风险是客观存在且难以完全消除的。居家社区养老服务风险管理是在识别、评价及分析风险的基础上，运用科学的管理技术手段对可能发生的风险进行一定的预防及处理，尽可能地控制风险，使其向有利条件转化，并能在风险发生后及时补救，减少经济损失和降低负面影响，从而实现居家社区养老服务的可持续性发展。

二、居家社区养老服务风险管理目标

（一）居家社区养老服务风险管理的分层目标

居家社区养老服务风险管理的目标是多层次的，反映服务提供方在近期、中期和远期的不同愿景。

1. 基本目标　提供居家社区助老服务，避免发生威胁服务提供方生存的重大责任事故和损失。养老服务提供方为居家生活有困难的老人提供帮助，收入既包括提供服务所获得的业务收入，也包括从政府或非政府机构获取的补贴收入。收支平衡是居家社区养老服务提供方满足基层治理需求、维持正常运转的最低标准。

2. 中级目标　提供居家社区适老服务，减少影响服务提供方稳定收益和持续增长的多发性事故。养老服务提供方为社区常住居民提供日常所需要的生活消费，能够通过业务收入补偿所耗费的社会资源，并且实现一定的盈余作为业务拓展的储备。业务收入在总收入中占比超过 50%，服务提供方主要依靠控制业务成本实现盈余。意味着养老服务提供方能够满足老年居民的消费需求，从而具备市场生存和持续增长的能力。

3. 最高目标　提供居家社区康养服务，降低服务投诉率和员工离职率，体现养老服务提供方的社会价值。养老服务提供方为老年群体提供稳定的居家社区生活保障，减轻家庭和个人对老龄化的烦恼和忧虑，为不同年龄、职业的社区居民提供工作生活相融合的互助平台，整体提高社区和家庭的抗风险能力。

（二）居家社区养老服务风险管理目标的原则

1. 成本原则　居家社区养老服务提供方确定风险管理的目标首先要考虑成本因素。风险管理会带来运营成本的增加，控制成本是首要的原则。确定风险管理目标时需要与业务收入的能力相匹配，还要与现有的业务流程相匹配。对于可能存在的经济损失，预防潜在损失是最经济的方法。对于高风险群体设定合理的警示和提醒，对于不良事件及时跟进处理，在合理的时间内恢复正常的运营秩序。

2. 协同原则　居家社区养老服务提供方确立风险管理的目标要考虑利益相关方对目标的认同和协调一致。运营涉及与居民家庭及社区、物业等多个部门的交叉配合，目标不一致就会带来利益冲突或责任推诿。风险管理的目标要转化为居民能够理解接受的习惯观念、社区街道能落实考核的工作要点、物业管理机构愿意配合的利益纽带。

三、居家社区养老服务风险管理流程

居家社区养老服务风险管理的流程包括以下主要步骤：

1. 收集风险管理初始信息，确定风险管理目标　了解居家社区养老服务提供方的性质、宗旨和运营概况，在此基础上确定风险管理的目标。

2. 进行风险辨识、风险分析和风险评估　对居家社区养老服务提供方面临的和潜在的

笔记栏

风险加以判断、归类，并且通过调查分析对风险性质进行鉴定的过程。

3. 制定风险管理策略 根据风险和损失的大小制定风险规避、损失控制、风险转移、应急预案准备等策略。

4. 实施风险管理方案 根据风险管理策略制定具体的实施方案，包括从内部运营和管理角度的解决方案，以及从外部寻求社会合作的解决方案。

5. 风险管理的反馈 在风险管理策略实施的过程中定期总结反馈风险控制效果，对照目标完成情况并修正风险管理目标。

第二节 居家社区养老服务风险识别与分析

目前，居家社区养老服务模式主要通过政府购买服务、社会参与、私人组织机构承办的方式来运行，过程中引入第三方机构参与评估监督，涉及主体较多，风险多样化，亟待运用科学方法进行风险识别与分析。

一、居家社区养老服务风险识别

（一）运营风险

运营风险主要是由市场购买力不足引起未来收益的不确定性。

1. 居家社区居民养老服务需求的不确定性 居家社区养老服务对象是处于家庭生活状态中的自理老人、半失能老人、失能老人、失智老人。因为没有完全脱离家庭生活，有各种可以替代的生活方式，他们对生活照顾的需求本身就具有不确定性。例如助餐口味、起居习惯等都会造成业务拓展的障碍。另外，老人对健康服务项目需求的个性化偏好比生活照顾项目更大。

2. 其他养老方式挤占养老市场 居家社区养老服务对象有众多可替代的生活照顾。对单人贴身照顾需求高、支付能力强的家庭所面临的选择更多，市场竞争也是比较激烈的。与住家保姆、钟点工等个体经营相比，额外的管理成本使居家社区养老服务提供方其并不具备竞争优势。养老服务提供方通常是以政府购买的免费项目或成本较低的娱乐、科普活动进入社区，但拓展业务时出现收费难的问题。

3. 突发事件或其他不可抗力导致工作环境的变化 居家社区养老的服务对象来源于有限的区域范围内，风险相对集中。一旦遭遇自然灾害、突发事件时可能出现无法履约的情况。例如突发公共卫生事件防控导致社区封闭、人员静止时上门服务会被禁止，养老服务中断或纳入统一管控。另外，社区人口数量和年龄结构的变化趋势也会带来市场需求的萎缩。尤其在人口流出严重的地区，养老服务市场前景堪忧。

（二）合规风险

合规风险是由政府制定的相关服务规范标准逐步提高，从而带来的服务提供方运营成本上升补贴减少，甚至有可能因为不符合相应标准而受到主管部门的处罚。政府多是引入第三方对养老机构、服务设施及养老体系标准等进行评估，存在专业性、真实性等风险。

1. 政府设定养老服务设施配备标准 政府对社区养老服务机构的营业面积、休息床位、配（就）餐室、阅览室、文体活动室、健身康复室、医疗保健室及其他附属设施有配置要求。简易的老年助餐点也需要有固定场所，并配备冰箱、微波炉、灶具、就餐桌椅器皿、清洗消毒设备等必要设施。这些标准不仅是养老服务提供方取得建设经费补贴的必要条件，也是政府购买服务经费招标的重要依据。

笔记栏

2. 政府设定养老服务人员配备标准　政府对居家社区养老服务提供方聘用或雇佣的护理服务人员也有配置要求，人员数量应与自身服务能力和服务需求相匹配。例如提供居家护理服务需要配备参加养老护理员、健康照护等执业培训合格的人员，以及按照一定人员比例配备医护。服务人员与居家社区养老服务提供方应该签订稳定的劳动合同或聘用协议。

（三）客户风险

客户风险是在服务过程中发生不良事件导致养老服务对象受到损失所要承担的赔偿责任。老年人在生理、心理、沟通交流能力等方面发生改变，存在生理因素、心理因素、人际关系、法律等风险。

1. 人身损害风险　养老服务的对象是各项身体功能处于衰退的老人，照护过程中极有可能出现失衡或失控的状态，加大了操作不当或意外事故的风险。在合理限度范围内，养老服务提供方的服务人员作为临时看护人有保障老人人身安全的义务，也就要承担这部分人身损害的风险。

2. 财产损害风险　居家养老包含上门服务，服务人员需要进入居家环境并使用服务家庭的各种生活设施。在合理限度范围内，养老服务提供方服务人员负有保障服务家庭财产安全的义务。使用过程中因人为原因操作不当发生损坏和遗失，需要承担赔偿责任。

3. 精神损害风险　居家养老服务是对老人的贴身照顾，与老人产生直接的情感连接，所以需要尊重老人的人格尊严、注意隐私保护。并且养老服务提供方在实施质量管理和接受政府部门监督时可能涉及录音录像，如果没有征得服务对象同意或未对私人信息进行处理，均有可能产生纠纷和赔偿责任。

（四）员工风险

员工风险是从事养老服务的员工因公受到意外损害导致养老服务提供方承担额外的人员成本或人身伤害赔偿的责任。服务人员的风险来源于人员数量和服务质量方面，体现在人力短缺、员工流动、素养能力等方面。随着养老需求的增加，从事养老行业的人员数量偏少，面临人力资源短缺问题。

1. 交通意外风险　居家社区养老服务人员需要在多个工作环境中切换，并且要经常性地适应陌生的社区环境和交通路线，发生交通意外的风险比固定工作环境的岗位要大得多。一旦发生意外事件，不仅要中断服务或启用备班人员，还要承担因公致伤的损害赔偿。

2. 职业暴露风险　居家社区养老服务人员在照顾患有传染性疾病的老人时，还存在职业暴露的风险。尤其是提供专业性较强的医疗护理服务时，陌生的居家环境和缺少团队配合会给护理人员带来心理压力，例如穿刺操作可能导致因公受伤等，养老服务提供方都要承担损害赔偿。

3. 意外伤害风险　居家社区养老服务人员提供上门服务时要适应陌生的家庭环境，如果是失智老人时可能得不到配合。相对封闭的工作环境，给服务人员的人身安全带来风险。年龄超过 45 岁的服务人员，在工作中意外受伤的可能性会显著加大。

二、居家社区养老服务风险分析

居家社区养老服务存在的风险是多样的，对这些风险进行分析是进行风险管理决策的前提。风险分析分为现状调查和统计分析两个步骤。

（一）现状调查方法

1. 财务报表和现场调查相结合

（1）财务报表：财务报表是居家社区养老服务机构经营状况的集中体现，通过财务报表可以

在短时间内了解机构的经营过程和经营成果的全貌。居家社区养老服务机构大多属于民办非企业单位，在财务报表中需要重点了解的指标有资产负债表（表 10-1）和损益表（表 10-2）。

表 10-1　资产负债表

编制单位：　　　　　　　　　　　　　　　　单位：元

资产	行次	年初数	期末数	负债和所有者权益	行次	年初数	期末数
流动资产				流动负债			
货币资金	1			短期借款	15		
短期投资	2			应付款项	16		
应收款项	3			应付工资	17		
预付账款	4			应交税金	18		
存货	5			预收账款	19		
待摊费用	6			预提费用	20		
一年内到期的长期债券投资	7			一年内到期的长期负债	21		
其他流动资产	8			其他流动负债	22		
流动资产合计				流动负债合计			
长期投资				长期负债			
长期股权投资	9			长期借款	23		
长期债券投资	10			长期应付款	24		
长期投资合计				其他长期负债	25		
				长期负债合计			
固定资产							
固定资产原值	11			负债合计			
减：折旧	12						
固定资产净值	13			所有者权益			
在建工程	14			实收资本	26		
固定资产合计				资本公积	27		
				盈余公积	28		
				所有者权益合计			
资产合计				权益合计			

资产负债表反映了居家社区养老服务机构所运营的资源状况和权益归属。应支付给员工还未支付的工资、福利费，向居民预先收取的服务费，都属于负债。通常来说负债的数量应该控制在一定范围，以降低负债经营难以为继的可能。

$$负债比率 = 负债总额 / 资产总额$$

该指标低于 50% 为风险较小。

$$流动比率 = 流动资产 / 流动负债$$

该指标大于 2 为风险较小。

笔记栏

表 10-2　损益表

项目	本月数			本年累计		
	限定	非限定	合计	限定	非限定	合计
一、收入						
捐赠收入						
提供服务收入						
销售商品收入						
政府补助收入						
投资收益						
其他收入						
收入总额						
二、费用和支出						
(一) 业务活动成本						
职工薪酬						
福利费						
社保费						
业务费						
(二) 管理费用						
(三) 设备购置费						
(四) 税费						
(五) 其他支出						
三、限定净资产转为非限定净资产						
四、净资产变动额						

损益表反映了居家社区养老服务机构的收支状况。居家社区养老服务机构的收入可能有限定和非限定的区别。非限定是指资产提供者或捐赠者对资产使用和处置未提出任何限制条件而形成的收入和支出,限定是指按照资产提供者或捐赠者对资产使用和处置提出的限制条件而形成的收入和支出。居家社区养老服务机构对非限定收入和资产的处置要实现盈利,对限定收入和资产的处置只要收支平衡即可。

非限定净资产变动率 =(非限定收入 – 非限定费用和支出)/ 非限定收入

该指标大于 20% 为风险较小。

限定净资产变动率 =(限定收入 – 限定费用和支出)/ 限定收入

该指标大于 0 为风险较小。

(2)现场调查:现场调查是在实际的工作现场了解潜在的风险状况。现场调查可以获取更多的业务细节,缺点是信息不够全面,获取信息质量受到调查时间、对象、方法的影响较大。因此现场调查需要做好准备工作,制定详细的调查项目表(表 10-3)、明确调查对象,还可以参考过去的调查记录,容易出现的问题着重调查。

笔记栏

表 10-3　调查项目表

名称	调查内容
服务项目	
运营年限	
人员资质和工作年限	
客户满意度反馈	
员工满意度反馈	
改进措施	

2. 组织结构图、流程图、事故树法

(1)组织结构图：组织结构图是描述机构业务运营的过程及各个部门相互联动关系的图示，旨在描述风险发生的工作范围(图 10-1)。

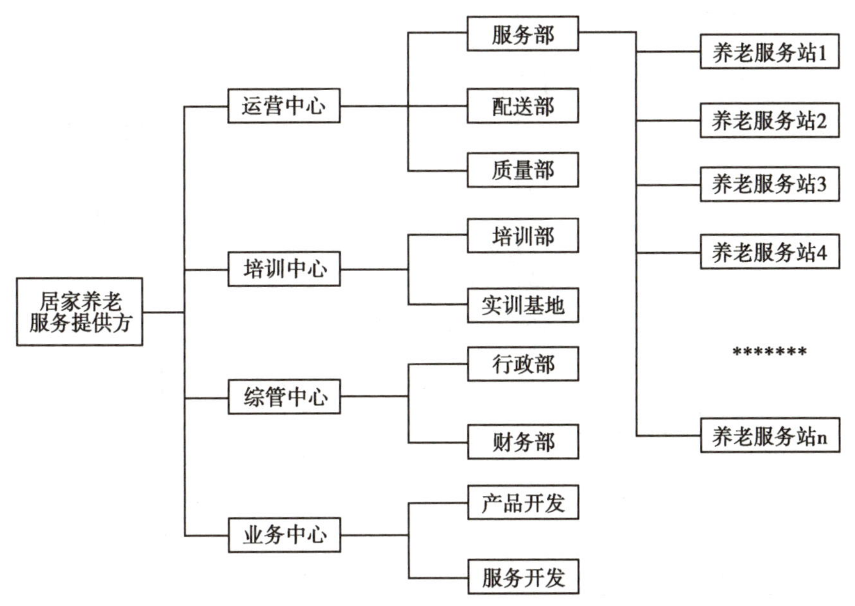

图 10-1　居家养老服务提供方组织结构图

(2)流程图：流程图是识别潜在风险的常用方法，便于管理人员对每一个服务环节的风险因素、风险事故及可能的损失后果进行识别和分析(图 10-2)。

(3)事故树：事故树最早是由美国贝尔电话实验室在 20 世纪 60 年代从事空间项目时发明的，主要用于表示所有可能引起主要事件(事故)的次要事件(原因)，揭示了个别事件的组合可能会形成潜在风险状况。与门代表两个条件同时具备时才会发生事故，或门代表两个条件只要具备一个就会发生事故(图 10-3)。

(二) 统计分析方法

1. 数据准备与分析　风险统计的数据通常都是日常积累而非刻意收集的。对已经存在的信息进行整理和计量分析是主要工作。

(1)频数整理：频数分布是最简单的数据整理方法(表 10-4)。例如可以根据事故的赔付成本将意外事故和不良事件的数据进行分组，得到频数分布。还可以将不同服务站和区域分部的频数分布进行比较。

笔记栏

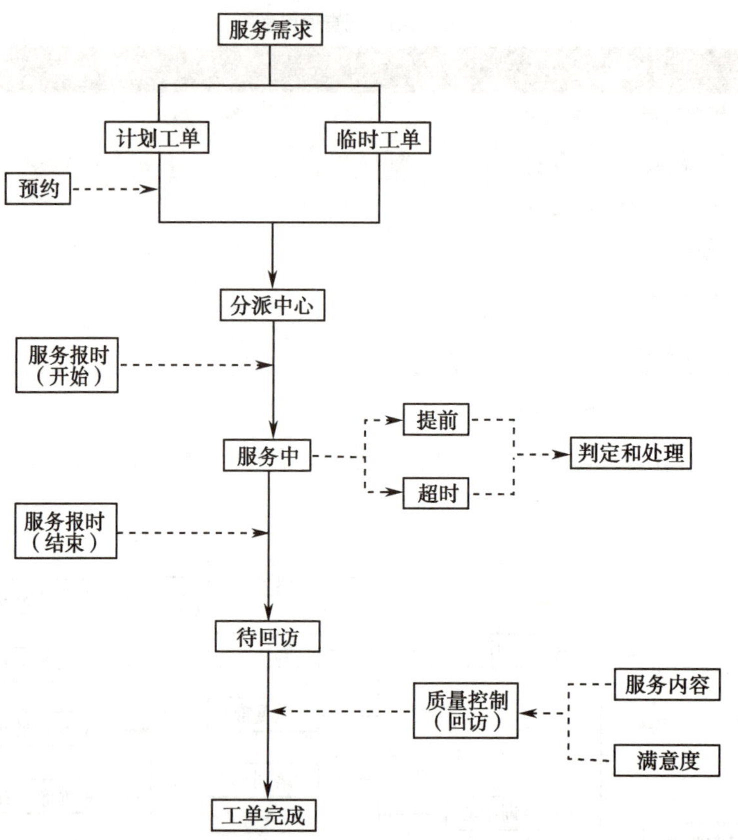

图 10-2　居家养老服务流程图

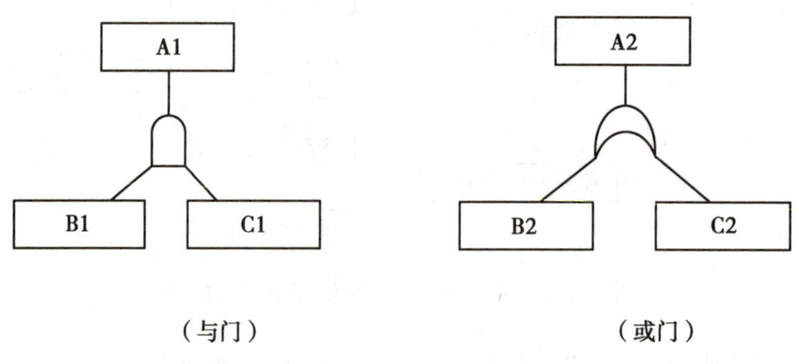

图 10-3　事故树的两种基本类型

表 10-4　频数分布

赔付成本 a	赔付数量 f	频数占比（%）	累积频数（升序）	累积频数（降序）
0＜a＜600				
600≤a＜1 200				
1 200≤a＜1 800				
1 800≤a＜2 400				
2 400≤a＜3 000				
合计		100	—	—

(2)数据计量:数据计量的方法包含三类,位置计量、离散计量、偏态计量。至少要经过这三类计量,才能对数据传递的信息有一个大致的了解。

1)位置计量的指标包括:平均数、中位数、众数。

算数平均数 = 变量总和 / 变量个数

在只有赔付频数的情况下,还有一个简易的平均数计算公式,选择分组范围的中点值来代替具体的数值:平均数 $= \sum a \cdot f / \sum f$。

中位数是在有奇数个数的数列中处于中间序号的数字,剩下 50% 的数比它小、50% 的数比它大。在偶数个数的数列中,中位数为最中间的两个数的中点值。

众数是指数列中出现重复次数最多的数字,有时可能存在不止一个众数。

2)离散计量的指标包括:最大最小值、标准差。

数据离散程度可以通过最大值、最小值及两者之间的差额来体现。

另外就是通过标准差公式来计算:$S = \sqrt{\frac{\sum_{i=1}^{n}(a-a_{平均})^2}{n}}$

3)偏态计量的指标为偏态公式:偏态 =3 × (平均数 – 中位数) / 标准差。

当偏态 =0 时说明数据分布是对称的,又叫作零偏分布。偏态>0 时为右偏分布,偏态<0 时为左偏分布。

2. 概率计算　衡量损失可能性大小是风险分析的一个重要方面。概率计算就是为风险事故发生的可能性提供匹配的 0 到 1 的数值。0 为不可能发生,1 表明肯定发生。

(1)概率的计算方法

1)经验概率法:依据大量的经验数据用统计的方法进行计算得出的概率称为经验概率。经验概率法假定的前提是过去类似事件的概率与现在和未来发生的事件的概率一致。此法在经验数据不足或事故、损失的影响因素存在重大变化时可靠性会下降。

2)主观概率法:主观概率法是对事件发生的可能性尝试主观判断,征询专家或一线员工,再结合自身的判断得到相应的概率估计。在其余方法无法获得判断依据时,此法是一个变通的方法。

(2)复合概率:在计算获得一个或多个时间的概率后,需要以某种方式使用这些信息。在使用概率信息时,要遵循一定的规则,主要分为以下情况:

1)择一事件

$$P(A\text{或}B)=P(A)+P(B)$$

AB 事件是互斥的,即不可能同时发生。

当 AB 事件不是互斥,即有可能同时发生时,也可以计算择一事件概率。

$$P(A\text{或}B)=P(A)+P(B)-P(A\text{和}B)$$

2)联合事件

$$P(A\text{和}B)=P(A)\times P(B)$$

AB 事件是独立的,即一个事件的发生与否不影响另一个事件发生的概率。

$$P(A\text{或}B)=P(A)+P(B)-P(A)\times P(B)$$

3)概率树:概率树是用来说明复合事件的一个很好的工具。例如假定老人在家中摔倒的概率为 0.1,摔倒的位置在卧室的概率是 0.3,在餐厅的概率是 0.2,在卫生间的概率是 0.4,在其他区域的概率是 0.1,可以根据乘法法则,计算摔倒地点的联合概率(图 10-4)。

3. 概率分布　概率分布是显示各种结果发生概率的函数,包括离散分布和连续分布。

当变量只能取整数值时,为离散型变量。当变量能取非整数时,为连续型变量。在风险管理中,事故发生的次数是离散的,而营业收入、损失金额等是连续的。

笔记栏

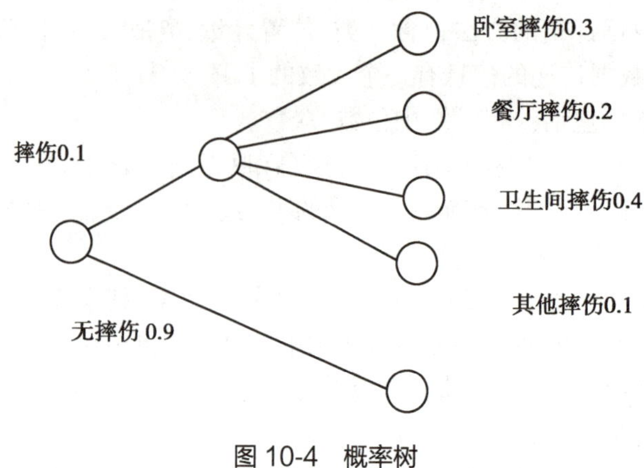

图 10-4　概率树

例如一共有 273 次不良事件，a 表示产生的赔偿金损失。对损失金额进行分组，统计出各个组不良事件的频数，而频率则是每组的频数与总数的比值。频数和频率分布如表 10-5、图 10-5。频数和频率代表不良事件赔偿金额的可能性。当收集不良事件数量足够多时，频率呈现出稳定性，逐渐稳定于某个常数，这个常数就可以用来估计赔偿金额发生的概率。

表 10-5　赔偿金的频数和频率

赔偿金	频数	频率
$0<a<1\,000$	112	0.41
$1\,000 \leqslant a<2\,000$	87	0.32
$2\,000 \leqslant a<3\,000$	44	0.16
$3\,000 \leqslant a<4\,000$	19	0.07
$4\,000 \leqslant a<5\,000$	11	0.04
总计	273	1.00

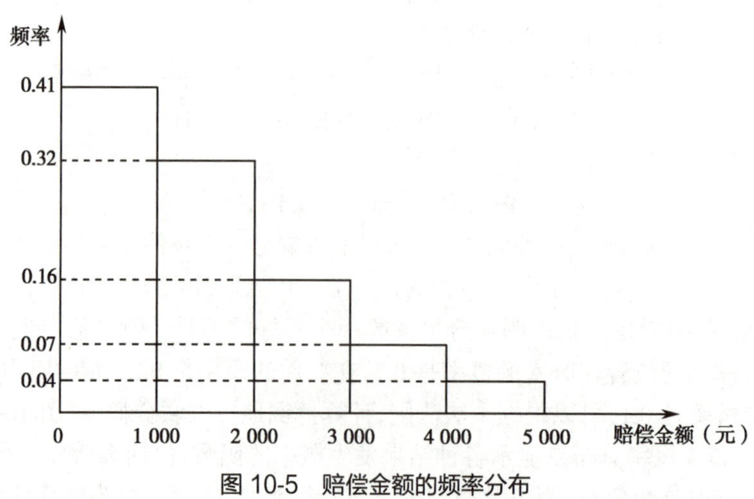

图 10-5　赔偿金额的频率分布

笔记栏

实际分布和常用的理论分布：实际分布是指根据取得的实际数据画出的分布图，以上讨论的都是实际分布。根据很多分布总体相似的特点，还可以利用一些与实际分布相似的理论分布来分析实际问题，从而简化过程。

1）正态分布：正态分布属于连续型概率分布。正态分布是对称的，其特征可以用均值和标准差来模拟。正态分布是围绕均值对称的，需要熟知三个概率分布的特征，变量出现在±1 标准差之间的概率为 68.27%，±2 标准差之间的概率为 95.45%，±3 标准差之间的概率为 99.73%。利用正态分布可以使概率计算变得十分简单。例如外科出院患者居家康复时间符合均值为 30、标准差为 8 的正态分布。如果想知道康复时间超过 42 天的概率，首先大于 30 天的概率是 50%，可以先求出 30~42 天的概率，然后用 0.5 减去这个概率就是所要求的概率。

$$计算\ z=(x-\mu)/\sigma=(42-30)/8=1.5,$$

z 为根据康复时间构建的标准差为 1 的正态分布变量，x 为康复时间的界限，μ 为康复时间的平均值，σ 为康复时间的标准差。

查表 10-6 得概率为 0.433 2。所以，康复期超过 42 天的概率为 0.5−0.4332=0.066 8。

表 10-6　正态曲线下的面积表

z	0	0.01	0.02	0.03	0.04	0.05	0.06
0.5	0.191 5	0.195 0	0.198 5	0.201 9	0.205 4	0.208 8	0.212 3
0.6	0.225 7	0.229 1	0.232 4	0.235 7	0.238 9	0.242 2	0.245 4
…	…	…	…	…	…	…	…
1.5	0.433 2	0.434 5	0.435 7	0.437 0	0.438 2	0.439 4	0.440 6
1.6	0.445 2	0.446 3	0.447 4	0.448 4	0.449 5	0.450 5	0.451 5

2）二项分布：居家社区养老服务的风险管理中离散型分布是十分常见的，需要用到二项分布。二项分布需要满足 3 个前提条件①只有两种结果，有或没有事故；②各个事件相互独立，一个事件的发生并不会影响其他事件的发生概率；③事件发生的概率不随时间的变化而变化。

假如有这样一支上门服务团队，每年有十分之一的上门服务人员会遭遇意外事故。其中一个特定服务站有 3 个人，现在要计算其中任何一个人遭遇一次事故的可能性有以下几种：

①事故②正常③正常；

①正常②事故③正常；

①正常②正常③事故。

所以概率为　$C_3^1p(1-p)^2=0.243$

当 n（服务人数）和 x（事故数）数字较大时，全部列举出来耗时耗力，因此可以直接使用二项分布公式：

$$P(x)=C_n^x p^x(1-p)^{(n-x)}$$

在表 10-7 中，按照 n 和 x 的数值，对照概率取值，即可查出对应的概率数值 $P(x)$。

笔记栏

表 10-7　二项分布表

n	x	P 0.05	0.1	0.25	0.5
3	0	0.857	0.729	0.422	0.125
	1	0.135	0.243	0.422	0.375
	2	0.007	0.027	0.141	0.375
	3	*	0.001	0.016	0.125
5	0	0.774	0.590	0.237	0.031
	1	0.204	0.328	0.396	0.156
	2	0.021	0.073	0.264	0.312
	3	0.001	0.008	0.088	0.312
	4	*	*	0.015	0.156
	5	*	*	0.001	0.031

注：*n*= 服务人数；*x*= 事故数；*P*= 概率；* 为数据太小，约等于 0。

4. 趋势分析　未来的情况不会是过去的重复。为了精准预测，风险管理人员还要使用趋势分析方法。

（1）直觉趋势：有些损失可以直觉判断。例如将某公司每万工时的工伤事故数量按照时间顺序排列，图 10-6 中每一个点代表一年内的事故比率。从直觉上可以看出有下降的趋势。画一条直线或光滑的曲线尽可能靠近每个点。将直线或曲线延伸就可以预测将来的工伤情况（图 10-6）。

（2）数学趋势：有些损失可以通过数学方法来预测，一般用于事故因果关系比较明确的状况。例如工作时间较长会增加事故发生的可能，使用人均每周工时和每年事故发生率来计算相互的关系。因为计算曲线较为复杂，风险管理人员一般使用直线来进行预测（图 10-7）。

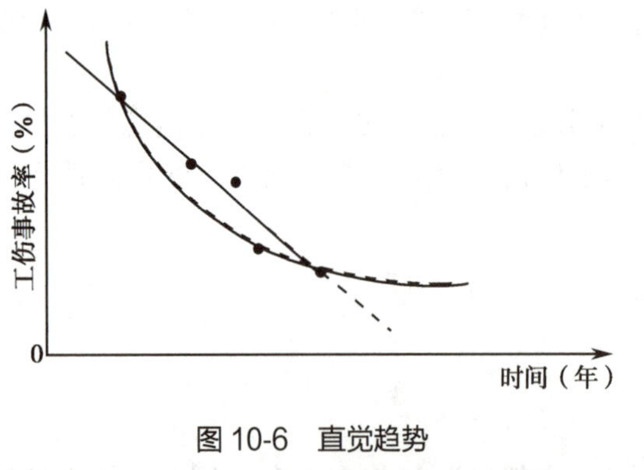

图 10-6　直觉趋势

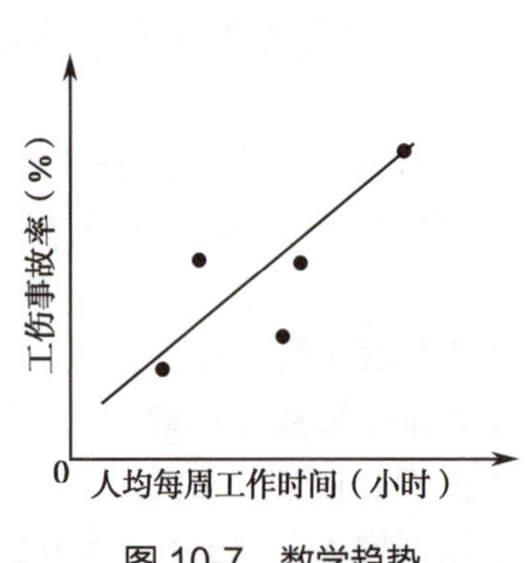

图 10-7　数学趋势

先画出散点图。X 轴表示人均每周工作时间，Y 轴表示每年的工伤事故率。假设两者的关系为 Y=a+bX。用最小二乘法的计算公式可以估计出 a 和 b 的值。

$$b=\frac{\sum_{i=1}^{n}(Xi-X_{平均})(Yi-XY_{平均})}{\sum_{i=1}^{n}(Xi-X_{平均})^{2}}$$

$$a=Y_{平均}-bX_{平均}$$

影响事故率的因素有很多,对其他因素也可以用同样的方法来进行预测。用直线预测时要注意两点:一是当直线延伸到坐标轴时预测是不准确的,因为此时实际的事故发生率变化情况通常与直线相差较大;二是用公式估计出来的过去发生的事故率与实际不相符,实际值和估计值之间有一个差距并且每一点的差距并不相同。

概率分析和趋势分析都是非常重要的工具。但是使用时要把握适用条件,用作决策的参考,不可盲目接受。特别是在数据资料偏少的时候,对预测结果要抱谨慎的态度,尽量增加数据资料会使预测更精确。

(三) 风险分析方法适用性建议

以上的风险分析方法,在实际运用中需要根据居家社区养老服务风险管理的目标和服务提供方管理的成本空间进行取舍。针对不同类型的风险,在分析工具的使用上也存在一定的倾向性。表 10-8 列出了居家社区养老风险分析的方法建议。

表 10-8　居家社区养老风险分析方法适用性建议

	现状调查		统计分析		
	报表法和现场调查法	图示法	数据准备与分析	概率计算和概率分布	趋势分析
运营风险	√	√	√		√
合规风险	√	√	√		√
客户风险	√	√	√	√	√
员工风险	√	√	√	√	√

以某居家社区养老服务机构为例,具体采用的风险分析方法有:

1. 运营风险

(1) 查阅财务报表计算负债比率、流动比率、非限定性和限定性净资产变动率,结合现场调查了解从业人员工作量是否饱满、报酬或补贴是否准时发放。

(2) 根据调查画出组织结构图和业务流程,标注每个站点人员排班数量和运营反馈情况。

(3) 根据(1)(2)了解到的资料对需要重点关注的站点,计算人员工作量的平均数、众数、偏态等指标,预测业务量发展趋势。

2. 合规风险

(1) 查阅财务报表和管理者访谈,了解政府补贴收入是否获得足额支付、有无受到政府相关部门行政处罚的营业外支出。

(2) 对(1)存在的问题调查了解考核未通过或者受到处罚的原因。

(3) 整理补贴收入数据并预测政策走向。

3. 客户风险

(1) 查阅财务报表,计算业务成本数据中的客户损害赔偿金额和比例。

(2) 根据调查画出组织结构图和业务流程图,标注出险次数。

(3) 根据(1)(2)资料确定事故多发站点和易出险环节,计算出险概率。

(4) 根据业务发展目标预测未来出险赔偿的趋势。

4. 员工风险

(1) 查阅财务报表,计算业务成本数据中的员工因公受伤造成的运营损失及补偿金额。

(2) 根据调查画出组织结构图和业务流程图,标注员工因公受伤损失补偿的数量和

笔记栏

金额。

(3)根据(1)(2)资料确定事故多发站点和易出险环节,计算出险概率。

(4)根据业务发展目标预测未来出险赔偿的趋势。

第三节 居家社区养老服务风险评估与实施

居家社区养老服务的风险管理,需要在对风险充分认知和分析的基础上,进行全面评估、整体决策,再结合业务流程设计实施环节。最后还要对风险管理的效果进行反馈,以修正新的风险管理目标。

一、居家社区养老服务风险评估

(一)风险决策前的综合评估

风险管理的前期调查都是为决策工作提供必要的信息资料和决策依据。决策前的综合评估就是根据风险管理目标对调查信息进行挑选整理,起到承上启下的关键性作用。

1. 损失期望值分析法　任何一种风险管理方案都不能完全消除损失风险,要选择最佳方案,首先必须明确每种方案所面临的损失。

(1)确定不同方案的损失和成本:例如针对日间照料中心火灾风险列出三种管理方案的损失情况进行分析,每种方案的总成本包括损失金额和费用金额。为简便起见,每种方案只考虑两种可能的后果:发生风险或不发生风险。

方案 a:自留风险并且不采取安全措施,可能承担 105 000 元的损失,也可能不发生成本。

方案 b:自留风险并且采取安全措施,可能承担 105 000 元的损失和 2 000 元的安全措施成本,也可能只有 2 000 元的安全措施成本。

方案 c:投保火灾险,保费为 3 000 元,发生风险时可以全额赔付,成本不变。

(2)损失概率无法确定时计算最大损失和最小损失:在损失概率无法确定时,可以按照 2 种原则来确定方案。

最大损失最小化原则——比较各种方案中的最大损失,选择损失最小的方案。例如方案 c 的最大损失为 3 000 元,是最小的最大损失。

最小损失最小化原则——比较各种方案中的最小损失,选择损失最小的方案。例如方案 a 的最小损失为 0,是最小的最小损失。

(3)损失概率能确定的情况下计算期望值:如果根据以往的统计资料或其他信息能够确定风险发生的概率,则可以按照概率进行计算,从而获得损失期望值。假定火灾发生的概率为 0.025,采取安全措施以后发生概率为 0.01。

方案 a:$Ea=105\ 000\times0.025+0\times0.975=2\ 625$(元)

方案 b:$Eb=107\ 000\times0.01+2\ 000\times0.99=3\ 050$(元)

方案 c:$Ec=3\ 000\times0.025+3\ 000\times0.975=3\ 000$(元)

根据计算结果,a 的期望损失最小,可以确定为风险管理方案。

(4)忧虑成本也是需要考虑的决策因素:在实际的管理中即使 a 方案的期望损失最小,很多人仍然不会选择其作为最佳方案。就是因为不确定性引起的隐性成本又叫作忧虑成本的存在。忧虑成本是人们对可能出现的最坏结果心存忧虑而导致的工作或生活成本增加。忧虑成本不仅和最坏结果的损失程度有关,也和最坏结果的概率有关。三个方案中,a 方

案的忧虑成本最高，b 方案的忧虑成本较低，c 方案完全消除了出险时的巨大损失，忧虑成本为 0。

由于忧虑成本的加入，一些方案的损失期望值都有所改变，可以根据风险概率是否可测来重新选择管理方案。

忧虑成本的确定可以用调查问卷的方法，主要是了解不确定性对人们生产生活带来的影响，以及人们愿意付出多大的代价来消除损失的不确定性。

2. 效用期望值分析法　效用是人们由于拥有或使用某物而产生的心理满足程度。等量损失对不同经济主体的影响是不等的。效用理论为不确定性条件下的评估提供了定量分析的工具。

（1）效用函数和效用曲线：面对未来的不确定性，拥有价值 0 代表失败，100 代表成功，对应的效用单位也是 0 和 100。0 与 100 之间的价值代表不同成败概率下的期望值。反映效用与金额之间对应关系的函数为效用函数，用图像表示则为效用曲线。

（2）风险偏好类型：人们对风险的偏好所形成的效用函数可以分为三个类型（图 10-8）。

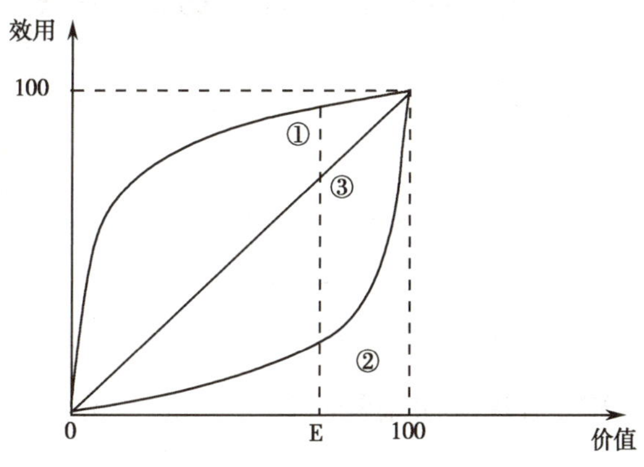

图 10-8　风险偏好的效用函数

①风险喜好：对未来持有乐观态度，效用水平更容易受到成功预期的影响，因此高于期望值 E 所确定的效用水平。

②风险厌恶：对未来持有悲观态度，效用水平更容易受到失败预期的影响，因此低于期望值 E 所确定的效用水平。

③风险中性：对可能存在的损失没有特别的反应，效用完全等同期望值 E 的效用水平。

（3）效用分析在风险决策中的应用：先比较方案损失的数学期望值，再比较损失带来期望的效用损失。选择期望效用损失最小的方案，而并不一定选择期望损失最小的方案。例如：假设 1 万元意外赔偿损失的效用损失是 100，200 元保费支出的效用损失为 0.8。意外发生的概率为 0.01。那么购买保险的效用损失为 0.8，要低于自担风险的效用损失 1。虽然自担风险的期望损失 100 低于保费的期望损失 200。

测定人们的效用函数或效用曲线的方法有调查问卷、个性测试和赌博实验等。并且人们往往是在损失金额比较小的时候倾向于风险喜好，在损失金额较大时倾向于风险厌恶。大部分人是风险厌恶时才会有保险需求。

（二）风险矩阵分析

风险矩阵（分析）法是一种能够把危险发生的可能性和伤害的严重程度综合评估风险大小的定性分析方法。它是一种风险可视化工具，主要用于风险评估领域。其优点是操作简便快捷，因此得到较为广泛的应用。

笔记栏

1. 风险矩阵 风险矩阵是按照5个等级来区分风险影响和风险概率(表10-9、表10-10)。

表10-9 风险影响等级说明

风险影响等级	定义或说明
5	风险事件发生将导致项目失败。
4	风险事件发生将导致项目经费大量增加或项目周期延长,无法满足项目的二级需求。
3	风险事件发生将导致项目经费一般性增加或项目周期一般性延长,但可以满足项目的重要需求。
2	风险事件发生将导致项目经费小幅增加或项目小幅延长,但可以满足项目需求的各项指标仍能保证。
1	风险事件发生对项目没有影响。

表10-10 风险等级和概率范围说明

风险等级	风险概率范围(%)	定义或说明
5	91~100	极有可能发生
4	61~90	可能发生
3	41~60	可能在项目中期发生
2	11~40	不可能发生
1	0~10	极不可能发生

2. 风险等级 按照矩阵图给出四种风险等级:红色、橙色、黄色和蓝色(见文末彩图)。

二、居家社区养老服务风险决策和实施

(一)风险预警

风险决策的首要内容就是对重大风险的防范,也就是位于风险矩阵的红色区域的风险。红色风险应该在居家社区养老服务运营的第一时间进行识别,同时不惜成本阻止其发生。如果成本大于可接受范围,则要考虑放弃该项服务内容。

1. 营销环节 在营销环节要把好业务入口关,主要是对高风险的服务对象、高风险服务区域、高风险服务内容的接单作出一定限制。限制接单的数量、服务人员的等级或者服务前需要签订风险确认书。

(1)高风险服务对象:包括年龄偏大、有严重基础疾病或家庭成员缺失的老人。

(2)高风险服务区域:包括未进行适老化改造、居家环境过于狭小不适合多人配合操作等。

(3)高风险服务内容:包括本身具有操作风险的医疗活动如穿刺,容易引起健康状况变化的照护行为如洗澡等。

2. 服务和质控环节 在上门服务开始时要再次确认服务内容和服务人员的数量、等级是否匹配。见习人员需要有一定年限工作经验的服务人员带班,还要征得被服务家庭的同意。

服务过程中和结束时服务人员及时与照护对象及其家庭成员沟通,了解其感受避免重大误解。事后电话回访重点了解服务人员的工作步骤是否完整和服务能力是否胜任。

3. 招募和培训环节 在招募居家社区养老服务人员时要避免年龄过大的员工,但可以鼓励社区相邻或同住老人在双方家庭知情同意的前提下志愿互助。志愿服务的老人要服从

居家社区养老服务提供方的岗前培训及服务安排，且志愿互助服务只能交换养老服务不能结算报酬。

在招募居家社区养老服务人员时还要避免性格急躁易怒的员工。服务人员的岗前培训要和在岗培训相结合，尽快适应养老服务岗位对工作强度和耐心的要求。对于服务质量和服务态度不合要求的人员需要重新培训上岗，不能改正的要及时清退。

（二）损失管理

在橙色区域的潜在风险，应安排合理的费用来阻止其发生。预警系统、损失控制设备、人员培训制度等，这些措施的落实既可以减少意外事故的发生，又能够降低事故发生时的损失程度。

1. 易出险环节提示　从思想意识和个人规范方面减少出险和控制损失。工作人员在正式上岗前就已经了解工作中容易出险的环节，工作中也能够按步骤落实对风险的防范。

（1）培训能力要求中包含对出险可能的认知提醒。

（2）工作流程规范包含对事故的防范要点。

2. 安全设施配备确认　从设备保障方面防范出险和控制损失。工作人员上岗时要能够使用一定的设备设施来降低风险。

（1）服务人员随身携带的安全设备的检查确认。

（2）照护对象家中应配备的安全设备设施的检查确认。

3. 规范操作演练和质控　从应变能力方面防范出险和控制损失。工作人员在遭遇规程以外的特殊情况时能够冷静处理及时补救，同时也能获得养老服务提供方的后台支持。

（1）发生特殊状况的补救处理和操作演练。

（2）特殊状况下的远程援助和应急合作响应。

（三）风险转移

针对黄色区域的潜在风险，应采取一些合理的步骤来阻止事故发生或尽可能降低其发生后造成的影响。将无法消除的风险，尤其是那些发生概率小但损失程度大的风险，以合理的保险成本转移出去。选择保险也并不意味着放弃其他方法。为了减少保费支出，可以考虑适当程度的自留风险和其他措施。

对于蓝色风险类别，部分自留与保险相结合是适当的，用成本效益比较的原则在众多方案中选择最佳组合。

1. 必需的保障　预期损失比较严重或社会影响较大的风险，养老服务提供方可以在政府规定的强制保险以外，增加购买商业保险。

（1）服务人员的工伤保险和意外伤害险。

（2）运营车辆的强制责任险。

（3）服务对象的意外伤害险。

2. 需要的保障　严重影响企业业务稳定性、容易造成财务困难的运营风险，可以考虑通过互利合作的方式与照护对象或合作伙伴实现风险共担。

（1）与社工、社区志愿者等非营利组织对接。

（2）与需要社区推广的银行、保险等营利性企业对接。

3. 可利用的保障　不至于带来严重影响，只在一定程度上给养老服务提供方运营带来不利损失的风险，可以考虑自留风险。探讨能否利用其他非保险对策，以较低的成本获得足够保障。将某些损失风险能以低于保费的成本转移给非保险人的其他主体，例如激励一线员工规范操作安全服务的奖金。经采取措施后风险能减小到不太严重的程度或者可以较为准确地预测，使得自留风险比保险更节约成本。

笔记栏

(四) 应急预案准备

危机是威胁服务提供方运营的一种形势，而此形势变化非常快、给决策留出的时间非常有限，会造成个人、群体、组织或社会等受到破坏或威胁其正常的生存和发展。因此除了事前的预警和预防之外，还要事先确定好应急预案并且通过演练熟悉掌握每一个步骤。

1. 隔离危险 当出现危机事件时，当务之急是采取果断措施隔离危险源，力争把危害隔离在最小范围内。例如发生传染性疾病时，对与感染者有接触的人员采取隔离观察措施，去过的场所及时报告安排封闭消毒等。

2. 传递信息 对因为突发危机，工作、生活受到影响的工作人员和服务对象，要及时告知事件起因和事态变化。服务机构发布通知应统一口径、准确扼要。既满足人们的知情权又帮助他们防范和消除心理压力。

3. 联合应对 建立一个跨部门、多职能的工作小组来调动内部资源及时应对危机。居家社区养老服务与街道、民政部门联系紧密，需要整合外部资源共同处理问题，降低危机事件的损失程度和恶劣影响。居家老人一旦失去养老支持容易陷入困境，要做好工作交接。

4. 后勤保障 在危机处理期间后勤保障非常重要，要获取和储备所需的各种资料并做出合理分配。日常耗费的各项物资，应按照一定比例设置额外储备和预备费。危机发生时由工作小组统一调度人员物资。尤其是服务人员的工时调配要体现群体互助和机构支持。

课堂互动

讨论：请针对下列社区资料，讨论居家社区养老服务风险决策的重点和难点是什么？

某社区 60 岁以上老人有 681 人，其中独居或同居者均为老人有 160 人。经过对这部分高风险老人的调查发现：大部分老人生活枯燥，经常足不出户，对自己的境况感到不满意。160 人中完全没有利用过社区服务资源的有 36 人，缺少正常人际交往的有 15 人，认为自己经济困难的有 90 人，其中实际接受贫困援助的有 11 人；认为自己身体不好需要帮助的有 55 人，其中体弱多病或伤残从而行动不便的有 13 人。

三、居家社区养老服务风险反馈

(一) 风险反馈的意义

1. 应对风险动态变化的调整 养老服务提供方所面临的市场、政策环境在不断变化，新的风险在产生、原有的风险会消失，提供方本身的实力也在变化。上一年度的风险管理措施也许不适用于下一年度。

2. 检查和评价风险管理现状 养老服务提供方作出的风险管理决策是否有效和有无改进的可能，也需要通过检查和评价来加以发现，从而改进管理实践。

(二) 风险反馈的内容

1. 效果标准 意外事故、不良事件发生的频率和造成的损失。

(1) 意外事故、不良事件发生次数。

(2) 人员损伤误工情况和实际发生的赔偿金额。

(3) 用于风险管理的经营管理费用、保费支出。

笔记栏

2. 作业标准 风险管理工作的质量和数量考核。

(1)安全检查和预警信息发布次数。

(2)员工培训和应急演练次数。

(3)设备配置和保养维修次数。

3. 效益标准 对养老服务提供方下辖的业务核算单位进行经济效益评价。

(1)收支平衡现状。

(2)收入提升的潜力。

(3)成本控制的潜力。

(三)目标修正

确定了检查和评价标准后,就要把风险管理工作的实际结果与设定目标中的各项标准进行比较。对已经实现的目标,可以考虑提高管理标准或纳入更高层次的目标。对于尚未实现的目标,需要结合实际情况综合分析。

1. 维持目标、调整标准 实际结果低于标准,就要考虑采取纠正措施或者调整评价标准。例如在员工接单和上门服务的确认环节增加安全检查或风险提示的次数,将安全检查次数、风险确认情况与保费、赔偿责任分担比例挂钩,以减少不良事件发生的数量。

2. 调整目标、增加新的管理环节和标准 实际结果和管理目标偏离过多时,还可以考虑调整目标、重新制定标准。例如养老服务提供方自担的损失增加过多,就要对自担风险的水平重新核定,通过保险转移风险并且将保费计入人员成本进行控制。

随着风险管理的发展,越来越多的数理方法被应用。尽管在实际应用中存在局限性,所采用的数据一般都有误差或不完整,或者工具过于复杂难以掌握。但数理方法依然具有重要的价值,即使数据不全也可以借助这些方法了解风险概况、调整重要的风险管理决策,实现风险管理目标。

知识链接

卫健委:居家和社区医养结合综合服务指南(试行)对风险管理要求的规定

服务要求包括9个方面:1. 应尊重老年人的权利。2. 确保医疗卫生安全。3. 严格执行传染病防治法等制度规范。4. 建立社区工作者与如医护人员、医疗护理员的联动工作机制。护理员服务标准可参照《居家、社区老年医疗护理员服务标准》(WS/T 803—2022)。5. 公立医疗卫生机构绩效分配对居家医疗、医养结合签约给予适当倾斜。6. 建立健全居家医养结合服务人员的安全风险应对机制。7. 医疗卫生机构与社区养老服务机构签约参照《医疗卫生机构与养老服务机构签约合作服务指南(试行)》(国卫办老龄发〔2020〕23号)。8. 医疗卫生机构提供机构内医养结合服务参照《医养结合机构服务指南(试行)》(国卫办老龄发〔2019〕24号)。9. 生活照料、家庭养老床位等居家和社区相关养老服务适用养老服务有关标准规范。

其中第6条具体包括:医疗卫生机构应建立健全对提供居家医养结合服务人员的安全风险应对机制,如对服务对象身份信息、病历资料、家庭签约协议、健康档案等资料进行核验;提供居家服务时,要求应有具备完全民事行为能力的患者家属或看护人员在场;为服务人员提供手机App定位追踪系统,配置工作记录仪等装置,购买责任险、人身意外伤害险等,切实保障双方安全。

笔记栏

第四节　居家社区养老服务风险管理典型案例

在实际运营过程中，居家社区养老服务体系不可避免地面临一系列风险挑战，这些风险管理不善将会导致各种不良事件发生，阻碍养老事业和产业的发展。这不仅影响我国应对人口老龄化挑战的能力，还可能对社会发展产生负面影响。下面对政府管理、机构运营的典型案例及管理过程中出现的不良事件进行分析探究，总结借鉴其中的经验。

一、典型案例

（一）案例一：广西壮族自治区某市政府购买居家社区养老服务

广西壮族自治区某市通过向社会公开招标，购买居家社区服务，委托社会工作机构开展特殊困难老年人服务项目。不仅出台相关配套文件规定购买养老服务的服务对象、补贴标准、服务内容，明确政府购买养老服务中的主体责任；而且在政府购买养老服务的过程中，引进第三方评估机构来评估养老机构，有效节省财政资金，提高监管力度。在财政支持上，某市连续6年开展福彩福利事业发展项目，累计在提升养老机构服务领域投入1 096万元，落实市本级扶持养老运营补贴资金1 619万元，并设置奖励基金，用于对养老机构进行评价和奖惩。目前，某市政府委托广西一通社区养老服务机构运作“12349”平台，通过“12349”公益热线的建设，为居家老人提供高效、便捷、低廉、优质服务的社区养老服务建设项目。

案例分析：政府购买居家社区养老服务在提供养老服务、改善老年人生活质量、推动养老服务业发展方面发挥了积极作用。然而，面对复杂多变的市场环境与养老服务需求，在实际推行过程中，面临一些风险因素。比如：政府项目资金到位慢，政府出资向社会组织购买养老服务，由于资金到账慢，需要社会养老机构先行垫付，对其经营造成较大负担；政府购买养老服务合同一般是一年制，在编制项目绩效指标时，多数集中在年度的成果，不注重长远利益；工作环境比较恶劣、缺乏完善的培训和晋升机制、社会组织的工资待遇差、养老服务工作时间零散不固定、社会认同度低等，造成社会组织人员流失率高。针对这些，政府需要完善法律法规及合同制度，合理制定绩效指标，确保养老服务与当地社会经济发展相适应；评估不同地区老年人的具体需求和养老机构的经营能力，合理分配资金，进行相应财政拨款；建立健全居家社区养老服务质量评价体系，确保养老服务的质量和安全性；加强人才培养，建立激励机制，提高养老服务人员工资水平待遇，提高其积极性和主动性。

课堂互动

1. 请列举政府购买居家社区养老服务的其他典型案例。
2. 分析目前政府购买居家社区养老服务存在的风险与改进之处。

（二）案例二：北京社区养老驿站亏损难题

2021年，北京居家社区养老服务体系已经建立成型，已有超过1 000家社区养老服务驿站，但社区养老服务驿站的建设规模、功能、效益情况等还不完善。大约有80%以上的社

笔记栏

区养老服务驿站面临入不敷出、难以为继的难题,甚至关门倒闭。例如,位于北京市海淀区田村路的玉海园,承担全国首家“社区一老一小试点工程”,仅试水3个月就被迫停止营业。据统计,在政府无偿提供设施的基础上,经营一家养老驿站,包含水电、供暖、人力成本、活动费等成本,其中,驿站工作人员的工资就占据总成本的近70%。除此之外,养老驿站提供的服务较为单一,难以满足老年人多样化、个性化的需求,如绝大多数驿站提供就餐、订餐和送餐服务,多以价格便宜为卖点,饭菜品种单一,难以获得老人普遍认可,盈利空间不足;也不具备相关医疗专业资源,无法吸引更多市场流量。在2021年1月到8月,全市有241家养老驿站服务流量显示为零,另有157家驿站的服务流量低于100人次。虽然受疫情影响较大,养老驿站自身经营能力不足也是重要原因。

案例分析:成本风险是养老服务提供方面临的一个很大的经营风险。养老驿站经营成本的减少严重依靠政府财政补贴和优惠政策,常处于亏损状态,在承担水电、供暖、人力成本等日常开销基础上,在没有足够客流量的情况下,养老驿站难以实现盈利,严重受市场需求限制。如果管理者不具备良好的财务风险意识与运营管理才能,很有可能导致驿站发展陷入僵局。养老服务产业具有投资大、回收期长、风险大等特点,养老驿站开办者应对养老机构建立运作进行谋划、构思和设计等策划工作,在策划的过程中,必须要进行前期选址、客户需求和购买力调查、组织定位、成本把控等,结合市场环境及消费者特点,做好自身市场定位,为老年人提供丰富多样的高质量服务,吸引足够的客流量,扩大市场需求;建立健全运营管理体系,积极学习管理经验,通过科学的管理手段,提高运营效率,有效降低成本,实现盈利。

课堂互动

1. 结合案例,如何看待政策支持下北京养老驿站经营亏损问题?
2. 分析养老驿站具体风险因素。
3. 关于解决养老驿站亏损、促进居家社区养老发展,有何良好措施?

(三)案例三:天津涉老机构法律纠纷

根据天津某中院2019年至2023年上半年审结的涉老机构纠纷典型案例公示:2017年,王某与某养老院签订《入住养老机构协议书》,约定养老院为王某提供全护理标准住养服务。王某入住养老院时患有脑梗死后遗症、行动不便,生活无法自理。在某日如厕时,养老院的护理人员将其扶坐在便椅上便离开,后王某摔伤,经鉴定构成十级伤残。法院经审理认为,养老院对于入住老年人负有安全保障义务,日常管理服务中应积极采取措施预防危险的发生,对于自理能力存在困难的老年人应予以特别关注。护理人员放任老年人独自坐在便椅上,没有其他防护措施,造成老年人摔伤的严重后果,存在过错,负有主要责任;王某摔伤前意识清楚,未听从劝告,自行活动,对摔伤后果亦存在一定过错,承担次要责任。

案例分析:涉老法律纠纷中养老机构与老年人之间的矛盾冲突,反映了社会养老服务市场在快速发展的同时,相关法律法规、行业标准和道德规范尚在完善之中,养老机构对于老人意外伤害的风险管控尚待加强。针对老人跌倒受伤等产生的法律纠纷,应做好风险识别预防与管理:①完善入院体检,了解老人体质状况,尤其是当前病情状况、医疗情况等,建立老人健康档案,以便第一时间提供医疗救助。②制定详细的突发事件应急预案,包括老人

笔记栏

跌倒的应急处理程序，确保在事件发生时能够迅速有效地进行处理。③加强员工意外风险应对能力的培训，对一线的护理员进行救护知识培训，有必要配备好专业医疗抢救设备，确保在面临意外情况时能够迅速采取合适的救助措施。④与入住老人及家属签订明确双方权利和义务的协议，包括照护服务内容、安全保障措施、责任归属条款等，以减少因误解引起的法律纠纷；并购买适当的保险，如责任保险，以减轻因老人跌倒等事故引起的经济负担。⑤日常风险管理要完善到位，对全员进行风险意识教育，严格值班、巡查等管理制度，以便及时发现、及时诊断、及时送医、及时联系家属。

课堂互动

1. 如何看待涉老法律纠纷中养老机构与老年人之间的矛盾冲突？
2. 对于养老院如何应对老年人伤亡的法律风险，你有什么好的建议？

(四) 案例四：养老院老人噎食不良事件

刘某，男性，65岁，既往有高血压、心脏病史。在一次养老院用餐中，他食用了鸡蛋羹，发生窒息意外。事发当晚，老人吞下一块鸡蛋羹后，突然出现呼吸困难、嘴唇发绀等症状，双手紧紧抓住喉咙，表情痛苦。护理人员发现后立即拨打了急救电话，并将患者送往附近医院。到达医院后，医生通过喉镜检查，发现患者的气道内有一块鸡蛋羹阻塞，立即用吸引器将鸡蛋羹吸出。在清除气道阻塞物后，患者的呼吸逐渐恢复正常，意识也逐渐清醒。事后，因老人并未受到严重损伤，老人家属并未追究养老院相关责任。养老院为所有护理人员和感兴趣的老年人进行急救培训，方便其了解并掌握急救知识，在突发意外时能够迅速采取正确的急救措施。

案例分析：此次老人出现噎食的原因主要有两方面。一方面，随着年龄的增长，老年人吞咽功能下降，食物易于误入气管，从而引起窒息；另一方面，在于养老机构服务不到位，未能提前识别和管控老人噎食的风险因素。预防老人噎食风险需要综合考虑老人的饮食需求、身体状况和环境因素，并提供适当的干预措施：如了解老人是否有特殊的饮食要求；对于高风险的老人，可以定期进行吞咽功能评估，以便及时发现吞咽困难的问题；为老人提供易于咀嚼和吞咽的食物，避免提供过于干硬、黏稠或者大块的食物。事实上，随着老年人年龄的增长，身体功能的下降、社会家庭支持不足、基础设施资源不足，再加上现有居家社区养老风险管理不善等原因极易导致各种不良事件的产生。除了噎食，还包括其他身体意外伤害、社交心理问题、突发灾害事件、遭遇盗窃和诈骗等。识别和评估风险，并采取相应的预防措施和应对策略，是预防不良事件、保障老年人权益、提高服务质量的关键。同时，对于已经发生的不良事件，需要进行及时处理和补救，以减少对老年人的伤害和损失。

课堂互动

1. 列举生活中老年人容易出现的不良风险事件。
2. 思考如何避免老年人出现诸如噎食等不良事件。

笔记栏

二、案例经验借鉴

加强居家社区养老服务风险管控，对于保障老年人生命安全、提高其生活质量、满足心理和情感需求、促进社区和谐稳定、减轻家庭养老负担等方面具有重要意义，有助于推动我国居家社区养老事业的发展，实现老年人安享晚年的目标。以上案例证明，政府和机构应采取多方面措施进行风险管理，为老年人提供多样化、个性化养老服务，有效提高养老服务水平。为实现风险管理目标，提供居家社区助老服务、避免发生威胁机构生存的重大责任事故和损失，减少影响服务提供方稳定收益和持续增长的多发性事故，体现养老服务提供方的社会价值，需要进行风险管理改进。在借鉴案例经验的基础上，结合具体实际情况，从以下几方面入手：

（一）规范法律法规及养老政策

完善居家社区养老行业的政策法规，完善老年人权益保障法律法规体系，详细规定养老服务的内容、标准和要求，为养老服务提供明确的法律依据。出台相关政策法规规定居家社区养老服务人员应具备的资质、服务流程、紧急救援措施等。明确居家社区养老服务的责任主体，明确家庭成员、养老服务人员、养老服务机构等在居家社区养老服务中的法律责任，确保各方的权益得到保障。建立健全居家社区养老服务质量评价体系，对养老服务进行有效监管，确保养老服务的安全和质量。加大政策法规的宣传教育，提高社会各界对居家社区养老的关注度，增强风险管理意识。制定优惠政策和支持措施，为居家社区养老服务机构提供税收优惠、水电补贴等政策支持，鼓励和引导社会力量参与居家社区养老服务，为老年人提供多样化、个性化的养老服务。

（二）完善经营机构的风险管理

监督居家社区养老机构完善风险管理制度，优化风险识别和评估方法，并加强风险管理。建立风险监控与预警机制，对机构经营管理、老年人身体状况、环境安全等方面进行持续监测，及时发现潜在风险，提前采取预防措施。尤其在经营管理方面，养老服务提供方需要明确自己的服务定位，针对不同年龄段、健康状况和需求的老年人提供个性化、专业化的服务；建立健全运营管理体系，通过科学的管理手段，提高运营效率，降低成本，实现盈利。同时，根据地区人口老龄化程度、市场需求等因素进行长远规划，确保机构的可持续发展。对于环境设施和老年人安全方面，完善安全设施建设，建立完善的设施设备检查和维护制度，定期对各项设施设备进行检修、保养，确保设施设备正常运行，提高养老服务质量；强化养老设备配置，根据老年人的健康状况和康复需求，配置相应的医疗设备、康复器材等；加强意外风险应对能力的培训和演练，确保员工在面临风险时能够迅速采取合适的措施。

（三）完善第三方评估体系

依据国家相关法律法规，制定适用于居家社区养老服务的第三方评估标准，包括养老服务质量、安全、卫生、康复等方面的要求。从具备资质、专业能力和经验的评估机构中筛选出一批第三方评估机构，纳入评估机构库，并公开透明选定第三方评估机构。建立评估过程的监督机制，确保第三方评估过程的公正、透明，各级养老服务机构、政府部门和社会组织应加强对评估过程的监督，防范利益输送、权力寻租等问题，并对第三方评估机构进行专业培训和指导，提高其评估能力和水平。同时，鼓励评估机构参与国内外养老服务评估的交流与合作，不断提升其专业素质。强化评估结果的运用，把评估结果作为居家社区养老服务风险管理的重要依据，积极采取措施改进问题与不足之处。建立持续评估机制，根据具体发展变化及时调整评估内容和重点，监测居家社区养老服务风险管理的效果和改进情况。

笔记栏

知识链接

福建省出台地方标准《居家社区养老服务第三方评估规范》

第三方评估是指在养老服务机构和服务提供商之外，由独立、专业的社会组织或机构进行的评估。这些评估主要针对养老服务机构的服务质量、服务对象的生活能力、照护需求等方面进行综合评价，以提供客观、公正的数据和信息，为养老服务监管、政策制定和市场发展提供支持。

福建省《居家社区养老服务第三方评估规范》(DB35/T 2060—2022)明确了居家社区养老服务第三方评估的评估机构、评估人员、评估依据、评估内容、评估程序、评估方法及评估结果应用与管理，构建了科学合理的居家社区养老服务第三方评估指标体系，为该省居家社区养老服务质量评估工作提供了方向指引，为政府提高公共服务资源的配置效率提供了决策参考，填补了养老服务评估标准空白。

该标准对规范居家社区养老服务市场秩序，实现居家社区养老服务评估科学化、常态化和专业化，推动居家社区养老服务质量监督，促进福建省养老服务业发展具有重要意义。

(四) 完善养老体系、配套设施

加大居家社区养老服务设施建设投入，完善居家社区养老基础设施，建设街道级枢纽型社区养老服务综合体，集老年人全托、日托、助餐、医养结合、休闲娱乐等多种为老服务功能于一体。推动居家、社区、机构养老服务相互融合，发展多元化的居家社区养老服务模式，推广“互联网+”居家社区养老服务，结合现代信息技术手段，为老年人提供个性化、精细化的养老服务。完善居家社区养老医疗服务体系，提高医疗服务质量和效率，加强基层卫生机构和社区养老机构的硬件设施，完善专业技术人员的培养和配置，建立老年人基本信息档案、健康档案，提供疾病防治、康复护理、心理卫生等医疗服务，满足老年人健康需求。推广和完善长期护理保险制度，为失能、半失能老年人提供护理保障。加强安全防护，在社区内设置安全预警系统，确保老年人的人身安全；对于独居老年人，提供紧急求助服务，建立健全的应急处置机制。

(五) 加强服务人员培训管理

建立完善的培训体系，根据养老服务人员的职责和需求，制定系统化的培训课程，包括生活照料、医疗保健、心理护理、法律维权等方面的知识，并结合实际情况，不断调整和优化培训内容，确保培训内容的实用性和针对性。同时，重视道德教育，通过案例分析、情景模拟等方式，强化养老服务人员的责任感，加强对养老服务人员价值观、人生观的建设。与具备专业资质的培训机构合作，为养老服务人员提供正规、专业的培训课程。加强养老服务人员职业技能培训，提高养老服务人员的专业素养。定期组织养老服务人员培训，确保他们始终保持较高的服务水平。鼓励养老服务人员自主参加各类专业培训和学术交流活动，不断提升自身服务能力，且对养老服务人员的培训效果进行评估，确保培训成果得以落实。建立激励机制，鼓励养老服务人员积极参与培训，提高其积极性和主动性。

(六) 加强家庭关怀照顾

家庭在预防居家社区养老不良事件及风险事故时，要注重老年人的生理、心理和情感需求，充分发挥家庭成员的作用，结合社会化服务，为老年人提供全面、优质的养老服务。家庭成员之间要相互关爱、尊重和理解，特别是对老年人，营造一个温馨、和谐的家庭环境，让

笔记栏

老年人感受到家的温暖和关爱。家庭成员要经常陪伴、关心和照顾老年人，了解他们的生活需求和心理需求，提供情感支持，关注老年人情绪变化；为老年人提供便利的生活环境，包括舒适的居住条件、生活用品和辅助设备等。此外，关注老年人的饮食健康，为他们提供营养均衡的饮食；家庭成员要关注老年人的健康状况，定期为他们进行健康检查，并根据医生的建议制定合适的康复计划，积极学习一些基本的急救和护理知识，以便及时应对处理紧急情况。

（王屹亭　张　稳）

复习思考题

1. 请简要介绍居家社区养老服务管理面临的主要风险类型。
2. 请列出居家社区养老服务风险管理的步骤。
3. 请列举老年人常发生的身体意外伤害及预防措施。
4. 请简要谈谈加强居家社区养老服务风险管理的重要性。
5. 请认真思考居家社区养老服务风险典型案例，提出加强风险管理的具体措施。

扫一扫
测一测

PPT 课件

第十一章 居家社区养老服务安全管理

学习目标

知识目标

掌握居家社区养老服务安全管理的应急管理流程，熟悉安全管理事故预防与控制，建构事故应急管理的方案和措施。

能力目标

熟悉安全管理的内容与方式和居家社区养老服务安全管理的相关法规标准，了解居家社区养老服务的安全管理现状。

素质目标

熟悉居家社区养老服务安全管理的措施及对于社会生活的重要意义，了解居家社区养老服务安全管理。

课程思政目标

坚持人民至上、生命至上理念，掌握居家社区养老安全管理流程和方案。

【学习要点】

1. 居家社区养老服务安全管理的内涵。
2. 居家社区养老服务应急管理流程。

第一节 居家社区养老服务安全管理概述

老年人的安全问题是居家社区养老服务面临的重要挑战。在生理、心理层面，老年人受遗传、高龄、环境等各种危险因素影响，器官功能逐渐减退、多系统退行性病变，呈现传染病易感、慢性病多病共存、“失能失智”功能状态受损等特征。社会保障层面，老年人口健康规律、总体健康状况和照护需求有待探索；居家社区养老服务和长期照护服务体系制度建设尚不健全；老年康养学科发展滞后，专业人才匮乏，养老从业人员培训与资格认定体系尚未建立。公共应对层面，老年宜居环境基础设施薄弱，社区设施、交通设施及道路规划普遍缺乏针对老年人的工程设计和改造；住所小区消防、食品、空气、水、光和噪声污染等问题较为突出。

一、居家社区养老服务安全管理内涵

居家社区养老服务安全管理（safety management of elderly home care in community）是指通过安全风险评估、控制措施、培训与教育、事故调查与改进等措施，提高居家社区养老服

务质量和安全性，最终保障老年人生命安全和身体健康的安全管理手段。

二、居家社区养老服务安全管理内容

居家社区养老服务安全管理的主要内容包括安全管理体系、设备设施安全、食品安全、消防安全、医疗护理安全、人身安全、财产安全、信息安全、突发事件应急管理和安全教育等方面。本章节在以人为本、预防为主、综合治理、持续改进的居家社区养老服务安全管理原则指导下，从消防安全与改造、设施设备安全与改造、食品安全评估与管理、医疗安全评估与管理几方面进行较为全面的阐述，有效确保居家社区养老服务安全管理工作有序开展。

三、居家社区养老服务安全管理作用

进行居家社区养老服务安全管理，旨在建立健全居家社区养老服务安全管理体系，提高养老服务安全管理水平，保障老年人在居家社区服务环境中的生活安全，预防意外事故的发生，提高老年人的生活质量，满足老年人多层次、个性化的养老需求。

1. 保障老年人生命财产安全　通过服务前对社区自身的消防、设施设备、食品医疗等方面进行验收并获得资质文件；加之对老年人居住环境、感知沟通、身体精神状况、社会参与等方面进行充分的评估及告知；明确各项安全服务要求及责任，充分识别服务过程中的潜在风险，保障老年人生命财产安全。

2. 保障突发事件的及时处置　完善的应急预案是居家社区养老服务机构风险预防的重要措施，能保证突发事件得到迅速、有序控制和救援。通过应急管理制度、常见及公共事件应急预案、应急管理办法的学习，能有效强化安全服务意识，对居家社区养老各项服务开展预见性管理，防患于未然。

3. 保障居家社区养老可持续发展　我国居家社区养老服务发展尚处于起步阶段，居家社区养老服务安全管理法律、法规尚不健全，极易引发安全纠纷。通过风险评估、控制预防、培训教育、调查与改进等措施，搭建完善的安全管理体系，能有效监管和约束居家社区养老服务，控制社区服务中人、物、管理的风险，提升安全管理质量，保障居家社区养老可持续发展。

第二节　居家社区养老服务事故预防与控制

居家社区养老服务中心通过安全风险评估、预防措施、培训与教育、事故调查改进等措施，有效预防和控制居家社区养老服务事故的发生。

一、居家社区养老服务消防安全

2022 年 1 月 1 日起正式实施的国家标准——《养老机构服务安全基本规范》(GB 38600—2019)对进一步加强新形势下养老机构消防安全管理工作做出部署，要求各级民政和消防部门加强对养老机构的消防安全管理。全托、日间照料社区养老服务机构(包括农村幸福院等互助养老设施)参照规定履行消防安全职责，并结合自身实际情况进行消防安全监管及改造。

(一) 消防安全风险评估

1. 定期进行消防安全检查　定期检查居家社区养老服务场所的消防设施和设备是否完好，并确保其正常运作。包括灭火器、烟雾报警器、消防栓等。

2. 检查电气设备　检查电线、插座、电器设备等是否存在老化、短路、漏电等问题，及时

笔记栏

修复或更换。

3. 确保通道畅通　保持居家社区养老服务场所的通道畅通，不堆放杂物，以便在紧急情况下能够迅速疏散。

4. 定期清理防火隐患　清理居家社区养老服务场所周围的易燃物品，如纸张、布料等，确保周围环境整洁。

5. 停电时的应对措施　制定停电应急预案，确保老年人在停电时能够安全疏散，并备有应急照明设备。

（二）消防安全控制措施

1. 居家社区养老服务机构在建设过程中应严格按照《建筑防火通用规范》（GB 35037—2022）要求，做好建筑防火设计、建筑内部装修设计及使用符合燃烧性能等级要求的装修材料，定点设置火灾自动报警系统、自动灭火系统或室内外消火栓系统及防排烟设施。

2. 依据《建筑灭火器配置设计规范》（GB 50140—2022）和《消防安全标志设置要求》（GB 15630—1995）配置相应的灭火器材、设置消防安全标志牌及其照明灯具等。

3. 按照相关规定，定期（每年至少1次）和不定期组织消防检查与维修，检查消防设施、器材，确保消防设施和器材无损坏、挪用，消火栓无埋压、圈占、遮挡，疏散通道、安全出口、消防通道未被占用、堵塞、封闭。人员密集场所的门窗不应设置影响逃生和灭火救援的障碍。

4. 加强消防安全演练工作，提高老年人和工作人员的消防安全意识和应对能力。

5. 居家社区养老服务机构应正确选用各类用电产品的规格型号、容量和保护方式（如过载保护等），不应擅自更改用电产品的结构、原有配置的电气线路及保护装置的整定值和保护元件的规格等。

6. 选择的用电产品应符合产品使用说明书规定的环境要求和使用条件，了解使用时可能出现的危险及需采取的预防措施。

7. 线路、设备等应由专业人员安装、依法检测。安装、使用及维修应当符合《用电安全导则》（GB/T 13869—2017）规定。

8. 居家社区养老服务机构燃气安全的管理应符合《老年人照料设施建筑设计标准》（JGJ 450—2018）的要求，使用燃气的设备及场所应设可燃气体报警装置。不应私自拆、移、改动燃气表、灶、管道等燃气设施，不应私自安装燃气热水器、取暖器和其他燃气器具。

9. 选择使用的燃气器具应经有资质的检验机构检验合格，严格按照要求进行安装和使用，了解产品使用时可能出现的危险及需采取的预防措施，将必要的操作流程和应急处理措施悬挂在相应位置。

10. 居家社区养老服务机构应对存在较大危险因素的部位和有关设备、设施设置安全标志。安全标志牌的型号选用、设置高度、使用要求应符合《安全标志及其使用导则》（GB 2894—2008）的规定。

11. 居家社区养老服务机构中的消防安全标志应符合《消防安全标志　第1部分：标志》（GB 13495.1—2015）的规定，并按《消防安全标志设置要求》（GB 15630—1995）的规定设置消防安全标志。

12. 居家社区养老服务机构中的应急设备安全标志与设置应符合《安全标志及其使用导则》（GB 2894—2008）的规定。对在紧急情况下使用的通信设备，应使用安全标志醒目的标示，对设备的背景区域应标记或照亮。

13. 居家社区养老服务机构的安全出口、疏散走道和楼梯口应设置灯光疏散指示标志，疏散指示标志应设在安全门顶部或疏散走道及其转角处距地面高度1m以下的墙面上，且疏散指示标志的间距不应大于20m。

14. 在疏散走道的地面应设置蓄光型疏散导流标志，保证疏散导流标志视觉连续。在走廊通道墙面明显处设置疏散路线示意图。

15. 安全玻璃门、玻璃墙应有警示标志并设置在显著位置。

（三）培训与教育

1. 消防安全法律法规　介绍相关的消防安全法律法规，包括国家和地方的消防法规，明确工作人员在居家社区养老服务中的法律责任和义务。

2. 火灾防控知识　教授火灾的基本知识，包括火灾的成因、火灾的传播途径、火灾的扑救方法等。同时，介绍火灾的预防措施，如禁止使用明火、合理使用电器设备等。

3. 消防设施和器材的使用　介绍居家社区养老机构的消防设施和器材，包括灭火器、烟雾报警器等的使用方法和注意事项。

4. 火灾逃生和疏散　培训工作人员火灾逃生和疏散的基本知识和技能，包括判断火灾的情况、正确使用逃生通道、帮助老年人疏散等。

5. 应急预案和演练　制定居家社区养老机构的应急预案，并进行相应的演练。

6. 电气安全知识　介绍电气安全的基本知识，包括电气设备的安全使用、插座的合理使用、电线的维护等。培训工作人员如何识别电气安全隐患，并采取相应的措施。

7. 消防安全意识培养　通过案例分析、讨论和互动等方式，培养工作人员的消防安全意识，提高他们对消防安全的重视程度和应对能力。

（四）消防安全事故调查与改进

1. 事故调查　在发生消防安全事故后，立即展开调查。收集相关证据和信息，包括事故发生的时间、地点、原因、损失情况等。

2. 事故分析　对收集到的信息进行分析，找出事故发生的原因和可能的影响因素。

3. 制定改进措施　根据事故分析的结果，制定相应的改进措施。例如，加强员工的消防安全培训、修复或更换损坏的消防设施、完善应急预案等。

4. 实施改进措施　将制定的改进措施付诸实施。确保改进措施的有效性和可行性，包括培训员工、修复设施、更新应急预案等。

5. 监督与评估　建立监督机制，对改进措施的实施情况进行监督和评估。

6. 经验总结与分享　将事故调查和改进措施的经验总结起来，形成经验教训，并与其他居家社区养老服务机构进行分享。

二、居家社区养老服务设备设施安全风险评估

居家社区养老服务机构有必要就养老的环境进行安全评估、组织安全操作相关的培训与教育、定期进行设施设备的维护与保养、制定安全事故调查与改进机制，为居家社区养老的老年人提供一个优质、安全、舒适的养老环境。

（一）设备设施安全风险评估

1. 居家社区养老服务机构的选址及规划布局应符合《老年人居住建筑设计规范》（GB/T 50340—2016）和《城镇老年人设施规划规范》（GB 50437—2007）的要求。

2. 老年人设施的日照标准应符合现行国家标准《城市居住区规划设计标准》（GB 50180—2018）的规定。

3. 老年人设施室外活动场地应平整防滑、排水畅通，坡度不应大于 2.5%。

4. 老年人设施场地内应人车分行，并应设置公共停车位。

5. 老年人设施场地内直接为老年人服务的各类设施，如健身器材、休憩设施等，均应进行无障碍设计，并应符合《建筑与市政工程无障碍通用规范》（GB 55019—2021）的规定。

笔记栏

6. 集中绿地内可统筹设置少量老年人活动场地。绿化植物选择应适应当地气候、土壤条件及植物多样性要求,不应对老年人生活和健康造成危害。

7. 室外休憩设施宜设置在向阳避风处,并应设置遮阳、防雨设施。室外设施应满足老年人安全需要,临水和临空的活动场所、踏步及坡道等设施,应设置安全护栏、扶手及照明设施。

8. 老年人集中活动场地附近应结合老年人活动人数设置公共卫生间。公共卫生间宜与临近建筑统筹建设。公共厕所或公共卫生间应采取适老化措施。

(二) 预防措施

1. 选择老年人使用设施时要确认其符合老年人的使用特点,并根据设施使用说明书的描述,了解使用时可能出现的危险及需采取的预防措施。

2. 设施的安装应由专业人员实施,安装完成后,依法进行检测。

3. 居家社区养老服务机构应对在用设施进行经常性日常维护保养,并定期自行检查。应至少每月进行 1 次自行检查,并做出记录。在自行检查和进行日常维护保养时发现异常情况的,应及时处理。

4. 电梯维护单位应至少每 15 天对机构内在用电梯进行 1 次清洁、润滑、调整和检查,并做记录。

5. 居家社区养老服务机构应定期对在用健身器材进行清洁、润滑、调整、检查、维护,并做记录。发现情况异常,应及时处理。

(三) 培训与教育

1. 了解设施设备　介绍居家社区养老服务机构的设施设备,让工作人员了解设施设备的种类、功能和使用方法。

2. 安全操作规程　制定设施设备的安全操作规程,明确工作人员在使用设施设备时应遵守的规定。包括设备的正确使用方法、注意事项、维护保养等。

3. 安全风险识别与预防　培训工作人员如何识别设施设备的安全风险,包括设备老化、故障、不当使用等。教授工作人员如何采取预防措施,避免设备安全事故的发生。

4. 培养安全意识　通过案例分析、讨论和互动等方式,培养工作人员的设施设备安全意识。

5. 定期培训与更新　定期对工作人员进行设施设备安全管理培训,及时更新相关知识和技能。

(四) 定期维护与保养

1. 设备维护与保养　培训工作人员设备的日常维护与保养知识,包括设备的清洁、检查、维修等。

2. 应急处理与故障排除　培训工作人员如何应对设施设备的故障和突发情况,保障老年人的安全。

3. 监督与评估　建立监督机制,对工作人员的设施设备安全管理情况进行监督和评估。

(五) 安全事故调查与改进

1. 紧急处理　在发生设施设备安全事故后,首先要确保老年人和工作人员的安全。立即采取紧急措施,以防止事故进一步扩大。

2. 事故调查　在安全事故发生后,立即展开调查。收集相关证据和信息,包括事故发生的时间、地点、原因、损失情况等。

3. 事故分析　对收集到的信息进行分析,找出事故发生的原因和可能的影响因素。

笔记栏

4. 制定改进措施　根据事故分析的结果，制定相应的改进措施。例如，修复或更换损坏的设施设备、加强设备维护保养、改进操作规程等。

5. 实施改进措施　将制定的改进措施付诸实施。确保改进措施的有效性和可行性，包括修复设备、更新操作规程、加强维护保养等。

6. 监督与评估　建立监督机制，对改进措施的实施情况进行监督和评估。

7. 经验总结与分享　将事故调查和改进措施的经验总结起来，形成经验教训，并与其他居家社区养老服务机构进行分享。

8. 持续改进　设施设备安全事故调查和改进是一个持续的过程，定期回顾和评估设施设备安全措施的有效性。

三、居家社区养老服务食品安全风险预防与控制

居家社区养老服务食品安全事故预防与控制是确保老年人健康和生命安全的重要环节，规范化、标准化的食品安全管理方式，有利于养老服务过程进行全面的食品安全风险控制，确保老年人的饮食安全和健康。

（一）食品安全风险评估

1. 按照《食品安全国家标准餐饮服务通用卫生规范》（GB 31654—2021）的要求进行食物的贮藏及加工，制定详细的食物加工处理操作规程和注意事项，并严格执行。

2. 设置相对独立的食品原料存放间、食品加工操作间、食品出售场所和就餐场所。

3. 食品储存场所设有隔离地面的平台和层架（离墙 10cm 以上，最底层隔离地面 10cm 以上），食品原料按主食、副食品和调味品等分类分区域存放。

4. 半成品、成品，生食、熟食等分柜存放。

5. 对食品进行定期检查，防止老年人食用过期或变质的食品。

6. 除冷冻（藏）库外的库房、食品处理区、备餐等场所需安装机械通风、防鼠、防蝇等设施。

7. 原料粗加工场地设置水产类、肉、蔬菜类的清洗水池，且有明显标志。

8. 厨房、灶间烟道做到每季度清洗并记录。餐（饮）具每日消毒，餐厨垃圾每日处理。

（二）食品安全控制措施

1. 建立食品安全教育培训制度、岗位责任制度及食品安全信息公示制度等。

2. 通过配送餐方式供餐的养老机构，需签订食品安全书面协议，且保留对方食品经营许可证或餐饮许可证复印件。

3. 养老机构内设食堂的，需取得市场监督管理部门颁发的食品经营许可证，严格遵守相关法律法规和食品安全标准，执行原料控制、餐具饮具清洗消毒等制度，并依法开展食堂食品安全自查。

4. 进行“明厨亮灶”建设，有条件的食堂宜实施“互联网 + 明厨亮灶”建设。

5. 供应的菜肴、主食、点心等入口食品均需留样，且在冷藏条件下存放 48 小时以上，每个品种留样量不少于 125g，并做好留样台账记录。

6. 食堂需配备专职或兼职食品安全管理人员，食堂工作人员、管理人员有食品安全知识培训经历，且有培训档案。

7. 食堂工作人员每年进行健康体检，并取得合格健康证明，对食堂工作人员进行每日晨检并记录。

8. 食堂工作人员需保持个人卫生，穿戴清洁的工作衣帽，洗净、消毒双手，佩戴口罩等。

笔记栏

（三）培训与教育

1. 食品安全意识的培养 应当加强食品安全知识的培训，使员工充分了解食品安全的重要性和食品安全的相关法律法规，掌握食品安全检测的基本要点，并了解常见食源性疾病的预防控制措施。

2. 食品原材料的选择和采购 应建立健全的原材料采购制度，选择正规渠道和有资质的供应商，确保采购的食品原材料符合相关质量标准和食品安全要求。

3. 食品储存和加工的规范 应配备专门的食品储存设施，确保食品存放的温度、湿度和通风等条件符合卫生要求。

4. 食品安全监控和风险评估 应建立食品安全监控和风险评估机制，定期对食品供应链进行检查和评估。

5. 食品安全知识的普及 应定期组织食品安全知识培训活动，向老年人和员工普及食品安全的基本知识和常见食源性疾病的预防控制方法，提高老年人和员工的食品安全意识，增强他们的自我保护能力。

6. 食品安全事故的应急处理 建立健全的食品安全事故应急预案，制定应急处理措施，确保能够及时、有效地应对食品安全事故。

（四）安全事故调查与改进

1. 事故调查 在居家社区养老服务机构中发生食品安全事故时，首先要对事故进行全面的调查。包括收集与事故相关的信息，如事故发生的时间、地点、涉及的人员、食品种类、操作流程等。

2. 事故分析 通过仔细分析收集到的数据和证据，识别出事故的直接原因和根本原因。如食品的原材料、加工过程、存储条件、配送方式等方面。

3. 制定改进措施 根据事故分析的结果，制定相应的改进措施。包括加强食品采购管理、改善加工流程、增强食品储存条件、加强配送环节的卫生控制等。

4. 实施改进措施 在制定好改进措施后，需要将其付诸实践，如：培训员工、更新设备等。在实施过程中，应确保所有相关人员都了解并遵循改进措施，同时需要密切关注实施过程，及时解决问题和调整措施。

5. 监督与评估 通过定期的食品安全检查、员工反馈、事故报告等方式进行监督与评估。

6. 经验总结与分享 通过内部培训、研讨会、报告等方式进行经验总结与分享，以确保相关人员都能够从中吸取教训并加以改进。

四、居家社区养老服务医疗安全风险评估与管理

居家社区医疗服务依托于社区周边医疗资源，以居家老人需求为导向，为居家社区老人提供医养结合服务。本节从老年人医疗服务需求出发，对机构、从业人员的基本要求、服务内容、服务流程所涉及医疗安全风险进行评估，并提出应对解决举措，有效确保社区医养结合服务有效供给。

（一）医疗安全风险评估

1. 医疗机构及从业人员依法执业 养老机构内设医疗机构应依法执业，医疗护理、康复治疗的专业技术人员，应当具备相关执业资格，掌握专业技能，提升服务质量和水平。

2. 对老年人健康状况进行正确评估 居家社区医疗服务机构应使用统一、规范和操作的评估工具，制定与老年人匹配的健康标准，对老年人的躯体、精神、社会健康状况进行全面的评估。

笔记栏

3. 居家社区养老医疗常见安全问题　老年人常见的医疗安全问题有跌倒、坠床、走失、误吸、烫伤、栓塞等，医务人员应做好预防评估，开展应急演练，一旦出现安全问题，应立即启动应急预案，做好紧急救护及现场秩序维护。

4. 医疗信息安全与管理　推行"互联网＋养老医疗"，运用大数据技术手段，实现社区养老健康信息管理规范化、精准化、智能化，逐步形成社区老人健康档案及养老从业人员基本数据库集。

5. 公共事件应对能力　居家社区养老机构可能发生传染病暴发或者流行、不明原因的群体性疾病、重大食物中毒事件，机构应依照法律法规相关要求，及时向所在地县级卫生健康主管部门、疾病预防控制机构和民政部门报告，并在有关部门和机构指导下采取卫生处理、隔离等预防控制措施。

6. 医疗卫生服务质量法治监管　开展养老医疗服务法治宣传，提升机构医务从业人员法治意识。加强养老相关医疗机构采购和使用药品、耗材、医疗器械等相关产品的监督管理，有力打击医疗机构欺诈骗保行为，依法依规从严惩罚欺老、虐老等侵害老年人合法权益的行为。

（二）医疗安全控制措施

1. 建立统一协调的居家社区养老医疗服务管理体制　医疗卫生机构依法依规在居家社区养老服务机构设立医疗服务站点，提供嵌入式医疗卫生服务。

2. 实施医养结合服务　居家社区养老服务机构、特困人员供养服务机构（敬老院）与医疗卫生机构开展签约合作，为养老机构提供预约就诊绿色通道、上门巡诊、家庭病床等医养结合服务。

3. 实施分级诊疗制度　落实医共体牵头医疗卫生机构内部监督管理责任，发挥远程医疗协作优势，保障基层社区医院诊疗水平。

4. 设立家庭医生和家庭病房　医疗机构应结合实际建立完善居家社区医疗服务规范、技术指南和工作流程，明确相关政策，为社区老人提供家庭医生签约、上门巡诊、"互联网＋"等居家医疗服务。

5. 组建三级疾病预防体系　组建"机构—卫生院—社区""县—区—市"三级疾病预防体系，筑牢居家社区养老医疗卫生机构网底，形成防治结合、全社会协同的疾病预防控制体系。

6. 做好健康教育　在社区加强老年健康知识宣传和教育，利用多种方式和媒体媒介，面向老年人及其照护者宣讲营养膳食、运动健身、心理健康、伤害预防、疾病预防、合理用药、康复护理、生命教育和中医养生保健等科普知识。

7. 提升应急处理不良事件的能力　做好紧急救护及现场秩序维护，及时向管理部门报告。备案后成立事件调查小组，保留好原始资料，提交事故报告，报送相关部门处置。

8. 提高用药保障　建立社区用药相关制度，保证老年慢性病、常见病药品配备，方便老年人就近取药，提高老年人常见病用药可及性。医疗机构开设药学门诊，为长期用药老年人提供用药信息和药学咨询服务。

9. 实施康复护理　社区要合理配置康复辅助器具适配设备设施，建立康复护理中心，组建康复医疗团队，为失能或高龄老年人、慢性病患者、重度残疾人等有康复医疗服务需求的人群提供居家康复医疗、日间康复训练、康复指导、中医药康复等服务。

10. 积极完善传染病防控　医疗卫生机构按照传染病防控部署，分类完善居家、社区和入住养老机构的老年人传染病防控措施。及时为老年人接种相关疫苗，减少老年人罹患相关疾病风险，做好老年人结核病、艾滋病防治工作。

笔记栏

(三) 培训与教育

1. 增强法律法规意识 居家社区养老服务机构的医护人员必须具备基本的法律法规意识，了解并遵守国家相关的法律法规，如《医疗事故处理条例》《中华人民共和国执业医师法》等。

2. 严格遵守医疗操作规范 居家社区养老服务机构的医护人员必须严格遵守医疗操作规范，熟悉并掌握各项医疗操作流程和规范，如诊疗常规、护理操作规程等。

3. 具备紧急处理能力 居家社区养老服务机构的医护人员应具备基本的紧急处理能力，掌握常见的急救技能和方法，如心肺复苏、止血包扎等。

4. 必须具有职业道德教育 应注重培养居家社区养老服务机构医护人员的责任心、敬业精神、尊重患者权益等职业道德素养，确保其在工作中尽职尽责，为居家社区养老服务机构的医疗安全提供有力保障。

(四) 安全事故调查与改进

1. 事故调查 当发生医疗安全事故时，应立即进行事故调查，旨在收集所有与事故相关的信息，包括事故发生的时间、地点、涉及的人员、医疗操作过程等。

2. 事故分析 在收集到足够的信息后，可以进行事故分析。这个过程主要是对收集到的数据和证据进行深入的研究和分析，以找出事故的原因。

3. 制定改进措施 根据事故分析的结果，可以制定相应的改进措施。这些措施应该针对识别出的问题和根本原因，例如加强医疗操作培训、改善医疗设备管理、加强药物使用监管等。

4. 实施改进措施 在制定好改进措施后，需要将其付诸实践。在实施过程中，应确保所有相关人员都了解并遵循改进措施，同时需要进行持续的监督和指导。

5. 监督与评估 在实施改进措施后，通过定期的医疗安全检查、员工反馈、事故报告等方式进行监督与评估。

6. 经验总结与分享 在完成事故调查和改进过程后，可以通过内部培训、研讨会、报告等方式总结经验教训，并将这些经验教训分享给相关人员并加以改进。

第三节 居家社区养老服务应急管理

居家社区养老服务应急管理是指在居家社区养老服务中，为了应对突发事件和紧急情况，制定的一套应急处置措施和程序，包括应急管理制度、应急管理预案、应急管理办法等内容。

一、居家社区养老服务应急管理制度

(一) 应急管理总则

1. 目的 完善居家社区养老服务应急预案体系，规范社区老年患者紧急救助程序，畅通信息渠道，提升居家社区养老服务机构突发事件卫生应急处置能力，最大限度保障居家社区养老居民的身体健康与生命安全。

2. 编制依据和要求 以《中华人民共和国突发事件应对法》《中华人民共和国老年人权益保障法》《中华人民共和国传染病防治法》《突发公共卫生事件应急条例》《生产安全事故报告和调查处理条例》《生产安全事故应急条例》《国家突发公共事件总体应急预案》《养老机构管理办法》等法律法规为依据，结合居家社区养老机构自身实际情况，编制符合

笔记栏

机构的救治应急预案。

3. 适用范围　居家社区养老服务中心或养老机构发生自然灾害、事故灾难、社会治安和公共卫生事件等突发事件，达到启动条件适用于本预案。

4. 工作原则　预防为主，常备不懈。切实做好人员、物资、装备、技术、场地的保障工作，针对预案定期开展桌面推演和实兵演练，做到早预防、早发现、早处理。

以人为本，科学处置。坚持人民至上、生命至上理念，将受伤和患病群众的生命安全和身体健康放在第一位，明确社区养老机构救援流程，明确科室和人员分工，应急处置工作科学、规范、有序。

快速反应，加强协作。应进一步畅通信息渠道，加强各部门，机构内外的协作和联动机制，提高应急反应速度和救治工作效率。

（二）组织体系与职责

科学的组织体系和职责分工是预案顺利执行的重要基础。针对应急任务类型指定相关职能科室，落实职责到岗、责任到人的原则。

由社区机构的安全责任人担任应急处置责任人，各科室负责人为安全管理成员。负责配合上级部门做好社区机构人员救治的组织、动员、指挥、全面协调和督导工作，负责组织开展针对预案的知识技能培训和演练。

（三）预警及信息报告

1. 预警

(1)居家社区养老服务中心定期组织全体员工召开安全工作会议，分析工作中存在的潜在危险因素，制定相应的安全措施和专项应急预案。

(2)居家社区养老服务中心领导及安全负责人对预防措施进行监督，并对预防措施的实施效果进行跟踪验证，评审预防措施的有效性，若未达到预期效果，应重新分析制定措施，直至达到预期效果为止。

(3)居家社区养老服务中心通过定期、不定期的安全检查，节假日的专项安全检查，加强各项安全工作的隐患排查和危险源的监控力度。

(4)出现紧急情况，当事人第一时间向社区中心报告，并采用有效方式报警、求救。全体员工随即进入指挥抢险状态，安全小组成员立即按照预案要求集结人力进行第一时间抢救。

2. 信息报告

(1)全体员工对发生或可能发生的突发事件信息和情况要在第一时间向服务中心领导报告，接到报警领导必须立即向全服务中心发出警报信号，并立即向安监局、民政局及相关部门通报。

(2)向安监局、民政局及相关部门上报突发事件相关的一切信息，必要时按事故类型拨打相关求救电话。

(3)向相关部门传递事件发生的基本情况，涉及人员、破坏程度及人员伤亡情况；事件发生的起因、初步的性质判断和预计造成的影响程度；相关部门已经开展的工作和采取的措施；事态发展状态、处置过程等信息。

（四）响应分级

根据事故危害程度、影响范围及控制事态的能力，将应急响应等级分为三级：

1. 一级响应

(1)社会安全类事件：聚集事件失控，并未经批准走出本服务中心进行大规模游行、集会、绝食、静坐、请愿以及实施打、砸、抢等已形成严重影响社会稳定的大规模群体性事件。

(2)事故灾难类、自然灾害类事件：居家社区养老服务中心区域内的人员和财产遭受重

笔记栏

大损害，对本服务中心常规工作产生特别重大影响的事故灾害或自然灾害。

(3)公共卫生类事件：居家社区养老服务中心内发生的鼠疫、严重急性呼吸综合征、人感染高致病性禽流感、群体性不明原因疾病、新传染病等达到卫生健康委员会确定的特重大突发公共卫生事件标准的公共卫生事件。

2. 二级响应

(1)社会安全类事件：单个突发事件引发连锁反应，本服务中心内出现各种横幅、标语、大小字报，引发在服务中心内局部聚集，形成一定影响和干扰服务中心内正常生活秩序的群体性事件。

(2)事故灾难类、自然灾害类事件：居家社区养老服务中心区域内的人员和财产遭受损害，对居家社区养老服务中心常规工作产生较大影响的事故灾害或自然灾害。

(3)公共卫生类事件：老年人集体性食物中毒、因预防或预防性服药等群体性事件，造成人员伤亡现象。

3. 三级响应

(1)社会安全类事件：事件处于单个事件状态，可能出现连锁反应并引起聚集，群体性事件呈萌芽状态。单个性突发事件引起员工关注，并出现少数过激的言论和行为，呈现可能会影响居家社区养老服务中心稳定的苗头性信息。

(2)事故灾难类、自然灾害类事件：居家社区养老服务中心区域内的人员和财产遭受损害，对居家社区养老服务中心常规工作产生一定影响的事故灾害或自然灾害。

(3)公共卫生类事件：发生在居家社区养老服务中心内部，经卫生行政部门认定的一般性突发公共卫生事件。未造成人员死亡，发生轻伤现象。

(五) 响应程序

1. 应急响应的过程可分为接警、判断响应级别、应急启动、控制及救援行动、扩大应急、应急终止和后期处置等步骤。应针对应急响应级别，分步骤制定应急程序，并按事先制定程序指导各类生产事故应急响应。

2. 各类型生产事故应按照专项应急预案的要求实施应急处置。在专项预案中应明确应对次生事故的相关内容。当生产事故的事态无法有效控制时，应按照有关程序向上级应急机构请求扩大应急响应。

(六) 处置程序

1. 一、二级应急响应，居家社区养老服务中心针对事故性质、类型按安全生产事故应急预案体系启动相关应急预案，控制事态发展；当难以控制紧急事态时，果断报请安监局实施外部紧急应急救援。三级应急响应，居家社区养老服务中心立即启动相应的现场处置方案或专项应急预案。

2. 居家社区养老服务中心内部应按照先控制后消除，严防次生、衍生事故发生的要求，迅速展开现场应急救援工作。重视第一时间发现报警、紧急处置、疏散人员、应急救援。

3. 应急救援指挥以现场为主，所有应急队伍和人员都必须在现场应急领导小组统一指挥下，密切配合，协同实施抢险和紧急处置行动；居家社区养老服务中心启动应急预案后，应在安全位置迅速设立现场应急指挥部，判明情况，调集应急队伍、装备器材，组织、指挥事故应急抢险。

(七) 应急结束

当遇险人员全部获救，事故现场得以控制，环境符合有关标准，次生、衍生事故隐患消除后，进行撤离和交接程序，恢复正常状态程序。由居家社区养老服务中心应急领导小组决定应急响应结束。

笔记栏

(八) 信息公开

居家社区养老服务中心建立重大危险源信息和监控系统，应急小组同时采取网络、固定或移动电话、短信息等相结合的通信方式，保证应急预警、报警、警报、指挥等活动的信息交流快速、顺畅、准确、公开，做到信息资源共享。

事故发生后，所有对外信息的发布均由服务中心安全责任人负责，其他人员不得代表居家社区养老服务中心发布任何相关信息。发布的信息应遵守国家法律法规，实事求是、客观公正、内容翔实、及时准确。

(九) 后期处置

现场应急终结后，居家社区养老服务中心要实施现场保护，为事故调查、善后恢复做好准备工作。居家社区养老服务中心要积极配合安全监察局和民政局做好各项后期处置工作。

应急终止后，现场应急小组编写的应急总结应至少包括以下内容：事故发生的基本情况(包括：发生时间、具体地点、影响范围、损失、人员伤亡等)、事故发生初步原因、描述应急处置过程，处置过程中动用的应急资源、遇到的问题、取得的经验和吸取的教训；并提出对预案的修改意见。

(十) 应急预案管理

1. 应急预案培训　居家社区养老服务中心每季度对全体员工进行应急预案的培训，培训内容包括：了解并熟悉应急预案工作流程、上报程序、操作方法、各工作人员的工作范畴、自救和互救知识、安全逃生方法等。

2. 应急预案演练　居家社区养老服务中心每年开展应急演练活动，演练的目的是验证预案的可行性，是否符合实际情况的程度及提高救援队伍的实际救援能力。通过演练后的评价和总结，可以暴露预案中未曾考虑到的地方和指出改正的建议，从而提高预案的质量。

3. 应急预案修订

(1) 针对预案演练过程中发现的问题和不合理的情况进行修改。

(2) 随着居家社区养老服务中心组织机构和人员发生变化，安全生产应急小组应对预案及时修改、调整。

(3) 当危险设施和危险物质发生变化时，安全生产应急小组应对预案及时修改。救援技术改进时，也应当及时修改本预案。

(4) 应急救援危险目标的生产工具、装置有所变化，应对预案及时进行修正。

(十一) 应急预案备案

应急预案经居家社区养老服务中心责任人审批后报安监局备案。

二、居家社区养老服务应急管理方案

居家社区养老应急管理方案是针对老年人在家庭和社区环境中的突发事件进行预防、应对和恢复的综合性管理措施。本节包含 8 个老年人常见应急预案：噎食、坠床、走失、跌倒、烫伤、药物过敏、食物中毒、猝死，7 个突发公共事件应急预案：火灾、台风雷雨、公共卫生事故、建筑安全事故、拥挤踩踏事故、暴力侵害事故、大型群体安全事故。从防控措施、应急处置两方面着手，有效应对老年人突发意外事件。

(一) 老年人相关的应急预案

老年人常见的安全问题有噎食、坠床、走失、跌倒和烫伤等，养老服务人员应掌握相关知识，以预防和应对以上安全问题。

笔记栏

1. 防止老人发生噎食的预案

(1)防范措施

1)叮嘱老年人进食时要坐直或身体稍前倾,不要说笑,进食速度不宜过快,口中的食物不宜过多,不要边吃饭边喝水,进食要细嚼慢咽。

2)食物要切成小块,方便取食。

3)使用假牙的老年人,尽量不要进食圆形、滑溜、黏性的食物,以免出现噎食。

4)吞咽困难的老人,可将食物打成糊状,但不要太稀,以免引起误吸。

(2)应急处置

1)发生噎食时,了解老年人进食食物的性状。医护迅速救治,清除口腔食物。

2)发生软性食物噎食,可使用吸引器来抽吸。

3)发生硬性食物噎食,可用腹部挤压法来排除。

4)挤压法具体操作:施救者站在老年人的背后,双手环抱老年人,一手握拳,用拇指骨关节顶住老年人的脐上2cm处(远离剑突),双手握住,连续向上向内用力猛压数次,利用腹压来将硬性食物挤出。

5)心脏停搏,按心搏骤停抢救,做好医疗护理记录。

6)通知家属,告知病情。

2. 防止老人发生坠床预案

(1)防范措施

1)勤巡视房间,对情绪和活动异常老年人要多观察,并做好交接班。发现老年人可能发生坠床摔伤情况,应及时向领导报告,采取相应的护理措施。

2)对意识不清、躁动的老年人,可征得家属同意后使用防止坠床的辅助用具,如床挡、约束带等。

3)使用约束带时,要内衬垫棉垫或软布,松紧要适宜。

4)随时观察约束部位的皮肤颜色,必要时给予局部按摩,以促进血液循环。约束带只可短时间使用,并且使肢体处于功能位置。常用的固定部位有手腕、脚踝、肩部、膝部等。

(2)应急处置

1)发现老人坠床摔伤应制动,立即通知医生。

2)进行病情初步判断,检查摔伤部位,判断可能发生的病症(肌肉挫伤、骨折等)。

3)搬运摔伤老人时,要视老人摔伤的轻重程度采用不同的搬运方法。

4)摔伤未造成骨折者,可搀扶或用轮椅将老年人送至床上休息。

5)骨折者,应先用夹板固定骨折部位,再用轮椅或垫有木板的平车搬运老人。

6)及时通知家属,将老人送至专科中心诊治。

7)记录老人坠床摔伤经过及抢救过程。

3. 防止老人发生走失的预案

(1)防范措施

1)加强安全管理,护理人员经常巡视老年人房间。

2)各区入住老人要外出需家属来请假,做好登记后在家属陪伴下方可外出。

3)了解老人心理变化,对情绪和活动异常的老人要多观察,主动与老人沟通,满足其合理的要求,尽量避免外出。

4)及时发现潜在的出走倾向,稳定老人的情绪,积极采取有效的防范措施,并及时报告上级领导。

5)严格交接班,做好记录。

(2)应急处置

1)发生老人走失时,首先要了解发现老年人走失前、后的情况,了解是否有人陪同外出。

2)发动工作人员在院内寻找。

3)若老年人确实不在院内,及时通知老年人家属,询问老年人是否被家属接走,请家属协同寻找,并立即上报主管领导。

4)必要时通知当地公安机关协助寻找。

4. 防止老人跌倒预案

(1)防范措施

1)环境的安全:保持地面的清洁干燥,及时清理地面的杂物,家具靠墙摆放以方便老年人的活动,床、椅子高度适中,室内光线适宜(室内安装日光灯及地灯,采光适宜),安装紧急呼叫系统。

2)行走的安全:提示老年人行走时尽量不穿拖鞋、高跟鞋,靠墙边行走,上下楼梯及乘坐电梯时要握住扶手,必要时使用辅助工具。

3)卫生间、浴室的安全:老年人洗澡时可用洗澡椅,地面设有防滑垫。浴室不用时要保持地面干燥。坐便器高度适中,卫生用品取用方便。

(2)应急处置

1)发现老年人摔倒,立即通知医生,进行病情初步判断,进行紧急抢救措施。

2)老年人发生摔伤应制动,检查摔伤部位,判断可能发生的病症(肌肉挫伤、骨折等)。

3)搬运摔伤老人时,要视老人摔伤的轻重程度搬运老年人。

4)摔伤未造成骨折者,可搀扶或用轮椅将老年人送至床上休息。

5)骨折者,应先用夹板固定骨折部位,再用轮椅或垫有木板的平车搬运老人。

6)认真记录老人摔倒的经过及抢救过程。

7)及时通知家属,将老人送至专科中心诊治。及时上报。

5. 防止老人烫伤的预案

(1)防范措施

1)进食热食和热汤时,护理员要事先告知老年人,待温热再食用。

2)饮用水和漱口水温度不超过43℃,倾倒热水时,避开老年人。

3)使用烤灯时要调节好距离,随时观察,避免皮肤烫伤。

4)老年人洗浴时,水温调节合适后再协助老年人沐浴。

5)冬季老年人使用暖水袋时,注意温度不宜过高,一般情况下小于50℃为宜。热水袋外要包裹一层毛巾,避免直接接触皮肤,放置距离身体10cm。

6)水房应悬挂“小心烫伤”标示。

(2)应急处置

1)发现老人烫伤,及时通知医生,根据烫伤诊疗常规进行处治。

2)发生轻度、小面积烫伤:应立即将烫伤部位置于冷水中,不必做特殊处理。

3)发生中度烫伤:伤及真皮层,皮肤表面起水疱,注意水疱不要擦破。如水疱已破,可用冷开水冲洗,并在伤口上敷少量的烫伤药膏,再用无菌敷料覆盖伤口,并加压包扎固定。

4)发生重度大面积烫伤:通知医师,首先要除去已经贴在烫伤创面上的衣服,并用无菌敷料覆盖伤口,以保护创面。

5)通知家属并及时送至专科医院诊治。

6. 防止老人发生药物过敏的预案

(1)防范措施

笔记栏

1)使用药物时要仔细询问过敏史、家族史,某些药物应做药物过敏试验。注意药物的配伍禁忌。

2)口服药物用药前,认真检查药物的名称、剂量、用法、有效期等;注射药物用药前,认真检查药物的名称、剂量、用法、有效期,药液有无沉淀、混浊、变质,瓶体有无破损、瓶盖有无松懈等。

3)注射药物要现配现用,某些药物要严格按照存放规定放置(如避光、放置冰箱内等)。

4)严格执行无菌技术操作规范。

5)各种注射及输液给药时,如老年人出现发冷、寒战等症状,要立即停药,对症治疗。保留剩余药液及注射器具进行检测,查找原因。

6)经常检查备用药物的有效期,及时交替更换,保证药物的使用安全。

(2)应急处置

1)发生药物过敏症状较轻者,立即停药,通知医生,遵医嘱给予抗过敏药物治疗。

2)发生药物过敏症状较重者,应立即就地抢救。立即停药,平卧、保暖、给氧;通知医生,遵医嘱给予抗过敏药或激素类药物治疗,密切观察病情变化和生命体征;

3)及时通知老人家属,交代病情。

7. 食物中毒的应急预案

(1)防范措施:当3人以上出现呕吐、腹泻、腹痛等症状时,应引起高度重视,立即采取措施,一旦查明为食物中毒或出现同样症状人数继续扩大,应迅速报告行业主管部门及业务主管部门。

(2)应急处置

1)早期处置:①当食用同样食品后,3人以上出现呕吐、腹泻、腹痛等症状时,可判定为疑似食物中毒,应立即停止使用可疑食物;②救治组(医护人员)应立即采集病人血液、尿液、吐泻物标本送检,及时将病人送医院救治;③现场人员封存可疑食品、留样及其原料、工具、设备,保护好现场;膳食供应部门应立即停止可疑食品供应,收集原材料来源资料,待相关部门检验;④疑似食物中毒人数继续扩大或送检确诊为食物中毒事故时,应立即向行业主管部门及业务主管部门报告;⑤送检人员确诊为食物中毒时,组织对食用同样食品人员,进行排查,确保不漏1人;⑥积极配合行业主管部门及业务主管部门进行现场调查,确定食物中毒人数,查明导致中毒的食物和造成食物中毒的原因。

2)后期处理:①对中毒食品进行无害化处理或销毁;②对中毒场所采取相应的消毒处理;③妥善安置和慰问受害和受影响的人员,恢复正常秩序;④事故处置结束后,应对食物中毒事件进行总结整改,评估和完善应急预案,并将总结及改进措施报上级主管部门。

8. 突发猝死的应急预案

(1)防范措施

1)向老年人宣教规律生活,帮其养成良好的生活习惯,不熬夜,不过度劳累。

2)监督老年人清淡饮食,保持合理体重。增加粗纤维和水果蔬菜的摄入量,保持大便通畅。

3)合理运动,选择适宜的运动方式及运动时间。运动时注意室内外温差,避开冬天寒冷的早上。

4)对有猝死风险的老年人定期进行监测评估。

5)加强巡视,注意观察,规范交接班管理,发现问题及时进行急救。

(2)应急处置

1)立即呼叫急救电话:在发现老年人猝死时,立即拨打当地急救电话号码(如120),并

笔记栏

告知具体情况和地址。

2）开始心肺复苏（CPR）：如果已经接受了 CPR 培训，立即开始进行心肺复苏。如果不确定如何进行 CPR，急救人员可能会在电话中指导进行急救操作。

3）寻找自动体外除颤器（AED）：如果周围有 AED，立即将其取来，并按照设备上的说明进行操作。

4）保持患者舒适：在等待急救人员到达的过程中，尽量保持患者舒适，并确保周围环境安全。

5）提供必要信息：当急救人员到达时，提供患者的基本信息、病史及在发现猝死时所进行的急救措施。

（二）突发公共事件应急预案

1. 火灾应急事故预案

（1）防范措施

1）定期进行火灾防范培训，增强员工和居民的火灾防范意识和应急处置能力。

2）定期检查和维护消防设施设备，确保消防设施设备的正常运行和有效性。

3）加强日常巡查，及时发现和排除火灾隐患，如堆放易燃材料、电线老化、短路等。

4）定期组织消防演练，提高员工和居民的火灾逃生和自救能力。

5）设置火灾报警器和灭火器，并定期检查和维护。

6）制定火灾应急预案，明确各种火灾情况下的应急处置流程和责任分工。

7）定期进行消防安全检查，确保消防通道畅通、疏散指示标识清晰等。

8）加强对老年居民的火灾安全教育，增强他们的自我保护意识和能力。

（2）应急处置

1）发现火灾后迅速判断火情，报 119 火警中心、120 救护中心，向行政总值班汇报，并通知中心主任到现场进行指挥。

2）服务中心内各楼面安全疏散引导员引导抢救服务对象，将服务对象安全疏散到安全的地方，护理主管及办公室人员在广场安抚、照顾服务对象。

3）中心主任总指挥，后勤主管负责带领后勤部进行现场灭火。

4）门卫接引消防队员到现场，并向其简单描述灾情。

5）劝阻无关人员不得进入现场，如有伤亡服务对象立即由救护中心送至附近医院就医。

6）根据服务中心领导的要求，向上级主管报告，并总结事故发生的原因，对安全隐患进行重点排查。

（3）注意事项

1）工作人员要保持冷静，不要惊慌失措引起服务对象混乱。

2）稳定服务对象情绪，不要留在危险地带，劝阻服务对象回火灾现场拿遗留物品。

3）如有可能应尽力扑救，控制火势蔓延。

4）万不得已，不敲窗跳楼或随意开窗。

5）离开现场时，应随手把经过的门关上。

6）如被烟雾笼罩或眼见度低，应伏地沿墙慢慢爬行或去另一通道，应用湿毛巾包住口鼻等部位。

7）发现因电失火绝不能用水灭火。

8）疏散人员要走安全通道，服务对象疏散秩序按先自理服务对象，后全护理服务对象的原则，全护理服务对象在移动的过程中必须有护理员陪同。

笔记栏

2. 发生台风、雷雨时的应急预案

(1)防范措施

1)及时关注气象预警信息，做好防范准备。

2)后勤部主管或行政总值班认真检查各部门防台风、防雷雨工作，以及做好各部门的安全保障工作，做到防患于未然。

(2)应急处置

1)接到台风、雷雨天气预报后，服务中心内后勤部主管或行政总值班督促各部门员工做好台风来临前的准备工作。

2)当台风及雷雨发生时，如发生故障或事故，立即通知后勤主管或行政总值班进行处理并且通知中心主任。

3)根据台风、雷雨的影响程度可以向领导上报请求启动停电，或启动停水突发事件应急预案。

4)台风过后服务中心内主管根据实际的受灾情况进行总结并上报中心主任及上级领导。

(3)注意事项

1)及时了解台风预警信息，了解政府的防台行动对策。

2)如有受伤老人及时通知医务人员进行治疗。

3)雷雨发生时，关紧门窗并且避免使用房间内的任何电器产品。

4)相关工作人员详细检查门窗、空调是否漏水，下水道是否堵塞，以及电力供应状态。

5)当台风、雷雨来袭时，服务中心内工作人员应先安抚老人的情绪避免混乱，以及劝阻老人外出。

3. 发生公共卫生事故应急预案

(1)防范措施

1)要查明服务对象、员工等人员的身体状况，如有不适，立即报告。

2)加强个人卫生，勤洗手，保持生活环境和工作环境的空气流通，多参加体育锻炼，增强自身抗病能力。

3)尽量不要去人群密集的地方，人群集中的场所须保持清洁及空气流通，窗户必须经常打开，如发现疫情，尽量自我隔离，不参加各种聚会，外出时必须佩戴医用口罩，或者N95型口罩。

4)常触摸的物品和器械，如桌椅凳子等要进行定期消毒并做好登记。

5)洗手池旁应备肥皂，洗手后一人一巾。

6)大型室内集体活动或会议应注意场地空气流通，清洁卫生。

7)要抓好餐饮管理，饭菜品种多样，注意食品安全，不吃、不接触野生动物，生食、熟食要严格区分。要求餐前必须洗手，严禁多人使用盆装水洗手。

8)应符合卫生要求，要求炊事员及值班人上岗操作前必须洗手、消毒、戴口罩和一次性手套。

9)有关防病信息，除按正常渠道外，不得擅自在新闻媒体发布，注意正确宣传，防止恐慌，以维护稳定。

(2)应急处置

1)发现传染病病人，必须及时向当地疾病预防控制中心和服务对象主管部门报告。并立即对传染病或疑似病人及相关人员隔离，等待医务、防疫工作人员到后，按医务人员要求进行处置。工作人员要按有关规定沉着应对，做好现场人员的稳定工作，并同时向当地政

笔记栏

府、医院、防疫部门报告。

2）传染病病人的诊断以政府向社会公布的定点医院诊断为准，任何个人不得自行散布疫情，否则将追究责任。

4. 发生房屋、围墙倒塌等建筑安全事故应急预案

(1) 居家养老服务中心发生房屋倒塌等建筑物安全事故，居家养老服务中心领导和有关部门在第一时间赶赴现场，启动应急预案，迅速开展现场处置和救援工作，立即向主管领导和上级主管部门报告。

(2) 迅速采取诸如切断电源、火源等有效措施，并密切关注连带建筑物的安全状况，消除继发性危险。在有关部门的帮助下，及时组织解救人员、抢救伤病员。

5. 发生楼梯、楼道、门等拥挤踩踏事故应急预案

(1) 加强对员工和老年人的日常教育和管理工作，及时排除拥挤踩踏事故隐患，坚决避免拥挤踩踏事故的发生。

(2) 楼梯间、楼道、门等发生拥挤踩踏事故，事发后，居家社区养老服务中心应迅速开展现场疏导和救护工作，并立即向医疗急救部门报告求援，向上级主管部门报告。

(3) 居家社区养老服务中心领导和有关部门要在第一时间亲临一线指挥，根据实情启动预案、控制局势、制止拥挤，做好人员疏导疏散工作；组织人员对受伤人员进行应急抢救，尽快将伤员送入医疗服务中心抢救，妥善安置伤病员。

(4) 迅速通知受伤人员亲属，及时通报有关情况，确保人员和亲属情绪稳定。

6. 发生爆炸和外来暴力侵害事故应急预案

(1) 居家社区养老服务中心发生爆炸事故，服务中心领导和有关部门要在第一时间赶到现场组织抢救，在向领导和主管部门报告同时，立即向所在地公安及消防救援部门报告。

(2) 居家社区养老服务中心要在爆炸现场及时设置隔离带，封锁和保护现场、疏散人员、控制好现场的治安事态，迅速采取有效措施，检查并消除继发性危险，防止次生事故发生，切实保护好人员生命和居家社区养老服务中心财产安全。

(3) 若发现肇事者或直接责任人，应立即采取有效控制措施并迅速报告公安机关。认真配合消防救援部门做好搜寻物证，排除险情，防止继发性爆炸等工作。

(4) 居家社区养老服务中心要严格门卫制度，对无证件或不能说明正当理由者，保安人员不得放行进入居家社区养老服务中心，对强行闯入者，应采取强制措施驱逐出居家社区养老服务中心，并由保安人员向其发出警告。居家社区养老服务中心内如发生不良分子行凶等暴力侵害时，应先制止侵害，立即对受伤人员进行救治。同时拨打 110、120 等电话请求援助。

(5) 保护好事故现场，及时将事故信息上报。并采取有效措施，做好善后处置工作。

7. 发生大型群体活动的公共安全事故应急预案

(1) 居家社区养老服务中心举办的各类大型文体活动，必须按有关规定做好专项安全应急方案，落实安全保卫措施。

(2) 发生重大安全事故，应立即启动相关应急预案，遇有人员受伤，根据伤员情况，及时转移到医院内的急救中心或适当的治疗区域进行救治。

(3) 活动组织者和安全工作负责人要稳定现场秩序，根据室内外不同情况组织人员有序疏散逃生，担负起保护人员生命安全的责任，尽力避免继发性灾害。

(4) 服务中心领导和有关部门要在第一时间赶到现场，靠前指挥。要在第一时间向公安机关和有关部门报告。

笔记栏

三、居家社区养老服务应急管理办法

为有效预防、及时控制和妥善处置居家社区养老服务中心各类突发意外安全事件，提高快速反应和应急处置能力，建立健全应急机制，保证居家社区养老服务中心和社会稳定，制定应急管理办法，包括预案编制、审批、备案、公布、应急演练、评估与修订、宣传培训、应急处置等环节。

（一）总则

为了规范居家社区养老服务事故应急管理工作，保障老年人身体健康和生命安全，制定应急管理办法。

1. 为规范突发事件应急预案（以下简称应急预案）管理，增强应急预案的针对性、实用性和可操作性，依据《中华人民共和国突发事件应对法》等法律、行政法规，制订应急管理办法。

2. 应急管理办法所称应急预案，是指养老服务机构为依法、迅速、科学、有序应对突发事件，最大程度减少突发事件及其造成的损害而预先制定的工作方案。

3. 应急预案的规划、编制、审批、发布、备案、演练、修订、培训、宣传教育等工作，都适用于应急管理办法。

4. 应急预案管理遵循统一规划、分类指导、分级负责、动态管理的原则。

5. 应急预案编制要依据有关法律、行政法规和制度，紧密结合实际，合理确定内容，切实提高针对性、实用性和可操作性。

（二）分类和内容

1. 应急管理办法适用于居家社区养老服务中心及其服务人员。

2. 居家社区养老机构应急预案由社区制定，包括总体应急预案、专项应急预案、部门应急预案等。

（1）总体应急预案是应急预案体系的总纲，是社区养老服务中心应对突发事件的总体制度安排，由居家社区养老服务中心制定。

（2）专项应急预案是居家社区养老服务中心为应对某一类型或某几种类型突发事件，或者针对老龄人保护、重大活动保障、应急资源保障等重要专项工作而预先制定的涉及多个部门职责的工作方案，由有关部门牵头制定，报人民政府批准后印发实施。

3. 总体应急预案主要规定突发事件应对的基本原则、组织体系、运行机制，以及应急保障的总体安排等，明确相关各方的职责和任务。养老机构应急预案侧重明确突发事件的预警信息传播、组织先期处置和自救互救、信息收集报告、人员临时安置等内容，重点规范社区层面应对行动，体现先期处置特点。

（1）针对重要基础设施、生命线工程等重要目标物保护的专项和部门应急预案，侧重明确风险隐患及防范措施、监测预警、信息报告、应急处置和紧急恢复等内容。

（2）针对重大活动保障制定的专项和部门应急预案，侧重明确活动安全风险隐患及防范措施、监测预警、信息报告、应急处置、人员疏散撤离组织和路线等内容。

（3）针对为突发事件应对工作提供队伍、物资、装备、资金等资源保障的专项和部门应急预案，侧重明确组织指挥机制、资源布局、不同种类和级别突发事件发生后的资源调用程序等内容。

4. 单位和基层组织应急预案由机关、企业、事业单位、社会团体和居委会、村委会等法人和基层组织制定，侧重明确应急响应责任人、风险隐患监测、信息报告、预警响应、应急处置、人员疏散撤离组织和路线、可调用或可请求援助的应急资源情况及如何实施等，体现自

救互救、信息报告和先期处置特点。

5. 社区养老服务机构可根据应急预案，并针对突发事件现场处置工作灵活制定现场工作方案，侧重明确现场组织指挥机制、应急队伍分工、不同情况下的应对措施、应急装备保障和自我保障等内容。

6. 养老服务机构可结合本地区和本单位具体情况，编制应急预案操作手册，内容一般包括风险隐患分析、处置工作程序、响应措施、应急队伍和装备物资情况，以及相关单位联络人员和电话等。

7. 对预案应急响应是否分级、如何分级、如何界定分级响应措施等，由预案制定单位根据地区和单位的实际情况确定。

（三）预案编制

1. 居家社区养老服务机构应根据应对突发事件需要，制定本机构组织应急预案编制计划，明确应急组织机构、应急人员、应急措施、应急物资等内容，并将其报送社区养老服务管理部门备案。

2. 应急预案编制部门和单位应组成预案编制工作小组，吸收预案涉及主要部门和单位业务相关人员、有关专家及有现场处置经验的人员参加。编制工作小组组长由单位有关负责人担任。

3. 编制应急预案应当在开展风险评估和应急资源调查的基础上进行。

（1）风险评估：针对突发事件特点，识别事件的危害因素，分析事件可能产生的直接后果及次生、衍生后果，评估各种后果的危害程度，提出控制风险、治理隐患的措施。

（2）应急资源调查：全面调查本地区、本单位第一时间可调用的应急队伍、装备、物资、场所等应急资源状况和合作区域内可请求援助的应急资源状况，必要时对本地居民应急资源情况进行调查，为制定应急响应措施提供依据。

4. 社区养老服务机构应急预案编制过程中，应根据法律、行政法规要求或实际需要，征求相关公民或其他组织的意见。

（四）审批、备案和公布

1. 预案编制工作小组或牵头单位应当将预案送审稿及各有关单位复函和意见采纳情况说明、编制工作说明等有关材料报送应急预案审批单位。因保密等原因需要发布应急预案简本的，应当将应急预案简本一起报送审批。

2. 应急预案审核内容主要包括预案是否符合有关法律、行政法规，是否与有关应急预案进行了衔接，各方面意见是否一致，主体内容是否完备，责任分工是否合理明确，应急响应级别设计是否合理，应对措施是否具体简明、管用可行等。必要时，应急预案审批单位可组织有关专家对应急预案进行评审。

3. 社区养老服务机构应急预案须经单位或基层组织主要负责人或分管负责人签发，审批方式根据实际情况确定。

4. 应急预案审批单位应当在应急预案印发后的 20 个工作日内依照下列规定向有关单位备案：

（1）地方人民政府总体应急预案报送上一级人民政府备案。

（2）地方人民政府专项应急预案抄送上一级人民政府有关主管部门备案。

（3）部门应急预案报送本级人民政府备案。

（4）涉及需要与所在地政府联合应急处置的中央单位应急预案，应当向所在地县级人民政府备案。

（5）自然灾害、事故灾难、公共卫生类应急预案，应向社会公布。对确需保密的应急预

笔记栏

案，按有关规定执行。

（五）应急演练

1. 应急预案编制单位应当建立应急演练制度 根据实际情况采取实战演练、桌面推演等方式，组织开展人员广泛参与、处置联动性强、形式多样、节约高效的应急演练。专项应急预案、部门应急预案至少每年进行1次应急演练。地震、台风、洪涝、滑坡、山洪泥石流等自然灾害易发区域所在地，重要基础设施和城市供水、供电、供气、供热等生命线工程经营管理单位，应当有针对性地经常组织开展应急演练。

2. 应急演练组织单位应当组织演练评估 评估的主要内容包括：演练的执行情况，预案的合理性与可操作性，指挥协调和应急联动情况，应急人员的处置情况，演练所用设备装备的适用性，对完善预案、应急准备、应急机制、应急措施等方面的意见和建议等。鼓励委托第三方进行演练评估。

（六）评估与修订

1. 应急预案编制单位应当建立定期评估制度，分析评价预案内容的针对性、实用性和可操作性，实现应急预案的动态优化和科学规范管理。

2. 有下列情形之一的，应当及时修订应急预案：

（1）有关法律、行政法规、规章、标准、上位预案中的有关规定发生变化的。

（2）应急指挥机构及其职责发生重大调整的。

（3）面临的风险发生重大变化的。

（4）重要应急资源发生重大变化的。

（5）预案中的其他重要信息发生变化的。

（6）在突发事件实际应对和应急演练中发现问题需要作出重大调整的。

（7）应急预案制定单位认为应当修订的其他情况。

3. 应急预案修订涉及组织指挥体系与职责、应急处置程序、主要处置措施、突发事件分级标准等重要内容的，修订工作应参照本办法规定的预案编制、审批、备案、公布程序组织进行。仅涉及其他内容的，修订程序可根据情况适当简化。

4. 各部门、公民等，可以向有关预案编制单位提出修订建议。

（七）培训和宣传教育

1. 应急预案编制单位应当通过编发培训材料、举办培训班、开展工作研讨等方式，对与应急预案实施密切相关的管理人员和专业救援人员等组织开展应急预案培训。

各级政府及其有关部门应将应急预案培训作为应急管理培训的重要内容，纳入领导干部培训、公务员培训、应急管理干部日常培训内容。

2. 对需要公众广泛参与的非涉密的应急预案，编制单位应当充分利用互联网、广播、电视、报刊等多种媒体广泛宣传，制作通俗易懂、好记管用的宣传普及材料，向公众免费发放。

（八）组织保障

1. 居家社区养老服务中心有关部门应对机构内的应急预案管理工作加强指导和监督。

2. 社区养老服务中心要指定专门人员负责相关具体工作，将应急预案规划、编制、审批、发布、演练、修订、培训、宣传教育等工作所需经费纳入预算统筹安排。

（1）组织负责人：负责协调和组织各项养老服务应急工作，包括人员调配、资源调配、信息发布等工作。

（2）应急救援人员：负责在突发情况下进行救援和紧急处理工作，包括急救、疏散、安全检查等工作。

（3）安全监督人员：负责对居家社区养老服务场所的安全进行监督和检查，确保老人的

生活和居住环境安全。

(4)心理疏导人员：负责对老人进行心理疏导和安抚工作，在突发情况下帮助老人减轻焦虑和恐慌情绪。

(5)物资调配人员：负责调配和管理居家社区养老服务场所的应急物资，包括食品、药品、防护用品等，确保老人的生活需求得到满足。

(6)信息发布人员：负责及时发布居家社区养老服务场所的应急信息，包括突发事件通告、紧急联系方式等，确保老人和家属得到及时的信息和指导。

3. 居家社区养老服务机构应储备必要的应急物资和设备，如急救箱、灭火器、照明设备等，确保应急处置工作的顺利进行。

(九)事故应急处置

1. 发生事故后，应立即启动应急预案，成立应急处置小组，做好现场安全防护工作。
2. 对受伤人员进行紧急救治，同时及时报告社区养老服务管理部门和相关部门。
3. 对事故原因进行调查和分析，及时采取措施防止类似事故再次发生。
4. 对受害老年人进行心理疏导和安抚工作，保障其合法权益。

(十)责任追究

对违反办法规定，未制定应急预案、未储备应急物资和设备、未进行应急演练或应急处置不当等行为，社区养老服务管理部门将依法进行处罚，并追究相关责任人员的责任。

第四节 居家社区养老服务安全管理典型案例

居家养老是我国绝大多数老年人的现实选择，然而调查数据显示，老年人家庭环境中不安全的问题较为突出，严重影响着他们的居住生活品质，安全的适老化改造需求量大且迫切。近年来，在国家政策的大力推动下，各地已陆续针对老年人家庭住宅的套内空间开展了居家安全适老化改造，现将其中优秀案例介绍如下。

一、案例概况

本案例位于北京市海淀区某高校教师住宅区内，所在楼栋建成于2000年，是一栋18层剪力墙结构的高层塔式住宅。老人家庭居住在这栋住宅的12层，户型为3室2厅2卫，建筑面积约124m^2，套内面积约95m^2，自2000年装修入住后就没有再进行过装修。

户主为一位95岁高龄的老年女性，平时与住家保姆共同居住在这套住房当中，由保姆照看老人的生活起居，老人的两个女儿平时经常过来陪老人。老人原本具备完好的行动能力，但不久前在家中不慎跌倒，造成腰部和腿部骨折，手术出院后一直在家休养，基本没出过家门。老人因摔伤导致腰部和腿部力量下降，需要借助助行架完成起坐、行走等动作。针对这种情况，目前的家庭环境已无法满足老人的身体状况，为保证安全，改善生活品质，老人申请了居家适老化改造服务。

二、需求评估

服务机构共派出3人参与上门服务工作，分别为项目管理人员、评估人员和施工工长。一方面，通过与老人及其女儿的交流，收集了有关老人能力和居家活动表现的基本信息。另一方面，通过对老人家庭居住环境的观察、拍照和测量，收集了有关家庭环境现状和问题的信息。

笔记栏

（一）老人能力与居家活动评估

现场评估显示，老人的精神状态、感知觉与沟通能力基本良好，思路清晰、与人交流顺畅，但因跌倒受伤造成日常生活能力衰退，并导致其社会参与受限。居家生活当中的困难主要体现在以下几点：

1. 腰部和腿部力量不足，完成起立和坐下的动作时需要用手撑扶借力。

2. 老人行走需要使用助行架，并且难以长时间保持站立或行走较长距离，因此自手术出院后基本没有出过家门。

3. 由于卫生间存在高差且空间较为拥挤，老人使用助行架进出时较为困难。

4. 由于家中卫生间仅有浴缸而没有淋浴，老人跌倒受伤后就没有再进行过洗浴，完全依靠自己擦浴保持身体清洁。

（二）家庭环境安全适用性评估

评估结果表明，老人住房的“不适老”问题最为集中地体现在主卫生间当中，涉及的具体问题包括：

1. 入口内外存在高差（8cm），老人出入容易被绊脚。

2. 门洞净宽较小（59cm），刚刚能够容下老人使用助行架通过。

3. 球形门把手突出较多，占用通行宽度且容易刮到衣服，存在安全隐患。

4. 洗手池进深较大，坐便器未紧贴背后墙体安装（留有约 8cm 空隙），导致洗手池与坐便器之间的通行空间宽度不足，老人使用助行架通行不便。

5. 卫生间内仅设置浴缸，淋浴花洒和置物台位于浴缸内侧，不便于取用，老人跌倒受伤后无法实现在卫生间内洗浴。

6. 地面排水坡度不足，地面积水容易外溢。

7. 坐便器后方的置物架陈旧老化，基本废弃。

另一个主要问题是杂物较多。观察发现，门厅、过道、卧室、餐厅、阳台、次卫等空间均堆放有大量长期闲置又不舍得丢弃的杂物。这些杂物或占据了通行空间、压缩了通行宽度，给老人活动造成了安全隐患；或占用了功能空间，导致部分使用功能几乎废弃。

除此之外，调查过程中发现的其他安全隐患问题还包括：

1. 次卫生间坐便器故障、风道瓷砖脱落、地漏返味儿、堆满杂物，基本处于废弃状态，无法使用，保姆只能和老人共用主卫生间。

2. 厨房橱柜台面开裂影响稳定性，裂缝漏水且存满油污，吊柜面板局部脱落，给保姆日常的烹饪操作造成较大不便。

（三）家庭环境现状信息的收集

上门服务前，通过查阅相关资料，已获取到老人家庭的户型简图。由于现场调查评估过程中发现的问题主要集中在卫生间，服务团队重点对卫生间现状进行了细致地测绘，并拍摄了多个角度的现状照片。此外，服务团队还着重留意了老人步行使用的助行架，记录了具体的形式和尺寸。

（四）其他特殊要求

现场调查评估过程中，服务团队还从老人女儿那里了解到，老人对私密性的要求较高，在尚且能够独立完成如厕、洗浴等操作的情况下，不希望任何人（包括家人和保姆）协助。同时，老人希望改造动作不要太大，保持以起居室为主要生活空间的居住状态，不要拆除卫生间当中的浴缸。

（五）改造设计基准的总结

基于现场调查评估的结果，服务团队与老人家庭就改造目标进行了讨论，确定改造方案

设计。基于居家社区养老常见安全问题，重点围绕老人使用的卫生间展开，具体实现以下三项改造目标：

1. 方便老人在卫生间内使用助行器移动。
2. 创造条件使老人能够坐在坐便器上实现自主洗浴。
3. 保证老人在如厕和洗浴时能够安全、顺利地完成起坐动作。

三、方案设计与改造施工

现场调查评估工作完成后，服务团队首先对获取到的信息进行了梳理与回顾，然后对主卫生间的改造目标进行了转译，将其拆解为了一系列具体的设计任务，并交由设计师进行改造方案的设计工作（图 11-1）。

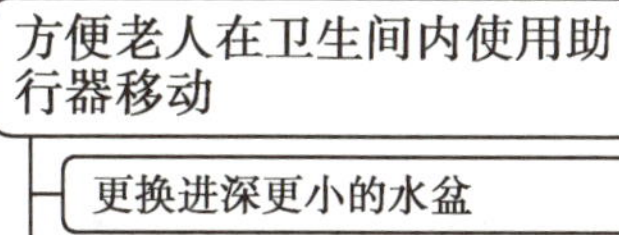

图 11-1　改造目标的转译与拆解

初步形成主卫生间改造设计方案，主要通过以下方式实现了改造目标：

1. 当中球形门把手更换为更薄的 D 形把手，以减少对入口通行宽度的占用，方便老人使用助行器进出，避免刮到老人衣物造成意外伤害。

2. 更换适老化水盆，将水盆进深从原先的 550mm 缩小至 460mm，以增大通行宽度。水盆两侧带有镂空抠手，方便老人在行走、保持站立，以及在坐便器上起身和坐下时借力、保持身体平衡。

3. 更换孔距更为合适的坐便器，使坐便器水箱能够紧贴背后墙面，从而在前方让出更大的通行空间，供老人使用助行器完成通行和起坐的动作。

4. 在坐便器右后方墙面上增设淋浴花洒支座，在浴缸上设置用于放置洗浴用品的置物隔板，方便老人坐在坐便器上洗浴时取用。

5. 将水池处的下水口更换为洗衣机地漏，以便在老人坐在坐便器上洗浴时起到辅助排水的作用。

6. 更新坐便器后墙面上的置物架，方便老人放置毛巾等物品。

除主卫生间外，其他改造项目还包括为次卫生间更换防臭地漏、修补风道瓷砖、更换坐便器和清理杂物，以及为厨房修补或更换橱柜台面、修复吊柜柜体。服务团队将初步改造设计成果汇总形成了一套简明的图册，并制定了选品清单和预算报价表，提供给老人家庭并征求意见。

改造施工工作主要在主、次卫生间和厨房三个区域展开。

四、使用维护

老人的女儿对改造效果表示满意。改造完成 2 周后，服务团队对老人家庭进行了上门回访，发现老人已能够使用助行器在卫生间内自主完成通行、如厕等日常活动。

改造完成近 1 年后，服务团队再次对老年人家庭进行了回访，老人的身体状况相较之前

笔记栏

有所恢复，在助行架的辅助下能够自主完成移动、如厕、盥洗等动作。谈起1年前进行的改造，老人表示这次改造非常有效，居家安全得到保障。由此可见，改造方案基本实现了最初设定的改造目标。

（周恒宇 崔俊武）

扫一扫
测一测

复习思考题

1. 请简述居家社区安全管理的内容。

2. 2023年7月，某社区的一位87岁独居老人在家摔倒致死，请简述该事故的发生提醒了我们什么，你认为该如何避免。

3. 如果让你来设计一款安全管理相关的智能养老产品，你想设计一款什么样的产品，是怎么思考的？

第十二章 居家社区养老服务创新实践

笔记栏

学习目标

知识目标

掌握"居家社区 +"养老服务的基本内涵，熟悉居家社区安宁疗护的概念，了解社区嵌入式养老服务与农村互助养老服务的内涵、发展背景。

能力目标

掌握"居家社区 +"养老服务的基本内容，能分析和评估出社区嵌入式养老服务与农村互助养老服务的优势和挑战，列举出居家社区安宁疗护的服务内容。

素质目标

培养学生的社会责任感、跨学科的综合素质与创新精神，鼓励学生在居家社区养老服务领域提出新的解决方案。

课程思政目标

体会到我国"居家社区 +"养老服务的重要性及必要性，树立社会主义核心价值观，强化敬老爱老的道德观念，培养对老年人的关爱精神。

【学习要点】

1. "居家社区 +"养老模式的服务内容。
2. 社区嵌入式养老服务的构建要点及模式实践。
3. 农村互助养老服务模式的内涵和发展历程。
4. 居家社区安宁疗护创新服务模式和服务管理要点。

第一节 "居家社区 +"养老服务

随着时代的发展，我国不断涌现出"居家社区 +"养老服务的创新实践形式，如"党建 +""物业 +""家政 +""互联网 +"等形式，这可以为老年人带来更贴心、智能化的居家社区养老服务体验。

一、"居家社区 +"养老服务内涵

居家社区养老服务是老年人按照我国人民生活习惯，选择居住在家庭中安度晚年生活的养老方式，以家庭为基础、社区为依托、社会保障制度为支持，由政府、企业、社会组织提供多样化、专业化服务的养老模式。

"居家社区 +"养老服务则是在居家社区养老服务基础上，融合进党建、物业、家政、互联

笔记栏

网等为老年人带来更加贴心、智能化的居家社区养老服务体验。

二、"居家社区+"养老服务内容

1. "党建+"居家社区养老服务　坚持党建引领原则，注重发挥党组织领导一切组织的号召力、党支部核心领导力、党员模范带动力。各地可塑造有自身特色党建品牌，借助基层党组织的阵地优势，可在物业小区成立业主临时党支部，强化社区党委、网格党支部对养老机构的有效领导，激发基层治理红色物业创建工作活力，同时可充分发挥离退休党员干部优势，动员组织有能力、有特长的老党员、业委会委员、小区党员参与指导该中心建设运营，提供党建、志愿、康养、文娱等优质经验，并建立红色志愿者管理系统，结合"主题党日""我为群众办实事"等活动，党员干部定期上门探访辖区老人，开展节日慰问、政策宣传、心理疏导、"反诈骗宣传"等服务，聘请专家为老年人进行健康知识、法律法规、科学普及、思想道德等各类知识讲座，提升老年人的健康意识和安全意识，构建起集老年人"所思、所想、所需"的有效机制，为老年人提供多层次、多元化的养老服务。

2. "物业+"居家社区养老服务　社区物业作为居民的好邻居、大管家，拥有着"距离近""人员亲""硬件足"等优势，将物业服务人员纳入养老队伍的"物业+养老"模式，可以让物业服务企业利用其独特优势，充实基层养老力量，降低养老服务的总体社会成本，使物业成为"家门口"养老服务的有力延伸。对于物业自身而言，开展养老服务不仅可以弘扬孝道文化，提升企业形象，还可以优化资源配置、实现业务延伸、拓宽增值渠道、发掘庞大的养老市场，实现转型升级和经济效益双提升。在有条件的地区，可推动基于智能家居的"物业+居家社区养老"模式，鼓励物业服务企业参与推广智能养老服务和产品，推进新兴技术在居家养老智能产品中的应用，促进全产业链企业共同探索"智能家居""物业""居家社区养老"等领域融合创新模式。在党建引领下，动员积极参与社区居民成为小区养老管家，建立"长者关爱台账"，有针对性地为老人提供生活服务，形成"物业参与，居民自治"服务新模式，让更多的老年居民提升居家养老生活质量和幸福指数，推动公益性、社会化、市场化养老事业可持续发展。

3. "家政+"居家社区养老服务　家政服务是朝阳产业，也是爱心工程，大有可为。老年人照护是家政服务的一个重要工作。家政服务公司可通过购买养老服务项目，按照"市场驱动，多元协同、强化培训，提质升级、创新发展、深度融合"的思路，制定针对该项目专门的"服务流程和要求"，通过培训考核确定该项目的专职服务人员，通过各级部门的配合，积极与符合条件的社区老人联系进行预约服务，为残疾人、失能、半失能、低保老人提供助餐、助医、助浴、家庭保洁、助行、助急、助教等服务；通过互联网手段搭建家政+养老融合服务的大数据平台，在线上咨询下单，线下体验服务，也可以拨打服务电话获得一站式的上门服务。同时，家政服务还可与医疗卫生、保健机构、文旅、餐饮、休闲娱乐、法律援助、适老化改造等多业态融合，打通"家政+"居家社区养老链，进一步提升老年人生活质量。

4. "互联网+"居家社区养老　"智慧社区"居家社区养老作为"互联网+"时代的新事物，基于中国养老现状，利用互联网、自然人机交互、移动互联网等技术，建立老年人信息大数据与云服务平台，将智能看护、健康管理、安全防护及亲情关爱作为基本服务内容，实现社区养老机构各项资源合并，在原有基础上寻求完美策略，为老年人提供更加优质服务，使得居家老年群体在面对困难时获得更多的社会化服务。该服务是以数据中心作为平台，利用信息技术将社会组织、社区及老年人群进行有机结合。"智慧"理念丰富了养老的内涵，其独特性、创新性、精准性决定了"智慧居家养老"将成为我国养老趋势的主流，"智慧社区"的智能化和信息化迎合了老人的个性化需求，给人们带来了全新的社会理念，根据数据中心

笔记栏

所提供的老年人需求为其提供更加优质的服务。“互联网 +”和居家社区养老两者深入结合，一是充分发挥两大产业各自的优势，对双方不足之处进行补充，促进共同发展；二是以技术整合为整体，推动产业整体发展。其本质是在信息技术的辅助下，由政府指导，充分整合各方资源并合理利用大数据网络，以老年人不同的养老需求为导向，提供更优质的服务，以减轻社会养老负担，实现养老资源的最优配置，最大程度上解决我国老龄化严重的问题。

(1)“互联网 +”智慧养老平台：利用互联网技术打造智慧养老平台，连接社区与家庭之间的联系，为老人提供更多形式的服务。互联网在居家社区养老上的应用主要分为“送上门”“走出去”“意外情况处理”三种形式。“送上门”主要为生活不能自理或者部分自理的老年人服务，主要是购物、就医、提供饮食、清洁卫生等。同时，利用互联网的实时功能监测老人的生活状况，以便在碰到突发情况时，及时得到救援。“走出去”是指有生活自理能力的老人走出家门，主要通过社区日间服务中心为老年人提供生活照料、休闲娱乐、康复护理和精神慰藉服务。如老人出现意外情况时，可利用智能手环对老人进行定位服务，通过一键 SOS 紧急呼叫按钮，及时向家属和急救中心寻求救援，确保救治的及时性；同时智能手环还可实时监测老人脉搏等生命体征，一旦出现异常就会向医护人员及社区工作人员自动报送，充分保障老人的健康安全。

(2)“互联网 +”数据库：运用互联网储存老年人的健康信息，实时更新和深入分析老人相关的动态数据及静态数据，及时预警并应对突发情况。以服务中心平台的智能化管理为依托，对呼叫器及互联网等功能进行有效整合，构建功能更加全面的养老服务信息平台。建立居家养老基本信息、看护记录、看护质量管理数据库，对居家社区养老服务的整体数据进行汇总。

(3)利用线上平台技术实现互联互通：将互联网技术运用到居家社区养老服务当中，通过电子设备实现老人与子女、医疗团队及其他服务机构的联络，为老人营造更加安全的养老环境。首先，老人可根据自己的喜好来选择不同的生活、娱乐、医疗等服务，以高标准的服务质量来满足老人的身体和心理需求。其次，“互联网 +”为老人提供更加方便的平台运作方式，最大程度简化服务开展流程。通过系统化理论来实现“互联网 + 居家社区养老”的框架设计；利用移动设备及网络技术全面覆盖老年人的需求，有效进行实时监测。

课堂互动

讨论：谈谈你对“互联网 +”智慧养老了解情况与看法？

智慧社区居家社区养老是利用互联网、自然人机交互、移动互联网等技术，建立老年人信息大数据与云服务平台，将智能看护、健康管理、安全防护及亲情关爱融合在一起，为老年人提供更加优质服务，将社会组织、社区及老年人群进行有机结合。“互联网 +”智慧养老平台连接了社区与家庭之间，为老人提供更多形式的服务。

你对这种对“互联网 +”智慧养老模式有什么看法？

第二节　社区嵌入式养老服务

社区嵌入式养老服务也是居家社区养老服务创新实践的重要形式，了解社区嵌入式养

笔记栏

老服务的构建原则、结构、服务内容、组织和实施、服务质量评估、服务创新，有助于社区嵌入式养老服务的可持续发展。

一、社区嵌入式养老服务内涵

社区嵌入式养老服务是一种在社区内部，围绕老年人生活照料、康复护理和精神慰藉等基本需求，通过嵌入相应的功能性设施、适配性服务和情感性关怀，为社区提供持续照料能力，让老年人在熟悉的环境中、在亲情的陪伴下享受安稳的养老服务。该模式的特点在于将设施嵌入老年人家门口的社区，将服务嵌入老年人的实际需求中，并将老年人的个体行动嵌入到社会关系网络中。与传统的养老机构封闭式养老模式不同，社区嵌入式养老服务以老年人的需求为中心，使老人无需离开社区即可享受养老服务，同时能够继续参与社区生活并融入社会。对于那些土地资源稀缺且老年人数量众多的城市中心区域，这种养老服务模式具有很高的适用性。

二、社区嵌入式养老服务构建

(一) 社区嵌入式养老服务的构建原则

1. 适应性原则　在规划社区嵌入式养老服务设施时，我们可以充分考虑老年人的身体状况、生活方式、习惯和爱好。例如，设施的位置应便于老年人到达，室内设计要适应他们的起居习惯和身体状况。

2. 多元化原则　为了满足不同老年人的需求，社区嵌入式养老服务设施的设计需要多元化。例如，设施应提供多种户型，以适应不同家庭结构和居住需求的老年人。

3. 安全性原则　社区在设计社区嵌入式养老服务设施时，安全性是至关重要的。需确保设施能够保障老年人的生命安全和财产安全。例如，设施应设置安全疏散通道，配备消防设备，医疗保健室应符合医疗标准等。

4. 利用社区资源原则　嵌入式养老机构应充分利用社区或比邻社区的资源，并在社区公共养老服务设施的基础上进行建设。同时，新建居住区应确保与配套养老服务设施同步规划、建设、验收和交付。

5. 分类推进原则　为了拓宽建设渠道，我们应按照“社会力量新建一批、闲置资源改建一批、小区配套配建一批、养老机构(照料中心)转型一批”的思路，分类推进嵌入式养老服务机构的建设。

此外，为了满足个性化养老需求，各地区可以积极思考老年人的需求，并采取措施来解决他们的困难。同时，加强养老设施建设并完善养老服务体系。例如，针对护理型养老服务机构，乡镇、村(社区)两级居家养老服务中心等进行优化改造，构建布局均衡、适应需求、服务便利的养老服务设施布局体系。

以上原则提供了一些基本的指导，在实际操作中需根据各地的实际情况和老年人的具体需求进行调整和完善。

(二) 社区嵌入式养老服务的结构

1. 社区嵌入式养老服务的对象

(1) 高龄、独居、病残、空巢等老年群体：这类老年人在基本生活上存在较大的困难，需要长期的照顾和关爱。社区嵌入式养老服务则提供了全方位的服务，包括日常生活照料、医疗护理、康复训练、精神慰藉等，以帮助这些老年人度过晚年。

(2) 少数特困群体：例如以“五保户”为代表的特殊群体，国家政策已经覆盖了他们的基本生活保障，甚至有福利化倾向。虽然目前生活不成问题，但将来可能会存在生活上的

笔记栏

问题。

(3) 自愿参与社区养老的低龄老年群体：这类低龄老年群体拥有较充裕的时间和精力，并且往往有强烈的意愿参与社会活动。通过参与社区养老服务，他们不仅可以提前体验未来的生活状态，提升自我照顾能力，还能为社区养老事业做出积极的贡献。

以上几类人群在社区嵌入式养老服务中具有代表性，但具体服务对象还需根据各地的实际情况和老年人的需求进行确定。

2. 社区嵌入式养老服务的内容

(1) 社区嵌入式养老服务的服务功能与方式：社区嵌入式养老服务旨在提供全面的养老服务，包括日间照料、入户服务、就餐服务、医疗护理、长期护理及智慧化服务。这些服务均以老年人在社区中的需求为导向，力求为他们提供专业、便利的养老支持。

通过日间照料服务，社区嵌入式养老服务为老年人提供了一个安全、舒适的日间休息场所，同时提供必要的生活照料和护理服务，以确保他们的日常生活需求得到满足。

入户服务针对老年人的居家养老需求，提供助浴、助急、助医、助行、助洁等各类居家养老服务。这些服务让老年人在家中就能享受到必要的照顾和支持。

就餐服务为老年人提供了便捷、营养的就餐选择。无论是送餐上门，还是提供集体就餐场所的方式，都能满足老年人的饮食需求。

医疗护理服务则关注老年人的身体健康。除了提供基本的健康指导，还提供代取药等医养康养服务。条件允许时，可为有需求的老年人提供康复和护理指导。此外，设立医务室（护理站）并配备相应的医务人员，为老年人提供更为专业的医疗服务。

长期护理服务旨在满足老年人在长期生活中的照料需求。无论是日常生活中的帮助，还是突发状况下的应急处理，长期护理服务都能为老年人提供持续、可靠的养老支持。

智慧化服务则借助智能设备，如智能穿戴设备，对老年人的日常行动状态进行监测、预警和远程照护。同时提供线上线下相结合的“点菜式”智能养老服务，为老年人带来更加便捷、个性化的养老体验。

这些服务功能共同构成了社区嵌入式养老服务的核心内容，旨在满足老年人在社区中养老的需求，为他们提供专业化的养老服务，让他们在熟悉的环境中享受便利的养老生活。

(2) 社区嵌入式养老服务的服务设施：医疗护理是养老社区的核心关键功能，需要全天候为老年住户提供护理、康复等服务，并能在紧急情况下进行应急处理。为此，养老社区应配置社区卫生服务中心和卫生站，并增设老年人专科门诊和 24 小时监控室，与邻近的三甲医院建立绿色通道，以便提供及时和专业的医疗服务。此外，护理院的建设也是必要的，以满足介助和介护老人的特殊需求。

生活服务设施的设计和布局应当以方便老年人的生活为首要考虑因素，尽可能靠近老年人的住所或社区出入口。生活服务设施需满足基本的购物需求，同时还要提供洗衣、餐饮、清洁等日常生活服务，在老年人日常生活活动的范围内给予他们帮助。既减轻了老年人的生活负担，同时也保持了他们的生活自理能力。包括的主要设施有基本生活服务设施、商业服务设施和市政公用设施。

社区嵌入式养老服务的服务设施应兼顾老年人的休闲娱乐活动，由于此类活动大多在社区的户外环境中进行，因此必须创建一个舒适的户外环境，为老年人提供锻炼、放松身心、促进交流的安全公共空间。这些设施为丰富他们的精神生活提供场所，有利于老年人的身心健康，使老年群体可以保持积极、健康向上的精神状态。主要设施包括公共室外活动场地和室内活动场馆。有条件的情况下，还可以设置老年大学和文体娱乐场所等设施，为老年人追求进步和实现自我价值提供条件，充实养老生活。

笔记栏

(3)社区嵌入式养老服务的机构及队伍:养老服务中机构及队伍的专业性及全面性是社区嵌入式养老服务的核心要素之一,主要包括:社区卫生服务中心、社区日间照料中心、社区康复中心、社区文化活动中心,其能够满足老年人在社区中养老的需求,提供专业化的养老服务,让老年人在熟悉的环境中享受便利的养老生活。

居家社区卫生服务中心为老年人提供基础医疗服务,有医生、护士和其他医疗工作人员,专注于健康检查、疾病预防和常见病治疗,有的还提供家庭医生服务,以确保老年人能够得到及时的医疗关注和照顾。

社区日间照料中心则提供日间照料服务,包括膳食、休息和娱乐等,有专业的护理人员和社工为老年人提供必要的照顾和支持。这些设施让老年人在白天有人照料,晚上安全回到家中。

社区康复中心为老年人提供康复训练服务,包括物理治疗、康复咨询和心理咨询等,有专业的康复师和医疗设备,为老年人提供个性化的康复方案。这些设施帮助老年人在康复过程中得到专业的指导和照顾。

社区文化活动中心为老年人提供各种文化娱乐活动,包括书法、绘画、音乐和舞蹈等,配备有各类文化活动设施和教具,为老年人提供丰富多彩的文化生活。这些设施有助于满足老年人在精神文化方面的需求,并丰富他们的晚年生活。

3. 社区嵌入式养老服务的组织和实施

(1)制定计划与政策:政府或相关机构需要构建一个全面的计划和政策框架,明确社区嵌入式养老服务的目标、主要内容、质量标准及资金来源,为服务的组织和实施提供明确的指导和支持。

(2)构建服务体系:建立一个完善的社区嵌入式养老服务体系,该体系包括服务提供者、具体服务内容、服务质量标准等方面,以确保老年人能够获得优质且专业的养老服务。

(3)招募与培训工作人员:积极招募具备专业知识和技能的工作人员,进行系统的培训和认证,确保他们能够提供高质量的养老服务。

(4)明确服务对象:明确社区嵌入式养老服务的服务对象,根据年龄、健康状况及经济状况等条件,确保老年人能够获得符合自身需求的养老服务。

(5)提供多元化服务:根据老年人的需求和偏好,提供多元化的服务,包括日常生活照料、医疗护理、康复训练、文化娱乐、继续教育、情感需求等,以满足老年人的不同需要。

(6)建立评估机制:建立一个评估机制,定期对社区嵌入式养老服务的效果进行评估和监督,及时发现问题并进行改进。

(7)加强宣传与推广:加强社区嵌入式养老服务的宣传和推广工作,提高老年人及其家庭对服务的认知度和使用率。

(8)建立合作机制:与相关机构和组织建立紧密的合作机制,共同推进社区嵌入式养老服务的组织和实施工作,实现资源共享和优势互补。

有效地组织和实施社区嵌入式养老服务,为老年人提供便利、专业且高质量的养老服务,进一步促进社区的和谐与发展。

4. 社区嵌入式养老服务质量评估

(1)养老服务质量评估的部门

1)民政部门:作为社区嵌入式养老服务质量评估的主导部门,他们不仅负责评估,还要监督服务质量,以确保这些服务达到相关的标准和要求。

2)社区管理部门:作为地方政府代表的社区管理部门,承担着管理和监督社区内嵌入式养老服务的责任。他们要确保这些服务机构符合政府设定的标准和规范,以保障老年人

笔记栏

的权益。

3) 养老服务提供机构：养老服务提供机构是直接负责服务质量的一方。他们不仅要进行内部自我评估，还要接受外部机构的评估，以确保持续提供高质量的服务。

4) 老年人和家属代表：老年人和家属代表是养老服务的主要受益者，他们的满意度和反馈是评价服务质量的关键指标，他们的声音和体验对于评估服务质量至关重要。

5) 医疗卫生部门：如社区嵌入式养老服务机构提供医疗服务，则需医疗卫生部门也会参与评估，确保医疗服务的质量和安全。

6) 安全监管部门：为防止发生意外事故，由安全监管部门确保嵌入式养老服务机构的设施安全，为老年人提供安全的生活环境。

(2) 社区嵌入式养老服务的质量评价内容

1) 服务人员的专业素养：他们是否展现出热情、耐心和细致的态度，对老人的需求和问题是否能够敏锐地察觉并积极做出响应。

2) 服务内容：社区嵌入式养老服务是否涵盖了老人的生活、医疗和心理等各个方面的需求，并且能否满足他们的个性化要求。

3) 服务质量：社区嵌入式养老服务是否能够始终保持高质量，确保老人的安全和舒适感，以及是否能让他们感受到家的温暖和关怀。

4) 服务环境：社区嵌入式养老服务的场所是否清洁、整洁且舒适，是否能够让老人感到宁静、安心和舒适。

5) 服务效果：社区嵌入式养老服务是否能有效地解决老人的问题，提高他们的生活质量，并让他们感到满意和愉快。

(3) 提高社区嵌入式养老服务质量可采取的措施

1) 建立完善的评价机制：制定全面的评价指标、评价方法和评价标准，以确保对社区嵌入式养老服务进行客观、公正的评价。

2) 加强监督和管理：加强对社区嵌入式养老服务的监督和管理，确保服务的质量和安全，并及时对存在的问题进行整改和调整。

3) 提高服务人员的素质：加强对服务人员的培训和管理，增强他们的专业素质和服务意识，使他们能够更好地为老人提供优质的服务。

4) 建立反馈机制：建立有效的反馈机制，鼓励老人和服务人员积极提出意见和建议，及时了解老人的需求和问题，不断改进服务内容和质量。

总之，社区嵌入式养老服务的质量评价需要从多个方面进行全面、客观、公正的评价，不断提高服务质量和水平，让老人在家中也能享受到优质、贴心的服务。

5. 社区嵌入式养老服务创新——智慧养老　社区嵌入式养老服务中的智慧养老模式是一种新型且具有广阔发展前景的养老服务模式。它借助互联网、物联网、人工智能、大数据等技术，为老年人提供智能化的养老服务，从而提高了他们的生活质量和生活水平。同时，该模式还成功地整合了社会资源，提升了养老服务的效率和质量，进一步推动了养老事业的发展。(详细参阅本章第一节)

三、国内社区嵌入式养老模式实践

(一) 经济发达地区的社区嵌入式养老模式

在发达地区，社区嵌入式养老模式通常更为成熟和完善，以下是上海市的典型例子。

上海是全国最早进入人口老龄化且老龄化程度最深的城市之一，如何让老年人安享晚年、幸福养老，一直是上海面临的重要民生课题。从"9073"(即 90% 的老年人采取以家庭

笔记栏

为基础的居家养老，7% 的老年人享受社区居家养老服务，3% 的老年人享受机构养老服务）到社区嵌入式养老，上海不断构建和完善养老服务体系的“四梁八柱”，积极探索社会化养老服务发展的新思路、新模式，为国家构建新型养老服务体系贡献“上海智慧”。

根据《上海市社区嵌入式养老服务工作指引》（沪民养老发〔2019〕27 号），具体实施如下：

1. 社区嵌入式养老的功能分类　社区嵌入式养老的功能包括通用服务功能和个性服务功能。

（1）通用服务功能设置 8 大类 24 个服务项目，社区一般应当达到或力争达到要求。

（2）个性服务功能设置可根据本社区内老年人需求和资源情况，自主确定服务项目。

2. 通用服务功能设置

（1）专业照护类：①机构照护服务：由养老院、敬老院、福利院、养护院、颐养院等机构为老年人提供的集中居住和照料护理服务。②短期托养服务：由长者照护之家等机构为老年人提供全托型、阶段性的照护服务。③日间照护服务：由日间服务中心等机构为老年人提供日间的托养服务，鼓励开展早、晚托，接送等附加服务。④居家照护服务：由社区养老服务机构为老年人提供的居家上门照料服务。

（2）助餐服务类：①堂吃服务：由社区长者食堂、老年助餐点等老年助餐服务场所，以及开展老年助餐服务的单位食堂、公共餐饮企业，为老年人提供现场就餐的服务。②送餐服务：通过政府购买服务、个人付费等方式，由社区长者食堂及开展老年助餐服务的单位食堂、公共餐饮企业、移动餐车等，依托相关工作人员、志愿者或专业送餐人员，为老年人提供送餐到家服务。

（3）医养结合类：①社区卫生服务：由社区卫生服务中心按相关规范为老年人提供基本诊疗服务、家庭医生服务、家庭病床服务等基本医疗卫生服务。②医养签约服务：由社区内医疗卫生机构与养老服务机构签约，按相关规范为养老服务机构内的老年人提供医疗卫生服务。③护理站服务：由社区护理站为居家老年人提供基础护理和临床护理等服务。

（4）健康促进类：①健康管理服务：由社区卫生服务中心等医疗卫生机构，以及专业健康管理机构，为老年人提供生活方式和健康状况评估、中医体质辨识、体格检查、辅助检查和健康指导等服务。②体养结合服务：依托社区养老服务机构、社区老年人健康促进中心等场所，为老年人提供健身辅导、身体功能训练、慢性病运动干预等服务。

（5）智能服务类：①急救援助服务：依托智慧养老平台及呼叫中心、终端设备，为居家老年人提供 24 小时紧急呼叫救援服务。②安全防护服务：依托智慧养老平台及物联网等技术设备，为养老服务机构和居家老年人提供电子围栏、烟雾报警、跌倒报警等安全技防服务。③远程照护服务：依托智慧养老平台和相关智能设备，为居家照护、医疗诊断、健康管理等提供远距离看护及技术辅助服务。

（6）家庭支持类：①志愿关爱服务：通过“老伙伴计划”等项目，组织低龄健康老年志愿者为高龄、独居等老年人提供家庭援助服务。②家庭成员增能服务：通过“老吾老计划”等项目，对失能失智老年人的家庭照料者开展照料技能培训服务。③“喘息服务”：通过政府购买服务、个人付费等方式，组织专业人员，到老年人家中或将老年人接到养老服务机构进行短期照护，减轻老年人家庭成员的长期照护负担和精神压力。④适老化改造服务：通过市场化运作、政府资助等方式，为老年人家庭实施居室适老化改造。有条件的社区可开展楼道、小区适老环境改造服务。⑤辅具推广服务：支持各类老年用品和辅助器具进机构、进社区、进家庭，可在养老服务场所中开辟专区，提供展示、体验、科普、租赁等服务。⑥养老服务时间互助平台：鼓励和支持社会成员为有需求的老年人提供非专业性的养老服务，按照一定

笔记栏

的规则将服务时间存入，并可换取未来养老服务回报。

(7) 养老顾问类：①基础服务：依托街镇顾问点、居村顾问点、专业机构顾问点，为老年人提供养老服务资源介绍、老年人福利政策指导等现场政策咨询和资源供需对接服务。②拓展服务：街镇养老顾问可制定养老服务清单，开发和推介适合不同老年人特点的“养老服务包”或养老服务项目手册，组建顾问团队定期或不定期到社区做巡回宣介。

(8) 精神文化类：①精神慰藉服务：依托社区老年活动场所及社区服务组织，为无子女、认知和情感障碍等需要关心的老年人提供文娱活动、心理疏导、社工支持等服务。②养教结合服务：充分挖掘老年教育资源，为养老机构、长者照护之家、日间服务中心等机构中的老年人提供有益于身心健康的教育服务；扩大《银龄宝典》节目资源的普及度，让更多老年人获取居家养老护理知识和技能。

3. 个性服务功能设置　包括但不限于老年认知障碍社区干预服务、家庭生活服务、老年优待服务、法律咨询与维权服务、老年社会参与服务等。

（二）中西部地区的社区嵌入式养老模式

在中西部地区，社区嵌入式养老模式开展相对较晚一些，不同地区具体开展情况不尽相同，下面以遵义市为例，对开展情况进行介绍。

2021 年 3 月，贵州省遵义市民政部门与“家有健康”共同推进打造的“新科社区嵌入式医康养暨养老服务中心”项目正式启动。该项目由“新科社区卫生服务站”及“新科社区日间照料中心”两部分组成。社区卫生服务站拟设置全科、中医科、预防保健科等科室；日间照料中心设有老年人生活用房、卫生保健用房、娱乐用房和行政办公及辅助用房。项目为入住的可自理、半失能、失能失智老年人提供基础医疗、康复治疗、保健护理、生活照料、健康管理、休闲娱乐等服务。

新科社区嵌入式医康养暨养老服务中心以医康养护为基础，倡导“预防医学，医养结合”，从居民日常生活习惯、饮食结构、运动方式等多维度提供全方位优质医疗服务保障。同时，以互联网为依托，运用大数据、人工智能等先进技术手段，对门诊的服务体验、营运流程进行再造，为辖区内居家养老的老年人提供相应的上门医养康护等养老服务，实现线上线下深度融合，以身心灵融合为特色，集多种医康养护功能于一体，为社区居民创建利于健康的智能居住环境。

另外，中心还为老年人量身定制了养老服务时间互助平台、时光影楼、乐享集市等特色服务，用心丰富老年人的日常生活。养老服务时间互助平台支持健康老年人参与本机构养老义工服务积累“时间记录”，让老年人在享受服务的同时创造自身价值，还可使用“时间记录”换取养老服务；时光影楼在特定场所设置“时光机”，让人生遗憾清单递减，为家人留存珍贵的回忆，丰富老年人的精神生活；乐享集市通过旧物回收，让老年人彼此分享心中的记忆和故事，定期邀请特殊老年群体，进行职业生涯分享，激活老年人的记忆，重燃他们内心对生活的热爱，让老年人老有所依、老有所养、老有所乐。

（三）社区嵌入式养老模式有待完善的问题

1. 适应地域及民族特点　在社区嵌入式养老模式中，适应地域及民族特点需要关注以下几个方面：

首先，尊重并传承当地的文化传统，尽可能将这些特色融入养老服务中。例如，我们可以举办具有地域特色的文化活动和养生保健活动，以满足老年人对于精神文化需求的期待。

其次，结合当地的资源和环境来选择嵌入式养老服务的地点。这样，我们就可以充分利用当地的自然和社会条件，为老年人提供更加贴近自然和社会的养老服务。例如，我们可以利用当地的自然景观和生态环境来组织户外活动和自然疗法。

笔记栏

再次,根据当地的地域特色和民族特点,因地制宜地开展嵌入式养老服务。例如,在少数民族地区,我们可以组织具有民族特色的文化活动和养生保健活动,以满足老年人的特殊需求。

此外,在建立嵌入式养老服务体系时,要充分考虑地域和民族特点,建立多元化的服务体系。例如,可以提供多种语言的服务和多种宗教信仰的服务等,以适应不同老年人的需求。

最后,加强对嵌入式养老服务人员的培训和管理,提高他们的专业素质和服务能力。同时,要加强对服务质量的监督和管理,以确保老年人能够享受到优质的服务。

总之,社区嵌入式养老模式要适应地域及民族特点,需要从多个方面入手,包括尊重和传承当地文化和传统、结合当地资源和环境、因地制宜开展服务、建立多元化服务体系及加强培训和管理等。只有充分考虑地域和民族特点,我们才能为老年人提供更加贴近需求、更加人性化的养老服务。

2. 人口流动后的社区变更问题　在社区嵌入式养老模式中,老年人的社区变更可能会带来一些问题。例如新环境的适应、社交网络的保持、原有生活习惯的保持、社区养老服务的连续性、经济问题等。为了解决这些问题,可以采取以下措施:

首先,提供过渡期支持。为老年人提供一定时间的过渡期支持,帮助他们适应新社区的环境和生活方式。这可以包括提供生活指导、心理咨询服务及组织社交活动等。

其次,保持原有社交网络。尽量帮助老年人在新的社区中保持原有的社交网络,例如组织一些活动或团体,邀请他们原来的朋友一起参与,延续老年人的感情连贯性。

再次,提供文化适应服务。为老年人提供文化适应服务,帮助他们了解新社区的文化和生活方式,减少文化差异带来的不适和困扰。

此外,保持服务连续性。尽可能将原有的养老服务转移到新的社区,或者协助老年人在新社区中获得相似的服务。这可能需要与新社区的养老服务提供机构进行协调和沟通。

最后,提供经济支持。为面临经济问题的老年人提供适当的经济支持,例如住房补贴、生活费用补贴等,以帮助他们更好地适应新社区的生活。

通过采取这些措施,可以帮助老年人在社区嵌入式养老模式中更好地应对社区变更带来的挑战,提高他们的生活质量和社会融合程度。

3. 社区变更后的医保问题

(1)在社区嵌入式养老模式中,老年人迁入新社区后医保方面的问题值得重点关注,比如医保定点机构的变更、医保报销流程的差异、慢性病和特殊疾病的管理及异地就医的困扰。

首先,老年人需要到新的医保定点机构办理相关手续,以确保能够继续享受医保服务。这涉及一些程序和文件的变更,需要一定的适应过程。

其次,不同地区的医保报销流程可能存在差异,老年人需要了解新社区的医保报销流程,并按照新的流程进行报销。这可能需要一些时间和精力去熟悉新的程序。

再次,如果老年人有慢性病或特殊疾病,需要到新的医保定点机构进行登记和备案。这需要一些额外的步骤,以确保能够继续接受相应的治疗和管理。

最后,如果老年人从原来的城市转移到新的城市,可能会面临异地就医的问题。他们需要了解新城市的异地就医政策,并按照相关规定办理手续。这可能会带来一些困扰和不便。

(2)为了解决医保问题,建议措施如下:

一是提供医保服务咨询。老年人迁入新社区后,可以向新的医保定点机构咨询相关政策和服务,了解报销流程和规定,这样可以减少困惑和麻烦。

二是简化报销流程。政府可以推动医保报销流程的简化，社区可以设立医保报销服务站点，减少老年人异地报销的困难。同时，也可以推广电子医保凭证等便捷服务，社区向老年人提供医保咨询及辅助办理服务，方便老年人异地就医和报销。

三是建立慢性病和特殊疾病管理制度。政府可以建立慢性病和特殊疾病管理制度，规范不同地区的管理流程和标准。这样可以帮助老年人更好地管理自己的健康状况。

四是异地就医协助。政府及社区可以协作并提供异地就医协助服务，帮助老年人解决异地就医问题。例如，可以建立跨地区医保结算机制，方便老年人在不同城市之间进行医疗费用的结算。

通过这些措施的实施，帮助老年人在社区嵌入式养老模式中更好地应对医保方面的问题，保障他们的健康权益和生活质量。

第三节　农村互助养老服务

农村互助养老服务有助于解决农村养老问题，提升农村老年人的生活质量。

一、农村互助养老内涵

（一）农村互助养老的含义

互助养老是在互惠互利和社会交换基础上产生的同代或代际之间的养老资源、服务的交换。农村互助养老，是指充分调动农村富余的老年劳动力资源帮助提升高龄或健康较差老人的基本生活质量。该服务模式不是老人之间简单的互助行为，而是农村家庭养老、机构养老和社区养老相融合的新型养老服务模式。

农村互助养老模式是农村养老发展的一种新兴养老模式，它秉持“村级主办、互帮互助、群众参与、政府支持”的原则，具有“集体建院、集中居住、自我保障、互助服务”的特点，以低成本、广覆盖、可持续为目标，提供生活照护和精神慰藉服务的养老模式，探索农村互助养老模式发展有助于解决农村养老问题。农村互助养老不仅能满足农村老人不离土、不离家的养老意愿，还因其低成本、高效率，可有效缓解农村养老资金、服务、人才等资源短缺问题，弥补农村老人家庭保障、集体保障、土地保障、自我保障等养老服务保障的不足。

从村庄视角来看，农村互助养老为村庄本位的养老模式，它以村庄为单元，以村集体为主导来搭建养老平台、开展养老活动和配置养老资源。从家庭视角来看，农村互助养老是老年群体内部的互助。从个体角度看，农村互助养老是具有养老诉求的老年个体，在其年龄和身体功能变化的情况下，通过组织建设、相互合作等形式，在养老事务上组成紧密联系的互助群体。

（二）农村互助养老的分类

目前，国际上主要有六种互助养老模式：德国非血缘关系的多代（multi-generation housing）互助养老模式、德国“老人之家”、德国时间银行、日本都市邻里互助关系网络（neighbouring help network）、法国女性互助养老模式、美国“村庄”互助养老模式（village model）。

在国际养老服务模式的基础上，国内学者对互助养老模式的划分因侧重点不同而有所差异。下面列出依据老年社会学的不同理论框架、管理和服务方式、服务的性质对农村互助养老服务模式进行的分类：

1. 基于老年社会学理论分类

（1）互助幸福院模式：这一模式反映了老年社会学中的脱离理论，老年人在一起居住并

笔记栏

相互照顾，形成一种小型社区，提供社交支持和共同生活。

(2) 守门人模式：基于嵌入理论，特定的成员扮演领导或协调者的角色，为其他老年人提供支持和服务，同时也促进社会互动和参与。

(3) 养老服务时间互助平台模式：体现了社会交换理论。这是一个将养老服务需求与供给进行匹配的平台，通过时间交换、社区互助与支持等功能，将公益服务的时间进行记录，并在需要被服务时实现兑换。老年人之间互相提供服务，鼓励彼此协助，创造社区互助网络。

(4) 合租互助模式：基于合租理论，老年人一起租住住房，共同分担费用，互相提供支持。

2. 基于管理和服务方式分类

(1) 互助型居家社区养老：强调在居家社区提供养老服务，与互助组织、志愿者、社区卫生机构等合作，以满足老年人的需求。

(2) 互助型机构养老：互助组织和机构合作，提供老年人所需的服务，将社交互动与养老服务相结合。

3. 基于服务的性质分类

(1) 志愿型互助养老模式：建立在志愿者的奉献精神上，志愿者提供各类服务，包括社交陪伴、购物、医疗卫生支持等。

(2) 储蓄型互助养老模式：老年人通过共同储蓄，建立资金池来支付养老服务费用，通过资金的互助和共享提供服务。

(3) 市场型互助养老模式：老年人形成互助小组，共同购买养老服务，类似于合作社，获得服务时支付费用。

在我国农村地区，这些互助养老模式都有其独特的优势和不同的挑战，因此可以根据地区需求和资源特点进行选择和推广。这些分类方式有助于更好地理解和组织互助养老模式，以满足老年人的多样化需求，同时鼓励社区和政府部门采取适当的措施，以促进互助养老模式的可持续发展。

(三) 农村互助养老服务的意义

养老问题是新时代全面建设社会主义现代化国家面临的一个重要难题。互助养老作为一种积极且创新地应对老龄化挑战的措施，不仅是中国特色社会主义发展阶段应对人口老龄化严峻现实的反映，也是家庭养老功能减弱和社会养老供给不足情况下的养老实践。它具有整合本地人力资源，促使老年人在自己熟悉的社区中获得养老服务的优势。此外，中国农村互助养老模式与中国传统文化中的互助思想相互契合。在满足老年人的物质和文化需求的同时，弘扬互助的传统美德有助于凝聚村民意识，推动村庄乡风文明建设，进一步促进文化的繁荣和乡村的全面振兴。这种模式不仅能为老年人获得关爱和支持提供帮助，也能为村庄社区创造更加融洽和互助的生活环境，促进了文化和社会的可持续进步。

二、农村互助养老模式发展历程

(一) 农村互助养老的产生动因

中国历史上有着悠久的“互助”传统，也有着丰富的生活实践经验，如较为普遍存在的“农社”“义庄”“福田院”“济众院”“养济院”和“普济堂”等。互助养老源于民间，起于政府，兴于社会，经历形式变迁，发展至今。

前人奉“孝”为宗。中华民族几千年的文明传统源远流长，互助养老文化可追溯到两千多年前的春秋战国时期，其中孔子的“鳏、寡、孤、独、废疾者皆有所养”和孟子的“老吾老以及人之老”的奉献、互助、友爱的儒家思想是互助养老的思想基础。同时，唐朝民间的农社、宋朝以地缘和亲缘为载体对老人救助的义庄及清朝的姑婆屋等，也都体现出了人们对互助

笔记栏

养老的需求。此外，在中国的传统社会中，家庭和宗族一直扮演着重要的养老角色。特别是以宗族制度为代表的古代的互助组织，曾在国家基层治理中发挥了重要作用。这些互助组织在弘扬敬老互助的理念方面发挥了关键作用，强调了价值观中对尊敬老人和相互帮助的重要性。尽管宗族制度在中华人民共和国成立后逐渐瓦解，但家庭养老依然长时间占主导地位。在21世纪初，由于乡土依恋等原因，许多农村老人选择继续居住在农村，导致了独居老人和空巢老人数量的增加。这种时代背景和社会背景下，传统的家庭养老模式难以维持，因此互助养老模式应运而生。

如今，人们仍高举“孝”之大旗。农村互助养老模式的根源可以追溯到民间，它扎根于深厚的互助文化。从个体需求层面来看，乡村社会呼唤养老方式的创新，且农村老年人自主性的提升使得互助养老模式成为他们的首选，这体现了乡村社会养老方式的创新动向。从政策层面来看，我国政府高度重视农村养老问题，扮演着互助养老模式的启动者角色。政府出台的一系列的养老政策和相关措施，均得到了各级政府和多方社会力量的积极响应。从社会背景的角度来看，当家庭养老面临功能不足、机构养老面临条件受限时，互助养老成为解决农村老龄化问题的最佳方案。农村互助养老服务的开展正推动我国农村养老事业进入新的发展阶段。

因此，农村互助养老服务模式的兴起和发展是多重因素交织的结果，包括古代的互助传统、现代乡土依恋、政府政策支持和社会文化环境等。这一模式在帮助解决农村老龄化问题、满足老年人需求及传承互助文化方面具有重要价值。

思政元素

孝亲敬老：新时代的核心价值与传统美德的传承

2021年10月，习近平总书记就老龄工作问题作出重要指示，明确提出“要大力弘扬孝亲敬老传统美德，落实好老年优待政策，维护好老年人合法权益，发挥好老年人积极作用，让老年人共享改革发展成果、安享幸福晚年”。这些重要指示凸显了党和国家对老年人关切的态度，同时也强调了弘扬传统美德和关爱老年人的重要性。

特别是对于新时代的年轻人，我们应该将弘扬孝亲敬老的传统美德融入到社会主义核心价值观的宣传教育中，建设具有民族特色和时代特征的孝亲敬老文化。这样的文化价值观将有助于继承和传承中华民族的传统美德，从而为养老服务领域的未来发展做出积极贡献。

（二）农村互助养老服务的发展历程

1978年12月，党的十一届三中全会召开，我国开始实行对内改革、对外开放的政策。其中，对内改革从我国农村开始，农业生产活动主体从过去的以集体为单位再次回归到以家庭为单位，结束了计划经济时代下的农村集体化生产模式，开始推行家庭联产承包责任制。经济发展模式的变更导致了集体解散后养老保障的空位，民间开始自发寻找新的发展路径。1979年之后，各项改革措施开始实施，市场经济表现出前所未有的活力，为农民互助创造了空间，农民自发形成了民间互助养老模式。但是，这种自发构建的福利模式，从根本上来说仍是以家庭养老为主，主要依靠子女提供资金，为老人生活提供经济支援，老人们采取居家自养的模式。随着社会变革不断深入，新形式的互助养老模式随之取得了一定的进展。20世纪90年代初，改革开放成效逐渐显现，一些沿海开放地区开始模仿国外先进的互助养

笔记栏

老经验。

1998年"养老服务时间互助平台"模式在我国由政府主导开始试点,首家以养老为中心的时间互助平台出现在上海。在随后几年,我国城市地区逐渐出现了以"养老服务时间互助平台"为基础模型的其他互助养老模式,互助养老模式理论随之逐渐丰富。2008年起源于河北省肥乡县的以集体建院、集中居住、互助服务为特征的"互助幸福院"模式,是以互助养老模式破解农村"养老难"问题的试点,这也是农村互助养老服务的里程碑事件。李克强总理2018年《政府工作报告》中强调"发展居家、社区和互助式养老",推动互助养老成为养老工作的重点。我国农村养老模式的发展,由传统的"土地+家庭保障"到中华人民共和国成立后的"集体+家庭保障",再到改革开放至今的"制度探索+多种养老模式探索",由此可以看出,国家的积极发展和政府的政策制定一直贯穿于互助养老中。这一模式在应对人口老龄化挑战中发挥着不可忽视的作用,因此也就更加需要引起我们对该模式的重视,在政策支持方面给予更多的倾斜,加快调整战略布局,以适应老龄化背景下的乡村振兴需求。

案例分析

山东省临沂市沂水县:加强志愿服务,打造农村互助养老新模式

案例:临沂市沂水县打造农村互助养老新模式,整合志愿服务力量,创新实施了"关爱老人·情暖夕阳"志愿服务行动。由农村党支部领办志愿服务队,发动村内50周岁以下、有一定服务能力的党员,带头开展服务。并发动全县各类志愿者和社工每周上门为老人开展志愿服务,让他们生活得更体面、更有尊严,以实际行动践行为民初心、推进乡风文明。并将每周六定为志愿服务日,每周到服务对象家中开展"四个一"志愿服务,即:打扫一次卫生,料理一次家务,清洗一次衣服,帮助一次代购,满足服务对象最紧要、最迫切、最基本的生活需求,努力把党委政府的关怀传递到群众心坎里。

分析:该案例体现了农村互助养老服务的核心原则"村级主办、互帮互助、群众参与、政府支持",也展示了该模式具有"互助服务"的特点和"低成本、广覆盖、可持续"的服务目标。

1. 整合志愿服务力量 这一模式充分调动和整合了社区内的资源,以满足老年人日常需求,体现了"互帮互助"和"群众参与"的核心原则。

2. 关爱老人 关爱老人是该服务的核心思想,将志愿服务付诸实际行动,提供心理和实际支持,以确保老年人的生活质量。

3. 定期志愿服务 志愿者们每周六提供"四个一"定期性和连续性的志愿服务,这不仅有助于建立持久的信任关系和社区凝聚力,同时也体现出了农村互助养老模式"可持续"的目标和"互帮互助""群众参与"的核心原则。

4. 传递政府的关怀 通过该模式将政府的关怀传达到老年人心中。这体现了农村互助养老服务模式"村级主办"和"政府支持"的核心原则,也体现了政府在农村互助养老服务中的重要作用。

三、农村互助养老服务现存困境与未来展望

(一)农村互助养老服务现存困境

农村互助养老模式的优势在于其能够有效整合各方资源,通过为有需求的老人提供互

笔记栏

助养老活动及便利条件，来满足农村老人养老的物质需求和精神需求。然而，当前农村互助养老的运行困境，主要表现在顶层设计不清晰、资金供给不足、管理体系不完善、制度不健全等多个方面。

1. 顶层设计不清晰　农村互助养老模式的功能定位尚未形成统一的制度体系，导致不同地区、村庄在实践中对互助养老的理念理解不充分，从而影响了实际的运行效果。

2. 资金供给不足　养老服务需要资金支持，但现实中存在资金短缺问题，缺乏可持续的资金供给机制，这影响了服务的连续性和质量。

3. 管理体系不完善　互助养老服务需要清晰的管理体系，但由于权责划分不明晰，事故处理和防御机制相对薄弱，导致一些问题处理困难。

4. 制度不健全　互助养老制度仍然存在不完善的问题，包括权责划分、责任追究等方面，这影响了服务的稳定运行。

（二）农村互助养老服务未来展望

农村互助养老服务是我国老龄事业的重要组成部分，未来发展的方向应当更加注重提高服务质量、加强社会参与、深化制度建设、创新信息技术、强化权益保护、强调社区建设和借鉴国际经验。

1. 提高服务质量　未来的农村互助养老服务应更加注重服务的质量，包括提供更多元化、个性化的服务内容，以满足老年人多样化的需求。服务人员的培训和专业化将成为重要的方向，以确保老人获得高水平的照顾和关怀。

2. 加强社会参与　社会力量的参与是农村互助养老服务的重要保障。我们需要鼓励社区组织、志愿者等相关人员积极参与，共同为老年人提供多方面支持。为此，可采取建立合作伙伴关系、提供志愿者培训和设立奖励机制等措施，以充分发挥社会力量的作用，更好地服务于农村老年人群。

3. 深化制度建设　制度建设是农村互助养老服务的长期保障。未来的发展需要更多关注制度方面的完善，包括政策法规、资金供给机制、管理体系等方面。还应完善互助组织的管理体系，明确权责划分，建立清晰的管理机制，提高运行效率。此外，政府在财政、立法等方面的支持也将发挥至关重要的作用。

4. 创新信息技术　随着信息技术的快速发展，未来农村的互助养老服务需有效地利用智能技术和大数据分析等手段，以提高服务的效率和质量。可以通过构建数字化管理系统，以便更好地组织和调配资源；推出在线服务项目，以满足老年人的日常需求；运用智能健康监测设备，来实时关注老年人的健康状况。这些措施将有助于提升农村养老服务的整体水平，为老年人创造一个更加舒适的生活环境。

5. 强化权益保护　未来的农村互助养老服务需要更加重视对老年人合法权益的保护。这包括建立一套有效的服务质量监督机制，确保养老服务的标准和质量始终得到维持。同时，应明确并普及老年人的维权途径，让他们在面对服务不当时能够及时有效地提出投诉和维权。此外，针对可能出现的服务问题，应制定预防措施和应对策略，以确保老年人的利益不受损害，营造一个公平、安全、尊重的养老服务环境。

6. 强调社区建设　着重强调社区建设的重要性，其中包括改善社区基础设施和促进社区文化的发展，旨在为老年人提供更便利的服务和更优良的社交环境。同时，我们也应鼓励老年人及其家庭转变传统观念，积极接纳互助养老的新理念。通过建立广泛的互助养老共识，可以进一步提升社区内的互助文化氛围，共同营造一个更为和谐、融洽的养老环境。

7. 借鉴国际经验　在深入研究和借鉴国际先进经验的基础上，吸收其他国家在农村互

笔记栏

助养老服务方面的成功做法，对于推动我国该领域的发展具有重要意义。在全球化背景下，各国在农村养老服务领域的创新与实践为我们提供了丰富的参考和借鉴，这不仅可以促进我国农村互助养老服务的质量和效率，还能为应对老龄化社会所带来的挑战提供更加多元化和可持续的解决方案。

因此，面对在发展过程中遇到的诸多挑战，我们应当采取恰当的策略，以更加有效地满足老年人群的需求，进而提升服务的质量和持续性。同时，需要充分考虑地区差异，确保政策更合理地适用于不同的农村地区，通过科学、合理的方法完善农村互助养老服务模式，借力乡村振兴战略，推动社会经济发展，不断提升我国的农村互助养老服务质量。

四、农村互助养老服务管理

（一）政策与法规管理

政府层面的政策、法规和指导文件在农村互助养老服务的发展中起着重要的引导作用。这些文件旨在规范和支持互助养老服务，包括资金支持政策及养老机构的管理规范。

1994 年，国务院颁布了《农村五保供养工作条例》，这是关于农村老年人养老的早期法规，奠定了后来的“五保”制度。此后，各级政府陆续出台了多项政策文件，以进一步促进农村互助养老服务的发展。2011 年，河北省邯郸市肥乡县人民政府将互助幸福院建设纳入“十二五”和新农村建设配套设施规划，明确了互助养老项目的规划、土地使用和税费优惠政策。这一政策为政府、集体和老人家庭的权责划分提供了指导，推动了农村互助养老服务的规范化和制度化。国务院办公厅于 2011 年发布了《社会养老服务体系建设规划（2011—2015 年）》（国办发〔2011〕60 号），其中提出了“积极探索农村互助养老新模式”的建议。2013 年，《中央专项彩票公益金支持农村幸福院项目管理办法》（财综〔2013〕56 号）明确了农村幸福院项目的条件和规范，标志着农村互助养老服务制度化的有益探索取得初步成效。虽然只提供了相对有限的建设资金，但这一管理办法的颁布有助于在全国范围内推广互助养老模式。2016 年，国务院办公厅发布了《关于全面放开养老服务市场提升养老服务质量的若干意见》（国办发〔2016〕91 号），明确提出“倡导‘互助养老’模式”。2017 年，《“十三五”国家老龄事业发展和养老体系建设规划》（国发〔2017〕13 号）强调通过邻里互助、亲友相助、志愿服务等方式来举办农村幸福院、养老大院，大力发展农村互助养老模式。2018 年，李克强总理在《政府工作报告》中强调“发展居家、社区和互助式养老”，推动互助养老成为养老工作的重点。习近平总书记在党的十九大报告中强调了积极应对人口老龄化，构建养老、孝老、敬老政策体系和社会环境。政府政策支持在农村互助养老模式中发挥的作用不容忽视。这一系列文件和指示推动了我国农村互助养老模式的规范化、标准化和制度化发展。

（二）服务项目管理

农村互助养老服务管理是一项复杂而关键的任务，通过细化服务项目内容，明确服务标准和服务质量控制，可以确保老年人获得高质量和有针对性的服务，满足其多样化的需求。

1. 服务内容　在农村的社区中心或幸福院开展日间活动，可以为老年人提供积极温馨的日间环境。日间照料服务通常包括，生活照料：为老年人提供托老、用餐、家政服务等一般照料服务；健康保健服务：提供健康教育、疾病防治、康复训练、基础医疗护理、药事管理等服务；文体娱乐服务：提供社交、知识讲座、学习培训、歌舞、书画、图书阅览等服务。同时，要明确规定这些服务的范围和频率，以确保满足老年人的各种需求。

2. 服务质量控制　服务质量控制是确保农村互助养老服务成功实施的关键因素。管理者需要履行策划、控制、保证、改进的管理职能，建立健全质量管理机构或部门，完善质量

笔记栏

管理制度，推行服务质量目标管理及制定服务的标准化管理。通过以上质量控制方法，确保服务项目有质、有量、有计划地执行。

（三）资源配置管理

为了确保农村互助养老服务的有效实施，通过细致的资源配置和管理，可以更好地满足老年人的多元化需求，提供高质量的互助养老服务，提升老年人的生活品质。同时，合理的资源配置也有助于提高服务的效率和可持续性，确保农村互助养老服务能够长期稳定地为老年人提供支持。

1. 人力资源的合理配置　管理者需要了解在提供互助养老服务中所需的不同专业技能的人力资源。合理分工和分配工作任务，确保团队协同合作，为老年人提供全面的医疗、心理和社会支持。

2. 资金的预算分配　财政资源是农村互助养老服务的重要保障。管理者应依据资金效率最大化、成本效益最优化、资金收支平衡、利益关系协调的养老服务财务管理原则，做到保证财务与资金操作的规范、安全、良性运行，以及协助做好成本核算、经济运行分析、资产管理的目标，以确保养老服务项目的可持续性。

3. 设施建设和管理　农村互助养老服务通常需要借助一些设施来提供服务，如日间照料中心、幸福院等。管理者需要考虑设施的建设、装修、设备采购、设施管理（安全、卫生）等方面的问题，以保障老年人的安全和舒适。

4. 资源整合和协调　管理者需要协调和整合社区内的各种资源，包括社区志愿者、社会组织、养老机构等。其中志愿者是农村互助养老服务中宝贵的人力资源。管理者需要积极发挥志愿者的作用，进行合理的组织培训和任务分配。志愿者的参与可以拓展服务项目的广度和深度，促进社区互助养老模式的实施。

（四）信息化管理

可通过搜集老年人需要的信息和老年人相关的信息资源，利用计算机、网络等现代信息技术进行数据存储、处理、传递和分析，为老年人提供各种生活服务和日间照料、医疗卫生、文化教育等服务，为老年工作提供服务及决策所需的各种信息，努力形成内容全面丰富的老年服务信息网络和信息管理系统，实现养老需求与社区、养老机构的有效对接，助力构建社区养老服务体系。

（五）安全管理

老年人是安全问题的高发人群，因此养老服务中的安全问题应贯穿于养老服务活动的各个环节。管理者应建立安全管理组织体系、完善安全管理制度、建立安全培训体系、完善机构的环境和设施建设，以及制定意外事件处置预案。以确保管理体系能够及时、有效地处理紧急情况和突发事件，进而保障老年人的人身安全。

课堂互动

讨论：你认为什么因素对于农村互助养老服务的成功至关重要？

在现代社会，随着人口老龄化的不断加剧，养老服务管理变得至关重要。农村互助养老服务作为应对老龄化挑战的一种重要方式，正在受到广泛关注。农村互助养老服务不仅关系到老年人的福祉，还涉及社会和国家的可持续发展。在这一背景下，请列举并解释你认为农村互助养老成功的关键因素。

笔记栏

第四节　居家社区安宁疗护

居家社区安宁疗护是适应新时代老年人需求的服务实践创新，在养老服务中发挥着重要作用。居家社区安宁疗护创新服务需要开展服务模式、政策制度改革、人才培养、团队建设和科学管理的系列探索。

一、居家社区安宁疗护概述

（一）居家社区安宁疗护概念

居家社区安宁疗护是指以社区为基础的安宁疗护服务团队为本区域内居住在自己家中的临终患者及其照护者提供缓和性和支持性的照顾，强调居家社区安宁疗护与传统养老服务的区别，侧重医疗照护、疼痛管理、生活质量提升等方面。

课堂互动

讨论：当前安宁疗护服务融入到越来越多医疗机构、医养结合机构和具备服务能力的养老机构中，全力帮助疾病终末期老年患者提供有尊严、有质量的医疗服务和人文关怀，减轻身体、精神、心理、灵性痛苦，以“安宁疗护”守护人生最后一程。作为养老服务管理专业的学生，你认为居家社区安宁疗护模式在老年人护理中的角色是什么？你是否能想象自己或你的亲人将来可能需要这种服务？如果是的话，你希望这种服务在哪些方面满足你的需求？

（二）居家社区安宁疗护的发展背景

根据国家统计局数据，2020 年，我国 60 周岁及以上的人口已经达到 2.64 亿，其中 65 周岁及以上的人口达到 1.91 亿，约占总人口的 13.5%。预计到 2030 年，我国将面临人口老龄化的高峰。为应对老龄化所带来的一系列问题，国家大力推进医养结合养老服务，而安宁疗护作为其中的重要一环，对保障老年人的生存质量具有重要意义。世界卫生组织（WHO）在 2015 年发布的《关于老龄化与健康的全球报告》中，将健康老龄化定义为“发展和维护老年健康生活所需的功能发挥的过程”。健康临终（healthy dying）是健康老龄化的内在要求，已成为社会各界广泛关注的现实挑战，且 WHO 在该全球报告中提出安宁疗护与健康临终理念高度契合，已成为现代卫生保健体系中的关键环节。

然而，我国安宁疗护供需矛盾明显，2019 年中国全年死亡人口数为 998 万，但是真正得到安宁疗护的只有 0.3%。国家卫生健康委员会发布 2019 年我国整体预期寿命为 77.4 岁，但健康预期寿命仅为 68.5 岁，表明人们有 8.9 岁是在疾病和痛苦中度过的，且临终老年人在生命终末期通常需要家庭陪伴、经济支持、医疗处理、居住环境等多方位的照护，这些都使得安宁疗护的服务需求量逐渐增加。同时，世界卫生组织国际癌症研究机构发布的数据显示，2020 年全球有近 1 000 万例癌症患者因病情晚期选择在家中接受安宁疗护。因此，在老龄化的背景下，居家安宁疗护已经成为老年人安宁疗护服务中的一个重要形式，建立和健全安宁疗护服务体系已成为实现健康老龄化的必然需求。

笔记栏

(三)居家社区安宁疗护政策支持

自2016年以来，我国政府连续制定了一系列健康老龄化政策，为全程健康服务和健康保障提供了战略指导。我国于2017年启动了全国安宁疗护试点工作，随后于2019年启动了第二批试点工作，这些举措要求试点地区将安宁疗护工作纳入区域卫生规划，以确保老年人获得适当的照护。

2017年，国家卫生和计划生育委员会修改了《医疗机构管理条例实施细则》，将安宁疗护中心列为医疗机构的一类，从而赋予其法定地位。此外，发布了《安宁疗护实践指南(试行)》(国卫办医发〔2017〕5号)和《安宁疗护中心基本标准(试行)》(国卫医发〔2017〕7号)等规范性文件，明确了安宁疗护中心的基本标准和管理规范。2019年12月，由第十三届全国人民代表大会常务委员会第十五次会议审议通过的《中华人民共和国基本医疗卫生与健康促进法》也明确规定，各级各类医疗卫生机构应为公民提供安宁疗护等全方位全周期的医疗卫生服务，该法案进一步巩固了安宁疗护的法律地位。虽然我国安宁疗护服务已取得显著进步，但仍面临扩大服务范围、加强系统整合和推进服务标准化等挑战。因此，这些政策和法规的出台为居家社区安宁疗护的发展提供了重要支持，也标志着安宁疗护服务正式融入国家医疗卫生体系。在2019年11月，中共中央和国务院发布了《国家积极应对人口老龄化中长期规划》，该规划明确提出“积极推进健康中国建设，建立和完善包括健康教育、预防保健、疾病诊治、康复护理、长期照护、安宁疗护的综合、连续的老年健康服务体系”，并强调要建立基于居家、社区和机构的多层次养老服务系统，实现医养有机结合。随后，2021年12月，国务院发布了《“十四五”国家老龄事业发展和养老服务体系规划》(国发〔2021〕35号)，其中明确提出了发展安宁疗护服务的任务。2022年，国家卫生健康委、教育部等十五个部委印发的《“十四五”健康老龄化规划》(国卫老龄发〔2022〕4号)中强调要“发展安宁疗护服务：稳步扩大安宁疗护试点，完善安宁疗护多学科服务模式，提高临终患者生命质量”。随着一系列政策的推出和落实，中国安宁疗护服务已经进入到快速发展的阶段。

二、居家社区安宁疗护创新服务

(一)创新服务模式

在一些发达国家中，居家安宁疗护服务已被广泛实施，其不仅显著提升了患者的临终生活质量，同时也在最大程度上满足了患者及其家属的多样化需求。我国的多元安宁疗护服务模式探索在两次全国安宁疗护试点工作的推进下已初步形成。新型的居家社区安宁疗护服务模式也在逐渐探索的路上，例如“协和—蒲黄榆联动”居家社区安宁疗护模式，是由位于北京丰台区的蒲黄榆社区与北京协和医院安宁缓和医疗组联合建立的这一模式。该模式已经建立了一整套包括患者接收、患者及家属综合评估，以及症状处理、舒适护理、人文关怀、医患沟通、善终准备、哀伤辅导等多方面服务内容的居家社区安宁疗护服务模式，为患者和家属提供针对性的、联系紧密的、切实的照护支持。

创新模式为居家社区安宁疗护服务提供了更多选择，通过多学科团队、社区医疗卫生服务中心及志愿者的协作，为患者提供综合性的安宁疗护服务。后续发展完善过程中，可加强不同级别、不同类别安宁疗护机构间的协作，以基层社区等初级医疗保健机构为主体，综合医院负责提供指导与保障，形成科学、全面的居家照护体系。同时，还需持续加强与不同区域间、城市间的联系，以更好地满足城乡居民的居家安宁疗护需求。

此外，智慧医疗与信息技术也将应用在服务模式创新上。近年来，互联网技术在医疗保健服务中的应用呈现出迅猛增长。创新的智慧医疗与信息技术结合，突破了地域、医疗人员和设备等因素的限制，使居家疗护服务变得更加智能化和高效。2021年国家卫生健康委等

笔记栏

十部门联合印发的《“十四五”医疗装备产业发展规划》(工信部联规〔2021〕208号)明确提出,要推动智慧医疗、精准医疗、远程医疗等新业态全面发展。在未来,医疗团队可以与信息技术开发团队合作,探索居家安宁疗护智慧管理平台,以减轻医护人员的工作负担,为患者提供更加个性化的服务。这也将有助于提高服务的效率,解决患者的特殊需求。同时,也要充分利用互联网进行安宁疗护服务宣传,通过整合国内外优质网络资源,以多样化的传播形式向患者、照护者及普通群众普及安宁疗护知识,使其树立正确的生死观,进一步提高安宁疗护服务利用率。同时,需要特别关注信息技术在实际应用中的用户体验、可能出现的技术问题、数据安全和患者隐私保护等问题,以确保安宁疗护服务的质量和安全性。

总的来说,居家社区安宁疗护服务领域不断迎来创新,这将有助于更好地满足患者和照护者的需求,同时也能在一定程度上降低医疗卫生资源的浪费。这些创新模式和智慧医疗技术的应用,有望为未来的居家安宁疗护服务提供更多可能。

案例分析

上海市中山街道社区卫生服务中心开展居家安宁疗护服务

案例:松江区中山街道社区卫生服务中心是上海市2021年市政府首批舒缓疗护(临终关怀)试点单位。邵老伯在中山街道社区卫生服务中心安宁疗护病房住了3个月。出院前,中心结合其身体状况和自身意愿,并向其家属了解评估居家环境情况后,决定为他提供居家安宁疗护服务项目。家庭医生为回家休养后的邵老伯进行了检查,得知目前身体情况良好后,邵老伯喜笑颜开,家人也表示“安心了许多”。该中心安宁疗护团队由4名医生、9名护士、1名安宁专职护士及5名来自不同科室的医务志愿者组成,以跨学科模式为安宁患者提供全方位的医疗服务。

分析:该案例遵循了安宁疗护的原则,达到了安宁疗护目标,展示了安宁疗护的特色。该案例中展现出的居家社区安宁疗护服务模式的特点有以下几点:

1. 个性化照护　遵循患者的自身意愿,体现了“以患者自愿、尊重患者、平等公正为导向”的原则;专业地评估后,将安宁疗护服务从医院扩展到居家,融入了“为患者提供缓和、舒适、安全、有效的服务”的原则;进行居家社区安宁疗护后,老伯的身体情况良好,体现个性化照护的重要性,同时也实现了“减轻患者痛苦”的目的。

2. 专业的多学科团队合作　医生、护士、社工、志愿者等不同背景和专业的成员协同工作,体现了安宁疗护原则中“以多学科模式进行”。

3. 关注患者和家属的心理需求　居家社区安宁疗护不仅满足了患者的生理和心理需求,同时也为其家人提供了便利和支持,体现了安宁疗护原则中的“以疾病终末期或老年患者及其家属为中心”。

(二)创新制度与政策

为了加强居家社区安宁疗护服务建设,我国正在朝着更完善的安宁疗护制度方向迈进。2019年,国家卫生健康委员会等八部门发布的《关于建立完善老年健康服务体系的指导意见》(国卫老龄发〔2019〕61号)提出,要积极开展社区和居家安宁疗护服务,探索建立机构、社区和居家安宁疗护相结合的工作机制,形成畅通合理的转诊制度。

然而,居家社区安宁疗护服务目前还处于试点和起步阶段,仍然存在国家立法不足、支付标准和医疗保险报销范围不统一、患者准入标准尚未明确等问题。这导致了居家社区安

宁疗护服务的供给能力和利用率较低。居家社区安宁疗护服务在养老服务体系中扮演着不可或缺的角色，为维护临终患者的尊严和权益，我国需采取综合的政策和制度措施，以推动居家社区安宁疗护服务的快速发展。为了维护疾病终末期患者的权益，保障居家社区安宁疗护服务的快速、有序发展，未来可采取以下措施：

1. 立法与政策制定 为了确保居家社区安宁疗护服务能够有序发展，国家需要健全安宁疗护立法。这一立法应明确服务范围、质量标准、准入标准和其他必要的规定。政府也应承担资金支持义务，以推动服务的发展和提高服务质量。

2. 收费标准与医疗保险 应建立合理的收费标准和支付系统，以减轻患者的经济负担。还需要统一医疗保险的报销范围，确保更多的人能够受益于安宁疗护服务。合理的安宁疗护费用应该综合考虑服务的类型、服务的持续时间、地理位置及家庭经济状况等因素。此外，为了减轻患者的经济负担，政府可以考虑提供财政援助或补贴计划，以帮助那些无法承担高昂费用的患者获得必要的安宁疗护服务。这些都需要政府、医疗保险机构和服务提供者之间的密切协作，确保每个需要安宁疗护服务的患者都能够获得适当的关怀和支持。

3. 明确患者准入标准 制订精确且具体的患者准入标准，是确保安宁疗护服务能有效地惠及那些急需此类照护的患者的重要步骤。科学且合理定义的准入标准对于医疗专业人员和安宁疗护团队而言，不仅有助于准确识别出最需要这项服务的患者，同时能够保障安宁疗护的及时提供。此外，这一做法还有助于确保医疗资源得到高效合理的利用。

（三）创新人才培养与团队建设

我国已经意识到居家社区安宁疗护服务的重要性，并推出了相应措施来加强人才培养和团队建设。其中，2019 年国家卫生健康委员会办公厅、国家中医药管理局办公室发布的《关于印发老年护理专业护士培训大纲（试行）和老年护理实践指南（试行）的通知》（国卫办医函〔2019〕898 号）为安宁疗护领域的人才培养提供了指导。此通知将“居家照护者指导与支持”列入老年护理专业护士培训大纲，为培养更多专业安宁疗护人才奠定了基础。

多学科团队在居家安宁疗护中扮演着关键角色，患者拥有包括生理、心理、社会、精神和沟通等各个方面的多种需求，来自不同学科的医疗保健专业人员能够提供更有针对性的服务。然而，目前我国居家安宁疗护服务专业人员的数量不能满足患者的需求，而且安宁疗护培训体系还不够完善。为了解决这些问题，首先需要增加科研投入力度，并为不同人群提供不同层次的安宁疗护培训，加快居家社区安宁疗护科学化、专业化发展；再者，完善人员的绩效考核标准和职业发展路径，保障服务团队建设的规范化；此外，可以整合或融合不同模式，发挥各模式的优势。通过共享模式，可以确保多学科专业人员参与居家安宁疗护，进行知识和技能的共享，帮助全科医师提高业务水平，加强临床决策能力，形成以全科医师为主导的居家安宁疗护团队。同时，可以将个案管理模式和咨询模式作为补充，以减轻团队成员的工作负担，提高服务效率和患者满意度。

为了推动安宁疗护人才队伍的建设和可持续发展，综合照护模式已被应用于各级医疗机构，覆盖了各级医疗机构，包括住院、门诊和社区。该模式旨在为患者提供全面、多维度的居家照护服务。通过采取上述措施，可以建立更专业的团队和更广泛的培训体系，以确保患者能够接受到高质量的居家社区安宁疗护服务。

三、居家社区安宁疗护管理

管理人员在居家社区安宁疗护服务领域发挥着至关重要的作用，主要体现在对服务的组织、协调与监督等方面。其目的是确保老年人能够获得恰当而有效的照护与支持，同时，通过提升服务质量和效率，来满足老年人及其家庭的需求。这不仅有助于提高老年人的生

笔记栏

活质量，还对整个社区的养老服务体系的提升起到了关键作用。这些管理职能在连接服务提供者、老年人及其家庭，以及社区资源之间起到了桥梁的作用，是实现高效、人性化养老服务的重要环节。

（一）政策制定和流程实施

管理人员需要与政府、卫生部门及社会团体建立合作，共同参与制定全面且详尽的政策和流程。该领域的专业人员还需负责对这些政策和流程进行宣传普及，以确保服务提供者与老年人能够充分了解并遵守这些规定。进行这些协作与沟通工作，旨在构建一个更高效、有序的管理体系，为老年群体提供更优质的服务与关怀。

（二）资源分配和预算管理

为确保居家社区安宁疗护服务的持续性与有效性，管理人员需要细化资源配置及预算管理策略。这包括协调来自不同渠道的资源，如政府拨款、社会资本及慈善捐款，以切实满足老年群体的具体需求。此外，还需确保这些资源被高效利用，以保障所提供服务的高品质，提高整体的生活质量。

（三）服务质量的监督和评估

在管理人员的工作内容中，监督居家社区的安宁疗护服务质量是一项关键任务。因此，建立一套全面的评估标准与流程，对服务提供者的绩效进行定期且系统的评价是必要的。同时，对于接收到的投诉和建议，应迅速采取措施进行回应，并根据反馈及时优化服务。通过这种方式，可以保障老年人接受到高质量的关怀服务，进而提高整个居家社区安宁疗护服务的标准和效率。

（四）信息管理

管理人员在确保患者信息与医疗记录的安全性和机密性方面扮演着至关重要的角色。在采用现代信息技术提升照护协调性的过程中，必须严格遵守相关的政策制度和法律法规，以确保信息共享的合法性与安全性。这种做法不仅能有效提高服务效率和质量，同时也能切实保护老年人的隐私权益。这些管理措施能在增强医疗服务效能的同时，确保对患者信息的高度保密和安全处理。

知识链接

国家关于安宁疗护事业的政策及文件支持

近几年国家颁发了相关政策和文件，为我国安宁疗护事业的发展提供了新的契机与平台。2017年国家卫生和计划生育委员会发布了《安宁疗护中心基本标准（试行）》（国卫医发〔2017〕7号）、《安宁疗护中心管理规范（试行）》（国卫医发〔2017〕7号）、《安宁疗护实践指南（试行）》（国卫办医发〔2017〕5号）3个指导性文件，为我国安宁疗护专科发展提供了方向。2017年9月，国家卫生和计划生育委员会选定北京海淀、上海普陀、吉林长春等5个市（区）为安宁疗护试点单位，在全国吹响了安宁疗护试点号角。2018年6月国家卫生健康委员会、国家发展和改革委员会等11个部门联合印发《促进护理服务业改革与发展的指导意见》（国卫医发〔2018〕20号），指出需要全面推进安宁疗护工作，完善安宁疗护服务供给。2019年国家卫生健康委员会在上海、北京等地启动第二批试点。2019年9月国家卫生健康委员会、国家发展和改革委员会等8个部门联合制定的《关于建立完善老年健康服务体系的指导意见》（国卫老龄发〔2019〕61号）提出安宁疗护从机构设置、服务模式、稳步扩大试点等任务。2019年11月中共中央、国务院印发《国家积极应对人口老龄化中长期规划》将安宁疗护纳入应对人口老龄化

笔记栏

的具体工作任务。2019 年 12 月第十三届全国人民代表大会常务委员会通过《中华人民共和国基本医疗卫生与健康促进法》，其中第三十六条规定“各级各类医疗卫生机构应当分工合作，为公民提供预防、保健、治疗、护理、康复、安宁疗护等全方位全周期的医疗卫生服务”。该法自 2020 年 6 月 1 日施行，从立法层面把安宁疗护列入国家健康体系，是国家和社会进步的标志。

（刘海军　郭巧红）

复习思考题

1. 请简述社区嵌入式养老服务的内涵。
2. 请简要阐述农村互助养老服务的主要特点和优势。
3. 请分析居家社区安宁疗护的重要作用。

扫一扫
测一测

PPT 课件

第十三章 居家社区养老志愿服务创新实践

学习目标

知识目标

掌握志愿服务、养老服务时间互助平台的基本概念，熟悉养老服务时间互助平台的特点、功能及应用，明确养老服务时间互助平台服务的主客体，建构居家社区养老服务的志愿者思维。

能力目标

了解居家社区养老志愿服务的组织与策划，能够积极参与志愿实践活动，明确养老服务时间互助平台的运行模式，正确理解养老服务时间互助平台与志愿服务的关系。

素质目标

掌握养老服务时间互助平台志愿服务社会实践对当今社会的重大意义，加深对居家社区养老志愿服务的理解。

课程思政目标

了解我国居家社区志愿养老服务的重要性，从而树立专业理念，选择正确的职业道路。

【学习要点】

1. 居家社区养老志愿服务的组织与策划。
2. 养老服务时间互助平台的概念、特点及功能。

第一节　志愿服务概述

志愿服务有助于提升个人素质和能力、促进社会和谐、传递正能量。在志愿服务中，应遵循伦理原则，科学组织与策划，完善评估与激励。

一、志愿服务概念和意义

（一）志愿服务的概念

志愿者是指以自己的时间、知识、技能、体力等从事志愿服务的自然人。志愿服务是指志愿者、志愿服务组织和其他组织自愿、无偿向社会或者他人提供的公益服务。志愿服务具有自愿性、无偿性和公益性的特征。

笔记栏

(二) 志愿服务的意义

1. 对老年人　居家社区养老志愿服务可以组织志愿者为老年人提供日常生活的照料和健康照护，如购物、打扫卫生、煮饭、陪同就医等，以及心理上的关爱，如陪伴聊天、唱歌跳舞等，让他们感受到社会的温暖和关怀；可以让老年人生活在熟悉的家庭和社区环境中接受生活照料，承接和创新了中国传统的养老方式，符合我国传统文化和老年人的习惯；也适应了老年人的生活习惯和心理特征，不仅能使老年人享受到亲情融合的家庭生活氛围，而且也满足了他们不离开熟悉的环境也能享受养老服务的需求。

2. 对家庭　随着家庭小型化和空巢家庭的出现，老人的赡养、照护逐渐成为家庭成员的沉重负担，特别是独生子女者将负责照料双方父母四个人，居家社区养老服务可以支持和帮助他们照料自己的父母，减轻家庭照料压力，改善居家老年人的生活质量。

3. 对政府　开展居家社区养老志愿服务，既能缓解政府财政压力，又能为老年人提供方便服务，是目前解决养老实际困难的有效方法，可以用较小的成本满足老年人的服务需求。与机构养老服务相比，居家社区养老作为一种利民、便民、亲民的养老模式，具有成本较低、覆盖面广、服务方式灵活等诸多优点，也容易普及和推广。

4. 对社会　居家社区养老志愿服务可以传承和弘扬尊老、敬老、爱老的传统价值观，通过志愿者的示范和影响，年轻一代可以学习到尊重和关心老年人的重要性，培养起关爱他人、奉献社会的意识和责任感；也可以激发社会各界对养老问题的关注和参与意识，通过志愿者的参与，可以引起社会对养老问题的关注，推动政府和相关机构加大对居家社区养老的政策支持和资源投入，提高社会对养老问题的关注度和解决力度。

5. 对志愿者　居家社区养老志愿服务可以提升志愿者的社会责任感和参与意识。通过参与居家社区养老志愿服务，志愿者可以亲身体验到老年人的需求和困境，增强对社会弱势群体的关注和关心，激发志愿者为社会做贡献的愿望和动力。

(三) 伦理原则

1. 尊重与尊严　志愿者应尊重老年人的个人权利和尊严，不搞笑、不取笑、不歧视、不侮辱老人，保护他们的隐私和自由。

2. 自主与选择　志愿者应尊重老年人的自主权和选择权，不强迫老人参与活动，尊重他们对活动的偏好和意愿。

3. 保护与安全　志愿者应确保老年人的安全，提供安全的环境和设施，避免老人在活动中受到伤害或事故。

4. 平等与公正　志愿者应对老年人平等对待，不偏袒某些老人，不歧视或排斥某些老人，确保公正的服务分配。

5. 保密与隐私　志愿者应尊重老年人的隐私，不将老人的个人信息泄露给第三方，不擅自公开老人的隐私。

6. 信任与责任　志愿者应建立与老年人之间的信任关系，遵守承诺，履行志愿服务的责任，不背离老人的利益，不滥用权力。

二、志愿服务组织与策划

(一) 志愿服务的组织与实施

1. 资源配置与准备

(1)志愿服务组织所需的人力资源

1)志愿服务参与主体：居家社区老年人(针对居家社区老年人发起邀请，居家社区老年人与社区负责人一同向他们解释此类活动的内容与意义，积极鼓励他们参加)。

笔记栏

2）志愿服务策划主体：社区相关负责人员（由社区的相关负责人员主办并策划此类活动，其他相关人员进行辅助参与）。

3）志愿服务协助人员：包括社会招募人员、青年志愿者、在校大学生、养老服务时间互助平台参与者等（由社区在公告栏贴出招募信息，面向社会大众人员进行招募；在网络上宣传推广，并鼓励青年志愿者进行报名，在相关合作软件上进行人员的招募）。

（2）志愿服务组织所需的物力资源

1）场地：以社区为主办场地，如需要进行外出社会活动，则提前与相关负责人协商，做好场地的布置。

2）时间：时间的选择以周六日或节假日为主（老年人一般空闲时间较多，时间限制不大。社会人员和青年志愿者以工作和学业为主，时间限制大，周末可自由支配时间多）。

3）活动所需物品：根据不同的活动提前准备活动相关物品，如凳子、桌子、娱乐设施等。所选物品需保证质量和安全性，避免对老年人造成伤害。

（3）志愿服务策划所需的财力资源

1）资金来源：寻求当地政府部门、慈善机构和慈善家的资金支持，筹集一定的启动资金。

2）资金使用：准备与开展活动相关的必备物品；为老年人准备茶水、零食、小礼品等；为志愿者出具志愿证书、提供马甲等；同时控制活动的预算，减少不必要开销。

3）资金核算：每次活动结束后进行资金核算，记录每一笔支出，并将资金的使用情况进行公示。

4）资金监管：财务部门应建立完善的财务管理系统，对志愿服务项目进行资金监管，确保志愿服务的经费安全。

2. 招募志愿者　在活动筹备过程中，积极招募志愿者协助组织开展活动，例如活动现场的布置、引导、照顾老年人等。志愿者可以通过社区招募、网络报名或通过与高等院校、党政机关、企事业单位、社会团体等相关部门联系进行招募。

3. 活动现场管理　在活动现场，要安排专人负责安全管理、秩序维护和应急处理等工作，确保活动顺利进行。同时，要关注老年人的身体状况，避免因活动造成不良影响。

4. 活动效果评价　在活动结束后，要及时进行效果评价，收集老年人和志愿者的反馈意见，总结经验教训，为今后的活动提供参考。

5. 后续跟进　在活动结束后，可以定期组织一些聚会或交流活动，让老年人能够继续参与到社区活动中来，增强他们的社交和心理健康。

（二）宣传推广

1. 目标受众分析

（1）明确推广目标：根据志愿服务的特点，明确推广目标受众者为居家社区老年人。

（2）了解目标受众者需求：通过市场调研、数据分析等方法，了解老年人的需求。

2. 推广策略确定

（1）传播渠道选择：根据老年人的生活方式和活动需求，选择合适的传播渠道，如线上线下相结合。

（2）内容策略：根据老年人的需求，制定有针对性的内容策略，包括报纸、图片、视频、讲座等形式，以吸引老年人的关注。

（3）合作伙伴选择：与政府、社区、高校、社会团体组织等机构进行合作，通过适当的方式进行推广，扩大影响力和覆盖面。

笔记栏

3. 推广方案实施

(1)制定推广计划：明确推广时间、推广渠道、推广内容等具体细节，制定推广计划。

(2)推广材料准备：根据推广渠道的要求，准备好推广所需的各种材料，如海报、宣传册等。

(3)推广活动实施过程：组织各种推广活动，如讲座、网络直播、社区娱乐活动等，吸引老年人参与。

(4)跟踪与分析：通过数据分析工具，跟踪推广效果，及时调整策略和方案，提高推广效果。

4. 推广效果评估

(1)收集数据：通过各种渠道收集推广活动的数据，包括问卷调查、视频点击量、转发率等。

(2)数据分析：对收集到的数据进行分析，评估推广效果，了解老年人的反馈和需求。

(3)优化策略：根据数据分析结果，优化策略和方案，进一步提高推广效果。

三、志愿服务评估与激励

(一) 志愿服务的评估

1. 参与者满意度评估　通过问卷调查或面试的方式，了解参与者对活动的满意度和对活动效果的评价。可以询问参与者对活动内容、组织安排、志愿者的服务等方面的意见和建议。

2. 老年人的需求满足度评估　通过与老年人进行深入交流和观察，了解他们对于居家养老服务的需求和期望，以及志愿服务对他们的满足度和帮助程度。

3. 志愿者参与度评估　了解志愿者对活动的参与度和参与动力，包括志愿者的参与时长、参与频率、参与的具体任务等。可以通过志愿者的日志记录、面谈等方式进行评估。

4. 社区反馈评估　了解社区居民对居家养老志愿服务的反馈和评价，包括对活动效果的认可和对活动组织的支持程度。可以通过社区会议、问卷调查等方式进行评估。

5. 活动效果评估　评估活动对老年人生活质量的影响，包括对老年人身体健康、心理健康、社交活动、生活自理能力等方面的效果评估。可以通过问卷调查、观察等方式进行评估。

(二) 组织活动存在的问题及改进策略

1. 居家社区养老志愿组织活动存在的问题有以下几点：

(1)资金不足：居家社区养老志愿组织通常依靠捐款和志愿者的无偿劳动来运作，但是往往由于资金不足，无法提供充分的服务和支持。

(2)志愿者数量不足：居家社区养老志愿组织需要大量的志愿者来提供各种服务，包括陪伴、照顾、助餐等，但是由于志愿者数量不足，很难满足养老人群的需求。

(3)服务内容不全面：居家社区养老志愿组织通常只能提供一些基本的服务，如陪伴和助餐，而对于一些更高级的服务，如医疗护理和康复训练等，往往无法提供。

(4)缺乏专业人才：居家社区养老志愿组织中大部分志愿者是普通人，缺乏专业的养老知识和技能，无法提供专业的服务和支持。

(5)缺乏监督和评估机制：居家社区养老志愿组织的活动往往没有明确的监督和评估机制，导致服务质量无法得到有效保证，甚至存在一些不当行为和违规操作。

2. 为了解决这些问题，可以采取以下措施：

(1)加大政府支持力度，提供更多的资金和资源，以保证居家社区养老志愿组织的正常运作。

笔记栏

(2)加强志愿者招募和培训工作,提高志愿者的专业素质和服务能力。

(3)建立完善的服务网络,与医疗机构、社区组织等合作,提供全面的养老服务。

(4)设立监督机构,加强对居家社区养老志愿组织的监督和评估,确保服务质量和合规运作。

(5)加强宣传和推广工作,提高社会对居家社区养老志愿组织的认知和支持,吸引更多的志愿者参与。

(三) 志愿服务的激励政策

1. 志愿服务的精神奖励　定期在服务社区开展志愿服务的表彰大会,为优秀志愿者及团队颁发荣誉证书;组织优秀志愿者及团队进行志愿服务宣讲,分享切身的服务感受和收获,为他人树立敬老爱老、无私奉献的榜样,呼吁更多的人加入志愿服务的队伍;在校园网、附属医院官网及志愿服务微信公众号等社交媒体平台宣传优秀志愿者和团队的服务事迹,传播服务精神,进而促进志愿型敬老服务模式的良性发展。

2. 志愿服务的物质奖励　在志愿服务经费允许范围内,给予优秀志愿者和团队适当的物质奖励,如生活必需品、医学书籍、常用医疗仪器或免费参与相关医学培训等,用以减少他们的生活费用、拓展并提高自身的专业知识和技能。同时,优秀志愿者和团队在校园、附属医院或服务社区内的超市、食堂及浴池等地方消费时,凭荣誉证书可享受相应的折扣优惠。

3. 志愿服务的学业奖励　医学生志愿者方面,在评优评先活动中,同等条件下优先考虑参与志愿服务的志愿者。另外,对于在志愿服务中表现优异的志愿者,在毕业前,可由学校或社区提供实习就业或学业深造的推荐信。教师志愿者方面,同等条件下,可在单位评优评先、自身学业深造及职称晋升等方面给予优先考虑。

4. 完善志愿服务的相关政策　学校可通过设立志愿者专项奖学金鼓励医学生积极参与到志愿服务中,还可建立志愿服务孵化基地,打造并建设优秀的志愿服务项目或团队,为志愿服务提供经费及政策上的支持,在提高医学生志愿服务水平的同时还能培养其创新创业能力,实现双赢。同时,建立科学合理的志愿者管理条例,规范志愿者的纳入及考核标准、退出程序、服务内容等,在约束志愿者的同时还要为其人身安全提供有力保证。

知识链接

大学生参与居家社区养老志愿服务机制的构成要素

大学生参与居家社区养老服务的机制中应包括五个主体:政府、大学生、高校、社区、老人。需说明的是,大学生主体既包括大学生个体,也包括大学生团体组织;老人主体既包括养老对象,还包含老人的主要赡养者;社区既包括社区服务站等工作机构,还包括在社区内开展为老服务的营利组织与非营利组织。五大主体在大学生参与居家社区养老服务机制中的角色与功能定位各不相同。

(一) 服务提供者——大学生和大学生团体组织

大学生及其所在的志愿服务组织是长效机制内居家社区养老服务的直接提供者。为老服务实践证明,某些与老人需求密切相关专业,如医学、护理、美发、烹饪等专业,很容易开展为老服务且服务效果良好。调研发现,大学生更加倾向于“多对一”为老服务,此方式也更易得到社区及老人信任。如组织大学生成立“为老服务小组”或者“助老服务团队”等,依靠团体的力量为老人提供服务。

(二) 服务督导者——高校

依据“督导”的功能和理念,高校应为大学生参与居家社区养老服务提供智力、行

笔记栏

政和心理三维支持。智力支持指高校应设置社区服务相关理论和实践课程，并将为老服务作为该课程的重要内容之一。行政支持指通过高校联系驻地社区，建立长期合作基地，为大学生参与社区为老服务搭建良好平台；向大学生社区服务提供资金等物质保障也是行政支持的重要内容。心理支持主要针对在为老服务过程中遇到困难或者产生心理障碍的学生，由高校的心理健康主管部门提供心理疏导和情感支持，帮助此类学生走出困境，轻松进行服务和学习。

（三）服务接受者——老人及其家庭

居家社区养老服务不仅要面向老年人，还应包括老人的家庭照顾者。社区照顾要以老人所在的整个家庭为服务对象。因为家庭成员在照顾老人过程中，承受着身体、精神和经济等各方面的压力，社会交往减少甚至会和其他家庭成员发生冲突。大学生可以向老人家属宣传敬老文化，并通过自身实践做出榜样，用为老服务实践的感染力鼓励他们全身心照顾家中的老人，乃至推己及人，为其他老人提供服务。

（四）服务合作者——社区和其他社会服务组织

社区内包括居民委员会在内的各种性质的服务组织，本身就是为老服务的提供者，大学生作为一支新生力量加入为老服务队伍，一定程度上是对这些社会服务组织的支援。为老服务组织应积极接纳大学生作为服务力量，或者与大学生服务组织合作，共同开展为老服务项目，为大学生参与居家社区养老服务创造良好的社区环境。社会上的非政府组织，也是大学生参与居家社区养老服务的合作力量，大学生可通过加入非政府组织接受专业志愿服务培训，提高自身服务技能，更好地开展志愿服务。

（五）服务调控者——政府

政府是与其他四主体均有直接联系的机制主体。政府制定养老服务规划，由社区负责具体实施；政府中教育主管部门督促高校进行教学改革，监督高校充分发挥职能；财政部门和民政部门利用财政、福利彩票公益金等资金为老人提供各种优惠措施，保证老人享受经济发展成果，同时为大学生的社区服务提供发展资金，保障社区服务的持续开展；政府要综合协调机制内其他四方的关系，制定支持性保障政策，如立法机关和政府相应职能部门加强大学生社区服务的制度化建设，为机制的高效持续运行提供坚强后盾。

第二节　养老服务时间互助平台志愿服务

养老服务时间互助平台在国外发展较为成熟，而我国还处于起步阶段，需要根据其特点，克服局限，夯实服务内容。

一、养老服务时间互助平台概述

（一）养老服务时间互助平台的概念

养老服务时间互助平台是一个将养老服务需求与供给进行匹配的平台，通过时间交易与交换、社区互助与支持等功能，架起志愿者、老年人服务与被服务的桥梁，将社会公益与养老产业结合起来，有助于打造高质量养老服务新环境。养老服务时间互助平台的宗旨是用支付的时间来换取别人的帮助，自愿添加养老服务时间互助平台的客户在需要时拿出自己

笔记栏

的时间和其他成员交换服务，既解决了一时的困难，又联络了彼此的感情。

（二）养老服务时间互助平台的特点

1. 公益性　养老服务时间互助平台本质是志愿服务，弘扬志愿精神。有利于弘扬互帮互助，促进邻里和谐，塑造彼此信任、互相关爱的家园文化，进一步营造居民自治良性互动的社会治理基础，维护基层社会和谐稳定。

2. 互助性　服务他人，也可以接受他人服务。一方面较好地解决了家庭小型化等带来的家庭难以承担全部照料责任、社区养老供需不平衡的问题，是传统养老服务体系的重要补充。另一方面是调动低龄老年人参与提供志愿养老服务，可更好发掘低龄老年人口群体的人力资源，促进社会养老资源的优化配置。

3. 激励性　"年轻存时间、年老享服务"的运行机制，鼓励志愿者通过自身努力付出换取未来养老服务回报，可一定程度减轻当前政府养老负担，也是养老服务市场化机制的具体体现。

4. 持续性　养老服务时间互助平台坚持政府主导与社会参与相结合。认真履行规划指导、政策扶持、监督管理等职责，用心鼓励和支持社会力量参与养老服务，逐步建立与市场经济相适应的发展模式和运行机制，从而促进其可持续发展。

（三）国内外养老服务时间互助平台发展现状

1. 国外养老服务时间互助平台的发展现状　养老服务时间互助平台最开始起源于日本，1973 年，旭子水岛组织建立了世界上第一家养老服务时间互助平台的雏形——志愿义工网络（volunteer labour network）。1980 年，美国学者 Edgar Cahn（埃德加·卡恩）成立了第一家"时间银行"，他认为服务的价值都能用时间来衡量，同等时间的服务所包含的价值是等价的，同时服务时间可以使用时间币进行换算。美国的"时间银行"依托于成熟理念和社会环境迅速发展，广泛分布在国内各地，尤其是新英格兰、西海岸和五大湖地区，其规模也从几个成员到 2 000 多个成员不等，成为美国社区货币发展最成功的形式。目的是吸引社会边缘人群共同打造基于劳动的生态价值圈，更好地促进社区发展。英国的"时间银行"成立于 1998 年，是全国性组织，截至 2011 年，英国已发展出 224 个"时间银行"项目，并被纳入英国政府成人社会护理转型愿景（Department of Health UK，2012）等多项政策，成为社区建设、社会保障的措施之一。养老服务时间互助平台在互助养老领域应用广泛，并在发展中对组织架构、年龄构成、社会活动等内容做出有益探索。此外，在新西兰、澳大利亚、瑞士、德国、希腊等国也涌现出形式各异的养老服务时间互助平台组织。

2. 国内养老服务时间互助平台的发展现状

（1）我国养老服务时间互助平台的发展背景：基于我国民间孝亲敬老、守望相助的深厚思想基础，以及老龄化所带来的照护压力日渐显现，养老服务时间互助平台在我国的出现和发展是水到渠成之事。1998 年上海市虹口区提篮桥街道开办首家互助平台，宗旨是低龄老人为高龄老人服务并形成良性循环。提篮桥街道养老服务时间互助平台的运营，标志着养老服务时间互助平台在我国的扎根，开启了养老服务时间互助平台在我国制度化发展的历程。2008 年是我国的"志愿者元年"，养老服务时间互助平台有了更好的发展。

（2）我国的养老服务时间互助平台发展历程

1）萌芽期（1998—2007 年）：国内养老服务时间互助平台的最早尝试在上海，1998 年在上海的虹口区和静安区试行了"时间互助"式服务，随后山西省太原市、广州寿星大厦、北京朝阳区松榆里小区也相继建立了养老服务时间互助平台机构。

2）探索期（2008—2016 年）：随着我国老龄化进一步深化和我国志愿服务体系的发展，养老服务时间互助平台的数量和规模都逐渐扩大，其形式与志愿服务的内容充分融合，它作

笔记栏

为志愿服务并行的一种互助服务形式，在实践中得到快速推行。

3) 快速发展期（2017 年至今）：2017 年以来，养老服务时间互助平台在中国进入快速发展时期，其发展朝本土化更进一步，被定义为推动社区治理的平台与工具，是实现共建共治共享社会治理格局的可行路径。

（四）我国养老服务时间互助平台的发展特点、功能及应用

1. 我国养老服务时间互助平台的发展特点与经验

（1）发展遵循党建引领：政府对养老服务时间互助平台的引导和帮助，党建引领下的自我管理，是中国养老服务时间互助平台发展的重要组织特色。中国养老服务时间互助平台无论从组织队伍的建设还是组织活动的内容上，都表现出明显的党建引领作用，已经形成了以社区为主导、地方政府为依托和政策为支撑的本土化模式。

（2）发展贴合时代文化：养老服务时间互助平台在我国发展过程中，在组织培育中深受“孝”文化和传统家庭观念影响。区别于西方国家为突出养老服务时间互助平台的金融性，将其作为储存人力的一个金融投资产品，我国养老服务时间互助平台在发展过程中更表现出自愿性、互助性的文化特色，它的文化内核正是互帮互助、互利共赢、孝老敬亲，因此在培育和发展过程中，获得了较好的群众基础，减少了发展阻力。

（3）发展呈现政府主导：从运行主体角度看，有别于西方以社会力量为主导的运行形态，当前我国养老服务时间互助平台主要是政府、市场和社会力量参与的混合模式，原因在于单靠政府或市场是不足以完成整个养老服务时间互助平台“信用与服务体系”建设的。然而我国养老服务时间互助平台发展又必然离不开政府的主导，同时也需要开发人力资源，倡导更多社会公众参与其中，因此本质上应该是政府、市场、个人（社会）的一种结合。

（4）发展技术与日俱进：发展技术的进步改善了养老服务时间互助平台的生存状态。早期，我国的养老服务时间互助平台基本以街道和社区为单位，服务范围受到地域局限，而且信息记录依托人工账目，导致“时间单位”很难实现跨社区、跨地区的互助。现在，养老服务时间互助平台依托信息技术手段，将“时间”记录在了微信小程序、支付宝或社区 App 等便民应用上，体现了极高的便利性和科学性。

2. 我国养老服务时间互助平台的功能及应用

（1）养老功能：创建养老互助新模式，缓解养老负担。

养老功能是养老服务时间互助平台在我国应用中最基础和最普及的功能。与社区结合形成具有可行性、持续性和创新性的养老互助新模式，是典型的探索应用。

（2）文化功能：引领志愿与互助新风尚，促进社会和谐。

养老服务时间互助平台在实践应用过程中，让参与者在活动里潜移默化地感受志愿服务的魅力，培养尊老敬老的社会风尚，这种道德感的培育就是养老服务时间互助平台的文化功能。养老服务时间互助平台的更大范围推广与应用，有助于在全社会营造“人人为我、我为人人”的公益与志愿风尚，从而引导更多人参与互助服务，最终形成国家的公益资产。

（3）教育功能：德育培养和实践能力相结合。

养老服务时间互助平台与大学人才培养的深度合作体现了教育功能。高校养老服务时间互助平台是大学德政教育和实践能力综合培养的要求，其提供给学生一个平台参与志愿服务，参与者在服务中增进服务意识，培养志愿精神，提升品德修养。与此同时，学生的服务能力和实践能力得到锻炼，使学生走出课堂，将理论应用于实践。养老服务时间互助平台选择与大学教育结合，利用社工实践教育、思政教育等学生活动，组织志愿服务，提高学生思想道德修养和社会实践能力。

（4）社会治理功能：整合社会力量，积累社会资本。

笔记栏

养老服务时间互助平台在基层社区应用过程中，吸纳了社区中有空余时间、热心志愿的社区居民作为服务提供者参与社区共建共治，最终实现了社区之内的良性互动与人人共享，是维护社区治理的有效工具，也体现了养老服务时间互助平台的社会治理功能。

(5)居家和社区健康管理功能：提供医疗服务，加强健康管理。

各级各类医疗卫生机构提供居家和社区医养结合服务，医疗卫生机构可以根据机构类型、执业范围、服务能力和老年人需求确定服务内容。有条件的医疗卫生机构通过多种方式为居家养老和社区养老的老年人提供所需的医疗卫生服务，包括到老年人家中或社区养老服务设施或机构，为有需求的老年人提供医疗巡诊、家庭病床、居家医疗服务等医疗卫生服务。

3. 养老服务时间互助平台服务的应用形式

(1)平台：养老服务时间互助平台运行的基础是信息管理平台，发布平台微信小程序或App，方便群众完成登录、认证、发布信息、记录时长等各项操作。作为需求方的老年人，在登录信息管理平台完成身份认证后，只要账户里有时间记录，经审核后，就可以发布养老服务需求。作为提供服务的志愿者，在信息管理平台注册认证后，即可选择预约信息就近、就便开展有关服务，获取时间。为保证服务真实有效，志愿者要通过信息管理平台进行签到、签出，记录服务时长。以上操作都可通过智能手机、平板电脑等设备完成。如果老年人或志愿者因自身或其他原因，不会、不便使用智能手机等设备，则可以联系街道(乡镇)确认的专业机构，通过线下方式予以操作。

(2)时间记录：在经过培训后，满18周岁、热心公益事业、身心健康的常住居民，或未满18周岁的在校学生在其监护人的带领下参与养老志愿服务的，可成为志愿者并在养老服务时间互助平台建立对应个人账户，每服务1个小时可获得1个时间并存入账户，时间在全市范围内通用。志愿者既可以在60岁以后换取相同时长的服务供本人使用，也可以赠送给自己的父母、祖父母等直系亲属，让亲人享受服务。时间记录不能变现、不能换资金或实物，坚持“时间”换“时间”的基本原则。

(五) 我国养老服务时间互助平台的局限性

1. 志愿者对志愿养老服务的参与途径不畅通　这是志愿者参与志愿养老服务的一大障碍。这与我国志愿服务缺乏充分的制度保障，相关的政策法规还未落实，养老服务时间互助平台养老志愿服务未形成完整的体系，对于社会的影响力较小，普及程度较低有关。

2. 社区能力局限　首先，由于社区工作本身的繁杂性，导致社区对养老服务时间互助平台的关注度不足。其次，社区在人力和财力上的投入也相对有限。再次，社区服务的地域限制也制约了养老服务时间互助平台的扩展和普及。最后，目前养老服务时间互助平台主要依赖于熟人之间的互助，这也在一定程度上限制了居民主动寻求帮助的意愿，且参与往往显得较为被动和形式化。

3. 公信力不足　存在运营主体的不合格问题，社区和社会组织的公信力和运营能力存疑，其他主体如政府、保险公司、社会组织、企业也难以满足养老服务时间互助平台的信用属性的要求，特别是“时间”缺乏统一、规范、科学的计量标准。

4. 服务局限　养老服务时间互助平台在政策支持和保障方面存在不足，导致志愿者的合法权益和人身安全面临损害的风险，志愿服务人员不足；“互联网+”沟通平台的整合和利用率不足，导致平台沟通渠道不畅通，志愿服务信息共享不足；养老服务时间互助平台管理机制需要完善，且缺少持续的激励机制，导致志愿服务缺乏长效意识和氛围。

(六) 我国养老服务时间互助平台发展对策及展望

1. 制定相关法规和规章，为平台运行提供制度保障　养老服务时间互助平台的社会化运作采用劳动成果代际接力的方式，这一特殊方式在推广过程中，如果缺乏相关法规和规章

笔记栏

制度加以保障，容易引起参与者，特别是低龄老年人的顾虑。

2. 优化与创新平台实施方案，防范延期支付风险　为有效防范养老服务时间互助平台运行过程中存在的风险，特别是延期支付的风险，对于“时间”的存入、使用等实施方案需要根据实际情况不断进行优化与创新，加强与志愿者组织、社区、企业等的密切合作。

3. 探索建立平台服务网络和信息系统，实现时间通用　建议通过与各地具有公信力的机构合作，同时联结各地的志愿者服务组织参与，建立全国性养老服务时间互助平台互助养老志愿者服务网络和信息系统，记录参与养老服务时间互助平台志愿者的有效信息，对“时间”的预支、转让、继承等行为作出合理规定，实现全国性的志愿者服务的时间通用。

二、养老服务时间互助平台志愿服务社会实践

（一）养老服务时间互助平台的志愿服务

在我国，当前“空巢老人”的数量不断增长，逐渐成为一个社会问题，他们的生活状况更应该受到全社会的关注。建议有关方面组建老年人互助服务中心，以社区为单位成立服务老年人的养老服务时间互助平台，倡导“服务今天，享受明天”的理念，采取“时间互助”的方式，让年轻人、准老年人及身体健康的老人利用闲暇时间为“空巢老人”提供必要服务。这些服务提供者的服务时间可由街道、社区有关部门记载下来，当他们需要服务的时候可提取自己累计的服务时间以获得其他服务人员的照料。同时，建议在社区内将老年福利设施作为整个居住区内公共服务设施的组成部分，与小区住宅建设同步规划、同步建造，并同步投入使用。社区医院应建立老人健康档案，为“空巢老人”定期体检并开设老年家庭病房，方便就医。此外，还可开办社区“老年心理诊所”，以排解老年人的心理问题。

（二）志愿服务社会实践内容（表 13-1）

表 13-1　志愿服务社会实践内容

项目	内容
情感慰藉	包括陪伴聊天及其他情感慰藉相关项目
协助服务	包括协助缴费及其他协助服务相关项目。比如：协助陪同老年人缴纳水电气热费、有线电视费及网络缴费、手机充值和报刊订阅等服务
出行陪伴	包括陪同购物、陪同就医及其他出行陪伴相关项目。①陪同购物：陪同老年人赴超市、菜市场等场所购物。②陪同就医：陪同老年人赴医院、体检中心等机构，协助老年人挂号，陪同体检、就诊、取药、缴费等
文体活动	包括陪同或指导老年人开展体育健身类、文化类、手工类等活动
健康科普	包括健康知识宣传：为老年人提供健康科普宣传、健康知识普及服务等
法律援助	包括法律咨询及其他法律援助相关项目。法律咨询：为老年人提供法律咨询服务，包括赡养、继承、监护、老年人权益保护、法律知识普及等咨询服务
培训讲座	包括智能设备培训、厨艺培训及其他培训讲座相关项目。①智能设备培训：开展网络信息技术、公共信息查询、网络社交媒体应用等基础课程培训，为老年人讲授电脑和手机上网、微信沟通、手机银行等使用方法。②厨艺培训：开展烹饪、烘焙等课程培训
指导防范金融和网络风险	包括指导老年人防范金融诈骗、防范网络诈骗及其他防范金融风险相关项目。①防范金融诈骗：开展理财知识及金融、汇款防诈骗等宣传。②防范网络诈骗：开展电信、中奖、网络购物防诈骗等宣传
其他服务：其他个性化、特色类服务	为老年人提供居家照护、家政、义诊等专业性服务，但提供专业性服务的志愿者应具备相应资质。可提供的养老志愿服务内容不包括本应由养老服务机构承担的服务事项及老年人家属应承担的义务

笔记栏

（三）志愿服务社会实践计划

制定养老服务时间互助平台志愿服务社会实践计划步骤：明确服务主体、服务对象、应用场景领域，以及养老服务时间互助平台的作用。

1. 服务主体　年满18周岁、热心公益事业、身心健康的本市常住居民均可注册成为养老服务志愿者。鼓励和支持未满18周岁的在校学生，在其监护人为申请者的带领下参与养老志愿服务。倡导低龄老年人、退休干部、星级志愿者、党员尤其是回社区报到的党员注册为养老服务时间互助平台志愿者。鼓励和支持国家机关、企业事业单位、人民团体、社会组织、高校等成立志愿服务队，开展养老志愿服务。

2. 服务对象　服务对象为年满60周岁的老年人。各区结合实际优先为经济困难、重度失能、失智、计划生育特殊家庭、重度残疾老年人等基本养老服务对象、高龄老年人及其他急需社会给予帮助的困难老年人免费赠予一定数量的"时间"。

3. 养老服务时间互助平台应用场景领域

（1）专业队伍建设：调动志愿者参与积极性，推动高等院校中符合条件并具有一定为老服务技能的学生去积极注册志愿者，将志愿服务纳入社会实践学分管理，将高校实习与养老志愿服务有机结合，提升了志愿者队伍专业化水平。

（2）服务场景拓展：构建公益生态，引导餐饮店、商场、超市、理发店、洗衣店等市民高频生活服务场所加入养老服务时间互助平台，及时发现和回应老年人的需求，将各行各业的爱心资源进行整合和配对，将更多免费和优惠的资源提供给更有需要的对象。

（四）养老服务时间互助平台志愿服务社会实践实施

1. 养老服务时间互助平台志愿服务社会实践实施的步骤（图13-1）。

2. 养老服务时间互助平台志愿服务社会实践实施的注意事项

（1）保障志愿服务的专业性：在目前养老服务时间互助平台涵盖服务范畴中，涉及医疗、金融、法律等专业性较强的服务，要求此专业性服务的志愿者要具备相应资质。提供法律咨询相关服务的，要具备基层法律服务职业资格，例如律师资格、公证员资格或者企业法律顾问资格；提供健康科普相关服务的，要具备执业医师资格或者执业助理医师资格；提供金融领域相关服务的，应该是金融机构在职的专业工作人员。

（2）监管养老志愿服务质量：养老服务时间互助平台信息管理平台将采取"互联网+"、大数据、人工智能等手段，精准对接供需信息，对服务采取"智能化"监管。比如，对同一志愿者在同一时间段参与多个养老志愿服务的，将进行限制，后期根据回访调查情况予以处理；对于高频双向服务、异常深夜服务、时间频繁赠予等异常情况，将进行预警提示，并跟踪相关主体和账户。

（3）保障志愿者权益：推出的养老服务时间互助平台将与"志愿服务"实现数据共享和互联互通，纳入全市统一规范的志愿服务序列。志愿服务组织可引导志愿者在"志愿服务"网站实名注册，并在审核通过后获得被保险人资格；对于未在"志愿服务"注册审核的，要和志愿服务组织确认人身意外保险购买情况，加强自身的安全保障。如果在服务过程中发生的意外伤害事故，将按照"志愿服务"规定的理赔流程申请理赔。

（五）养老服务时间互助平台志愿服务的社会实践评价

1. 养老服务时间互助平台与志愿服务社会实践的关系

（1）养老服务时间互助平台会带来可持续志愿参与：志愿服务作为现代文明的重要标志，在促进社会进步、推动国家治理体系完善和国家治理能力提升等方面具有举足轻重的作用。据《中国慈善发展报告（2020）》统计数据显示，2019年实名注册志愿者总数已达到1.69亿人，志愿者贡献价值约903.59亿元。而养老服务时间互助平台被认为是促进养老志愿服

笔记栏

务发展的关键举措。

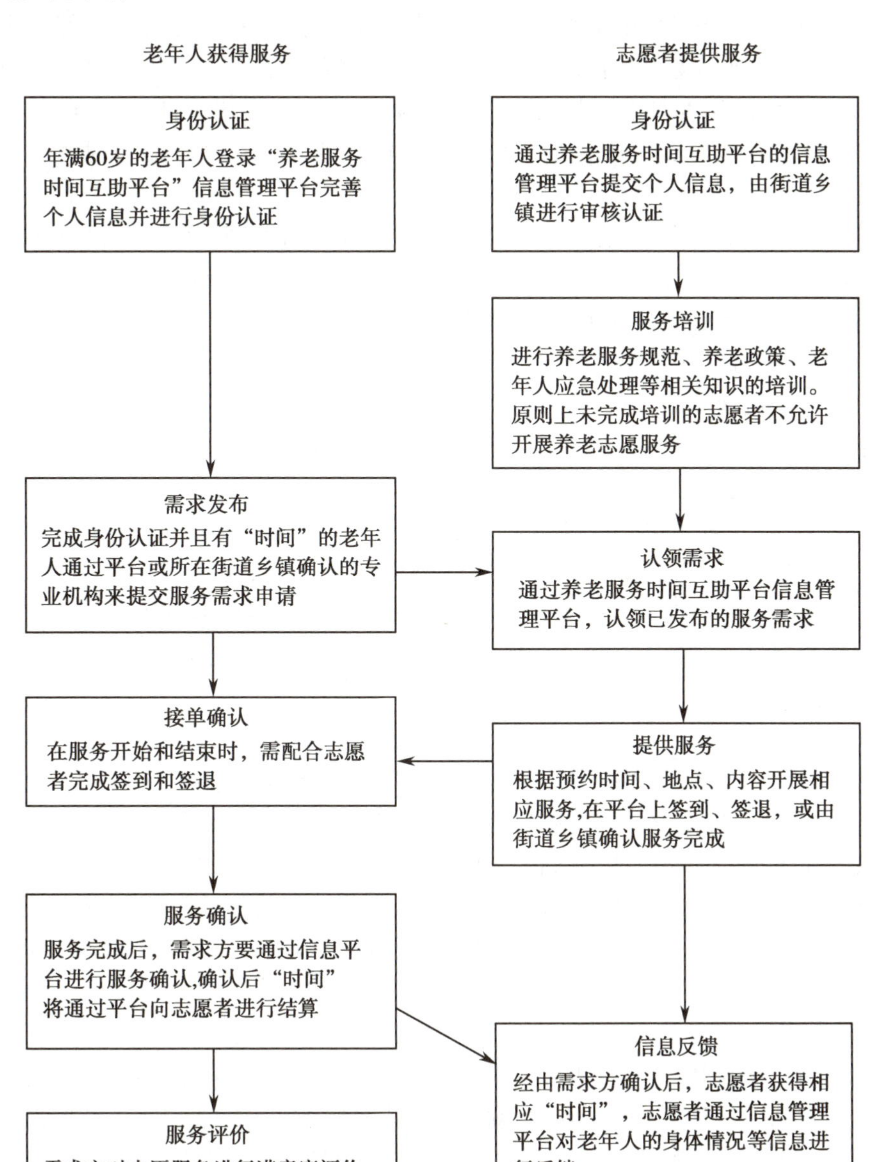

图 13-1 “养老服务时间互助平台”实施流程图

(2)志愿服务推动养老服务时间互助平台的发展：志愿服务促进养老服务时间互助平台的发展，志愿服务形成了“我为人人，人人为我”的喜人局面。不但让爱心生根发芽，而且还让其得到传承和弘扬。让人们情感得到交流，激发爱心和正能量。从而达到了建立养老服务时间互助平台的初心，促进全社会积极践行社会主义核心价值观，实现社会和谐，人们安居乐业的美好愿景。

(3)养老服务时间互助平台与志愿服务二者相辅相成，相得益彰：养老服务时间互助平台把所有人的爱心和做的每件好事都记录存档，使志愿者的每一次付出都能得到具体体现。看着不断上涨的时间数字，心中自然会产生满满的自豪感，从而充分调动和激发广大志愿者参与公益的积极性和创造性，同时，还能影响和带动更多的民众主动参加志愿服务，引发雪球和森林效应。让志愿者队伍不断扩容，服务范围和领域亦不断深入扩大。

笔记栏

2. 养老服务时间互助平台志愿服务社会实践存在的问题

(1)运行存在信任风险：养老服务时间互助平台先存后用的服务机制，使得志愿者付出与回报之间存在延期支付和长期等候的特性。这就导致许多民众对养老服务时间互助平台未来的存续，以及“时间记录”的存续、保值、安全存在疑虑。此外，目前养老服务时间互助平台的信用担保和信用评估机制还尚未建立，也增加了养老服务时间互助平台的信任风险。

(2)统筹管理层级较低：当前，绝大多数地区的养老服务时间互助平台仅停留在街/镇、社/村层面。一方面，较低的统筹管理层级会带来制度碎片化的问题。不同养老服务时间互助平台的政策、对象、内容、标准、系统等存在差异，不利于各地养老服务时间互助平台的政策衔接和整合。另一方面，在劳动力人口与老年人口流动频繁的背景下，较低的覆盖范围也会使“时间”的流通性大打折扣。此外，由于街/镇、社/村的社会资源、服务力量比较有限，也很难支撑养老服务时间互助平台可持续发展的人力、物力、财力要素。

(3)内生发展动力不强：养老服务时间互助平台面临着较为明显的志愿者招募和社会关注不足的问题。一方面，各地养老服务时间互助平台动员社会成员参与的方式主要为未来服务时间兑换及荣誉表彰和事迹宣传等，激励作用不强，难以吸引更多的志愿力量自发参与。另一方面，养老服务时间互助平台虽然已经发展了20多年，但总体上由于宣传的手段有限，加之社会民众的志愿意识淡薄，大部分民众并不了解和关心养老服务时间互助平台，社会基础较为薄弱。

3. 养老服务时间互助平台志愿服务社会实践改进的方法

(1)完善法律法规，加强政策支持：一是与时俱进，不断完善省级层面的养老服务、志愿服务等方面的法律法规建设，尽快将养老服务时间互助平台明确其中，为其建设与发展提供法律依据；二是要加强顶层设计，明确养老服务时间互助平台的基本内涵、主体责任与义务、运行规则等，以及围绕建设与运营、信息系统建设、志愿者与服务对象管理、服务事项与流程等方面制定统一的标准，构建养老服务时间互助平台的政策框架；三是探索各地在全省范围内建立统一规范的养老服务时间互助平台管理体系。

(2)组建养老服务时间互助平台社会公益联盟：养老服务时间互助平台应尤其重视社会组织与企事业单位等团体性和专业化力量的引入。一是通过政策支持、宣传对接等方式积极与康养、家政、商超、教育、餐饮、法律、金融、文娱等与老年人日常生活息息相关的机构和组织展开合作，构建养老服务时间互助平台社会公益联盟，拓宽与延长互助服务链；二是建立多业务接入的养老服务时间互助平台信息化管理与服务平台，同时开发手机App或小程序，连接线上线下各类服务资源。进一步促进养老服务时间互助平台的资源整合效用，更好地满足老年人多层次、多样化的养老需求。

(3)建立多元时间兑换机制：一是建立时间的积分兑抵机制。为了增强时间互助的及时性和连续性，养老服务时间互助平台可建立积分兑抵机制，志愿者在达到一定的“时间”后，可从其“时间记录”中拿出一定比例的时间兑换成时间积分，在参与养老服务时间互助平台社会公益联盟的机构与组织时使用；二是建立“时间”转让与继承机制，如“时间”可以转赠送给自己的直系亲属，以及其他需要帮助的老年群体，以增加互助的渠道；三是建立志愿者身份福利机制，为那些养老服务时间互助平台账户存有较长时间和具有较高评价的志愿者提供一些消费折扣、优惠活动。

第三节　国内外居家社区养老志愿服务典型案例

为了满足老年人的养老需求，国内外都在积极探索和实践各种居家社区养老志愿服务模式。然而，由于各地区的社会、文化、经济等背景存在差异，不同国家和地区的居家社区养老志愿服务模式各异。因此，为了更好地推动居家社区养老服务的发展，需要总结和分析国内外居家社区养老志愿服务的典型案例，了解其成功经验和做法，为改善本地的居家社区养老服务提供依据和支持。

一、典型案例

（一）案例一："社亲计划" 入户 + 敲门服务

为解决空巢独居老人遭遇突发危急情况，重庆金山街道创新推出 "社亲计划"，由 1 名专业社工、2 名志愿者、多名邻居组成 "1+2+N" 服务团队，社工和志愿者定期对所负责的老人进行入户照料和个性化服务，与老人建立长期的照料关系；邻居每天至少 1 次敲门 "打卡"，了解老人需求，同时及时发现遭遇突发情况的空巢独居老人。截至 2021 年 6 月，"社亲计划" 已累计服务 809 户老人，服务次数达到 5 万余次。

案例分析：重庆金山街道的 "社亲计划" 通过 "1+2+N" 的服务团队模式，为空巢独居老人提供定期的入户照料和个性化服务。这种模式不仅建立了长期的照料关系，还通过邻居的日常 "打卡" 来及时发现老人的突发情况，有效解决了空巢独居老人的安全问题。它展示了社区服务创新在解决社会问题中的重要作用，特别是对于空巢独居老人等特定群体的关爱和照料。通过集合多方面的力量和资源，社区服务可以更有效地满足居民的需求，提升生活质量和社会福利水平。

课堂互动

1. 探讨 "社亲计划" 的创新之处及志愿服务在其中发挥的作用。
2. 分析该 "社亲计划" 在解决空巢独居老人问题上的实际效果？

（二）案例二：破解养老短板医养结合引 "活水"

家住山西太原迎泽区的吴大爷患冠心病多年，行动不便。以前感到身体不适时，只能给子女打电话。2020 年，社区服务员丁晓敏在上门收集老年居民基础信息时了解到吴大爷的困难，热情地帮助他对接社区家庭医生，定期上门巡诊。如今，像吴大爷这样有基础疾病的老人，社区家庭医生都会定期上门开展疾病康复和安全用药指导工作。

案例分析：医养结合的社区服务模式有效破解了养老服务的短板问题，为老年居民提供了更为全面和专业的医疗保健服务。这种服务模式引入了专业医生和社区服务人员的合作，通过定期上门巡诊和康复指导，为有基础疾病的老人提供了及时和个性化的医疗关怀。这种服务模式不仅提高了老年人的生活质量，也减轻了家庭和社会的负担，值得进一步推广和应用。

笔记栏

课堂互动

1. 结合案例，探讨医养结合模式在解决老年人健康问题上的优势和挑战。
2. 在医养结合中，志愿服务如何发挥作用？

（三）案例三：居家社区养老改革显成效

探索解决失能失智老人照护痛点。例如，浙江省杭州市、江苏省南京市等地积极开展家庭养老床位建设试点，将专业养老服务延伸到家庭。失能半失能老年人洗浴问题日益突出，重庆市九龙坡区推出“流动助浴快车”，与社区固定助浴点形成动静结合的助浴服务模式。为减轻养老护理人员压力，北京市丰台区积极开展为失能失智老人看护者“放个假”的喘息服务，取得积极成效。

聚焦农村养老服务无人供给短板。江西省新余市以党建为抓手，通过“党建＋颐养之家”方式，打造农村居家养老民心工程。山东省沂水县由农村党支部领办志愿服务队，发动全县志愿者和社工力量，打造农村互助养老模式。四川省珙县抓住乡村振兴机遇，通过政府购买服务，积极为农村老年人提供助老巡访关爱服务。

创新居家社区养老服务供给模式。各地居家社区养老服务需求、软硬件条件千差万别，服务模式需因地制宜。上海市奉贤区充分利用农村地区闲置宅基地进行基础设施再改造，形成了农村互助式养老模式。湖北省武汉市探索“互联网＋居家养老”新模式，山东省威海市把智慧养老纳入智慧城市建设整体统筹，打造智慧居家养老工程，充分发挥科技支撑作用。陕西省西安市率先推行“嵌入式”以床养老模式，破解主城区养老服务难题。

案例分析：家庭和社区养老服务的改革已经取得明显成效，破解了失能失智老人照护痛点和农村养老服务短板问题。通过开展家庭养老床位建设试点和推出流动助浴服务，满足失能半失能老年人的需求。同时，开展为失能失智老人看护者“放个假”的喘息服务，减轻养老护理人员压力。在农村地区，通过党建引领和志愿服务队的方式，打造互助养老模式，提供助老巡访关爱服务，弥补了农村养老服务的不足。这些改革措施提高了老年人的生活质量，减轻了家庭和社会负担，为养老服务的发展提供了有益的借鉴。

课堂互动

1. 分析此案例中改革措施的实施效果、面临的挑战和改进的建议。
2. 请阐述志愿服务如何适应居家社区养老改革。与传统的志愿服务相比，有哪些变化？

（四）案例四：提升基本养老服务供给能力

近年来，湖南省湘阴县坚持以“推动实现全体老年人享有基本养老服务”为发展目标，探索打造推动养老服务发展的 4 种模式，提升基本养老服务供给能力，让老年人对美好生活的期待变为现实。

打造“居家养老＋政府购买”模式。通过政府购买服务的方式，为 473 名 65 周岁以上失能、半失能老年人，提供助餐、助洁、助浴、助医、助行、助急等居家上门服务。充分发挥志愿服务力量作用，对有需求的独居、高龄、重度残疾等老年人和特殊困难群体，建立“天天

笔记栏

见、时时帮、点对点”巡视探视养老志愿服务制度，拓展居家照护服务领域。

打造“社区养老+志愿服务”模式。围绕“一村一特色、一社区一亮点”，打造“长者食堂”，创建“幸福家园”，提升社区养老服务质量。引导志愿服务组织定期到养老机构开展爱心捐赠、文艺演出、志愿帮扶等活动。2023 年以来，各乡镇社工站采取“微相伴”服务形式，开展活动 56 场，慰问探访老年人 1 500 余人次。

打造“集中供养+资源共享”模式。推动乡镇敬老院改革，实行县级统管，调整优化布局，保留公益性特困供养机构 6 所。在保障全县特困人员入住的前提下，将其余 15 所区域性敬老院近 50% 的床位，以社会化、市场化经营方式，向农村失能或其他社会老年人开放，满足社会养老需求。同时，为全县特困人员提供家庭医师签约服务，建立健康档案，统一开展医疗健康服务。

打造“专业机构+市场运作”模式。建立医、养、康、护为一体的老年养护中心，提供综合养老服务。引进社会力量投资 2.2 亿元，建成文旅智慧康养基地，每年可常态化服务老年人 1 万余人次。

案例分析：湖南省湘阴县致力于提升基本养老服务供给能力，探索了多种养老服务模式。其中，“居家养老+政府购买”模式为失能、半失能老年人提供居家上门服务，满足其基本生活需求。同时，志愿服务力量发挥了重要作用，为特殊困难老年群体提供日常照护和关怀。此外，社区养老服务也有所提升，通过打造“长者食堂”和“幸福家园”，提高社区养老服务质量。并通过打造“集中供养+资源共享”和“专业机构+市场运作”模式，提升养老服务供给能力。前者通过改革乡镇敬老院实行县级统管，优化布局，保留公益性特困供养机构，并开放其余床位满足社会养老需求，同时为特困人员提供家庭医师签约服务。后者建立医、养、康、护为一体的老年养护中心，引进社会力量投资建成康养基地，为老年人提供综合服务。这些措施有助于满足不同老年人的需求，提升了养老服务供给能力，并且提高养老服务质量和市场竞争力。

课堂互动

1. 分析“四种模式”各自的优点和挑战，并提出可能的改进建议。
2. 借鉴此案例中的模式，设计一个创新的志愿养老服务项目，并阐述项目设计的理念、目标、实施方案等。

（五）案例五：西班牙——创新社区养老服务模式

西班牙是全球老龄化程度最高的国家之一，据最新统计数据，西班牙 65 岁以上人口占总人口比例为 19.77%。全国养老院有近 40 万个床位，仅占 65 岁以上人口的 4%，居民申请入住等待时间长，养老问题成为严峻挑战。为解决这一问题，西班牙大力发展居家养老、上门护理、日托中心等多种形式的养老模式，缓解养老院的资源紧张。西班牙政府将拿出约 7.3 亿欧元的复苏基金，推动各地区养老方式的转变和创新。

在西班牙卡斯蒂利亚 - 莱昂自治区，一种新型社区养老模式正在其下辖的多个省份推行。该自治区的萨莫拉省是西班牙老龄化程度最高的地区之一，65 岁以上人口占总人口比例超过 30%。为此，当地政府计划在萨莫拉省的 39 个市镇推动“居家养老”和“养老网络”项目，计划在未来 3 年半投入 900 万欧元，雇用专业护工为有护理需求的老人提供上门服务。护工将对这些老人的身体状况、护理需求、风险程度和居住环境等进行评估，制定居家

笔记栏

养老服务方案。项目还提出对当地部分房屋进行无障碍改造，建设 40 套住房，其中 30 套供无房或居住条件不满足居家养老的老年人使用，10 套供护工居住。

该项目还计划与当地的非政府组织、私营服务提供商等合作，共享服务网络。例如，老年人在获得上门护理服务之外，还可享受周边养老院或者日托中心的洗衣、剪发和食堂等服务。卡斯蒂利亚 - 莱昂自治区主席费尔南德斯·马涅科表示，这一模式可为老年人提供更多养老选择，让他们能在熟悉的环境中安度晚年。与此同时，项目将在萨莫拉省创造近百个工作岗位，有助于改善当地青年人口流失问题。未来此类模式在其他地区推广后，也有望改善各地的人口结构。

科技进步也有助于让居家养老更加便捷、安全。在卡斯蒂利亚 - 莱昂自治区索里亚省的一家养老院里，一个名为“酷比特”的看护机器人近期加入工作人员行列。“酷比特”与远程协助系统相连接，能对老年人的健康状态进行监控和追踪，不仅可以提醒他们按时吃药，在发生紧急状况时发出警报，还能指导老年人进行简单锻炼，协助其与家人联系。如果该看护机器人的使用效果良好，未来将被推广至其他养老场所。在巴塞罗那的一家养老中心，虚拟现实设备能帮助老人了解家人的实时动态，可穿戴设备则被用来监测睡眠状况和危险预警等。西班牙《国家报》评论称，随着智能家居、远程协助和远程医疗等技术手段的普及，未来养老方式将出现更多创新性尝试，居家养老等社区养老模式将占据更大的份额。

案例分析：为解决养老院资源紧张的问题，西班牙大力发展居家养老、上门护理和日托中心等养老模式，并计划投入巨资推动养老方式的转变和创新。在卡斯蒂利亚 - 莱昂自治区萨莫拉省政府正推行一种新型社区养老模式，通过“居家养老”和“养老网络”项目雇佣专业护工提供上门服务，以满足老年人的护理需求。同时，该项目将在萨莫拉省创造近百个工作岗位，有助于改善当地青年人口流失问题。科技进步也为居家养老提供了便利和安全，如看护机器人的使用。这些创新措施展示了西班牙在应对老龄化问题方面的努力和成果，它有助于提高养老服务的质量和覆盖率，缓解养老压力。

课堂互动

1. 分析在西班牙面临的养老资源紧张中，志愿服务可以发挥什么作用？
2. 思考技术手段在养老服务中的影响，并探讨如何平衡技术进步和人文关怀在其中的关系？

（六）案例六：法国——推动养老服务产业发展

在位于法国巴黎 16 区的特洛卡代罗老年公寓里，一场关于法国喜剧电影的讲座刚刚结束。通过观看经典电影片段、回顾动人配乐，老人们度过了一个愉快又充实的下午。特洛卡代罗老年公寓是欧洲最大养老康复集团——法国欧葆庭集团在巴黎建设的项目之一。近年来，法国采取一系列措施积极推动养老服务产业发展，进一步提高养老服务质量。

特洛卡代罗老年公寓环境整洁、视野开阔，无论是公寓整体设计，还是内部适老化设施，都充分考虑到老年人生活的便利性和舒适度。这里提供饮食、沐浴、洗衣、文娱和医疗保健等服务及设施，有专业的医护人员，还会定期举办讲座、展览及多种社交活动，满足老年人的精神需求。

法国政府于 2005 年将包括养老服务业在内的家庭服务业纳入国家发展战略规划，2007 年通过《安度晚年 2007—2009》《高龄互助 2007—2012》两项全国养老规划，其核心内容

笔记栏

包括加快建设养老机构、鼓励社会资本进入养老产业。根据法国国家统计与经济研究所的数据，法国国内现有包括失能老人养老院、老年公寓等在内的养老机构超过 1 万家，并拥有超过 70 万张床位。其中，公立机构占 40%，私营非营利机构占 29%，私营营利机构占 31%。2019 年，法国养老服务行业营业额达到 180 亿欧元，雇用超过 100 万名员工。进入养老机构的老人能够获得政府相应补贴，这一措施进一步促进了法国养老机构的发展。

在政策支持下，法国近年来发展出不少成功的养老服务企业，例如建设老年公寓和医护型养老机构的欧葆庭集团，为老年人及残障人士提供上门服务和家庭护理的欧倍颐集团等。伴随数字化和智能化发展浪潮，老年人服务方面的初创企业不断涌现，诸如预防摔跤、住宅自动化、老人定位、生命体征监控、老年公寓监控等功能的创新产品受到行业关注。例如法国一家名为 “Ubiquid” 的科技公司推出了一款装有芯片的衣服，可对老人进行定位，防止其走失。此外，法国养老产业还聚焦慢性病治疗、家庭和社区养老、医疗跨界合作等领域，实现行业细分，打造优势企业。

据统计，截至 2020 年初，法国 65 岁以上人口比重为 20.5%，到 2030 年法国 60 岁以上人口将达到 2 000 万。法国养老产业的发展受到政府推动和政策指引，社会资本参与程度日益提高，产业融合趋势加强，这些举措的红利正逐步显现，也为其他老龄化国家提供了经验借鉴。随着老龄化进程加快，法国养老行业的市场需求将更加多样化，家庭自动化商品、个性化服务、自主技术等将在未来几年实现强劲发展。“互联网 + 养老” 这一新型养老模式也将在探索过程中创造更多经济价值及工作岗位。

案例分析：法国通过采取一系列措施，积极推动养老服务产业发展，提高养老服务质量。其中，特洛卡代罗老年公寓是法国养老服务产业的一个缩影，提供全方位的服务和设施，满足老年人的物质和精神需求。同时，政府采取了全面的养老服务发展策略，并且现有超过 1 万家养老机构，拥有成功的养老服务企业，如欧葆庭集团和欧倍颐集团。政策支持促进了养老机构的发展，老年人在机构中能获得政府补贴。这些措施有助于提高老年人的生活质量，为法国养老服务产业的可持续发展奠定了基础。

课堂互动

1. 分析法国政府采取了哪些措施来推动养老服务产业的发展。
2. 对比法国和我国在养老服务方面的异同点，并分析两国的优劣势及可以互相借鉴的经验。
3. 在国内外养老服务发展中，志愿服务可以发挥哪些作用？

二、案例经验借鉴与政策建议

以上案例证明了养老服务的创新与改进对应对老龄化社会所带来的挑战具有重要意义。通过不同的服务模式和技术手段，可以提升基本养老服务供给能力，满足老年人多样化的需求，改善他们的生活质量。在借鉴以上案例经验的基础上，结合具体实际情况，我们可以从以下几个方面入手：

1. 加强社区养老服务与医疗机构、志愿者组织等的合作　加强居家社区养老服务的覆盖范围和质量，推动社区养老服务与医疗机构、志愿者组织等的合作，形成多元化的服务供给模式；加强对社区服务人员的培训和管理，确保服务的专业性和可靠性；通过建立老年人

笔记栏

关怀中心、日间照料中心等方式，为老年人提供更全面的社区服务；加强社区与相关医疗机构的合作，例如建立老年人健康档案，定期组织健康体检和健康讲座，提供健康咨询和指导。

2. 推动养老服务与医疗卫生体系的融合　加强养老服务机构与医疗机构的合作，提供老年人的疾病康复和安全用药指导等综合服务；加强对失能失智老人的照护，推出相应的助浴、助浴等服务，减轻养老护理人员的压力；建立专门的老年人综合评估机制，通过评估老年人的身体状况、生活能力和心理状况，为他们提供个性化的康复服务和照护方案；建立老年人用药指导机制，包括药物配送、用药提醒和药物副作用监测等，以确保老年人的用药安全和疗效。

3. 积极引导社会力量参与养老服务　鼓励社会力量投资养老服务产业，推动养老服务市场化发展。引入先进的科技手段，如智能家居、远程医疗等，提高养老服务的便捷性和质量；加强对养老服务企业的监管，确保老年人的权益和安全；鼓励相关科技企业开发适合老年人的智能产品和服务，如智能健康监测设备、智能家居系统和远程医疗平台等，以提高养老服务的便捷性和质量；加强对养老服务企业的监管，建立信用评价体系，确保老年人的权益和安全。

4. 加强政府引导和支持　加大对养老服务的政策支持和财政投入，提供基础设施建设和人才培养的支持；建立健全的监管体系，规范养老服务市场，防范和化解风险；建立养老服务产业的专门监管机构，加强对养老服务企业的监管和评估，以规范养老服务市场；加强养老服务人员的培训和管理，提高他们的专业水平和服务质量；建立养老服务质量评价体系，对养老服务进行评估和奖惩，鼓励优质养老服务机构的发展。

（任　桦）

复习思考题

ER-13-2

扫一扫
测一测

1. 请简述养老服务时间互助平台在社会老龄化问题上的应用价值。

2. 请简述养老服务时间互助平台在未来的社会发展中面临的挑战和如何应对这些挑战。

主要参考文献

1. 老龄文明智库 . 老龄文明蓝皮书 2022 [M]. 南京 : 江苏人民出版社 , 2023.
2. 林闽钢 . 走向社会服务国家 : 全球视野与中国改革 [M]. 北京 : 中国社会科学出版社 , 2020.
3. 沙勇 , 周建芳 , 白玫 . 养老服务管理 [M]. 北京 : 社会科学文献出版社 , 2019.
4. 左美云 . 智慧养老 : 内涵与模式 [M]. 北京 : 清华大学出版社 , 2018.
5. 李小鹰 , 何仲 . 社区养老服务指导 [M]. 北京 : 人民卫生出版社 , 2018.
6. 汪群龙 , 裘兴梅 . 居家养老服务理论与实践 [M]. 杭州 : 浙江大学出版社 , 2022.
7. 王伟进 . 中国社区养老的实践探索与整合发展路径 [M]. 北京 : 社会科学文献出版社 , 2019.
8. 赵晓征 .(日) 田中理 . 透视日本养老 [M]. 北京 : 中国建筑工业出版社 , 2022.
9. 周燕珉 , 王春彧 , 秦岭 . 国内外城市社区居家适老化改造典型案例集 [M]. 北京 : 中国建筑工业出版社 , 2022.
10. 文川 . 涉老领域法律风险问题研究 : 法理与案例 [M]. 昆明 : 云南大学出版社 , 2022.
11. 谢晓霞 . 政府购买居家养老服务的成本效益评估指标研究 [M]. 成都 : 西南财经大学出版社 , 2022.
12. 杨蕾 , 夏凡林 , 王永萍 . 老年照护 [M]. 北京 : 北京理工大学出版社 , 2021.
13. 孙兆阳 , 戈艳霞 . 中国居家养老服务体系建设与老年人生活质量提升研究 [M]. 北京 : 中国社会科学出版社 , 2022.
14. 陈斯华 . 居家养老与社区管理 [M]. 北京 : 中国财富出版社 , 2022.
15. 陆杰华 . 构建适合中国式现代化特色的养老服务质量评估体系探究 [J]. 河海大学学报 (哲学社会科学版), 2022, 24 (6): 3-10+129.
16. 韩振秋 , 郭小迅 . 社区居家养老服务手册 [M]. 北京 : 化学工业出版社 , 2020.
17. 封铁英 , 马朵朵 . 包容性发展视域下社区居家养老服务资源密度分布与均等化评估 [J]. 西北大学学报 (哲学社会科学版), 2020, 50 (4): 108-119.
18. 张荣 , 赵崇平 . "互联网 +" 居家养老体系建设研究 [M]. 北京 : 光明日报出版社 , 2019.
19. 李斌 , 李雪 , 王依明 . 康复类社区综合养老设施布局选址研究 [J]. 建筑学报 , 2019,(2): 44-49.
20. 方力争 , 王晨 , 吴浩 . 社区卫生信息化应用与管理 [M]. 北京 : 人民卫生出版社 , 2018.
21. 楼妍 , 许虹 . 居家养老服务与管理 [M]. 杭州 : 浙江大学出版社 , 2017.
22. 杜鹏 . 回顾与展望 : 中国老人养老方式研究 [M]. 北京 : 团结出版社 , 2016.
23. 郭竞成 . 居家养老研究 : 来自浙江的调查与思考 [M]. 北京 : 中国社会科学出版社 , 2016.

复习思考题
答案要点

模拟试卷

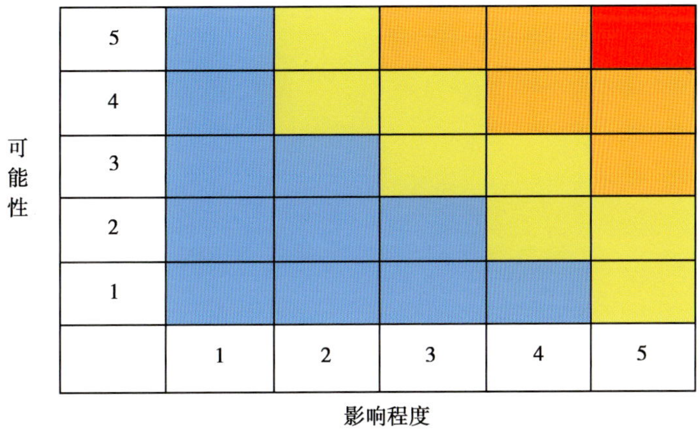

可能性					
5					
4					
3					
2					
1					
	1	2	3	4	5

影响程度

彩图　风险矩阵